Schriftenreihe der Österreichischen Gesellschaft für Wirtschafts- und Verwaltungsführung (ÖGW), Wien

Band 1

Fallstudien zur Unternehmenspolitik

von

Helmut Friedrichsmeier,
Michael Hofmann,
Herbert Voglmayr

DBV Deutscher Betriebswirte-Verlag GmbH

ISBN 385368-134-4

Lizenzausgabe für BRD: Deutscher Betriebswirte Verlag GmbH., Gernsbach

---

Druck: Robitschek & Co., Wien VIII, Hernalser Gürtel 20

Vorwort

In dem vorliegenden ersten Band der ÖGW-Schriftenreihe veröffentlichen wir erstmals wesentliche Teilergebnisse eines Forschungsprojektes „Entwicklung von österreichischen Fällen zur Organisationsforschung, Unternehmensplanung und Unternehmenspolitik". Dieses Forschungsvorhaben war nur dank der Unterstützung durch den „Fonds zur Förderung der wissenschaftlichen Forschung", Wien, und der intensiven persönlichen Kontakte zu unseren Kollegen an der Havard Business School möglich. Einer späteren Veröffentlichung in dieser Schriftenreihe sollen weitere Teilergebnisse dieses Forschungsprojektes, organisationspsychologische und soziologische Fallstudien, vorbehalten werden. Ebenso wie im vorliegenden Band wollen wir einige bewährte Harvard-Fälle in deutscher Übersetzung den österreichischen Fällen beifügen.
Mit den „Fallstudien zur Unternehmenspolitik" wollen wir helfen, eine Lücke zu schließen, die gerade im deutschsprachigen Bereich auf dem Gebiete der Management-Praxis, besonders beim Lehrgegenstand „General Management" sowohl an den wirtschaftswissenschaftlichen hohen Schulen als auch in den verschiedensten Institutionen der Management-Ausbildung klafft.
Neben den schon genannten Institutionen sind wir besonders Frl. Burghilde Stenitzer dankbar für ihre engagierte und kritische Bearbeitung des Manuskripts bei der letzten Reinschrift sowie Herrn F. Schöchl, der für die Verfassung des Falles aus der Segelboot-Industrie verantwortlich zeichnet. Die vorgelegten Fälle entstammen alle der Freizeitindustrie (Bootsindustrie, Skiindustrie, Sportflugzeugindustrie). Probleme und Entwicklungstendenzen des „leisure business" werden somit zugleich zum roten Faden der Fallauswahl in diesem Band.

H. Friedrichsmeier — M. Hofmann — H. Voglmayr

Wien, im Februar 1976

Einleitung

Skifabrik FISCHER

FISCHER I

FISCHER II

FISCHER III

Skifabrik HEAD

Die Bootswerft JOH. SCHÖCHL & SÖHNE

EINLEITUNG

1. Einleitende Bemerkungen und Hypothesen zur Praxis der Fallmethode

1.1. *Allgemeines*

Bedingt durch Arbeiten von Kosiol, Bleicher u. a. beginnt die Fallmethode nun auch im deutschsprachigen Raum substantiell an Boden zu gewinnen.

Obgleich es aber noch weit verfehlt wäre, bereits von einer breiten Akzeptanz der Fallmethode als didaktisches Instrument zu sprechen, kann doch schon auf eine steigende Zahl von Lehrveranstaltungen sowohl im universitären als auch im außeruniversitären Bereich verwiesen werden, in deren Rahmen entweder ausschließlich oder zumindest teilweise mit der Fallmethode gearbeitet wird. Dennoch ist die Position der Fallstudie in den Unterrichtseinrichtungen des Kontinents nicht viel anders zu sehen, als im Amerika der zwanziger und dreißiger Jahre. Kurz, es tut sich ein zeitlicher „Gap" auf, der nicht von heute auf morgen übersprungen werden kann, denn die Fallmethode hat im kontinentalen Raum heute mit fast allen jenen Schwierigkeiten zu kämpfen, mit denen sich die Fallmethode in den USA bis etwa 1935/40 konfrontiert sah.

An solchen Schwierigkeiten wären beispielsweise zu nennen:

a) Widerstände von seiten der Unternehmen, Fallstudien über sich, bzw. ihre Probleme verfassen zu lassen. Diese Widerstände resultieren sowohl aus der teilweise mangelnden Einsicht in den Nutzen der Fallmethode als auch aus den — oftmals berechtigten — Bedenken, daß es in kleinräumigen Wirtschaftsgebieten (was die einzelnen europäischen Staaten im Vergleich zu den USA letztlich sind) relativ leicht sein könnte, Unternehmen auf Grund der beschriebenen Fallsituation zu identifizieren, selbst wenn sich der Fallverfasser noch so bemühen sollte, die Anonymität des Unternehmens durch verschiedene Geheimhaltungstechniken zu wahren.

b) Zudem steht im deutschsprachigen Raum qualifiziertes, wissenschaftliches Personal noch nicht in genügend großer Zahl zur Verfügung, um eine bedarfsgerechte Zahl von Fällen zu verfassen.

c) Widerstände aus der kulturhistorischen Dimension.

d) Mangel an (bzw. in den Adressatenkreisen ungenügende Kenntnis über die vorhandenen) Datenbanken (Case Clearing Houses) für den Austausch und die Distribution von Fällen.

e) Methoden-Monismus; ein Methoden-Pluralismus beginnt sich im didaktischen Bereich erst langsam durchzusetzen. Dieses Problem kann allerdings nur im Zusammenhang mit den kulturhistorischen Rahmenbedingungen an sich gesehen werden und kann somit als ein Teilproblem von den unter Punkt c) genannten Problemen gelten.

Diese Probleme und Barrieren, deren Auflistung sicher nur demonstrativen und nicht taxativen Charakter hat, zeigen bereits an, mit welchen Schwierigkeiten die Fallmethode und jeder Versuch, sie auf breiterer Basis anzuwenden, letztlich konfrontiert sein müssen.

Analysiert man nun die derzeitige Situation im deutschen Sprachraum, so kann man insbesondere drei Vorgangsweisen beobachten, um dieser Schwierigkeiten Herr zu werden: In Ermangelung eigener — europäischer oder nationalstaatlicher — Fälle wird sehr oft auf amerikanische Fälle zurückgegriffen, indem diese ganz einfach übersetzt und den Studierenden ziemlich kommentarlos präsentiert werden. Diese Vorgangsweise, die angesichts der gegebenen Situation nicht grundsätzlich ohne Berechtigung ist, ist dennoch nicht frei von Problemen. Neben dem formalen Problem des Copyrights (von methodisch-didaktischen Problemen soll hier gar nicht erst gesprochen werden) sind besonders inhaltliche Probleme zu berücksichtigen; so schreibt beispielsweise Herbert B. Schmidt [1] zu diesem Problem:

„Die dem amerikanischen Wirtschaftsleben entlehnten Fälle können nicht losgelöst von ihrem kulturellen Hintergrund betrachtet werden ...

Hinzu treten Unterschiede in der Mentalität der Menschen in Europa und in den USA. Was in den USA üblich und selbstverständlich ist, kann in Deutschland anders aufgefaßt werden. Eine unterschiedliche Einstellung zur Arbeit und zum Vorgesetzten ist in Rechnung zu stellen ...“

Neben den unterschiedlichen gesellschaftspolitischen und wirtschaftlichen Rahmenbedingungen wird man auch auf unterschiedliche legistische und administrativ-institutionelle Unterschiede zwischen den USA und einzelnen europäischen Staaten hinweisen müssen. Resümierend zum Problem der Übertragbarkeit amerikanischer Fälle auf europäische Verhältnisse schreibt Schmidt [2]:

„Eine völlige Ablehnung amerikanischer Fälle für den deutschen Gebrauch erscheint jedoch unbegründet. Es lassen sich amerikanische Fälle bestimmter Gebiete aufweisen, die sich ohne weiteres in deutscher Übersetzung verwenden lassen. Jedoch gibt es eine Reihe von Fachgebieten, aus denen Fälle zu übersetzen nicht nur nutzlos, sondern auch pädagogisch falsch wäre. Zu große Unterschiede wirtschaftlich-rechtlicher und institutioneller Art sowie sozialer und kultureller Beschaffenheit lassen es für eine Übergangszeit angezeigt erscheinen, zunächst an Stelle übertragener Fälle konstruierte Fälle heranzuziehen.“

Diese Aufforderung eines deutschsprachigen „Frühwerkes“ zur Fallmethode dürfte in der Tat nicht ungehört verklungen sein, berührt aber gleichzeitig auch ein Problem, welches in Harvard und in ähnlichen Business-Schools außerordentlich ernst genommen wird, nämlich das Problem der konstruierten Fälle, der sogenannten „arm-chair-cases“. Die amerikanische Literatur unter der Führung der Harvard-Publikationen verwehrt sich in der Regel gegen diese Art der Fallerstellung, weil sie dadurch Ziel- und Aufgabenstellung der Fallerarbeitung und der Falldidaktik in ihren Grundfesten bedroht sieht.

Die Einleitung zu diesem Buch ist nun sicherlich kein geeignetes Forum, Pro- und Kontra-Argumente zum „arm-chair-case“ anzuführen, einige Argumente sollen aber trotzdem nicht unerwähnt bleiben.

Nicht ohne Sarkasmus nennt Andrew R. Towl [3] diese Art von Fall auch „guessing-case“ und trifft damit genau eine der zentralen Prämissen der Fallarbeit: Es gibt nämlich keine Lösung, die für sich den alleinigen Anspruch auf Richtigkeit geltend machen könnte. Wohl aber sind die Verfasser derartiger „guessing-cases“ nach dem Motto „Rate einmal, was richtig ist“ versucht, in den von ihnen künstlich erstellten Fällen eine normativ richtige Lösung einzuplanen.

Und wenn eben Schmidt in seinem Buch als Übergangslösung die Abfassung konstruierter Fälle empfiehlt, so mag diese Empfehlung sicher dem lauteren Bemühen nach einer praktikablen Lösung der noch immer herrschenden Fallknappheit zuzuschreiben sein, doch darf die damit verbundene Gefahr nicht übersehen werden — eine Gefahr, die übrigens auch eng mit den kulturhistorischen Rahmenbedingungen und Vorstellungen der „Alten Welt“ verbunden ist: es ist das Bestreben, die *einzig richtige* Lösung zu finden. Wer aber weiß schon die einzig richtige Lösung für ein konkretes Problem der täglichen Unternehmenspraxis?

Und daher ist der „arm-chair-case“ selbst als Übergangslösung problematisch, ist doch eine längere Übergangszeit (und diese dauert nun schon 15 bis 20 Jahre) im Zeichen des „arm-chair-case“ durchaus geeignet, die spätere Arbeit an richtigen („real-life-cases“) europäischen Fällen in verfehlte Bahnen bzw. Sackgassen zu lenken. Neben den beiden genannten Vorgangsweisen, um der in Europa herrschenden „Fallknappheit“ zu Leibe zu rücken, nämlich der Übernahme von amerikanischen Fällen und der Konstruktion von künstlichen Fällen, wäre noch eine dritte Vorgangsweise zu nennen, die ebenfalls häufig eingeschlagen wird. Diese besteht in der Schaffung von Kurzfällen, zum Teil auch mit einem starken programmierten und problemzentrierten Akzent als Ausdruck des Versuches, das traditionelle Lehrbuch mit dem Fallbuch zu verbinden (siehe beispielsweise Alewell, Bleicher, Hahn: Entscheidungsfälle aus der Unternehmungspraxis, Wiesbaden 1971).

Diese Kurzfälle, die keineswegs eine europäische Erfindung sind, knüpfen zwar lückenlos an amerikanische Traditionen an und lassen sich problemlos in das weite Spektrum der Fallmethode integrieren, doch können sie bestenfalls als ein kleiner Teil des weiten Spektrums der Fallmethode bezeichnet werden.

Und daher wird trotz all dieser Bemühungen und auch „Kompromisse“ noch einiges getan werden müssen, um die Fallmethode auch im kontinentalen Raum mit didaktischer Attraktivität auszustatten. In diesem Sinn soll auch die Zielsetzung des vorliegenden Buches darin gesehen werden, weitere — unten noch näher zu besprechende — Lücken zu füllen.

1.2. *Die didaktischen Zielsetzungen des Buches*

Obwohl es sich die Einleitung in fast jedem Fallbuch zur Pflicht gemacht hat, aufzuzeigen, daß es die „Fallmethode an sich" nicht gibt, sondern daß diese vielmehr in verschiedene Arten und Weiterentwicklungen aufzugliedern sei, kann auch hier auf einige Bemerkungen zur Vielfalt der Fallmethode nicht verzichtet werden, um Intentionen und Ziele dieses Buches zu verdeutlichen.

Am häufigsten gliedert, bzw. unterscheidet die Literatur die Fallmethode nach

a) den Phrasen des Lern- und Entscheidungsprozesses oder

b) dem Entscheidungsgegenstand (Inhalt des Falles).

Andere mögliche Unterscheidungskriterien wie z. B. nach Umfang oder Komplexität der Fälle usw. sind in der Literatur nur von untergeordneter Bedeutung. Da die bisher im deutschen Sprachraum vorhandene Literatur der korrelativen Beziehung zwischen Fallarbeit und Lernprozeß einerseits und Lern- und Entscheidungsprozeß andererseits schon genügend Beachtung geschenkt hat, sei hier nur noch auf die Beziehung zwischen den Ablaufphasen in der Fallarbeit und den verschiedenen Fallarten eingegangen.

Die systematische Fallarbeit kann mittels eine einfachen Modells in folgende Phasen untergliedert werden:

— Analyse des Falls im Hinblick auf die möglichen Probleme („underlying principles and problems")
— Diagnose; d. h. die als wesentlich erkannten Probleme werden herausgearbeitet und formuliert
— Entwicklung von Handlungsalternativen zur Problemlösung
— Bewertung der Handlungsalternativen hinsichtlich ihrer Eignung, die Probleme des Falls zu lösen
— Entscheidung für eine Handlungsalternative
— Durchführung (Realisierung) der Entscheidung bzw. Beratung bei derselben
— Kontrolle

Während der Studierende bei der Fallarbeit nur in Sonderfällen entscheidungsbeeinflussend und kontrollierend wirken kann — einen möglichen Rahmen dazu könnte die „Projekt-Methode" vermitteln, können alle anderen Phasen bei der Fallarbeit in der Regel durchlaufen werden. Allerdings legen die verschiedenen Fallarten ihr Schwergewicht jeweils auf verschiedene Phasen des Lern- und Arbeitsprozesses.

So legen beispielsweise die „Case-Study-Method" traditionellen Stils und die „Incident-Method" das Schwergewicht der Arbeit in den analytischen und diagnostischen Teil des Lernprozesses, wobei allerdings ein weiterer Ablauf bis zur Entscheidung (Lösungsvariante) nicht präjudiziert wird.

Ähnliches wäre auch für die „Problem-Finding-Method" zu sagen, wobei allerdings dabei eine Fortführung der Fallarbeit nicht mehr angestrebt wird [4].

Die „Case-Problem-Method" (von D. Hahn auch „Bewertungsfall" genannt) und die „Stated-Problem-Method" hingegen legen das Schwergewicht in der Fallarbeit mehr auf die Bewertung der Handlungsalternativen und auf die Entscheidung. Dieser Andeutung einer Gliederung bzw. Systematisierung der Fallmethode nach dem Lern- und Entscheidungsprozeß kann eine Systematisierung der Fallmethode nach ihrem Inhalt, also nach dem Entscheidungsgegenstand gegenübergestellt werden.

Gliedert man die verschiedenen Fallarten nach dem *Entscheidungsgegenstand,* so kann man Fälle aus dem Finanzwesen, der Organisationspsychologie, dem Marketing, der Unternehmenspolitik usw. unterscheiden. Diese Unterscheidungsliste richtet sich in ihrer Länge danach, je nachdem wie tief und detailliert man die Bereiche des Unternehmens, aber auch der sogenannten „Non-Profit-Organizations" untergliedert. Werden nun die beiden Gliederungsmerkmale („Schwergewicht im Lernprozeß" und „Entscheidungsgegenstand") zur Charakterisierung der in dem vorliegenden Buch gesammelten Fälle herangezogen, so zeigt sich, daß diese im wesentlichen als „Case-Studies" im Bereich „Business-Policy", also als *unternehmensstrategische Analysefälle* beschrieben werden können.

Damit wird im Rahmen der deutschsprachigen Fall-Literatur ein Bereich berührt, der bisher noch nicht in seiner vollen Bedeutung gewürdigt worden ist.

Denn tatsächlich überwiegen in der deutschsprachigen Literatur die eher kurz gehaltenen Fälle, die offenbar von den deutschsprachigen Pionieren der Fallmethode bevorzugt werden, während der doch eher lange Analysefall, der manchmal die Problemlage mit geradezu epischer Breite schildert, bisher zu kurz gekommen ist. „Wichtigstes Ziel der Case-Study-Method ist ... die Fähigkeit der Teilnehmer im analytischen Denken zu schulen [5]."

Wenn auch die „Case-Study-Method" die klassische Harvard-Methode ist, so ist es sicherlich nicht das einzige Motiv dieser Fallsammlung gewesen, an historische Traditionen anzuknüpfen, vielmehr stand dahinter das Anliegen, unkonventionelle Ansätze im Lernprozeß anzuregen, nämlich das *analytische* und *integrative* Denken, da doch gerade ein langer unternehmensstrategischer Fall an den Studierenden hohe Ansprüche hinsichtlich seiner intimen Kenntnis der einzelnen Funktionsbereiche des Unternehmens stellt.

Der unternehmensstrategische Fall steht somit am Ende einer kontinuierlich aufbauenden Fallarbeit mit Studenten, bzw. Führungskräften, umschließt er doch sowohl Probleme aller formalen und informalen Funktionsbereiche des Unternehmens als auch Probleme, die aus der Unternehmensumwelt, der Organisation und den Verhaltensmustern der leitenden Führungskräfte unmittelbar erfließen. Dem unternehmensstrategischen Fall kommt daher resümierende und die einzelnen Wissensgebiete integrierende Bedeutung zu, und damit legitimiert sich der unternehmensstrategische Fall insbesondere für zwei Zielgruppen:

a) Studenten am Ende eines betriebswirtschaftlichen Studienganges

b) Top-Management, bzw. Führungskräfte „am Sprung" in das Top-Management

2. Unternehmensstrategie und Unternehmenspolitik als Lehr- und Lerngegenstand

2.1. Das Fach „Unternehmenspolitik und -strategie“ umfaßt im wesentlichen folgende *Lerninhalte* [6]:

2.1.1. Formulierung langfristiger Unternehmensziele und -strategien im Einklang mit den firmeninternen Möglichkeiten (Maschinenausstattung, Organisation, finanzielles Potential usw.) und den Umweltbedingungen (Markt, Technologie, sozialer Wandel usw.).

2.1.2. Erarbeitung von Substrategien bzw. operationalen und taktischen Schritten, um die Hauptstrategien verfolgen zu können; letztere beziehen sich sowohl auf die unternehmensinternen als auch auf die unternehmensexternen Gegebenheiten und Rahmenbedingungen.

Wesentlichstes Ziel unternehmenspolitischer und unternehmensstrategischer Lehr- und Lerninhalte ist es somit, den Studierenden mit Rahmenbedingungen der betrieblichen Umwelt zu konfrontieren. Wenn der Studierende auch beispielsweise gelernt haben mag, wie ein optimaler Medienstreuplan bei der Werbung für ein bestimmtes Projekt aussieht, so wird er sich doch an die im Rahmen einer „Cash-Flow-Analyse“ gewonnenen Einsichten über die finanziellen Möglichkeiten des Unternehmens halten und seinen Streuplan dementsprechend zurechtstutzen müssen. Desgleichen kann das Unternehmen beispielsweise auch Strategien verfolgen, welche die Benutzung verschiedener Medien nicht opportun erscheinen lassen usw. Allein schon die Lerninhalte eines „business policy case“ lassen erahnen, wie außerordentlich transferorientiert die Arbeit mit einem derartigen Fall ist, muß doch der Studierende neben analytischen Fähigkeiten auch strategisches Denken schulen, um das Spannungsfeld zwischen Betrieb und Umwelt zu meistern.

2.2. Die Fallmethode als didaktisches Instrument, um Unternehmenspolitik zu lehren oder zu lernen:

2.2.1. Da gerade im Bereich der Unternehmenspolitik ein systematisches Hypothesen- und Theoriengebäude weitgehend fehlt bzw. auch kaum im Sinne praxeologischer Aussagen zu verwirklichen ist, kommt den aktiven Lehrmethoden in diesem Bereich besondere Bedeutung zu.

Denn wenn auch wissenschaftstheoretische Ansätze vorhanden sind, so wird doch ein wissenschafts- und nicht praxisorientiertes Vorlesungskonzept weitgehend im Bereich spekulativer, bestenfalls formal-logischer Aussagen bleiben; somit kann ein Rückkoppelungsprozeß, der empirisch fundierte Aussagen zum Gegenstand hat, zwischen Lehrendem und Lernenden nicht stattfinden. Darüber hinaus jedoch kommt das gewichtigste Argument gegen das Bemühen, Unternehmenspolitik in einem Gebäude wissenschaftlicher Theorien zu lehren, unmittelbar aus dem Bereich der Lerntheorie und der mit den Lerninhalten verbundenen Ziele. Doch darauf soll an späterer Stelle noch eingegangen werden.

2.2.2. An *Lehr- und Lernzielen,* die mit der Arbeit an einem unternehmensstrategischen Fall verfolgt werden können, wären im wesentlichen folgende zu nennen:

— Vermittlung von Kenntnissen (knowledge) an den Studierenden im kognitiven Lernbereich

— Herbeiführung einer Änderung bzw. Bestärkung bestehender Verhaltensweisen (attitudes) im affektiven Lernbereich

— Vermittlung bzw. Training von Können und Fähigkeiten (skills) im psychomotorischen Lernbereich

Dabei ist wiederum zu unterscheiden, ob es sich um ein Training in Fähigkeiten und Verhaltensweisen, welches aus der — mit der Fallarbeit wesensmäßig verbundenen — sozialen Interaktion (Gruppenarbeit, Plenumsdiskussion) resultiert, handelt, oder ob es sich um Verhaltensweisen und Fähigkeiten handelt, die unmittelbar aus der inhaltlichen Substanz des Falles erfließen. Uns interessiert in diesem Zusammenhang zunächst nur letzteres, weil das Lernen aus und im Gefolge der sozialen Interaktion nicht allein eine Domäne der Fallmethode ist.

Wenn von „Kenntnissen" als einem Lernziel der Arbeit mit unternehmensstrategischen Fällen gesprochen wird, so sind hier folgende Bereiche des kognitiven Lernprozesses gemeint:

a) Kenntnis formaler Überlegungen und Techniken im Hinblick auf die Erstellung von Strategien in einzelnen Unternehmensfunktionen. (Was ist Strategie? Welche relevanten Dimensionen sind in eine Strategienerstellung miteinzubeziehen?)

Diese Kenntnis wiederum setzt voraus, daß der Lernende bereits über eine ausreichende Kenntnis der einzelnen Unternehmensfunktionen und der damit verbundenen Aufgaben und Prozesse verfügt.

b) Denkansätze, um grundsätzliche unternehmensstrategische Probleme mit dem Datenmaterial eines bestimmten Unternehmens zu verbinden. (Lassen sich gewisse strategische Überlegungen, die beispielsweise von der allgemeinen Marktsituation diktiert werden, überhaupt auf die besondere Situation des Unternehmens anwenden?)

Es soll aber nicht unerwähnt bleiben, daß das Ziel, neue Denkansätze zu lehren und zu lernen, bereits als Brücke zwischen dem kognitiven Lernbereich und den anderen Lernbereichen angesehen werden kann.

Wie aber die amerikanische Literatur zu den unternehmensstrategischen Fällen zeigt, stehen Lernziele im kognitiven Bereich nicht an erster Stelle der Lernzielorientierung.

Wie E. P. Learned u. a.[7] in einer Einleitung zu einer unternehmensstrategischen Fallsammlung schreiben, ist die Vermittlung bzw. das Training folgender Verhaltensweisen (Einsicht, Einstellung, Bereitschaft zu einem bestimmten Tun usw.) im Rahmen der Arbeit mit einem unternehmensstrategischen Fall anzustreben:

a) Der Lernende soll sich daran gewöhnen, Generalist zu werden.

Dem Blick für das Ganze ist Priorität vor dem Blick für das Detail einzuräumen — auch um den Preis, daß das Detail nicht mehr so tiefgehend analysiert werden kann.

b) Der Lernende muß sich weiters daran gewöhnen, daß er es mit heuristischen Modellen und Problemen zu tun hat, so daß auch die Aussagen (Informationen) nur heuristischen Charakter haben werden. Niemals werden dem Lernenden oder dem Praktiker im Betrieb soviele Informationen zur Verfügung stehen, daß er logisch determinierte Entscheidungen davon wird ableiten können.

Ziel der Fallarbeit ist es somit, im Lernenden die Bereitschaft zu wecken, auch mittels nur ungenügender Informationen Entscheidungen zu fällen.

c) Als weiteres Ziel nennen die Autoren das Bemühen, dem Lernenden (Student der Betriebswirtschaft, Führungskraft) das Denken in einem größeren Bezugsrahmen, der über das Unternehmen unmittelbar hinausgeht, zu vermitteln. Der Lernende soll erkennen, daß der Mikrokosmos des Betriebs nur im Rahmen des Makrokosmos der gesellschaftlichen und betrieblichen Umwelt zu sehen ist; doch er soll diesen größeren Bezugsrahmen nicht nur erkennen, sondern auch danach entscheiden und handeln.

d) Ein Ziel der Arbeit mit dem unternehmensstrategischen Fall ist auch jenes, das Selbstverständnis des Lernenden als eines kreativen Innovators und Planers im begrifflichen und tatsächlichen Gegensatz zum Selbstverständnis als Verwalter und Bewahrer des „status quo“ zu schulen. Wohl ist auch das Bewahren des „status quo (ante)“ eine Strategie, doch ist dies nur eine in einer Vielzahl von möglichen; alle anderen Strategien werden in irgendeiner Form innovatorische Elemente beinhalten.

Diese vier Lernziele (Vermittlung von Einsichten bzw. Änderung bestehender Einstellungen und Verhaltensweisen) werden von E. P. Learned und den Co-Autoren in dem Buch „Business Policy — Text and Cases“ in Verbindung mit dem unternehmensstrategischen Fall genannt. Wiederum kann es sich dabei nur um eine demonstrative — und keine taxative — Aufzählung handeln.
Es erscheint uns vielmehr noch erforderlich, weitere Lernziele im affektiven Lernbereich zu nennen, obwohl diese nicht wesensmäßig nur mit dem unternehmensstrategischen Fall verbunden sind, sondern für die Fallmethode im allgemeinen typisch sind:

e) Die Einsicht und die darauf folgende Bereitschaft des Studierenden, sich an einem feed-back-orientierten Lernprozeß zu beteiligen. Wie unten noch ausführlicher zu sagen sein wird, kann diese Bereitschaft von einem Studierenden, der im traditionellen, kontinentaleuropäischen Bildungsprozeß integriert ist, nicht a priori erwartet werden. Und es soll nicht unerwähnt bleiben, daß es am Beginn außerordentlich schwierig ist, diese Einstellungsänderung gerade mittels der Fallmethode herbeizuführen.

Sehr oft nämlich ist ein scheinbar gewichtiges Argument gegen die Fallmethode jenes, daß es die Absenz (bzw. die nur geringe Vermittlung) eines theoretischen Inputs dem Studierenden erschwere oder gar unmöglich mache, Lernfortschritte zu messen und damit Phasen eines subjektiv empfundenen Erfolgserlebnisses zu durchlaufen. Gegner der Fallmethode neigen dazu, diese mit der Kontrolle der Lerneffizienz verbundenen Meßprobleme in ein grundlegendes Problem umzumünzen, nämlich in das des Lernerfolgs an sich:

Ist kein Lernerfolg feststellbar, so kommt es zu Frustrationserscheinungen, also zu einer Demotivation, die dem Lernprozeß mehr hinderlich als förderlich ist.

Diesem Argument ist zweierlei entgegenzuhalten: einerseits wird dabei das Meßinstrument mit dem Meßobjekt verwechselt, und andererseits übergeht dieses Argument eine wesentliche Prämisse der Fallarbeit, nämlich die, daß bereits fundierte Kenntnisse vorhanden sein müssen, um überhaupt erst in eine fruchtbare Fallarbeit einsteigen zu können. Es ist also durchaus nicht im Sinne der Fallmethode, als didaktisches Ersatzinstrument für die Verwendung von theoretischem Wissen Verwendung zu finden. Diese Vermittlung von Wissen im kognitiven Lernbereich wird auch weiterhin vorwiegend den traditionellen Lehrmethoden, wie der Literaturarbeit oder dem Frontalvortrag (mit Feedback) vorbehalten bleiben.

Aber erst durch die Schulung im Rahmen der Fallarbeit wird beim Studierenden die Fähigkeit entwickelt, dieses so akkumulierte Wissen einer praxisorientierten Nutzanwendung zuzuführen.

Die Fallmethode darf somit nicht primär als ein Wissen vermittelndes, sondern ein den Wissenstransfer förderndes Lerninstrument gesehen werden.

f) Weiters wäre noch die im Rahmen der Fallarbeit zu vermittelnde Einsicht zu nennen, Probleme nicht nur im Rahmen der Organisation des Unternehmens und der Umwelt, sondern auch im allerkleinsten Rahmen, nämlich in den Persönlichkeitsstrukturen der Führungskräfte und Mitarbeiter zu sehen.

Ein bestimmtes Verhalten eines Mitarbeiters kommt ja nicht von ungefähr:
Es ist vielmehr durch seine Erziehung, durch seine Sozialisation im allgemeinen, durch seinen bisherigen Erlebnisraum, durch seinen intellektuellen Horizont usw. geprägt. Andererseits muß aber auch vor dem anderen Extrem gewarnt werden, zu welchem Lernende mit nicht ausreichender psychologischer und soziologischer Vorbildung gerne neigen, nämlich den Mitarbeiter oder die handelnde Person des Falles als deterministisches, mechanistisches System zu sehen, dessen „output" nach Erkennen des „input" (individuelle Persönlichkeitsstruktur und situationsspezifische Interaktion) praktisch vorhersagbar ist. Wenn man eine solche Einstellung nicht schon als „extremen Behaviorismus" qualifiziert, so ist es zumindest ein Problemverkennen insoferne, als es bei der Fallarbeit darum geht, Denkansätze zu trainieren *und nicht Lösungsrezepte zu vermitteln* oder *Lösungen vorauszusagen.*

g) Auch die Erkenntnis, daß es eine einzige, im normativen Sinn richtige Lösung nicht geben kann, ist mit der Fallarbeit wesensmäßig verbunden. Diese Einsicht zu gewinnen, fällt dem deutschsprachigen Studierenden oftmals außerordentlich schwer, da es ein traditionelles Bildungsideal unserer Kultur ist, eine Lösung zu erarbeiten und — nachdem sie als richtig erkannt wurde — rezeptartig weiter zu verwenden. Wenn nun eine Falldiskussion damit endet, daß entweder mehrere Lösungen oder Lösungsansätze gleichberechtigt im Raum stehen oder — was als noch „schlechter" empfunden wird — überhaupt keine Lösung erarbeitet werden konnte, so kann das für viele Studierende ein ziemlich frustrierendes Erlebnis sein. Es hängt daher vom Dozenten ab, Zweck und Ziel der Fallarbeit schon a priori klarzustellen, um derartige Frustrationserlebnisse weitgehend hintanzuhalten.

Die mit der Fallarbeit verbundenen Ziele sind aber nur teilweise erreicht worden, wenn der Studierende nicht auch in die Lage versetzt wird, entsprechende *Fähig-*

keiten bzw. Geschicklichkeiten im psychomotorischen Lernbereich [8] zu entwickeln. So wäre es beispielsweise denkbar, daß der Studierende theoretisches Wissen erwirbt und Einstellungen und Verhaltensweisen im Gefolge der Fallarbeit ändert, daß er aber nicht die dazu notwendigen Fähigkeiten erwirbt, neues Wissen mit geänderten Verhaltensweisen zu verbinden und dementsprechend zu handeln. Ausgehend vom Inhalt und vom methodischen Aufbau einer Fallmethode — nicht vom sozialen Raum, in dem der Lernprozeß tatsächlich vor sich geht — können *analytische Fähigkeiten* als die wichtigsten Ziele des Fallunterrichts bezeichnet werden; diese Fähigkeiten umschließen sowohl die Fähigkeit, unter einer gegebenen Zahl von Informationen nützliche und relevante Informationen auszuwählen, als auch die Fähigkeit, auf Grund einer Problemanalyse und -diagnose alternative Lösungsmöglichkeiten zu entwickeln und zu bewerten.
Aber sowohl Analyse als auch Diagnose müssen von einem *integrativen,* mit dem Blick aufs Ganze orientierten Denken ausgehen.

In einer bisher nur teilweise veröffentlichten Studie über erfolgreiche Manager eines großen Mineralölkonzerns wurde diese Fähigkeit treffend auch „Helicopter-Quality" genannt (vergleichbar mit dem Flug des Helicopters, der auf und nieder steigt und dadurch sowohl einen bestimmten Punkt als auch das Ganze jederzeit beobachten kann), nämlich die Fähigkeit, das Ganze zu sehen und doch auf das Detail eingehen zu können, und umgekehrt aus dem Detail auch auf das Ganze zu gehen. Wie diese Studie aufzeigt, ist es gerade diese Eigenschaft, welche erfolgreiche Führungskräfte dieser Gesellschaft besonders ausgezeichnet hat.

Und damit ist der Sprung zu den „general management skills" nicht mehr weit. Der Studierende analysiert nicht nur ein Problem, sondern er muß auch verstehen, verschiedene Problembereiche zu bündeln und miteinander in Bezieung zu setzen. Wohl gibt es hier einige wenige wissensmäßig erlernbare „Regeln" über verschiedene Problemzusammenhänge, doch wird es letztlich immer einer besonderen Fähigkeit vorbehalten sein, alle relevanten Problembereich zu entdecken und zu einem Ganzen zu verbinden. Daß hier die Pluralität der Meinungen in der Gruppenarbeit oder in der Diskussion eine überaus wertvolle Hilfe ist, dieses Denken zu stimulieren, versteht sich dabei von selbst.

2.2.3. Die Komplexität eines Falles aus dem Bereich „Unternehmenspolitik und Unternehmensstrategien":

Entsprechend der Komplexität des Aufgabenbereiches einer leitenden Führungskraft sind auch die Probleme in einem unternehmensstrategischen Fall außerordentlich komplex. Folgende inhaltliche Aufgaben bzw. Ziele können grundsätzlich in einem unternehmensstrategischen Fall gesehen werden [9]:

a) Erfassung branchenspezifischer und wirtschaftlicher Trends auf nationaler und internationaler Ebene, soweit das gegenständliche Unternehmen davon nicht berührt wird,

b) Einsicht in die Bedürfnisse der gesellschaftlichen Umwelt und in die möglichen Probleme,

c) Auswahl der meistversprechenden Alternativen, so sie in Reichweite der unternehmensspezifischen Möglichkeiten liegen,

d) Formulierung von Strategien unter Berücksichtigung der Ziel-Mittel-Relationen,

e) Bewertung aller dem Unternehmen zur Verfügung stehenden Ressourcen im Hinblick auf ihr Potential, die gesetzten Ziele und Strategien damit verfolgen zu können,

f) Neuformulierung bzw. Revision von Strategien, wenn neue Situationen dies erforderlich machen,

g) Bestimmungen der operationalen Schritte im Einklang mit den bereits formulierten Zielen,

h) Konzeption einer unternehmensinternen Organisation, um Kompetenzen und Verantwortung in Einklang mit der strategischen Zielsetzung zu verteilen,

i) Anstoß zu und Koordination von zielorientierten Tätigkeiten,

j) Schaffung eines Systems bzw. auch eines Klimas, welches sowohl das Wachstum des Unternehmens als auch die persönliche Entwicklung und Entfaltung des einzelnen Mitarbeiters fördert,

k) Kontrolle und Überwachung des Fortschritts (in Verfolgung der strategischen Ziele),

l) regelmäßige Überprüfung der Position des Unternehmens im Lichte von unternehmensinternen und -externen Vorgängen.

Dieser Katalog von Problemen, denen sich der Lernende sowohl in der betrieblichen Realität als auch bei der Bearbeitung eines Falles gegenübersieht, zeigt deutlich die Komplexität der Problemstellung in einem unternehmensstrategischen Fall.

Daß es daher nur sinnvoll ist, unternehmensstrategische Fälle mit Studierenden aus den unter 1.2. genannten Zielgruppen zu bearbeiten, bedarf somit keiner weiteren Erläuterung.

2.2.4. Die Fallstudie im Lichte einer Taxonomie der Lernziele (Lernintensitätsstufen).

In Anlehnung an Bloom [10] können folgende Lernintensitätsstufen im kognitiven bzw. affektiven Bereich genannt werden:

a) *Kognitiver Bereich*

1. Wissen (knowledge)
2. Verstehen (comprehension)
3. Anwenden (application)
4. Analyse (analysis)
5. Synthese (synthesis)
6. Beurteilen (evaluation)

b) *Affektiver Bereich*

1. Passive Anteilnahme (receiving)
2. Aktive Anteilnahme (responding)
3. Bewerten der Phänomene (valuing)
4. Integration der Werte in ein bestehendes Wertsystem (organizing)

5. Ausprägung der Werte zu einem dominanten Wertmuster, das charakteristisch für den Betreffenden ist (characterization by a value or a value complex)

ad a) Wie schon oben festgestellt wurde, ist das „Wissen“ eine unabdingbare Voraussetzung für eine beide Lernpartner (Dozent und Teilnehmer) befriedigende Fallarbeit, so daß die Lernziele der Fallmethode im kognitiven Bereich wahrscheinlich auf den Intensitätsstufen 2, 3 und 4 anzusiedeln sind.
Wohl kann auch ein Verstehen des Gelernten bereits zu den Prämissen einer Fallarbeit gezählt werden, jedoch wird hier eine Fallstudie nicht selten endgültige Klarheit bringen können.

Hingegen muß es zweifelhaft erscheinen, ob mit einer Fallstudie die 5. und 6. Lernintensitätsstufe (Synthese und Beurteilen) erreicht werden können, weil hier ex definitione die Realisierung einer Entscheidung bzw. ein Tun ablaufmäßig vorgelagert sind. Mit Einschränkungen gilt dies auch schon für die 4. Lernintensitätsstufe, jedoch ist die Analyse einer fiktiven Entscheidung im Rahmen eines Falles durchaus noch möglich, wenn sie auch mit Annahmen arbeiten muß, die nicht mit der Realität konfrontiert werden können.

ad b) Während im kognitiven Bereich die Lernintensitätsstufe 1 eine unabdingbare Prämisse ist, kann solches von der Lernintensitätsstufe 1 im affektiven Bereich nicht behauptet werden — das Gegenteil ist vielmehr der Fall. Die Fallstudie stellt bewußt auf die aktive Teilnahme der Studierenden ab — ja sie wäre sogar völlig sinnlos in einem Lernprozeß ohne Feedback. Das Lernintensitätsziel der „gewöhnlichen“ Fallarbeit wird somit in der Stufe 3 (Bewerten von Phänomenen) zu suchen sein. Ein intensives Lernen dürfte jedoch mittels der Fallstudie im affektiven Bereich nicht stattfinden, wenn wir von der Fallstudie als einmaligem Phänomen ausgehen.

Arbeitet aber der Studierende kontinuierlich (beispielsweise ein ganzes Jahr in einem Harvard-Kurs) und intensiv mit Fallstudien, so ist ein Lernen auch in den Intensitätsstufen 4 und selbst 5 nicht ausgeschlossen. Ein europäischer Student, der beispielsweise an einer amerikanischen Business-School eine längere Zeit intensiv mit Fällen arbeitet, wird sich vermutlich nicht ganz den den Fallstudien unterliegenden gesellschafts- und wirtschaftspolitischen Wertvorstellungen entziehen können.

In welchem Ausmaß dann auch ein Internalisierungsprozeß der den Fallstudien unterliegenden Wertvorstellungen durch den Studierenden stattfindet, soll hier aber nicht zur Diskussion gestellt werden; auszuschließen ist ein solcher Prozeß jedoch nicht.

In Zusammenfassung des Bisherigen lassen sich nun folgende Charakteristika für die Position der Fallstudie in der Praxis des Lehr- und Lernprozesses nennen:

a) Die Fallstudie geht in ihrer didaktischen Intention über das bloße Vermitteln von Wissen hinaus und ist bereits eindeutig transferorientiert.

b) Die Fallstudie setzt sich Lernziele in allen Bereichen des menschlichen Lernens.

c) Die Fallstudie ist nicht das geeignete didaktische Instrument, um Theorien zu lehren. Wenn es bereits eine systematisierte Theorie gibt, so sollten Fälle nur als Mechanismen zur Illustrierung und als Hilfe zum Theorienunterricht Verwendung finden. Ein Methoden-Monismus zugunsten der Fallstudie und zu Lasten anderer didaktischer Instrumente ist abzulehnen.

d) Ist keine ausreichende systematische Theorie vorhanden, so kann eine Unterrichtung der Lernenden nur nach Beispielen bzw. mit daraufliegendem Schwergewicht erfolgen; dazu bietet sich die Fallmethode als ideales Instrument an.

e) Der mit der Fallstudie wesensmäßig verbundene Lehr- und Lernprozeß bedeutet in gewissem Sinn einen „Bruch" mit bisher dominanten Lehrmethoden und Lehr- und Lernsituationen; es ist daher die Verwendung der Fallstudie im Lernprozeß nicht nur ein Problem des „guten Willens" des Dozenten, sondern auch ein Problem kulturhistorischer Prämissen und Rahmenbedingungen im sozialen Interaktionsraum.

2.3. *Die Behandlung eines unternehmensstrategischen Falles in der Lehrsituation des Hörsaals (Class room)*

In der einschlägigen deutschsprachigen Literatur wurde dem didaktischen Instrumentarium (didaktische Hilfsmittel, Lernökologie), welches in Verbindung mit der Fallmethode zur Anwendung gelangen kann, bisher nur wenig Platz eingeräumt.
Die nachstehenden Ausführungen, die sich weniger an den Wissenschaftler und Forscher als vielmehr an den mit Fällen arbeitenden Dozenten und Praktiker richten, beschäftigen sich nicht so sehr mit der Frage des Lernklimas und der Lernorganisation, als vielmehr mit der Frage, wie eine Fallarbeit mittels didaktischer Hilfen variiert bzw. unterstützt werden kann. Es sind keine wissenschaftlichen Ergebnisse, die im folgenden verwertet werden, sondern lediglich langjährige Erfahrungen des „Interdisziplinären Instituts für Unternehmensführung" an der Hochschule für Welthandel (Wien) im Rahmen seiner bisherigen Fallarbeit, die keinen wie immer gearteten Anspruch auf Allgemeingültigkeit erheben können. Eine taxative Auflistung von didaktischen Instrumenten und Möglichkeiten wurde ebenfalls nicht angestrebt.

2.3.1. Filme. Falls über das gegenständliche Unternehmen ein Film vorhanden ist, so kann dieser als wertvolle Ergänzung zur Fallarbeit verwendet werden. Da der damit verbundene Aufwand allerdings sehr groß ist, stehen Filme bestenfalls bei Fallstudien über große Unternehmen zur Verfügung.

2.3.2. Tonbandaufzeichnungen von Interviews in dem betreffenden Unternehmen (aufgenommen im Rahmen der Fallerhebung) vermitteln einen lebhaften und weitestgehend ungefilterten Eindruck von den handelnden Personen.

2.3.3. Hörsaaldiskussion mit Schlüsselpersonen aus dem betreffenden Unternehmen. Nicht immer erreicht dieses didaktische Instrument die damit verbundenen Ziele — nämlich eine größere Realitätsnähe des Falles — in positiver Weise. Vielmehr kann es manchmal zu einem Phänomen, welches man am besten als „Realitätsschock" bezeichnen könnte, kommen, wenn die Lernenden — insbesondere Studenten ohne betriebliche Erfahrung — die „Traumwelt" des Falles mit der Realität konfrontiert sehen. Diskussionen unter dem Eindruck dieses Phänomens haben sich daher nicht immer als fruchtbringend erwiesen.

2.3.4. Rollenspiel.

Ein Rollenspiel weist neben den bereits hinlänglich bekannten Vorteilen auch jenen auf, daß es sich für die simulierte Lösung interpersonaler Probleme, die im Fall durch die Konfrontation von verschiedenen Persönlichkeiten auftreten, ebenfalls sehr gut eignet. So kann beispielsweise eine lebhaft und mitunter sehr emotional engagiert geführte Diskussion zwischen Studierenden direkt in ein Rollenspiel übergeleitet werden.

Die Möglichkeit, eine Fallarbeit in ein Rollenspiel überzuführen oder den Fall mit einem solchen zu beenden, ist auch in der Literatur bereits anerkannt (vgl. auch Lawshe, Bolda and Brune, 1968).

Die Unterschiede zwischen einem Rollenspiel und der Fallmethode arbeitet Solem wie folgt heraus [11].

Fallmethode	Rollenspiel
1. Bringt ein Problem zur Diskussion	1. Stellt das Problem in einen lebensnahen, wenn auch simulierten Rahmen
2. Leitet Probleme aus schon historischen Geschehnissen ab	2. Probleme orientieren sich am tatsächlichen Ablauf
3. Die Probleme haben das Verhalten anderer zum Gegenstand	3. Die Probleme haben das Verhalten der Teilnehmer zum Gegenstand
4. Handelt von den emotionalen und verhaltensmäßigen Aspekten in einem intellektuellen Bezugsrahmen bzw. Blickwinkel	4. Handelt von den emotionalen und verhaltensmäßigen Aspekten im experimentalen Bezugsrahmen
5. Betont die Wichtigkeit der Tatsachen (Fakten)	5. Betont die Wichtigkeit des gefühlsmäßigen Erlebnisses
6. Bedingt typischerweise eine „akademische Diskussion" von einem Bezugspunkt, der außerhalb der eigentlichen Problemsituation liegt	6. Die Teilnehmer sind psychologisch in die Problemsituation involviert
7. Fördert das Verhalten, ein Problem nur nach rational - intellektuellen Überlegungen zu analysieren	7. Fördert das Verhalten, ein Problem auch von der emotionalen Seite zu sehen
8. Vermittelt praktische Übung in der Fähigkeit, Probleme zu analysieren	8. Vermittelt praktische Übung in der zwischenmenschlichen Interaktion
9. Ermöglicht die Entwicklung von Ideen und Hypothesen	9. Ermöglicht das Abprüfen von Ideen und Hypothesen
10. Trainiert die Urteils- und Entscheidungsfähigkeit	10. Trainiert die Fähigkeit, sich emotional zu kontrollieren
11. Definiert die Handlung oder die Lösung	11. Ermöglicht die Durchführung der Handlung oder der Lösung
12. Legt Handlungen und Abläufe dar, deren Auswirkungen gewöhnlich unbestimmt sind	12. Ermöglicht ständige Rückkoppelung (Feedback)

2.3.5. Management-Spiel.

Ein solches hängt zwar nicht unmittelbar und kausal mit der Fallmethode zusammen, kann aber mitunter als wertvolle Ergänzung damit verbunden werden.

2.3.6. Übungen.

Übungen im gruppendynamischen Bereich bzw. in allen Bereichen der sozialen Interaktion sind dann zu empfehlen, wenn die Fallarbeit in der Gruppe bzw. im Plenum zeigt, daß gewisse soziale Rahmenbedingungen noch nicht gegeben sind, oder daß der emotionale Erlebnisraum (Gruppenerlebnis, Fair-Play in der Diskussion) noch weitestgehend unverwirklicht ist.
Während der kulturhistorische Hintergrund im angelsächsischen Raum bereits jene Vorbedingungen im sozialen Interaktionsraum schafft, die die Fallarbeit fördern und begünstigen, müssen solche sozialen Rahmenbedingungen im kontinentalen und deutschsprachigen Raum mitunter erst geschaffen werden. Von diesen soziopsychologischen Rahmenbedingungen, welche im angelsächsischen Raum die Fallarbeit fördern, wären insbesondere zu nennen:

a) Geringere Autoritätszentrierung des Lehr- und Lernprozesses dadurch, daß Gruppenarbeit bzw. individuelle Arbeit mit Tutoren immer schon eine wichtige Rolle innerhalb des Lernprozesse gespielt haben (Tutorensystem).

b) Feedbackorientierung des Lernprozesses.

c) Die besondere Rolle der Diskussion im öffentlichen und privaten Leben; diese besondere Rolle wiederum basiert auf

aa) der Einsicht in die Notwendigkeit der sozialen Interaktion zur Lösung von Problemen und

bb) der Einsicht in die Notwendigkeit eines Fair-Play in der sozialen Interaktion (social responsibility).

Diese sozialpsychologischen Rahmenbedingungen wird der Lehrende im kontinentaleuropäischen Raum manchmal erst schaffen müssen, um den Grundstein für eine fruchtbare Fallarbeit (Gruppenarbeit und Plenumsdiskussion) zu legen.
Dazu sind Übungen, bei denen Sinn und Zweck einer zielorientierten Gruppenarbeit vom einzelnen Gruppenmitglied positiv erlebt werden, wohl die beste Vorbereitung.

2.3.7. Hausarbeit (individuell oder in Gruppen).

Grundsätzlich kann die Hausarbeit als eine Brücke von der traditionellen Didaktik des Frontalvortrages und der Literaturarbeit zur aktiven, gruppenzentrierten Fallarbeit gesehen werden.

Sie kann je nach dem Inhalt des Falles mit außerordentlich vielfältigen Aufgaben verbunden sein. Die Hausarbeit kann von Einzelpersonen und von Gruppen durchgeführt werden; prinzipiell sollte jedoch — wenn es die Umstände zulassen — die Gruppe Trägerin der Hausarbeit sein.

Die Hausarbeit selbst kann entweder einer vertieften Vorbereitung im Hinblick auf die Plenumsdiskussion dienen, sie kann aber auch ihren Niederschlag in einer entsprechenden Präsentation der Ergebnisse vor dem Plenum der Studierenden finden. Es bleibt hier die Phantasie des Dozenten überlassen, welchen Weg er einschlägt bzw. zu welchen Fallproblemen er Hausarbeiten vergibt.
Bewährt hat sich das Vorgehen, eine oder mehrere Personen bzw. Gruppen zu „Konsulenten" zu ernennen, die Lösungen zu bestimmten Problemen des Falls

erarbeiten müssen. Diese Lösungen sind dann im Plenum zu präsentieren, wobei den übrigen Studierenden etwa die Rolle des kritisch zuhörenden und fragenden Unternehmensvorstandes zukommt.

2.3.8. Betriebsbesuche bzw. Durchführung von Arbeiten im untersuchten Betrieb. Dies betrifft insbesondere Fälle, die im Weg der „Projekt-Methode“ bearbeitet werden; ein Betriebsbesuch wird aber auch ganz allgemein von Nutzen sein und sollte daher durchgeführt werden, wenn es die Umstände (z. B. keine Wahrung der Firmenanonymität notwendig) zulassen, um die „Fall-Realität“ im Sinne eines Lokalaugenscheins mit der „tatsächlichen Realität“ zu konfrontieren und um Transferprozesse zu intensivieren.

3. Einige Hinweise zu den gesammelten Fällen

Das vorliegende Buch enthält schwerpunktmäßig unternehmensstrategische Fälle der sogenannten „Freizeit-Industrie“, wobei sich der Bogen von der Ski-Industrie über die Bootsindustrie zur Leichtflugzeugherstellung spannt. Einige Fälle sind österreichischer Herkunft und einige Fälle sind amerikanischer Herkunft. Ein Fall integriert sowohl amerikanische als auch österreichische bzw. kontinentaleuropäische Verhältnisse. Dem Leser und Benützer dieses Buches wird dabei nicht entgehen, daß mit diesem Buch der Versuch gemacht wurde, nicht nur eine methodisch-didaktische Lücke durch die schwerpunktmäßige Darstellung von unternehmensstrategischen Fällen zu schließen, sondern darüber hinaus der zu beobachtenden Entwicklung zur „Freizeit-Gesellschaft“ und ihren Konsequenzen auf die Industrie Rechnung zu tragen.

Weiters mag auch die etwas unorthodoxe Verbindung US-amerikanischer und kontinental-europäischer Elemente verschiedentlich wertvolle Anregungen erbringen. Die Fallstudien über FISCHER spielen vor dem Hintergrund eines außerordentlich dynamischen und exportorientierten österreichischen Industriezweiges, wobei es gerade jenes dynamische Wachstum der vergangenen Jahre ist, welches den Anstoß für die krisenhafte Entwicklung einiger Probleme gegeben hat.

Die Fallstudie FISCHER II nimmt auf diese krisenhafte Entwicklung besonders Bezug, darf aber andererseits nur im Zusammenhang mit FISCHER I gesehen werden, da sich die Bearbeitung von FISCHER II stärker auf die Verwertung unternehmensexterner Publikationen stützt, so daß etwas weniger originäre Daten von der Firma selbst darin enthalten sind. FISCHER III ist lediglich eine Sammlung von einigen Presseberichten, die hinsichtlich der jüngsten Entwicklung (Ende 1973) relevant erscheinen und diese zu illustrieren vermögen.

In didaktischer Hinsicht empfiehlt sich für die Behandlung der FISCHER-Fallstudien der Weg des sogenannten „Folge-Falles“ (sequential case), wobei die in FISCHER III enthaltenen Informationen den Studierenden erst dann zur Verfügung gestellt werden sollten, wenn die Studenten bereits auf der Basis der Fälle FISCHER I bzw. II unternehmensstrategische Maßnahmen ausgearbeitet haben. Im Lichte dieser neuen Informationen wären dann die von den Studierenden bereits verarbeiteten strategischen Konzeptionen zu überprüfen bzw. gegebenenfalls zu revidieren.

Die Fallstudien über HEAD verbinden — wie schon oben erwähnt — amerikanische und kontinentaleuropäische Elemente, wobei die strategischen Überlegungen der europäischen HEAD-(bzw. AMF-)Tochter nicht ohne den Zusammenhang zur Muttergesellschaft gesehen werden können. In diesem Sinne dienen die Fallstudien HEAD (A) und HEAD (B 1) als Basis für die Bearbeitung der Fälle HEAD (B 2) und HEAD (B 3). In Europa wiederum können die unternehmensstrategischen Überlegungen nicht isoliert von der Person und der Motivation der Zentralfigur (Dr. Bader) gesehen werden. Somit bietet dieses Fallfolge (A—B 3) eine reizvolle Verbindung zwischen der Welt des multinationalen Großkonzerns und dem „Mikrokosmos" einer einzelnen Führungskraft mit deren persönlichen Einstellungen, Verhaltensweisen und Erwartungen.

Die Fallstudien über SCHÖCHL wiederum zeigen den Weg eines relativ kleinen Unternehmens von seinen Anfängen bis zum Marktleader in einer bestimmten Branche. Daß es sich dabei letztlich doch nur um einen kleinen Mittelbetrieb handelt (der allerdings in der Relation zur Branche ein „Gigant" ist), erleichtert dem Studierenden, sich mit den Problemen des Unternehmens unmittelbar zu identifizieren. Da in diesem Falle so viele Hintergrunddaten über die Branche an sich eingeflossen sind, konnte auf eine eigene Branchenbeschreibung („Note on ...") verzichtet werden.

Eine solche geht jedoch den Fällen voraus, welche von den beiden Unternehmen der amerikanischen Leichtflugzeug-Industrie handeln.

Mit PIPER und BEECHCRAFT wird das Bild eines Industriezweiges skizziert, der ebenfalls nicht ohne Probleme ist. Da es sich hier um miteinander konkurrierende Firmen handelt, die einen großen Teil des US- und des Weltmarktes beherrschen, kann auch im Wege der Fallarbeit der Wettbewerbsgedanke hervorgekehrt werden, indem eine (oder mehrere) Gruppe(n) mit der Fallstudie PIPER und (eine) andere Gruppe(n) mit der Durcharbeitung der Fallstudie BEECHCRAFT betraut werden und dann ein Zusammentreffen dieser so erarbeiteten Strategien auf dem Markt diskutiert wird. Davon abgesehen, können auch noch andere nicht uninteressante Variationen mit diesen beiden Fällen durchgearbeitet — und auch durchgespielt — werden; es sei hier dem Einfallsreichtum des Dozenten und der Studierenden keine Grenze gesetzt.

4. Prüfliste

Ein Hilfsmittel sowohl für den Dozenten als auch für die Studierenden stellt die nachfolgende Prüfliste dar, in welcher die meisten der Probleme, die bei der Erarbeitung von Strategien bzw. bei der Analyse derselben relevant werden, in Form von problemzentrierten Fragen „verpackt" sind.

Da es sich dabei natürlich nur um ein Gerüst handeln kann, welches von Fall zu Fall modifiziert werden muß, liegt es am Dozenten, die jeweils richtigen Akzente in der Falldiskussion zu setzen.

Prüfliste für unternehmenspolitische und strategische Überlegungen

Zusammengestellt aus: Business Policy; Learned-Christensen-Andrews-Guth, Homewood Ill., 1969.

I. *Analyse* der Strategie im Hinblick auf deren Erfassung und Bewertung:

1. Ist die Strategie als solche formuliert worden und den Schlüsselpersonen bekannt?
2. Umfaßt die Strategie alle Möglichkeiten, die in- und ausländische Märkte bieten?
3. Steht die Strategie in Einklang mit dem derzeitigen und zukünftigen Potential des Unternehmens insgesamt?
4. Sind die einzelnen Elemente der Strategie widerspruchsfrei aufeinander abgestimmt?
5. Entspricht das strategisch kalkulierte Risiko in etwa dem Unternehmenspotential und den Vorstellungen bzw. Fähigkeiten des Top-Management?
6. Berücksichtigt die Strategie die gegenüber der Allgemeinheit (Kunden, Arbeitskräfte, Ökologie usw.) bestehenden Verpflichtungen?
7. Enthält die Strategie auch eine entsprechende Motivation für die Mitarbeiter?
8. Sind in die Strategie Rückkoppelungsmechanismen eingebaut, so daß Auswirkungen der Strategie überprüft werden können?

II. *Inhalt* der Strategie:

1. Welchen Funktionen dient das Produkt? Welche Motivation erweckt es beim Kunden?
2. Welche Markttrends sind zu beobachten? Welche Risken birgt der Markt?
3. Wo liegen die Stärken und die Schwächen der Unternehmung? Welche sind die Ursachen dafür?
4. Entspricht das Produkt dem Markt, den es ansprechen will, oder gibt es noch einen günstigeren Markt für das Produkt?
5. Ist eine Diversifikation zu wünschen?
6. Welche dominanten Wertvorstellungen (wirtschaftspolitischer, betriebswirtschaftlicher, ästhetischer, sozialer, politischer, religiöser usw.) Art sind bei den wichtigsten Top-Managern anzutreffen?
7. Welche Wertvorstellungen liegen der Strategie zugrunde und sind diese mit den Wertvorstellungen des Top-Managements und der wichtigsten Subaltern-Manager kompatibel?
8. Welche von der Öffentlichkeit gesetzten Rahmenbedingungen und Verpflichtungen sind zu beachten?
9. Auf welche Bereiche der Öffentlichkeit wird sich die Strategie auswirken? Und wie wird sie sich da auswirken?
10. Wie verträgt sich die Strategie mit den individuellen Bedürfnissen und Wertlischen und ethischen Normen?

11. Wie verträgt sich die Strategie mit den individuellen Bedürfnissen und Wertvorstellungen der Mitarbeiter?

III. *Durchsetzung* der Strategie:

1. Welche Schlüsselaufgabenstellungen resultieren aus der Durchführung der Strategie?

2. Welche Führungskräfte und zusätzliche Mitarbeiter (insbesondere im Hinblick auf Qualifikation, Erfahrung usw.) sind zur Durchführung der Strategie erforderlich?

3. Welche Organisationsveränderungen oder -anpassungen erfordert die Durchführung der Strategie?

4. Wie müssen die einzelnen Teilaufgaben koordiniert werden?

5. Welches Informationssystem ist für die Durchführung der Strategie am geeignetsten?

6. Welche Subziele und Zielerreichungskriterien müssen vorgegeben werden?

7. Welche Motivations- und Belohnungssysteme für die Mitarbeiter sind diesen Zielerreichungskriterien angemessen?

8. Welche Kontroll- und Steuerungssysteme sind organisationsintern zu schaffen, um die Durchsetzung der Strategie zu gewährleisten?

9. Welche Management-Development-Maßnahmen sind erforderlich, um die Durchführung der Strategie optimal zu ermöglichen (sowohl eine qualitative als auch quantitative Heranbildung des Führungsnachwuchses)?

Anmerkungen

[1] Herbert B. Schmidt: Die Fallmethode — „Eine einführende Darstellung", Essen 1958.
[2] a. a. O.
[3] Andrew R. Towl: „To Study Administration by Cases", Boston 1969.
[4] U. Rosin, unveröffentlichte Dissertation, Wien 1973.
[5] K. Agthe: „Möglichkeiten und Grenzen der Fallmethode", RKW-Schriftenreihe, Frankfurt 1960; zit. in U. Rosin: unveröffentlichte Dissertation, Wien 1973.
[6] Edmund P. Learned u. a.: European Problems in General Management; Homewood, Ill. 1963, S. 2 f.
[7] Edmund P. Learned u. a.: Business Policy (Text and Cases), Homewood, Ill., 1969.
[8] Vgl. R. Th. Stiefel: Lehren und Lernen in der Management-Schulung; RWK-Schriftenreihe „Lernen und Leistung", Frankfurt 1973. Stiefel spricht nur von psychomotorischen Fähigkeiten i. e. Sinn, wobei er darunter die verschiedensten Management-Fähigkeiten, wie z. B. Entscheiden, Kommunizieren usw., subsummiert, möchte aber die intellektuellen Fähigkeiten (intellectual skills) als einen eigenen Lernbereich, „der sich durch die Natur des Lernprozesses sowohl von den psychomotorischen Fähigkeiten als auch vom kognitiven Bereich unterscheidet", davon getrennt wissen.
[9] E. P. Learned u. a.: European Problems in General Management, Homewood, Ill., 1963, S. 2 f.
[10] Zit. in.: R. Th. Stiefel: Lerntransfer in der Management-Schulung; RWK-Schriftenreihe „Lernen und Leistung", Frankfurt 1973, S. 14.
[11] Zit. in: Training in Industrie, The Management of Learning (Bernard M. Bass and James A. Vaughan, Tavistock Publications Ltd., London 1966).

SKIFABRIK FISCHER
Eine unternehmenspolitische Fallstudie aus der Skiindustrie

FISCHER I: Entwicklung und Struktur des Unternehmens

Um für die Fallstudiendiskussion in der Klasse einen gewissen Rahmen zu geben, könnte man folgende Fragen empfehlen:

1. Wie beurteilen Sie langfristig die die Situation und die Chancen in der Freizeitindustrie im allgemeinen und der Skiindustrie im besonderen.
2. Wie würden Sie die Unternehmenspolitik der Firma FISCHER karakterisieren?
3. Wo sehen Sie die Stärken bzw. die Schwächen des Unternehmens?
4. Welche Personalpolitik würden Sie vorschlagen?
5. Würden Sie dem Unternehmen empfehlen, zu diversifizieren? Wenn ja, welche Produkte bzw. welche Märkte?

1. Allgemeines über die österreichische Skiindustrie

In Österreich hat die Skiindustrie eine im Vergleich zu anderen Ländern weit zurückreichende Tradition.

Dieser Industriezweig wird deshalb international in hohem Maße durch österreichische Firmen beeinflußt. Folgende Gründe können für die starke Stellung Österreichs angeführt werden:

— die geographische Lage,

— die geschichtliche Entwicklung des Skisports und die sich daraus ergebende natürliche Entwicklung der Skiindustrie,

— die sportlichen Erfolge der österreichischen Skiläufer(innen),

— die führende Stellung der Skitheoretiker.

Seit der Jahrhundertwende befaßten sich sehr viele Holzverarbeitungsbetriebe

(Tischlereien, Wagnereien) mit der handwerklichen Skierzeugung. Aus ihnen entwickelten sich dann die heute international bekannten Skifirmen (KÄSTLE, gegr. 1904; KNEISSL, gegr. 1918; FISCHER, gegr. 1924, um nur einige zu nennen). Auch jetzt werden in Österreich noch Skier auf handwerklicher Basis erzeugt, jedoch sind sichere Anzeichen vorhanden, daß diese Betriebe früher oder später sich entweder zusammenschließen müssen oder aber von anderen Großfirmen aufgekauft werden. Durch die große Konkurrenz sind die Unternehmen gezwungen, sowohl technisch hochwertige Produkte zu erzeugen als auch die Preise dieser Produkte in gewissen Grenzen zu halten. Dies macht einerseits die Haltung einer großen Entwicklungs- und Forschungsabteilung notwendig, andererseits müssen großzügige Rationalisierungs- und Modernisierungsmaßnahmen durchgeführt werden. All diese Anforderungen können begreiflicherweise nur größere Firmen bewältigen.

Vor allem in technologischer Hinsicht hat sich im Laufe der Zeit sehr viel geändert. Vor dem Zweiten Weltkrieg wurden Skier großteils aus einem Stück Eschenholz gefertigt, während sie heute fast ausschließlich in Schichtenbauweise hergestellt werden. Der entscheidende Umschwung in der Skierzeugung trat aber zu dem Zeitpunkt ein, als neben Holz auch Metall zur Fertigung von Skiern verwendet wurde. Später wurden auch Kunststoffe in der Skierzeugung eingesetzt. Heute versucht man durch Kombination aller drei Materialien einen optimalen Ski zu erzeugen. Durch verschiedene Produktionsverfahren wurden die Skier zu immer hochwertigeren Produkten. Deshalb nehmen auch die Entwicklungs- und Forschungsabteilungen in den Skierzeugungsbetrieben eine außerordentlich wichtige Stellung ein. Gerade in dieser Hinsicht sind die österreichischen Unternehmen führend, und viele ausländische Firmen sind an ihrem technischen know how interessiert.

So wie die meisten anderen Sportartikelindustrie ist auch die Skiindustrie zu einer ausgesprochenen Wachstumsindustrie geworden. Vor allem seit dem Zweiten Weltkrieg erfolgte in Österreich eine explosive Produktionssteigerung auf dem Skisektor (in Paar Ski):

Jahr	Holz	Metall	Kunststoff	Gesamt
1954				23.037
1955				29.016
1956				33.794
1957				45.632
1958				75.969
1959				86.288
1960				110.726
1961				206.427
1962				326.580
1963				417.382
1964				522.443
1965	412.285	78.434	75.126	565.845
1966	437.114	123.789	100.351	661.254
1967	288.725	119.628	173.120	581.475
1968	228.088	150.379	288.160	666.627

Sichere Zahlen für das Jahr 1969 waren noch nicht zu erhalten, jedoch bewegen sich die Schätzungen über der Millionengrenze.
Wertmäßig ist ein noch stärkeres Ansteigen der Produktion zu beobachten, wie folgende Übersicht zeigen soll (in öS 1000,—):

Jahr	Holz	Metall	Kunststoff	Gesamt
1954				12.550
1955				16.851
1956				22.191
1957				30.175
1958				51.821
1959				59.234
1960				88.269
1961				136.723
1962				225.020
1963				314.252
1964				367.544
1965	169.572	113.872	128.036	411.480
1966	190.084	159.522	177.089	526.695
1967	113.737	156.598	277.492	547.827
1968	57.903	190.474	334.157	582.534

Diese Zahlen sind durch das Österreichische Statistische Zentralamt ermittelt worden und basieren auf den Angaben der Skifabrikanten. Allerdings müssen sie nicht unbedingt der Wirklichkeit entsprechen, da diese Ziffern aus verschiedenen Gründen nicht entsprechend der tatsächlichen Produktion angegeben wurden.
Wie in den folgenden Ausführungen noch gezeigt werden wird, beträgt der Exportanteil bis zu 80 Prozent der Produktion. Dadurch sind die österreichischen Erzeuger einerseits sehr exportabhängig, andererseits resultiert daraus auch eine sehr starke Stellung am internationalen Markt. So haben sich die jährlichen Lieferungen von Skiern in die USA von 1968 auf 1969 wertmäßig beinahe verdoppelt (von ca. 3,2 Mio. $ auf 6 Mio. $). Die österreichischen Exporte in die USA haben damit die Skiexportergebnisse aller übrigen Lieferländer zusammengenommen übertroffen. Ausgenommen davon ist allerdings Japan, welches doppelt so viele Skier in die USA als Österreich liefert, aber wertmäßig weit hinter Österreich zurückliegt (3,1 Mio. $).

1.1. *Die wichtigsten europäischen Skiproduzenten*

Der Großteil der Skiproduktionsstätten konzentriert sich natürlicherweise in den Alpenländern (ausgenommen sind Langlauf- und Sprungskier). Neben Österreich können als wichtigste Skiproduktionsländer genannt werden: BRD, Schweiz, Italien, Frankreich, Jugoslawien.

Bundesrepublik Deutschland

In der BRD sind die Firmen ERBACHER, VÖLKL, LAUPHEIMER, FRITZMEIER und HOLZNER von Bedeutung, die zusammen etwa 500 000 Paar Skier erzeugen. Diese Firmen sind zwar im Export ebenfalls erfolgreich, konnten aber kein allzu gutes Image erreichen.

Eine Marktuntersuchung des DIVO-Institutes vom Jahre 1969 beweist, daß der Bekanntheitsgrad der deutschen Skifirmen weit hinter dem der österreichischen Skiproduzenten liegt.

Schweiz

Obwohl die Schweiz eine ähnliche geographische Lage wie Österreich aufweist, kann sie interessanterweise, mit Ausnahme von ROSSIGNOL-SUISSE, mit keinen bekannten Skifabriken aufwarten. Die ehemals für die Schweiz bedeutendste und größte Skifabrik AUTHIER wurde von einem amerikanischen Großunternehmen aufgekauft.

Italien

Hier gibt es lediglich eine international bekannte Skifirma, PERSENICO. Die Produktion von PERSENICO wurde 1969 mit 100 000 Paar Skiern angegeben. PERSENICO ist allerdings nicht mehr in italienischem Besitz, sondern wurde von der amerikanischen Firma SPALDING übernommen, die auch die Slazenger-Tennisschläger erzeugt.

Frankreich

Von größerer Bedeutung ist Frankreich, das besonders in den letzten Jahren — wohl auch durch die französischen Skirennerfolge — stark aufgeholt hat. Am bekanntesten ist die Firma ROSSIGNOL, die seit 1957 (8000 Paar Skier) einen enormen Aufschwung genommen hat. Immerhin wurden in der letzten Saison 220 000 Paar Skier erzeugt, und für die kommenden Jahre sind größere Erweiterungen geplant. Eine weitere Firma, DYNAMIC, hat besondere Erfolge im Rennsport aufzuweisen, beschränkt sich aber auf eine geringe Produktion. Die französische Skiindustrie unternimmt gewaltige Anstrengungen, um vor allem den österreichischen Skifirmen am internationalen Markt starke Konkurrenz zu machen.

Jugoslawien

Jugoslawien ist deshalb von Bedeutung, weil es die zweitgrößte Skifabrik der Welt besitzt: ELAN.

Allerdings sind bei der Produktionsangabe von 500 000 Paar Skiern jährlich auch Langlauf- und Sprungskier mitgezählt. Diese Skifirma bemüht sich außerordentlich, ein besonderes Image aufzubauen. So wurden auf der ISPO [1] in München Exklusivmodelle mit Ozelot-Oberbelag und andere teure Modelle mit einem Preis bis zu 3000 DM angeboten. Wenn auch ELAN laut eigenem Prospekt nach 32 Ländern exportiert, ist sie im Bekanntheitsgrad doch den anderen Spitzenmarken in Europa unterlegen.

1.2. *Die wichtigsten Skiproduzenten in Übersee*

USA

Bis jetzt hat Europa in der Skiindustrie eine führende Rolle gespielt; allerdings versuchen die Amerikaner nicht nur durch Ankauf europäischer Skifirmen, sondern auch durch eine Offensive aus den USA die Vormachtstellung zu bekommen. So stellte der US-Cheftrainer bei Vorträgen und Diskussionen folgende Prognosen [2]:

— In 10 Jahren werden die USA uneingeschränkte Weltskination Nummer 1 sein. sein.

— In der ganzen Welt werden die Skischulen direkt oder indirekt nach amerikanischen Lehrmethoden unterrichten.

— Es werden mehr Europäer auf Skiurlaub in die USA kommen als Amerikaner nach Europa.

— Die Wintersportgeräte werden zum großen Teil aus den USA kommen.

Wenn diese Prognosen einerseits doch als sehr utopisch hingestellt werden müssen, so dürfen andererseits die diesbezüglichen Ambitionen der Amerikaner nicht unterschätzt werden.

In diesem Bericht wird die US-amerikanische Industrie vernachlässigt, da diesbetreffende Informationen durch die HEAD-Fallstudie zur Verfügung gestellt werden. Deshalb wird vor allem die Betrachtung der japanischen Skiindustrie von Interesse sein. Besonders auf dem Sektor der billigen Skier kann Japan bedeutende Produktionsziffern aufweisen.

Japan

Nach dem Zweiten Weltkrieg stieg die Zahl der Skiläufer in Japan stark an (zur Zeit ca. 8 Mio. Skiläufer), wodurch die japanischen Skiproduzenten ein starkes Wachstum verzeichnen konnten. Im letzten Jahr wurden in Japan 900 000 Paar Skier erzeugt, davon 300 000 Paar Kinderskier. 260 Skihersteller waren an dieser Produktion beteiligt. Allerdings ist der größte Teil dieser Produzenten technisch hinter der Entwicklung zurück. Es sind Kleinbetriebe, die nicht die nötigen Rationalisierungs- und Modernisierungsmaßnahmen durchführen konnten. Nur etwa 20 Hersteller sind dem internationalen Niveau angepaßt, wie zum Beispiel die NIPPON GAKKI SEIZO CO. LTD. mit ihren Skimarken „Yamaha“ und „Kazama“.

Die Japaner exportieren vor allem in die USA einen beträchtlichen Anteil ihrer Produktion, versuchen aber neuerdings auch auf dem europäischen Markt Fuß zu fassen. Besonders die Supermärkte werden als wichtiger Abnehmer angesehen. Denn die SB-Läden betreiben zum großen Teil Niedrigstpreispolitik, und hier sehen die Japaner gute Absatzmöglichkeiten für ihre billigen Skier.

2. Die Geschichte der Skifabrik FISCHER

Im Jahre 1924 wurde die Firma FISCHER von Herrn Josef Fischer sen. als Einmann-Wagnerbetrieb in Ried/Innkreis gegründet. Es wurden neben bäuerlichem Hausrat auch Skier hergestellt. Bereits 1938 lag die Jahresproduktion von Skiern bei 10 000 Paar. Damals waren 25 Leute im Betrieb angestellt. Schon zu dieser Zeit wurde kräftig exportiert, und FISCHER hatte bereits vor dem Zweiten Weltkrieg einen eigenen Generalvertreter in den USA.
Nachdem die Produktion während des Zweiten Weltkrieges völlig eingestellt worden war, begann 1945 die Wiederaufnahme der Produktion nur zögernd, da vor allem die Rohstoffbeschaffung sehr schwierig war. Erst ab dem Jahr 1950 konnte wieder normal produziert werden; allerdings wurde mit 10 000 Paar Skiern Jahresproduktion die Zahl des Jahres 1939 nicht erreicht.
In diesen Jahren wurde die Skierzeugung nach herkömmlichen Produktionsverfahren betrieben.
Herr Josef Fischer jun. wollte damals schon Holzskier nach skandinavischem Vorbild in Schichtenbauweise herstellen, um so die Elastizität und Bruchsicherheit zu erhöhen, konnte sich aber gegenüber seinem Vater nicht durchsetzen. In den folgenden Jahren wurden die Meinungsverschiedenheiten über das Produktionsverfahren beigelegt.

1953 übernahm Josef Fischer jun. den Betrieb. Da er sich vor allem der technischen Seite der Skiproduktion widmen wollte, stellte Herr Josef Fischer

1955 Herrn Simharl ein, der bald darauf die kaufmännische Leitung des Unternehmens übernahm. Von diesem Zeitpunkt an widmete sich Josef Fischer jun. ausschließlich den technischen Belangen des Betriebes.

1959 starb Herr Josef Fischer sen. Die Produktion hatte damals bereits einen Ausstoß von 70 000 Paar Skiern erreicht, womit die Kapazitätsgrenze des Betriebes im Zentrum von Ried (Griesgasse 11) fast erreicht wurde.

1960 wurde weitsichtig entschieden, eine neue Produktionsstätte außerhalb der Stadt Ried/I. zu errichten, um so für spätere Erweiterungen Platz zu haben.

1962 begann man auf dem neuen Areal mit dem Bau der neuen Fabrik, die

1964 eröffnet wurde.

1965 stieg die Jahresproduktion sprunghaft an auf 332 000 Paar Skier.

1966 Produktionssteigerung auf 380 000 Paar Skier. Im selben Jahr wurde das modernste, vollautomatisch gesteuerte Sägewerk Europas gebaut. Damit war die erste Ausbaustufe der inzwischen zur Weltfirma avancierten Skifabrik FISCHER abgeschlossen.

1967 konnte die Produktion auf 400 000 Paar Skier gesteigert werden.

1968 Übernahme der Geschäftsanteile der Firma KÄSTLE.

1969 Weitere Produktionssteigerung auf knapp unter 600 000 Paar Skier sowie Gründung der Verkaufs- und Service-Organisationen:

BRD: Fischer-Europa-Vertrieb in Simbach
Frankreich: Fischer-Kästle-France in Cluses
Kanada: Kanad.-österr. Ges. Fischer-Marker-Humanic-Canada Ltd. Toronto

Produktionssteigerung:

1950	10 000 Paar	1964	160 000 Paar
1955	40 000 Paar	1966	360 000 Paar
1959	70 000 Paar	1969	570 000 Paar
1960	112 000 Paar	1970	750 000 Paar

3. Rechtsform und Standort

Die Firma Josef FISCHER ist eine OHG, bei der Herr Josef Fischer jun. und seine Schwester, Frau Sturmberger, etwa zu gleichen Teilen beteiligt sind. Allerdings ist diese Rechtsform für die Zukunft nicht befriedigend. Das hat verschiedene Gründe:

— steuerrechtliche Probleme
— eventuelle Aufteilungsprobleme (Herr Fischer hat fünf Töchter)
— persönliches Risiko
— Koordinierung mit angeschlossenen Unternehmungen
— Übergang von einem mittleren zu einem größeren Betrieb
— Probleme der einheitlichen Willensbildung
— Beweglichkeit bei weitergehender Konzernbildung

Standort der Unternehmung

Die Tatsache, daß Ried als Standort der Skifabrik FISCHER nicht in unmittelbarer Nähe der Alpen liegt, wirkte sich in der Entwicklungsphase des Unternehmens ungünstig auf das Image aus. Jedoch konnte FISCHER durch fortschrittliche Technologie und Management eine Stellung erringen, die es unwichtig erscheinen läßt, ob die Produktionsstätte mitten im Gebirge liegt oder 100 km weit entfernt. Durch die Größe des Unternehmens bedingt spielen andere Faktoren eine stärkere Rolle, wie zum Beispiel:

— Verkehrslage
— Rohstofforientierung
— Absatzorientierung
— Arbeitsmarktpolitische Standortfaktoren

„Die Lage zu den wichtigsten Rohstoffen ist sehr günstig. Die Nähe zu den Donau-Inn-Auen (Eschenholz), aber auch die Nähe zum Aluminiumwerk Ranshofen, welches das hochwertige Perradur-Aluminium herstellt, erweist sich als kostenmindernd. Wenn auch die Transportkosten für den Rohstoffbezug keine allzu große Bedeutung mehr haben, so ist doch die Nachbarschaft der Rohmaterialien vorteilhaft.“ (Siehe A. Pichler, Skiproduktion und Skiexport in Österreich, S. 23.) Die Verkehrslage (Straßen- und Bahnverbindungen) ist als gut zu bezeichnen. Der Standort in bezug auf den Absatz ist nicht besonders maßgeblich, da nach 23 Ländern exportiert wird.

4. Personalwesen

In der Skifabrik FISCHER sind zur Zeit etwa 1300 Personen beschäftigt (in der ganzen Gruppe etwa 1800). Davon sind 130 Angestellte (25 Meister, 6 Akademiker). Bei der Anwerbung von Arbeitskräften ergeben sich unterschiedliche Schwierigkeiten. Früher war es schwer, Arbeiter in der Umgebung von Ried zu finden, da einerseits das Arbeitskräftereservoir ziemlich ausgeschöpft war, andererseits doch der bayerische Raum eine Anziehungskraft besaß. Letztes Jahr entschloß man sich, Fremdarbeiter aufzunehmen. Ihre Zahl hat sich inzwischen auf 170 Leute erhöht. Man machte mit ihnen gute Erfahrungen und hat deshalb in dieser Beziehung keine allzu großen Schwierigkeiten mehr.
Ein besonderes Problem ist es jedoch, Führungskräfte in das ländliche Ried/I. zu bekommen, das weder kulturell noch gesellschaftlich etwas zu bieten vermag. Einige Stellen sind gar nicht oder nicht befriedigend besetzt. So sucht man schon seit längerer Zeit für den gesamten Einkauf einen Einkaufsleiter. Auch im Bereich der Werbung konnte man noch keine zufriedenstellende Lösung finden. Bis jetzt konnte auch nicht ein transparenter Aufstiegsweg in der Unternehmenshierarchie skizziert werden. Simharl: „Bei einer Firma, die in 20 Jahren ihren Umsatz verfünfzigfacht, ist das einfach nicht möglich. Wir müssen jetzt etwas tun; wir haben einen jungen Personalchef (Dr. jur.), der sich sehr intensiv mit Schulungsproblemen befaßt, aber diese Probleme kann man nicht in 2 bis 3 Jahren lösen, man braucht 10 bis 15 Jahre. Jedenfalls kann man einem jungen Bewerber nicht sagen, welche Stellung er in 5 Jahren haben wird.“

Auf die Frage, ob vielleicht auch informelle Machtgruppen (Personalleiter — Organisationsleiter) einem Außenstehenden den Aufstiegsweg versperren könnten, meinte Simharl, das sei schon deshalb nicht der Fall, da im Zuge der Konzernbildung genug Stellen frei würden — bis auf jene der Konzernleitung (Fischer, Simharl).

Die Persönlichkeiten der Unternehmensleitung

Die zwei Persönlichkeiten, die für die Entwicklung der heute größten Skifabrik der Welt verantwortlich zeichnen, sind Herr Josef Fischer jun. und Herr Ernest Simharl. Herr Josef Fischer wird von seinen Mitarbeitern folgendermaßen beschrieben:

Er ist ein ideenreicher wagemutiger Techniker. Wenn er von einer Sache überzeugt ist, will er diese unbedingt durchsetzen, wenn sie auch mit finanziellem Risiko verbunden ist. Er konzentrierte sich von Jugend an auf die Problematik um den Ski und hat so aus seinem Beruf ein Hobby gemacht. Zum Ausgleich erlaubt er sich manchmal, auf die Jagd zu gehen. Trotz harten beruflichen Kon-

frontationen mit seinen Mitarbeitern findet sich immer wieder ein Weg zu einem freundschaftlichen Gespräch.
Herr Direktor Ernest Simharl, dem 1955 die kaufmännische Leitung übertragen wurde, war vorher Jagdflieger, Schriftsteller und Journalist bei einer oberösterreichischen Zeitung. Seinen kaufmännischen und organisatorischen Fähigkeiten verdankt das Unternehmen wohl einen Großteil des Aufschwunges. Herr Simharl wird als sehr ruhiger Mann beschrieben, der von seinen Mitarbeitern ein hohes Maß an Einsatz und Kreativität verlangt. Er schätzt sich zwar selbst als demokratischen Manager ein, ist aber seinen Mitarbeitern gegenüber eher autoritär. Vor allem aber erscheint er als ein leicht konservativer Geschäftsmann, der sich wohl mit neuen Bestrebungen im Management befaßt und neue Techniken einzuführen versucht, aber Dingen wie Mitbestimmung im Betrieb oder gleitender Arbeitszeit sehr skeptisch gegenübersteht.

5. Organisation

Die Organisation des Unternehmens ist derzeit im Fluß. So ist man z. B. mit der Trennung in „Technischer Einkauf" und „Allgemeiner Einkauf" nicht zufrieden. Man ist auf der Suche nach einer Führungskraft, die beide Funktionen in sich vereinen könnte. Auch die Form einer „Provisorischen Werbeabteilung" ist nicht zufriedenstellend.
Zwar hat man diese Stelle mit der Absicht aufgebaut, sie bei Nichtbewährung wieder aufzulösen, doch ist es offenbar sehr schwierig, eine bereits errichtete Position — auch wenn sie nicht für voll genommen wird — wieder abzubauen.
Zu FISCHER gehören noch die KÄSTLE GesmbH & Co KG, die FISCHER SKI CLUB GesmbH, die FISCHER KÄSTLE FRANCE GesmbH und die FISCHER EUROPA-VERTRIEBS GesmbH. Alle diese Gesellschaften gilt es unter eine Dachorganisation zu bringen. Deswegen wird man sich zu einer Konzernorganisation entschließen müssen. Diese Frage ist für die Weiterentwicklung der Unternehmen von entscheidender Bedeutung. Man zerbricht sich deshalb auch bei FISCHER seit geraumer Zeit den Kopf, welche Organisationsform man wählen soll.
Neben den rein organisatorischen und wirtschaftlichen Gesichtspunkten sind dabei vor allem auch psychologische maßgebend. Entsprechend der Größe des Unternehmens bietet sich eine zentrale Führung des Konzerns an. Simharl ist der Meinung, daß die Unternehmen für eine divisionale Organisationsform nicht die entsprechende Größe besitzen. Bei einer zentralen Organisation jedoch besteht die Gefahr, daß bestimmte Führungskräfte der Teilbetriebe vergrämt werden. Simharl: „Zum Beispiel möchten die Franzosen (FISCHER-KÄSTLE-FRANCE) möglichst große Selbständigkeit. Auch war der Entwicklungsleiter von KÄSTLE beleidigt, als die Entwicklung zentral von FISCHER durchgeführt wurde." Trotzdem glaubt Simharl, daß es zu einer relativ zentralen Lösung kommen wird.
Zur Ablauforganisation sind noch zwei Besonderheiten der Firma FISCHER zu nennen: Führungsgespräche und Arbeitskreise. Seit zwei Jahren werden im Abstand von 3 bis 4 Monaten regelmäßig Führungsgespräche meist im Jagdhaus von

Herrn Fischer durchgeführt. Einleitend hält Herr Simharl ein Grundsatzreferat über die Geschäftspolitik, anschließend folgen Diskussionen über alle anfallenden Probleme. Anwesend sind die ersten 3 Ebenen der Unternehmenshierarchie [3]. Hier werden Themen angeschnitten, die sonst nicht besprochen werden. Die Mitarbeiter wissen, daß sie dabei nicht ins Detail gehen dürfen. Diese Gespräche werden völlig zwangslos durchgeführt und sind für die Unternehmung von großem Wert.
Arbeitskreise werden zur Lösung bestimmter Probleme gebildet. Sie laufen quer durch die Unternehmenshierarchie und werden zumeist von Abteilungsleitern eingesetzt und von der Geschäftsleitung sanktioniert. Diese Arbeitskreise organisieren sich selbst und berichten der Geschäftsleitung. Mindestens ein Mitglied der Arbeitskreise ist auch bei den Führungsgesprächen dabei.
Es gibt z. B. einen Arbeitskreis „Produktionsplanung", dessen Aufgabe die Planung für die Produktion von 1,5 Mio. Paar Skiern ist. Dabei werden auch Zwischenstufen berücksichtigt und unter Umständen gleich realisiert. Für die Planung stehen 1,5 Mio. S an Budget zur Verfügung, die Kosten der effektiven Realisierung müssen von der Geschäftsleitung sanktioniert werden.
Die gesamte Organisation ist im Organisationshandbuch festgelegt, das allen Führungspersonen ausgehändigt wird. Es enthält:

— Unternehmensziel
— wesentliche Aufgaben eines Vorgesetzten/Mitarbeiters (Führungsrichtlinien)
— betriebliche Terminordnung
— Stellenbeschreibungen
— Dienstanweisungen
— Verteilerplan

6. Forschungs- und Entwicklungsabteilung

Die Forschungs- und Entwicklungsabteilung wird in Zusammenarbeit mit KÄSTLE betrieben. Es beschäftigen sich 33 Techniker mit folgenden Aufgaben:
— Entwicklung von Skikonstruktionen
— Grundlagenforschung
— Verfahrenstechnik der Skiwerkstoffe
— Rennskientwicklung
— Skitest
— Zusammenarbeit mit wissenschaftlichen Instituten

Daneben wird auch ständig an der Weiterentwicklung der bestehenden Modelle gearbeitet. Durch engsten Kontakt mit den Skirennläufern und Skilehrern werden alle Erfahrungen sofort ausgewertet. Die von FISCHER entwickelten technischen Verfahren zur exakten technischen Messung der Eigenschaften des Skis ergänzen die empirischen Daten. So werden von FISCHER als der ersten Skifabrik der Welt folgende Daten für die jeweils neue Skikollektion zur Verfügung gestellt: Verdrehfestigkeit, Schwingungsdauer, Schwingungsfrequenz, Deformation, Bruchlast usw.

In der Forschungsabteilung sind auch Maschinenbauingenieure beschäftigt, die mit der Konstruktion von Skierzeugungsmaschinen beauftragt sind. Bei Fischer werden ca. 50 Prozent der Maschinen in der eigenen Schlosserei erzeugt.

7. Der Markt

7.1. *Österreich*

Man kann sagen, daß der Skilauf in Österreich zum Volkssport geworden ist und schätzt, daß etwa ein Siebentel der österreichischen Gesamtbevölkerung Ski läuft.

Da die österreichischen Skifabriken den Markt in qualitativer Hinsicht noch nicht voll ausgeschöpft haben, bieten sich hier noch große Möglichkeiten. Es zeigt sich immer mehr der Trend zum hochwertigen Ski, beeinflußt durch steigende Einkommen, Snob-Effekt, aber auch durch höhere Ansprüche, die an den Ski gestellt werden.

7.2. *Europa* [4]

Der interessanteste Markt in Europa ist die BRD. Auf Grund einer Marktuntersuchung, die FISCHER vom DIVO-Institut in Deutschland (1969) durchführen ließ, wurde festgestellt, daß es ca. 6,1 Mio. Skiläufer in der BRD gibt; in der Zwischenzeit dürften es über 7 Mio. sein. Sie teilen sich altersmäßig folgendermaßen auf:

	Gesamtbevölkerung 14—70 Jahre	Skiläufer 14—70 Jahre
14—17 Jahre	7,3 %	13,5 %
18—20 Jahre	5,4 %	8,5 %
21—24 Jahre	6,8 %	12,3 %
25—29 Jahre	11,4 %	13,1 %
30—34 Jahre	10,1 %	15,6 %
35—44 Jahre	18,0 %	19,0 %
45—54 Jahre	15,1 %	11,7 %
55—64 Jahre	17,7 %	4,9 %
65—70 Jahre	8,2 %	1,3 %

Unter den Skiläufern befinden sich 62,3 Prozent Männer und 37,7 Prozent Frauen, während der Anteil der Männer an der Gesamtbevölkerung (14- bis 70jährige) nur 47,4 Prozent beträgt.

74 Prozent der Skiläufer üben diesen Sport bereits seit 5 Jahren aus und immerhin mehr als die Hälfte aller Skiläufer schon seit 10 Jahren.

55 Prozent der Skiläufer benützen 10 bis 23 Tage im Jahr zum Ski laufen (haupt-

sächlich 21 bis 24jährige). Etwa ein Drittel aller Skiläufer nehmen keinen Urlaub zum Ski fahren, sondern verwenden dazu das Wochenende oder die Feiertage.

Die deutschen Skifahrer verbringen ihren Skiurlaub zu 40 Prozent in Deutschland, 33 Prozent in Österreich, 10 Prozent in der Schweiz und 9 Prozent in Italien. Das Skimaterial weist in Deutschland eine relativ starke Überalterung auf; 41 Prozent der vorhandenen Skier sind 5 oder mehr Jahre alt. Hier findet sich ein Ansatzpunkt, wo man durch stärkere Beeinflussung des Verbrauchers einen größeren Skiabsatz erreichen könnte.

Zum überwiegenden Teil dominiert noch der Holzski. Bezüglich der Preisstruktur haben die meisten Befragten für ihre Skier zwischen 100 und 200 DM bezahlt. Nur etwas mehr als ein Zehntel hat mehr als 300 DM für ein Paar Skier ausgegeben. Diese Zahlen sind auf das Alter der Skier zurückzuführen. Mehr als die Hälfte der Skier wurden in Sportfachgeschäften gekauft (55 Prozent). Man legt auf gute Beratung und fachgerechte Montage großen Wert. Hingegen zeigt sich bei billigeren Skiern die Tendenz zum Kaufhaus, zum Warenhaus oder zum SB-Laden.

Eine Befragung nach dem Kauf der einzelnen Skimarken ergab folgendes Bild:

FISCHER	14,6 Prozent	KÄSTLE	2,4 Prozent
ERBACHER	8,7 Prozent	KNEISSL	2,4 Prozent
VOESTRA	6,2 Prozent	ANDERE MARKEN	37,8 Prozent
BLIZZARD	3,2 Prozent	KEINE ANGABE	24,7 Prozent

Besonders markenbewußt sind Personen in der Altersgruppe zwischen 21 und 24 Jahren. Hier kaufen 86 Prozent gängige Markenskier. Von den kaufbereiten Personen gingen 42 Prozent ohne feste Kaufvorstellungen ins Geschäft. 57 Prozent der Skier werden auf Empfehlung des Verkäufers gekauft. Nur 22 Prozent der Befragten haben auf den Preis gesehen, während für mehr als die Hälfte der Preis nicht von entscheidender Bedeutung war.

Nach dem deutschen Markt ist vor allem auch der schweizerische von Bedeutung. Einerseits, weil dort ein ähnlich großes Skiläuferreservoir zu finden ist wie in Österreich, und vor allem weil keine entsprechende Skiindustrie vorhanden ist. So fahren auch alle Schweizer Rennläufer auf ausländischen Skiern (HEAD, ROSSIGNOL, KNEISSL, KÄSTLE, FISCHER).

Auch der übrige Markt in Europa ist noch stark ausbaufähig. Der Trend geht dahin, daß immer mehr Leute zumindest einen Teil ihres Urlaubs im Winter verbringen.

So werden vor allem in Frankreich und Italien immer mehr Wintersportzentren gebaut, so daß auch in diesen Ländern noch große Expansionsmöglichkeiten vorhanden sind.

Aber auch der Osten bietet sich in letzter Zeit immer mehr als Wintersportgebiet an. In der CSSR, in Jugoslawien und in Polen werden neue Absatzmärkte zu finden sein. Auch Rußland wird in dieser Beziehung interessanter. Es ist dort der

Bau eines Werkes mit der Kapazität von 3 Mio. Skiern pro Jahr geplant. Diesbezüglich wurden auch österreichische Firmen zur Bereitstellung des technischen know how genannt.

7.3. *Übersee*

Besonders interessant ist der US-amerikanische Markt. War früher der Skisport in den USA ein ausgesprochener Exklusivsport, etwa vergleichbar mit der Stellung des Golfsportes in Österreich, so sind alle Anzeichen dafür da, daß sich auch in den USA der Skisport zu einem Volkssport entwickelt.
Wurden 1947 erst 10 000 aktive Skiläufer in den USA gezählt, so waren es 1960 bereits 1,6 Mio. Der amerikanische Skiindustrieverband prognostizierte für 1970 ca. 5 Mio. Skifahrer. Diese Zahl dürfte in Wirklichkeit größer sein, da sich der Skilauf bedeutend schneller entwickelt hat, als man es vermutete. Diese Entwicklung zeigt den österreichischen Skiherstellern, welches Absatzreservoir die USA für die nächste Zukunft bieten.
Bereits jetzt gibt es in den USA und in Kanada in 897 Skigebieten 2722 Skidörfer. Es wird alljährlich ein „Ski Area Guide“ herausgegeben, in dem alle Skiorte des nordamerikanischen Kontinents verzeichnet sind. Außerdem informieren verschiedene Skimagazine die Skiläufer mit allen wichtigen Daten über die Ausrüstung, Urlaubsorte und dergleichen.
Im Gegensatz zu Europa spielt in den USA der Skiverleih eine gewisse Rolle. Viele Skiurlauber fahren einmal im Jahr 14 Tage in eines der Skigebiete oder nach Europa. Für diesen Zeitraum lohnt es sich nicht, ein Paar teure Ski zu kaufen, man leiht sie sich aus. Deshalb werden auch für solche Leasingfirmen besondere Rabatte von der Firma HEAD gegeben.
Auf dem japanischen Markt genießen zwar die österreichischen Wintersportgeräte einen guten Ruf, doch gibt es dort eine sehr große Skiindustrie, weswegen der Absatz besonders erschwert ist. Das Land greift zu protektionistischen wirtschaftspolitischen Maßnahmen, welche ausländische Konkurrenten hindern, einen entscheidenden Marktanteil zu erringen.

8. **Die Produktion**

Die moderne Skiproduktion hat zu industriellen Größenordnugen gefunden, die sich nicht mehr mit den Handwerksbetrieben früherer Zeiten vergleichen lassen. Die Rationalisierung der Betriebe ist unbedingt notwendig geworden, um einerseits die immer mehr steigenden Material- und Lohnkosten auszugleichen und um andererseits dem Arbeitskräftemangel entgegenzuwirken.
Man hat deshalb auch in der Skiindustrie den Weg zur weitgehenden Automatisierung beschritten, ohne dabei Qualität einbüßen zu müssen. Im Gegenteil, man konnte die Eigenschaften des Skis noch wesentlich verbessern.
FISCHER glaubt, daß durch intensive Produkt- und Verfahrensforschung ein Vorsprung vor anderen Skierzeugern erreicht und weiter ausgebaut werden kann. Durch moderne Produktionsverfahren konnten hier neue Maßstäbe gesetzt wer-

den. Bei der sogenannten „Assembling-Bauweise“ werden unter Einhaltung exakt vorgegebener Qualitätsnormen Einzelteile vorgefertigt, kontrolliert und in einem Preßgang zusammengefügt. Dieses Produktionsverfahren wird in Form einer Straßenfertigung durchgeführt, ist aber nur bei hohen Stückzahlen möglich. Diese Methode macht es erst möglich, das gesteckte Unternehmensziel von einer Million Paar Ski pro Jahr zu erreichen.

Den höchsten monatlichen Produktionsausstoß seit Bestehen des Unternehmens Die moderne Skiproduktion hat zu industrielen Größenordnungen gefunden, die wurden fertiggestellt. Diese Leistung ist um so beachtlicher, als die Produktion wohl stärker automatisiert, zugleich aber ein sehr exaktes Kontrollsystem eingeführt wurde.

Neben dieser Verfahrensforschung wird auch eine intensive Produktforschung und Entwicklung durchgeführt. Mehrere Patente haben inzwischen weltweite Anerkennung gefunden. So die auf Gummi gelagerte aufvulkanisierte Stahlkante, ein Ätzverfahren in der Oberflächenbehandlung, und das mikroplane Verfahren, das dem Belag eine besondere Gleitfähigkeit verleihen soll. Außerdem wurde ein Langlaufski entwickelt, der auch hier neue Maßstäbe setzen soll, und zwar wird Kunststoff statt Holz verwendet, und auch die Kanten sind aus einem anderen Material: nämlich einer Aluminiumlegierung.

Produktionsprogramm

Fischer Competition: Das „heißeste“ Eisen am Skimarkt. Entspricht in Konstruktion und Design den Modellen der Rennläufer. Kunststoffsandwichkonstruktion, besondere Verdrehfestigkeit; nur für Spitzenläufer.

Imperator: Spitzenmodell des Vorjahres, Doppel-Sandwich-Compound-Konstruktion aus Perradur- und Kunststoffelementen. Leuchtrote Oberfläche mit blauer Lanzette.

2002: Als besondere Neuheit ist zu sagen, daß kein Holzkern, sondern Duroform-Schaumstoffkern mit Metall- und Kunststoffelementen in FISCHER-Sandwichbauweise vereinigt sind. Die Oberfläche wurde durch einen besonderen Schliff mit einem seidig matten Glanz versehen.

Superglass: Kunststofflaminate als tragende Teile umschließen einen Okoumé-Holzteil. Er ist seit Jahren ein bewährtes Spitzenmodell.

Super Seven: Unterscheidet sich vom Superglass durch geringere Stärke der Laminate, größere Stärke des Okoumé-Kerns und unterschiedliche Dimension der Stahlkanten.

Tiefschnee: Nachfolger des früheren Fischer Perfect, besonders geeignet für den Tiefschnee.

Wedelking: Prototyp eines robusten Allroundskis. Durch Rationalisierung der Produktion kann der Ski besonders preisgünstig angeboten werden.

Glass GT: Konzipiert für jugendlich sportliche Skiläufer; besonders für Skipisten.

Glass 707: Er wurde nach dem Assemblingsystem hergestellt. Deshalb konnte hier ein hochwertiger Ski zu besonders günstigen Preisen angeboten werden.

Weitere Modelle: Silverglass Senator, Silverglass Pionier, Quick Super. Weiters Skier aus dem FISCHER-Jugendprogramm und dem -Kurzskiprogramm sowie FISCHER-Skisets mit ESS-Bindung.

Langlaufmodelle: Silent Spider, Sprint Cross. Diese Modelle werden von der schwedischen Skifabrik EDSBY erzeugt und von FISCHER vertrieben.

Die FISCHER-Entwicklungsabteilung gibt zu allen genannten Typen Daten über die Verdrehfestigkeit, Schwingungsdauer, Deformation, Eigenfrequenz und Bruchlast bekannt.

9. Absatzpolitik

9.1. *Österreich*

In Österreich erfolgt der Absatz der FISCHER-Ski ohne Zwischenhändler. Vertreter suchen direkt die Endverkäufer (ca. 800) auf. Dabei werden die Endverkäufer verpflichtet, mindestens 70 Prozent ihres Bedarfes im Hauptauftrag zu bestellen. Um das Risiko möglichst klein zu halten, wurde zwischen Sportartikelhändlern und der Skifabrik FISCHER ein Informationssystem geschaffen, das unter Anwendung der EDV den Kreis Produzent — Vertrieb — Konsument schließt.

Dem Konsumenten gegenüber treten die von FISCHER belieferten Fachgeschäfte als „e-sport"-Fachgeschäfte auf. Diese „e-sport"-Händler verpflichten sich nicht nur, ihre Verkäufer ständig zu schulen (dies wird zum Teil von der FISCHER-Skifabrik durchgeführt), sondern sie liefern auch einmal wöchentlich Berichte über Lagerbestand, Verkauf und dergleichen. Darüber hinaus werden die „e-sport"-Händler einer Qualifikationsprüfung unterzogen.

Simharl: „Der Sportartikelhändler mit seinem ausgebildeten Personal muß heute die Fakten kennen, die zu Verletzungen führen. Er muß nicht nur eine einwandfreie kaufmännische Ausbildung hinter sich haben, sondern sich auch in Seminaren laufend über den Skiverkauf informieren. Es wird über Festhaltekraft, über Auslösekraft, den Ort der Bindungsmontage und das richtige Bindungssystem viel untersucht, und diese Erkenntnisse sollen später auch richtig angewendet werden. Wenn der Skiläufer hier falsch beraten wird, setzt er sich einem Risiko aus, das vermieden werden kann." Deshalb ist man bei FISCHER der Ansicht, daß der Ski nur in Fachgeschäften verkauft werden sollte, die auch die entsprechende Gewinnspanne haben, um ein adäquates Service bieten zu können.

Die Entlohnung der Vertreter wird nach einem gestaffelten Provisionssystem durchgeführt, wobei Deckungsbeitrag, Erzeugungsmöglichkeit, Lagervorrat und dergleichen eine Rolle spielen.

9.2. *Ausland*

In Deutschland (FISCHER-EUROPA-GesmbH) und Frankreich (FISCHER-KÄSTLE-FRANCE-GesmbH) führt FISCHER selbst den Vertrieb durch. Hier werden dieselben Richtlinien wie in Österreich verfolgt. In den anderen Ländern wird der Vertrieb Generalvertretern überlassen, wobei diese verpflichtet sind, die Produkte über die im Lande üblichen Verkaufswege abzusetzen. Die Verträge mit den Generalvertretern sind sehr kurz: 1 bis 3 Jahre. Es wird ihnen auch vorgeschrieben, welchen Prozentsatz sie für Werbung, Rennlauf und dergleichen ausgeben müssen.
In den USA hat die GARCIA-Corporation, größter Fischereiartikelhersteller und -verkäufer der Welt und US-Generalvertreter für FISCHER-Ski, nach einer Marktuntersuchung für die nächsten Jahre die Spitzenstellung für FISCHER-Ski in den USA angekündigt (übrigens hat noch vor 2 Jahren ROSSIGNOL ebenfalls GARCIA als Generalvertreter gehabt, wurde aber von FISCHER verdrängt).

9.3. *Die Prognose des Absatzes*

Eine gültige Prognose ist in dieser Branche ungemein schwierig. So muß z. B. spätestens am 1. Dezember 1970 mit der Produktion für die Saison 1971/72 begonnen werden.
Die einzigen Hilfsmittel sind langjährige Beobachtungen und Trends. Mit Hilfe des Computers werden dann Hochrechnungen durchgeführt. Die ersten Daten erhält man aus dem laufenden Verkauf, der gewisse Tendenzen erkennen läßt. Im Februar kommen dann die ersten Messen. Auf Grund dieser Daten wird das Produktionsprogramm korrigiert. Aber völlig umstellen kann man zu diesem Zeitpunkt das Produktionsprogramm nicht mehr.

9.4. *Marketing*

Die Werbung wird grundsätzlich in Händlerwerbung und Konsumentenwerbung unterschieden. FISCHER forciert besonders die Händlerwerbung; einerseits, weil dies zu seiner Marketingkonzeption gehört, andererseits, weil der Verkäufer einen sehr großen Einfluß auf den Kauf der Skier hat.

Man wendet folgende Werbemittel an:

— Erstellung aussagekräftiger und attraktiver Fachkataloge
— Beschickung von Fachmessen
— Serviceleistungen (so verfügt der FISCHER-EUROPA-VERTRIEB über eine der modernsten Servicewerkstätten der BRD)
— Servicekurse
— Einladungen in das Unternehmen
— Schulung der Verkäufer
— Händlerwettbewerbe (sollen Anreiz zur Weiterbildung sein)

Auch die Konsumentenwerbung wird von der Firma FISCHER innerbetrieblich durchgeführt. Nur die Streuung übernimmt eine Salzburger Werbefirma.

In den vorhergegangenen Jahren wurde die Werbeaussage vor allem durch die Erfolge im Rennlauf begründet. Mißerfolge österreichischer Skiläufer in den der Fallstudie vorangehenden 2 Jahren zeigten allerdings, wie unsicher diese Werbung sein kann, weshalb man sich bei FISCHER entschloß, in den nächsten Jahren mehr auf Image-Werbung überzugehen. Besonders forciert wird die technologische Aussage der Werbung.
3 Prozent des Umsatzes werden für die Werbung aufgewendet, davon wiederum 15 bis 20 Prozent für den Rennlauf.
Zur Werbung gehört auch der FISCHER-SKI-CLUB, der 1966 gegründet wurde. Er will seinen Mitgliedern einen optimalen Skiurlaub bieten und entsprechende Informationen über den Skilauf weitergeben. Das Sprachrohr ist die Clubzeitschrift „Skiwelt", in der auch Dir. Simharl regelmäßig Stellung bezieht.
Eine Werbeerfolgskontrolle ist schwer durchzuführen. Gewisse Rückschlüsse kann man jedoch aus Marktuntersuchungen ziehen. Das Image einer Firma ist einmal an der Konkurrenz zu messen, andererseits an gewissen Idealvorstellungen. Im Anhang befindet sich eine graphische Übersicht, wie die Firma FISCHER diesbezüglich liegt (Image-Profil).

Image-Profil für die Firma Fischer im Umfeld mit anderen Firmen

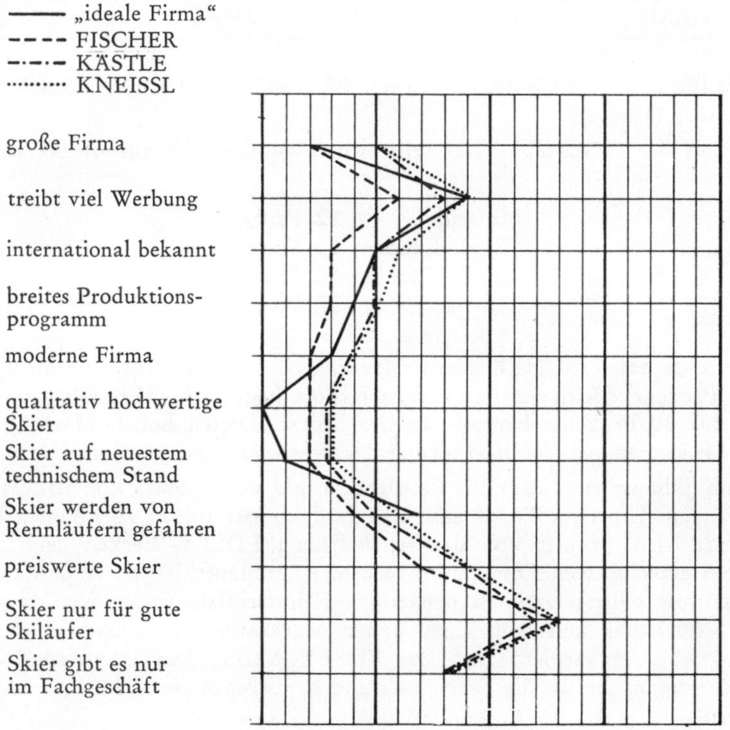

Dabei wurde folgendes Schema zur Einstufung der Eigenschaften verwendet:

sehr wichtig wurde mit 1 bewertet
weniger wichtig wurde mit 2 bewertet
unwichtig wurde mit 3 bewertet

Aus diesen Werten wurde ein Durchschnittswert mit Hilfe des arithmetischen Mittels errechnet. Je näher der Wert bei 1 liegt, desto wichtiger ist die betreffende Eigenschaft.

Interessant ist auch der Vergleich der reinen Namensbekanntheit mit jener, die aus einem Kauf resultiert. Daran kann man erkennen, wie weit es gelungen ist, die Bekanntheit in Verkaufsziffern umzumünzen (Werte laut DIVO-Untersuchungen in der BRD):

	Kenntnis durch Kauf	reine Namens-bekanntheit	nicht bekannt
FISCHER	16 %	47 %	38 %
BLIZZARD	3 %	49 %	48 %
ERBACHER	9 %	35 %	56 %
KNEISSL	3 %	40 %	57 %
KÄSTLE	3 %	33 %	65 %
HEAD	1 %	29 %	71 %

Mehr als die Hälfte der Befragten in der BRD war der Meinung, daß FISCHER eine deutsche Firma sei.

Der Absatz der FISCHER-Skier teilt sich folgenderweise auf die verschiedenen Märkte auf:

Inland	22 Prozent
EWG-Länder	25 Prozent
EFTA-Länder	26 Prozent
Übersee	27 Prozent

In Österreich hat FISCHER einen Marktanteil von 50 Prozent (mit KÄSTLE über 60 Prozent). Beim österreichischen Export liegt FISCHER mit einem Anteil von 35 bis 50 Prozent ebenfalls an der Spitze. Diesen hohen Marktanteil will man durch konsequente Weiterführung der Werbestrategie zumindest erhalten.

In diesem Jahr ist man auch zur Produktion und zum Absatz von Langlaufskiern übergegangen. Um dem Trend zum Langlaufskisport folgen zu können, hat man sich entschlossen, vorerst von den schwedischen EDSBY-Werken gefertigte und mit einem gemeinsamen Emblem ausgerüstete Langlaufskier zu verkaufen. Später will man mit selbstgefertigten neuartigen Kunststoffskiern in den Markt nachstoßen, wobei man auch hier einen hohen Marktanteil erringen will unter Verdrängung anderer Firmen, auch der EDSBY-Werke. Das langfristige Ziel des Produktionsmanagers ist die Erzeugung und der Absatz von 1 Million Paar Langlaufskiern.

Hier besteht die Gefahr, daß man mit den Langlaufskiern eigene Produkte (alpine Skier) vom Markt verdrängt. Dashalb wird man die Werbung so konzipieren, daß der Langlauf eine Ergänzung zum alpinen Skilauf bilden soll (z. B. wenn die Lifte überfüllt sind, bei Nebel und dergleichen).

Ein Problem bilden auch die Skinamen; es sollen immer wieder neue Modelle mit Namen ausgerüstet werden, die sowohl am österreichischen Markt gut ankommen als auch international erfolgreich sind. Einerseits muß der Name allgemein verständlich sein, andererseits soll er doch seine österreichische Herkunft in sich bergen. Simharl bedauert es sehr, daß es kein international brauchbares österreichisches Symbol gibt.

Simharl: „Der gallische Hahn liegt mir schwer im Magen." Deshalb haben sich 10 österreichische Wintersportartikelhersteller entschlossen, die „Top-Ten-Gruppe" zu bilden. Alle ihre Produkte sollen mit einem gemeinsamen Markenzeichen ausgestattet werden, das einen Gegenpol zum blau-weiß-roten gallischen Hahn bilden soll.

Eigene Product-Manager werden zur Absatzförderung von Langlaufskiern eingesetzt.

10. Die Geschäftspolitik

Auf die Befragung bezüglich eines Leitbildes meinte Simharl, daß er nicht viel von Leitbildern halte, da sie zu verschwommen seien. Man will in den Mitarbeitern durch Broschüren das Gefühl dafür wecken, daß sie in der größten Skifabrik der Welt arbeiten. Aber man befaßt sich zur Zeit nicht mit der Formulierung eines allgemeinen Leitbildes.

Allerdings hat man genaue Zielvorstellungen, sowohl kurzfristige als auch langfristige:

a) kurzfristig

— Die Marktstellung muß durch geeignete Maßnahmen auf dem Vertriebssektor (vertikale Absatzsicherung) und durch die Bereitstellung gängiger Modelle erhalten werden.

— Es müssen jene Modelle produziert und vertrieben werden, die gleich hohe Gewinne wie bisher garantieren und damit die Voraussetzungen schaffen, intensive Rationalisierungsinvestitionen vornehmen zu können.

— Der Absatz soll in den nächsten 5 Jahren auf eine Million Paar gesteigert werden. Diese Produktionsmenge soll mindestens einem anteilig gleichen Umsatz und Gewinn wie 1969/70 entsprechen und durch die Investitionen mit maximal 1500 Mitarbeitern produziert werden können.

b) langfristig

— Durch Erwerb weiterer Skifabriken, die unter eigener Fabriksmarke produzieren, oder durch Kooperation mit Skierzeugern soll ein weitgehender Einfluß auf dem Skimarkt erreicht werden.

— Die zweckmäßige Herstellung von Vormaterialien und die Errichtung oder Beteiligung ab Vertriebsfirmen soll das Unternehmen vertikal absichern.

— In das Produktions- oder Vertriebsprogramm sollen Produkte oder Dienstleistungen aufgenommen werden, die eine optimale Nutzung der Kenntnisse aus dem Sektor Wintersport ermöglichen.

Diese Zielsetzungen sind im Organisationshandbuch festgelegt und nach unten bekanntgemacht. Bei der Weihnachtsfeier wird allen Mitarbeitern eine Standortbestimmung gegeben.

Man glaubt, vor allem durch Betonung des technologischen Fortschrittes in der Skierzeugung einen bedeutenden Vorsprung vor den anderen Skiproduzenten zu erringen und so die absolute Vormachtstellung in der Skibranche zu begründen. Die größten Probleme sieht man in der nächsten Zeit in der Umwandlung in die richtige Gesellschaftsform, in einer optimalen Konzernorganisation, in der Personalpolitik und der damit zusammenhängenden Organisationsstruktur.

11. KÄSTLE GesmbH & Co KG

Die Firma KÄSTLE wurde 1904 in Hohenems als Wagnerei gegründet. Zunächst wurden Leitern, Rodeln und Handwagen erzeugt. Später entschloß man sich zur Produktion von Skiern und legte im Herbst 1929 die erste Serie auf. Schon bald hatte man Erfolg damit.

Da durch den Weltkrieg die Produktion unterbrochen worden war, wurde danach das Werk systematisch ausgebaut. Der Rennsport spielte immer eine große Rolle, und bei KÄSTLE rühmte man sich, seit dem Zweiten Weltkrieg die meisten Erfolge im alpinen Rennsport erzielt zu haben.

1957	23 000 Paar		1966	60 000 Paar
1960	40 000 Paar		1969	80 000 Paar
1963	75 000 Paar		1970	130 000 Paar
			Ziel (1974/75)	300 000 Paar

Aus der Betrachtung der Produktionszahlen erkennt man, daß um das Jahr 1965 eine Krisensituation gewesen sein muß. Da für die damals notwendigen Investitionen nicht genügend Eigenkapital vorhanden war, mußte in großem Ausmaß Fremdkapital aufgenommen werden, was zu einer starken Verschuldung führte. Durch eine Fehldisposition wurden auch noch zu viele Holzskier erzeugt, was zur Folge hatte, daß in der Saison 1963/64 von 48 000 Paar Holzskiern nur 33 000 Paar abgesetzt werden konnten. So kam der Betrieb in Liquidationsschwierigkeiten und wurde 1965 in eine KG umgewandelt, deren Komplementär die deutsche Bader GesmbH war. Aber auch mit dieser Beteiligung konnte der finanzielle Engpaß nicht überwunden werden.

Die Firma KÄSTLE war im Mai 1965 konkursreif. Darauf wurden Verhandlungen mit Interessenten, wie FISCHER, KNEISSL usw., geführt, die sich aber weigerten, die Firma KÄSTLE weiterzuführen. Herr Dr. Bader, der heute Geschäftsführer der HEAD-Skifabrik in Kennelbach ist, übernahm von 1965 bis 1968 die Geschäftsführung bei KÄSTLE, nachdem ihm von der Creditanstalt (CA)

eine weitere finanzielle Unterstützung zur Krisenbereinigung im Unternehmen versprochen wurde. Nach 3 Jahren war es Herrn Bader gelungen, durch neuartige Entwicklungen das Unternehmen aus den roten Zahlen herauszuführen. Die CA in Wien gab zu diesem Zeitpunkt Herrn Dr. Bader den Auftrag, einen Kapitalgeber zu suchen, der das Unternehmen auch von der Kapitalseite her auf sichere Beine stellen sollte.
Es wurden Kontaktgespräche mit FISCHER und HEAD geführt. 1968 kaufte Josef Fischer die KÄSTLE KG auf. Nach der Übernahme der Skifabrik durch FISCHER sah Herr Dr. Bader seine unabhängige Geschäftsführung gefährdet. Dr. Bader wollte nämlich die Skifabrik KÄSTLE als profit-center mit Gewinnverantwortung führen, doch sträubte sich das FISCHER-Topmanagement dagegen. Daher verließ Dr. Bader 1968 die Firma.
Die Firma FISCHER setzte ein neues Management in Hohenems ein, da mit Dr. Bader auch seine engsten Mitarbeiter zu HEAD übergewechselt waren. Die Geschäftsführung der neuen KÄSTLE GesmbH & Co KG übernahm Herr Doktor Jungwirth, eine Persönlichkeit, die schon länger im FISCHER-Management war. Das Jahr 1968 wird mit Sicherheit einen besonderen Platz in den Annalen der Skifabrik FISCHER einnehmen, wurde doch für das Topmanagement ein Hubschrauber gekauft, um schneller nach Hohenems zu den Gesprächen zu kommen. Simharl: „Hohenems heißt 7 bis 8 Stunden Fahrzeit mit dem Auto. Für eine blöde Besprechung, die nicht selten stattfindet, verliere ich zwei Tage ..."

Derzeit werden von FISCHER und KÄSTLE folgende Bereiche gemeinsam betrieben:

— Entwicklungsabteilung
— Forschung
— Rennläuferbetreuung
— Europa-Vertriebsgesellschaft
— FISCHER-KÄSTLE-FRANCE

In allen anderen Vertriebsbereichen treten diese Firmen getrennt auf. Sie haben auch sonst keine gemeinsamen Generalvertreter.
Die Produktionsprogramme werden nicht aufeinander abgestimmt. Sie treten auch als Konkurrenten auf dem Markt auf. Deshalb werden auch keine gemeinsamen Vertreter verwendet, denn ein Vertreter kann kaum glaubwürdig Produkte zweier verschiedener Firmen anpreisen. Allerdings ist man bei FISCHER der Meinung, daß die Zusammenarbeit zwischen KÄSTLE und FISCHER noch nicht intensiv genug ist. Dies wird sich aber im Zuge einer Konzernbildung ändern.

12. Die Konkurrenz

12.1. *Wichtigste inländische Konkurrenz*

Die Skifabrik KNEISSL

Die Firma KNEISSL wurde 1861 in Kufstein in Tirol als Wagnerei gegründet. 1918/19 begann man mit der Skierzeugung. 1926 taufte KNEISSL die Wagnerei in „1. Österreichische Ski- und Sportartikelwerkstätte" um. Es wurden damals

die Skimodelle „Inntal“ und „Splitkein“ erzeugt. Skierfolge halfen bald mit, diese Skifirma populär zu machen.
Im Krieg wurde die Produktion eingestellt und erst 1947 von Herrn Franz Kneissl jun. und Walter Kneissl wieder aufgenommen. Während sich Walter Kneissl, ähnlich wie Josef Fischer, auf den technischen Bereich konzentrierte, übernahm Franz Kneissl die Geschäftsführung. Im Jahre 1957 zerstörte ein Brand das Werk. Das wiederaufgebaute Werk wurde zur Holzskierzeugung verwendet. Später wurden die Werke II und III dazu gebaut, die ausschließlich die Produktion von Kunststoffskiern übernahmen.
Inzwischen hat sich KNEISSL, der als Erster die Produktion von Kunststoffskiern aufnahm und diesbezüglich auch das beste Image besitzt, von der Erzeugung von Holzskiern zurückgezogen; er produziert nur noch Kunststoffskier der mittleren und höheren Preisklassen.
KNEISSL, der Hauptkonkurrent von FISCHER, investierte immer schon den größten Teil seines Werbebudgets in den Rennlauf. Mit Karl Schranz, Heini Messner, Werner Bleiner und mehreren Nachwuchsfahrern hat er Siegläufer, die seine Marke immer im Gespräch bleiben lassen.
Er erzeugte 1970 300 000 Paar Skier und war damit größenmäßig an zweiter Stelle hinter FISCHER in Österreich. Bezüglich Konstruktion bestritt er werbemäßig immer wieder einen Kleinkrieg, ob es jetzt um Kunststoffskier oder Metallskier ging oder um durchgehende Stahlkante oder Gliederkante.
Allerdings kooperiert er auch mit FISCHER (z. B. im VSSÖ, Verband der österreichischen Sportartikelerzeuger und -ausrüster, dessen Präsident Fischer zur Zeit ist, und im „Top-Ten-Team“).
KNEISSL hat einen Fünfjahresvertrag mit der amerikanischen Firma SASKA-PARROT abgeschlossen. Inhalt des Vertrages ist eine jährliche Lieferung von 100 000 Paar Skiern im Gegenwert von 150 Mio. S, womit KNEISSL seinen Export um 100 Prozent erhöhen konnte.
Neben den USA sind die BRD und Italien die größten Abnehmer von KNEISSL-Produkten.

Die Skifabrik ARNSTEINER

Die Produktion wurde im Jahre 1946 aufgenommen. Die ersten Skier kamen unter dem Namen „Glockner Ski“ heraus. Dieser Name erwies sich jedoch nicht als zugkräftig, weshalb der Ski auf „Blizzard“ umbenannt wurde. Daraufhin stieg die Produktion rasch an. Rennerfolge halfen mit, sein Image zu verbessern.

Produktion

1957	35 000 Paar	1966	90 000 Paar
1960	50 000 Paar	1969	130 000 Paar
1963	70 000 Paar		

Die Stärke ARNSTEINERS liegt im Bau guter Skier der mittleren Preisklasse. Allerdings bot ARNSTEINER sein Erfolgsmodell „Super Epoxi“ zu lange an, weshalb sein Absatz zurückging. Erst mit einer neuen Skitype (Faszination) konnte er wieder die gewohnten Steigerungen erzielen.

Die Skifabrik ROHRMOSER („ATOMIC")

Diese fünfte der großen österreichischen Skifabriken wurde erst 1955 gegründet. Im Geschäftsjahr 1965/66 lag der Umsatz erst bei 7 Mio. S. Aber in den darauffolgenden Jahren ging es rasch aufwärts. Vor allem, als sich ATOMIC auch am Rennlauf beteiligte und mit Olga Pall und Reinhard Tritscher zwei absolute Siegläufer besaß, konnte er seinen Absatz wesentlich steigern.
Derzeit werden mit rund 170 Arbeitern 80 000 Paar Skier pro Jahr hergestellt. Im Gegensatz zu den anderen großen österreichischen Skierzeugern hat er keine feste Preisbindung und beliefert auch Diskonthäuser und Supermärkte. Er gewährt besonders günstige Zahlungsbedingungen, was zu Gerüchten Anlaß gab (hinter ATOMIC soll die BAWAG stehen).
Das kurzfristige Produktionsziel lautet 150 000 Paar Skier/Jahr, wobei man das Produktionsprogramm auf wenige hochwertige Erfolgsmodelle beschränken will. Durch eine Beibehaltung dieser Modelle auf mehrere Jahre will man auch in den Preisen besondere Schlager auf den Markt bringen.

12.2. *Wichtigste ausländische Konkurrenz*

Die Skifabrik HEAD

Die Firma HEAD wurde 1950 in Timonium, Maryland, gegründet. HEAD hat als erster die Erzeugung von Metallskiern aufgenommen. Auch war HEAD die erste Firma, die in höhere Preisklassen einstieg, da ihrer Meinung nach die überragenden Vorteile des Metallskis seinen Preis auf jeden Fall rechtfertigen.
Im ersten Jahr wurden 300 Paar Skier produziert, 1965 bereits 130 000 Paar und zur Zeit 250 000 Paar.
Allerdings mußte HEAD in den letzten Jahren einige Krisen durchmachen, die vor allem durch ein schlechtes Management bedingt waren. Die Firma geriet in eine Liquiditätskrise und wurde vom AMF (American Machine & Foundry, 600 Mio. $ Umsatz) aufgekauft.
Da HEAD auch in Europa Zweigfirmen gründete und jetzt von genügend Kapital unterstützt wird, ist sie wieder zu einem der stärksten Konkurrenten von FISCHER geworden (siehe HEAD-Fallstudie).

Die Skifabrik ROSSIGNOL

Diese Firma, die 1957 nur 8000 Paar Skier erzeugte, hat in den letzten Jahren einen enormen Aufschwung genommen. In der Saison 1969 wurden bereits 220 000 Paar Skier erzeugt, und die Firma befindet sich weiterhin in starker Expansion. Hier wird deutlich sichtbar, welche Bedeutung die Werbewirksamkeit von Skirennerfolgen hat. Dazu kommt ein straffes Management, das auch zukünftig für eine Ausweitung des Marktanteiles garantiert.

Die übrige Konkurrenz

Hervorzuheben sind hier noch die deutschen Firmen, die aber international in der letzten Zeit Einbußen hinnehmen mußten, vor allem zugunsten der Firma ROSSIGNOL.

Weiters eine jugoslawische Firma, die mengenmäßig den zweiten Platz in der Skierzeugung einnimmt (500 000). Allerdings sind hier auch Langlaufskier und Sprungskier eingerechnet.

Folgende Firmen spielen international eine größere Rolle:

Herkunftsland	Firma	Jahresproduktion
BRD	ERBACHER	100.000
	FRITZMEIER	150.000
	VÖSTRA	120.000
Frankreich	ROSSIGNOL	220.000
Italien	PERSENICO	100.000
Schweiz	AUTHIER	100.000
Jugoslawien	ELAN	500.000
USA	HEAD	250.000
	HART	100.000
Japan	YAMAHA	150.000

13. **Schlußbemerkungen**

Die Zahl derer, die Skifahren zu ihrem Hobby machten, wuchs in den letzten 30 Jahren auf 15 Millionen an und wird sich bis 1980 voraussichtlich verdoppeln. Die Probleme, die sich für die Skiindustrie auf dem neuen Großmarkt ergeben, sind aber auch entsprechend zahlreich:

— Große internationale Konkurrenz, vor allem die japanischen Skifirmen, die mit ihren billigen Skiern die Exportmärkte systematisch erobern wollen.

— Internationale Großkonzerne interessieren sich immer mehr für die Freizeitindustrie. Mit ihrem Kapital wollen sie in die Skiindustrie eindringen. Nach einer stürmischen Anfangsentwicklung und spektakulären Erfolgen setzt der Kampf um Pisten und Geld erst jetzt richtig ein.

— Österreichs führende Skifabriken sind zum Großteil Personengesellschaften und werden nicht von modernen Managern, sondern von Unternehmern patriarchalischer Prägung geführt und verdanken die heute Überlegenheit vor allem dem technischen know how.

— Abwehrmaßnahmen gegenüber den internationalen Konkurrenten sind z. B. der Skipool, die Zusammenarbeit zwischen FISCHER, KÄSTLE, HUMANIC und MARKER und weitere Kooperationsversuche. Aber gerade in diesem Industriezweig, der zum Großteil aus Handwerksbetrieben hervorgegangen ist, bereitet die Mentalität der Gründer große Schwierigkeiten für die Zusammenarbeit.

Anmerkungen

[1] Internationale Sportartikelmesse in München, 1970.
[2] „Skisport", Erscheinungsort München, Nr. 6, 1969.
[3] Bei FISCHER sprach man zu dieser Zeit von für Führungsebenen. Der Führungskreis der ersten drei Ebenen umfaßte etwa einen Kreis von 20 Personen.
[4] Alle Angaben über den deutschen Markt laut DIVO-Marktuntersuchung 1969.
[5] Die Arbeiten zu dieser Fallstudie konzentrierten sich auf die Situation in den Jahren 1968/69/70.

FISCHER II: Entwicklung des Unternehmens von 1971—1973

Bearbeitet von: H. J. Wischebrink, H. P. Stein und H. H. Maier

Die Bedeutung der Skiindustrie für die österreichische Wirtschaft

Der Sport ist ein Motor der Wirtschaft. Ergebnisse großer sportlicher Kämpfe schlagen sich als Gewinn oder Verlust in den Bilanzen von Industrie, Gewerbe, Handel und Fremdenverkehr nieder. Es ist längst bekannt, daß z. B. zwischen Skierfolgen, Skiexport und Fremdenverkehr ein direkter Zusammenhang besteht. Es gibt sicherlich Idealisten, die diese enge Verflechtung bedauern und den Sport nicht durch das Geschäft belastet sehen möchten (Avery Brundage). Aber auch die schönsten moralisch-ethischen Vorstellungen lassen sich nicht außerhalb der gesellschaftlichen Wirklichkeit erfüllen. Erfolgs- und Leistungsforderungen sind in allen Bereichen des Lebens gleich. Die Verbindung zwischen Sport und Wirtschaft wird besonders in jenen Sportarten deutlich, zu deren Ausübung man eine spezielle Ausrüstung benötigt. Was den Amerikanern ihr Golf ist, ist den Österreichern der Skilauf, von dem eine starke Industrie lebt. Die österreichische Wintersportartikelindustrie ist zu einer internationalen Marke für Spitzenklasse geworden. Nach der Niederlage bei den Olympischen Spielen in St. Moritz (1948) reagierten die heimischen Fabrikanten schnell. In gigantischer Entwicklungsarbeit holten sie den technischen Vorsprung der ausländischen Konkurrenz auf und eroberten so den Weltmarkt. Innerhalb weniger Jahre wurde Österreich auf dem Gebiete der Skierzeugung zur Großmacht. Die Größe des heutigen Skiweltmarktes wird auf rund 7 Mrd. öS geschätzt. Die österreichische Erzeugung an Skiern, Bindungen, Brillen und Skischuhen machte 1971 2,9 Mrd. öS aus, wovon 70 Prozent exportiert wurden. Die vermehrte Freizeit, die allen Konsumenten zuteil wird, so daß sie auch mehr Zeit haben, Sport zu betreiben, hat dafür gesorgt, daß die rund 1000 Sportatrikeleinzelhandelsgeschäfte in den letzten 10 Jahren eine 80prozentige Umsatzsteigerung auf dem Skisektor erfuhren.

In den Skientwicklungsländern, wie Holland, BRD usw., kam es zu Umsatzsteigerungen von über 100 Prozent. Die österreichische Skiindustrie produzierte in der Saison 1971/72 1,28 Mio. Paar Skier. Davon wurden 962 000 Paar exportiert; bezogen auf die Weltproduktion, die bei 3,9 Mio. Paar lag, stammte jedes vierte Paar aus Österreich. Die Zuwachsrate von 1970 auf 1971 betrug 36 Prozent. Wenn man diese Zahlen betrachtet, so kann man leicht begreifen, daß die Skiindustrie bis 1971 eine der expansivsten Branchen der österreichischen Wirtschaft war.

Doch schon Ende 1971 waren die ersten Krisenzeichen unübersehbar, als ein Teil der österreichischen Sportartikelhändler zum Höhepunkt der Saison einige Skitypen zu Schleuderpreisen abverkaufte (z. B. Blizzard-Schlager „Total Royal"). Drei schneearme Winter und das Fehlen einer langfristigen Planung haben die österreichischen Paradeindustriellen in eine schwere Krise gebracht, während die österreichische Nationalmannschaft gut abschnitt.

Das Verkanten der Skibosse nach mehr als 20jähriger Schußfahrt hat mehrere Gründe, von denen einige in der Marktlage, andere in dem Psychogramm der Agierenden liegen. Das seit drei Jahren anhaltende Extremwetter ist zweifelsohne das auslösende Moment, aber sicher nicht die Ursache der Krise. Es seien hier einige Hauptsünden der österreichischen Skifabrikanten angeführt:

1. Das Fehlen einer langfristigen Investitionsplanung. Es wurden Investitionen getätigt, die kapitalmäßig kaum gedeckt waren, bis heute nicht annähernd ausgelastet sind und die einen Rückschlag überhaupt nicht ins Kalkül zogen. Die Investitionsentscheidungen basierten zum Großteil auf theoretischen Überlegungen, die von der Realität weit entfernt waren.
Dir. Simharl: „Wir haben Entwicklungen projiziert, die nicht eingetreten sind."

2. Die Werbewirksamkeit der alpinen Rennerfolge wurde überschätzt. Der Ausbau der Vertriebswege in den wichtigsten Exportländern wurde in der Annahme vernachlässigt, der Ski aus Österreich würde sich selbst verkaufen. Die starke japanische Konkurrenz hat diese Marktlücke erkannt und sich in den USA etabliert.
Fischer: „Der Export nach den USA stagniert." — FISCHER-Konkurenten sprechen von einem gigantischen Lager des amerikanischen FISCHER-Importeurs GARCIA im Ausmaß von 40 000 bis 50 000 Paar Skiern.

3. Die ersten Krisenzeichen wurden der damals eher schwachen österreichischen Nationalmannschaft zugeschoben. Dies erwies sich aber als Ausrede, da auch heuer die Auslandsimporteure ihre Mindestabnahmeverpflichtungen kaum einhalten können, obwohl die österreichischen Rennstars gut abschnitten.

4. Anstatt ein gemeinsam finanziertes, werbewirksames Exportmarketing aufzubauen, lieferten sich die österreichischen Skiproduzenten auch im Ausland einen erbitterten Konkurrenzkampf. Dadurch kam es zu einer Zersplitterung der Vertriebswege, die Werbung verlor ihre Wirksamkeit, die sportlichen Erfolge der Österreicher gingen ins Leere, das für die Werbung ausgegebene Geld wurde erfolglos verpulvert.

5. Einige Skiproduzenten (FISCHER an der Spitze) vernachlässigten den heimischen Markt und hielten die Sportartikelhändler unter Druck. FISCHER forderte von seinen Sportdetaillisten jährlich zweimal einen sogenannten store-check. Die FISCHER-Vertrauensgeschäfte (e-Läden) mußten außerdem noch jedes Jahr ohne Auswahlrecht das Gesamtsortiment von ihm übernehmen.

6. Als sich die ersten Symptome der Skikrise zeigten, wollte keiner der eher umsatz- als gewinnorientierten Unternehmer, die zu der aus eigener Kraft aufgebauten Unternehmung eher als Manager eine gefühlsbetonte Beziehung haben, die Produktion zurückstellen. Die Überproduktion wurde dann zu allem Überdruß in den österreichischen Markt gesteckt. Die jährliche Aufnahmefähigkeit des österreichischen Marktes liegt bei 200 000 Paar; 1971 wollte man allerdings 540 000 Paar verkaufen. Die restlichen 340 000 Paar lagen dann irgendwo auf Lager.

7. Es wurden jährlich bis zu 20 neue Modelle auf den Markt gebracht, ohne auch technisch etwas Neues zu bieten, wodurch das „Entmodungsrisiko" vergrößert wurde. Die Skierzeuger nahmen Skier häufig nach nur einjähriger Laufzeit und auch während der Saison aus der Kollektion und machten die Vorjahrsmodelle zu altem Eisen. Durch die Belieferung von billigen Marken an die Warenhäuser (Quelle, Plus usw.) wurde das Skipreisgefüge zusätzlich gefährdet.

Nachdem allein in den letzten zwei Jahren fünf europäische Skifabriken vorwiegend von amerikanischen Industriekonglomeraten geschluckt wurden, werden sich auch die österreichischen Skihersteller wirksame Abwehrmaßnahmen überlegen müssen.

Die Entwicklung von FISCHER 1971 bis 1973

Die Produktion

Mit einem Ausstoß von 700 000 Paar Skiern und einem Umsatz von 500 Mio. öS war die Skifabrik FISCHER 1971 Marktleader ihrer Branche. Lange Zeit war FISCHER ein Erzeuger von billigen Skiern und legte wenig Wert auf spektakuläre Erfolge, die nach Branchenerfahrung eher der teuren Waren zugute kommen. Das Unternehmen steigerte seine Produktion innerhalb von 10 Jahren um mehr als 1000 Prozent (Jahresproduktion 1959 65 000 Paar, 1971 700 000 Paar). FISCHER beherrscht 40 Prozent des österreichischen Marktes. Der Anteil des Exportes am Gesamtverkauf liegt bei 80 Prozent, wobei diese 80 Prozent die Hälfte des gesamten österreichischen Skiexportes bedeuten.

Produktionsprogramm

Metallski, Kunststoffski, Holzski, Langlauf- und Wanderski.
Auf dem Alpinsektor gab es bei FISCHER keine wesentlichen technischen Neuerungen. Es waren lediglich Farben- und Typenänderungen festzustellen. Das Alpin-Produktionsprogramm wurde bereits im Fall 1 behandelt, es wird deshalb nicht mehr erörtert.

Langlauf- und Wanderskiprogramm

Nachdem FISCHER bisher nur den alpinen Skisektor bearbeitete, wandte er sich nun auch dem populärer werdenden nordischen Skisport zu. Zu diesem Zweck kooperierte er zuerst mit den schwedischen EDSBY-Werken, die die größten Langlaufskierzeuger der Welt sind. Die Jahresproduktion der EDSBY-Werke beträgt ca. 400 000 Paar. Zuerst importierte FISCHER die Langlaufskier aus Schweden und verkaufte sie unter seinem Namen. Doch bald entwickelte man bei FISCHER ein eigenes Fabrikat, das mit den bisher erzeugten Langlaufskiern nur mehr wenig gemeinsam hat. Das Rohstoffmaterial Holz, das bisher ausschließlich zur Produktion von Langlaufskiern verwendet wurde, ist dem Kunststoff gewichen. FISCHER will mit seiner neuen Entwicklung nicht nur dem Langlaufleistungssport eine Basis zur Leistungsverbesserung bieten, er will diese Disziplin auch der breiten Masse näherbringen.

Im Rahmen der ORF-Fitneß-Aktion und der österreichischen Bundessportorganisation zur Förderung der Volksgesundheit und sinnvollen Freizeitgestaltung will FISCHER mit seinen Langlaufskiern vor allem den Leuten, die sehr gerne nur Sommersport betreiben, die Gelegenheit bieten, auch im Winter fit zu bleiben. Der Skilanglauf, das zeigte sich vor allem an den Umsatzzahlen 1971/72, ist dafür eine passende Gelegenheit (ca 65 000 Paar). In Zusammenarbeit mit öffentlichen Stellen wurden in ganz Österreich zahlreiche Langlaufloipen gebaut. FISCHER stellte dazu das know how, eine Loipenbauleitung, Loipenmarkierungsschilder sowie einen Loipenbaumeister zur Verfügung. Der Langlaufsport erfreut sich deshalb besonderer Beliebtheit, da die Skiausrüstung weitaus billiger ist als die für den alpinen Skilauf (Skier, Stöcke und Schuhe ca. öS 1000,—).
Die Langlaufserie umfaßt folgende Modelle:

FISCHER Europa: Er ist der erste Metall-Langlaufski der Welt. Bei der Entwicklung dieses Skis hat FISCHER einen ganz neuen Weg beschritten, nämlich den Einsatz von Perradur-Leichtmetallplatten bei der Konstruktion von Langlaufskiern. Weiters ist er absolut bruchsicher und ist mit der bei FISCHER selbst entwickelten Kunststoff-Lauffläche Cross Tex HD ausgestattet.

FISCHER Europa Racing.

FISCHER Europa 77: Touren- und Wanderski. Er weicht beträchtlich von herkömmlichen Vorbildern ab und wird nach der Sandwich-Bauweise hergestellt.

Produktionsstätten

FISCHER-Produkte werden in 2 Fabriken hergestellt. Das Stammwerk befindet sich im Zentrum von Ried/Innkreis. Dort werden die Skikeile für Modelle vorgefertigt, die nach dem Sandwich-Verfahren produziert werden. Als 1962 der alte Betrieb zu klein wurde, begann FISCHER im Rieder Ortsteil Angerwaschen die Fertigungshallen der neuen Fabrik zu errichten. Der Fabrikskomplex umfaßt ca. 22 000 m²: 14 Produktionshallen, 2 Lagerhallen, 1 Versandraum, 2 Reparaturwerkstätten. Die Fabrik gilt weltweit als modernste der Skibranche. In einem einzigartigen Assembling-Verfahren werden die Skiteile auf Fließbändern zusammengeführt und in einem einzigen großen Arbeitsgang gepreßt. Die neue Produktionsstäte ist so konzipiert, daß bei maximaler Auslastung eine Jahresproduktion von 1,5 Mio. Paar erreicht werden kann.

Vertrieb

Zu den ersten österreichischen Firmen, die ihren Überseeversand mittels Container rationalisiert haben, gehört die Skifabrik FISCHER. In Abständen von 14 Tagen werden je drei Großraumbehälter nach den USA abgefertigt. Durch den enormen Exportanstieg sah man sich bei FISCHER gezwungen, nach neuen und modernen Versandmethoden Ausschau zu halten. Das Container-Verfahren garantiert größtmögliche Sicherheit, wenig Arbeit, da die Skier bis an ihren Bestimmungsort nicht mehr umgelagert werden müssen, und einen schnelleren und günstigeren Transport. In einem Container haben 5000 Paar Skier Platz. Die Container werden auf Lkw-Sattelschleppern nach Hamburg gebracht und dort auf Container-Vollschiffe verladen. Durch den Containertransport haben sich bei FISCHER die Lagerhaltungskosten enorm verringert.

Investitionen

In der Zeit von 1963 bis 1971 wurden in der Skifabrik FISCHER 153 Mio. öS investiert. Allein im Jahre 1971 wurden für Rationalisierungen 21 Mio. öS aufgewendet, ein Sozialgebäude für 22 Mio. öS errichtet und für Produktionserweiterungen 60 Mio. öS bereitgestellt.

In den Jahren 1972/73 werden rund 35 Mio. öS investiert, hauptsächlich für Rationalisierungszwecke. FISCHER beeinflußte durch seinen steilen Aufstieg natürlich auch die Entwicklung in der unmittelbaren Umgebung und hat durch seine riesige Investitionstätigkeit die Infrastruktur des Innviertels positiv verändert.

Rechtsform

FISCHER hat sich im November 1971 die Möglichkeiten des Strukturverbesserungsgesetzes zunutze gemacht. Die „Josef Fischer Sportartikelerzeugung OHG" wurde in eine GesmbH mit einem Stammkapital von 200 Mio. öS umgewandelt. Bei FISCHER besteht zur Zeit die Absicht, in Österreich eine internationale Holdinggesellschaft aufzubauen, die insbesondere auf dem Wintersportsektor weltweit wirken soll. Die Schwierigkeiten, die sich aber diesbezüglich ergeben, sind die, daß das geltende Strukturverbesserungsgesetz keine eindeutigen Richtlinien gibt. Es muß somit befürchtet werden, daß mit der Errichtung einer Holding-Gesellschaft erhebliche steuerliche Belastungen verbunden sind. Um die steuerrechtliche Situation zu klären, hat FISCHER bei einer Wirtschaftstreuhandgesellschaft ein Gutachten in Auftrag gegeben. In der Holding-Gesellschaft würden aber nicht nur FISCHER und KÄSTLE vertreten sein, sondern auch andere Sportartikelproduzenten. Wie erwähnt, arbeitet FISCHER schon jetzt mit HUMANIC bzw. deren Tochter DYNAFIT SCHISCHUH GesmbH und der deutschen Bindungsfirma MARKER auf einigen wichtigen Auslandsmärkten vertriebsmäßig zusammen. Die

Holding, die die Rechtsform einer AG haben soll, an der die diversen Interessenten Anteile erwerben können, würde nicht nur den weltweiten Vertrieb besorgen, sondern darüber hinaus auch die Konzernfinanzierung durchführen, gemeinsame Forschung betreiben sowie die Exporte fördern.

Personalwesen

Die gesamte FISCHER-Gruppe beschäftigt ca. 1850 Personen. In den beiden Rieder Werken beläuft sich die Zahl der Mitarbeiter auf ca. 1500.

1971 wurde gegenüber dem Werkskomplex ein neues Sozialgebäude fertiggestellt. Es wurde damit dem Unternehmen möglich, das Zusammengehörigkeitsgefühl der FISCHER-Belegschaft durch eine Reihe entscheidender sozialer Begünstigungen zu stärken. Im neuen Gebäude sind untergebracht:

Großküche, Speisesaal, Bibliothek, Sauna, Dampfbad und Türkisches Bad sowie moderne Gemeinschaftsräume.

Die neue Großküche bietet allen Mitarbeitern ein reichhaltiges Mittagessen für öS 5,—. Weitere Begünstigungen sind: Treue- und Anwesenheitsprämien, Prämien für gute Vorschläge, Weihnachts-Sonderzahlungen, besonders günstige Baugründe und Kredite. FISCHER sorgt durch die Betriebssport-Gemeinschaft mit den Sektionen Fußball, Tennis, Gymnastik, Basketball und Schach für die körperliche und geistige Fitneß seiner Belegschaft. Für Petrijünger steht ein eigenes Forellenwasser zur Verfügung.

Das Management

Josef Fischer: Er scheut die persönliche Publicity, schickt gerne sein Team ins Feuer, hält nur ungern Reden und liebt durchaus nicht den großen Auftritt. Er hat die Gabe, Dinge recht einfach darzustellen. „Mein Herz gehört der Technik, auch wenn ich das nie studiert habe." Nach seinem persönlichen Managementstil befragt, meinte er nur: „Ich weiß, es gibt sehr viel moderne Managementliteratur, ich habe jedoch nicht Zeit, das alles zu lesen." Fischer geht lieber seinen eigenen Weg. Gestützt auf ein kleines Drei-Mann-Führungsteam arbeitet er heute mit vielen jungen Leuten zusammen, die knapp erst der Hochschule entwachsen sind. Anders als die im Bergland beheimatete, oft erzpatriarchalisch geführte Konkurrenz, baute Fischer sein junges Management auf. Rekrutierungsmeetings, wie sie etwa die AISEC veranstaltet, werden vom FISCHER-Personalmanager zur Anwerbung von späteren Führungskräften besucht. Die demzufolge zahlreich vertretenen Wirtschaftswissenschafter brauchen natürlich eine gewisse Zeit, „um den Sprung von der Theorie zur Praxis zu verkraften" (Simharl).

Die volle Schlagkraft des jungen Teams erhofft man sich für die nächste Saison (1973/74).

Diversifikations-Überlegungen

Bei FISCHER besteht derzeit der Plan, ins Sommergeschäft einzusteigen. Konkrete Einzelheiten wollte Dir. Simharl noch nicht bekanntgeben, jedoch bestehen seiner Aussage nach bereits konkrete Vorstellungen. Als Beweggründe nannte Herr Dir. Simharl den Ausbruch aus dem Einsaison-Geschäft, die bessere Auslastung der Lager und der Vertriebsorganisationen. Es soll sich dabei um eine völlig neue Idee handeln, wobei aber keinesfalls an die Produktion von Wasserski gedacht wird.

Simharl: „Überhaupt gäbe es im Sommer wenig prägnante Produktionen, die als echter Umsatzträger gelten könnten. Die wenigen darunter stehen unter heftigem Konkurrenzdruck.

Unternehmens-Strategie

Schon 1971 wollte man bei FISCHER auf Grund der vorhandenen Kapazitäten 1 Mio. Paar Skier erzeugen und absetzen. Auf Grund weiterer Rationalisierungen und Beendigung der sogenannten Ausbaustufe II wäre es der Skifabrik FISCHER möglich, bis zu 1,5 Mio. Paar Skier jährlich zu erzeugen. Das Unternehmensziel, die Millionengrenze zu erreichen, ist aber für FISCHER bis heute eine Illusion geblieben. Einige strategische Ungeschicklichkeiten und das ungewöhnliche Wetter haben zu einer Absatzstagnation und einem großen Lagerbestand geführt. Kritisiert soll in diesem Zusammenhang auch die österreichische Handelspolitik werden, die 1972 unbegründet Importzölle bei Skiern gesenkt hat. Durch den Wegfall der Umsatzsteuer-Rückvergütung ergibt sich eine zusätzliche Belastung für die Skiindustrie, die durch das EWG-Arrangement nur teilweise kompensiert wird.

Der Prestigetitel „FISCHER — größter Skierzeuger der Welt", der schon mehrmals hart umkämpft wurde, jedoch bisher immer verteidigt werden konnte, ist in der Saison 1972/73 verlorengegangen. Nach acht Jahren Vorherrschaft wurde der Skifabrik FISCHER das Szepter des Branchengrößten entrissen. Die französische Firma ROSSIGNOL übernahm die Rolle des Branchengrößten. Die neue Rangliste in geschätzten Umsatzzahlen:

1. ROSSIGNOL	750 Mio. öS	500 000 Paar Skier
2. FISCHER	600 Mio. öS	700 000 Paar Skier

Wie aus Pressemeldungen zu entnehmen war, soll die Skifabrik FISCHER ca. 300 000 Paar Skier auf Lager haben.
Dir. Simharl: „Das Geschäft stagniert; es ist nicht alles ganz so gelaufen."
FISCHER mußte am 1. März 1972 bei einem Anlagevermögen von 278 Mio. öS einen Lagerbestand von 130 Mio. öS an Halb- und Fertigwaren bilanzieren. Bei der FISCHER-Tochter KÄSTLE mußten sogar Aufträge an die Vorlieferanten storniert werden.

Dir. Simharl: „Wahrscheinlich haben wir uns wirklich zu sehr um den Ausbau und die Modernisierung der Produktionsanlagen gekümmert. Die Zuwachsraten der schneereichen Jahre haben uns mit Arbeit zugedeckt, so daß wir uns zu spät um den Markt gekümmert haben."
Was sich aber besonders bei ROSSIGNOL bewährte, war die Dezentralisierung der Produktionsstätten. Derzeit werden in sieben Produktionsstätten ROSSIG-

NOL-Skier erzeugt. Vier davon wurden in Frankreich gebaut, je eine in der Schweiz, Italien und Spanien. Es ist gerade, was den Rennsport angeht, leichter, die Spitzenfahrer dieser Länder unter Vertrag zu bekommen. Außerdem wirken sich die geringen Lohnkosten, Frachtkosten usw. günstig auf die Preise aus. Stand bei FISCHER früher noch die Frage zur Diskussion, ob eine Produktion von Skiern im Flachland vorteilhaft sei, so stellt sich jetzt nach ROSSIGNOLS Erfolg eine weitere: Zentralisation der Dezentralisation?

Langfristige Unternehmens-Strategie

— Zurückeroberung des Titels „Marktleader"
— weitere Diversifikationen
— Forcierung des Langlaufsports (in zehn Jahren soll gleich viel Umsatz mit Langlauf- wie mit Alpinskiern gemacht werden)
— Intensivierung des Rennsports

Anhang

Liste der von den bedeutendsten Skifabrikanten ins Rennen geschickten Läufer:

FISCHER: Franz Klammer, Alfred Matt, Sepp Loidl, Erik Haaker.

KÄSTLE: Harald Rofner, Ingrid Gföllner, Sigrid Eberle.

BLIZZARD (Arnsteiner): Hansi Hinterseer, Monika Kaserer, Brigitte Schroll.

KNEISSL: Karl Schranz, Thomas Hauser, Karl Cordin, Berni Rauter, Irmgard Lukasser.

ATOMIC (Rohrmoser): Reinhard Tritscher, David (Vid) Zwilling, Annemarie Pröll, Wiltrud Drexl, Brigitte Totschnigg.

ROSSIGNOL: Henry Duvillard, Claude Perrot, Isabelle Mir (Mirabelle), Patricia Emonet, Christian Neureuther, Bob Cochran, Jim Hunter, Judy Crawford, M. Varallo, L. Kreiner, R. Collombin, B. Russi, W. Tresch, Ph. Roux, M. Th. Nadig, P. Ochoa, A. Bachleda, P. Gros.

FISCHER III: Pressestimmen zur Skiindustrie

Droht nun Engpaß bei Skiern?

Arnsteiner: „Hätte um 30 000 Paar mehr verkaufen können"

Er ist einfach der Anton Arnsteiner. Obwohl kein publicitygewandter Franz Kneissl, noch mit dem Industriellenimage eines Josef Fischer behaftet, so nimmt er unter den eigenwilligen österreichischen Skifürsten doch seinen gesonderten Platz ein. Selbst heute noch — wo er schon unbestritten zu den fünf führenden Skifabrikanten Österreichs zählt — kann er die kleinen Anfänge nicht verleugnen. Am liebsten würde er noch immer alles selbst machen, und zwar tausend Dinge gleichzeitig. Den Kern der Dinge spricht er hart aus, ohne Umschweife, wobei man seine Äußerungen, aus einem anderen Mund gesprochen, sofort als überheblich bezeichnen würde.

Die Überkapazitäten in der österreichischen Skiindustrie klassifiziert er nur als Journalistentratsch. „Welche Industrie hat nicht Überkapazitäten?" Er selbst sei seit zehn Jahren ausverkauft, und jedes Jahr müßte er nach dem Bestellungseingang eine „Unterkapazität" von 30 000 bis 40 000 Skiern feststellen. Für die Saison 1972 wurden in Mittersill 220 000 Skier produziert, für die laufende Saison schon 250 000. Bis Februar wird jedoch eine Umstellung abgeschlossen sein — mit 50 Mio. öS wurde der Produktionsraum verdoppelt —, wodurch die Skiproduktion für weitere Expansion gerüstet ist.

Den Optimismus zieht er aus den Verkaufsziffern des laufenden Jahres: In Japan konnte durch die Jen-Aufwertung eine Steigerung um 120 Prozent erreicht werden, und in den Ländern um Österreich betrug der Zuwachs über zehn Prozent. Für Österreich prognostiziert Arnsteiner — günstige Wetterverhältnisse vorausgesetzt — nicht nur einen Rekordverkauf, sondern sogar einen Engpaß im November und Dezember.

Als schwierig bezeichnet Arnsteiner hingegen die skandinavischen Märkte: „Seit drei Jahren gab es dort keinen Schnee mehr" sowie die USA und Kanada. Mit seinem Blizzard-Ski habe er gerade noch die Verkaufsziffern des Vorjahres halten können, die Ertragslage sei jedoch eine „reine Katastrophe". Rund ein Drittel des Kursverfalles mußte Arnsteiner aus eigener Tasche auffangen, nur um in diesem Markt bleiben zu können, den er sich mühsam durch zehn Jahre hindurch aufgebaut hatte.

„Diesen Markt gebe ich nicht kampflos preis", engagiert sich Arnsteiner, obwohl die Konkurrenz aus Frankreich und Italien im Vormarsch ist. „In diesen Ländern betreibt die Regierung nicht eine solche Gefälligkeitspolitik wie bei uns", wettert er gegen die Schillingaufwertung, die die Skiindustrie weit mehr getroffen hätte als derzeit die Kreditrestriktionen. „Schreiben Sie das nur ruhig in der ‚Presse' (Arnsteiner deutet mit dem Finger auf den Notizblock), denn das hab' ich auch zu Staribacher gesagt."

Sprunghaft in seinen Gedanken wandert Arnsteiner, nachdem er Meldungen über eine allgemeine Verbilligungstendenz bei Skiern für diese Saison als völlig erfunden vom Tisch wischt, wieder zum Skiverkauf und seiner hauseigenen Erfolgsphilosophie zurück:

Profiskilauf uninteressant

Auf drei Beine stützt er sich dabei: Qualität, Design und Rennerfolge. Qualität bedeutet für Arnsteiner vor allem Leichtschwungski, „reklamationsfrei" sowie das Anbieten zu einem vernünftigen Preis. Beim Design sollte man vor allem von dem 08/15-Image wegkommen. Die Bestätigung der beiden ersten Punkte würde jedoch erst durch Rennerfolge (1973 Gesamtweltcupsiege im Riesenslalom, Hinterseer und Kaserer) eintreten. „Rennsport ist eben nur dann ein Erfolg, wenn er durch ein gutes Produkt untermauert ist. Rennerfolg ist die sichtbarste Bestätigung der Qualität." Gänzlich von seiner Philosophie schließt Arnsteiner den Profiskilauf aus: „Solange dort nur Altersrentner fahren, die bei keinem Jugendrennen in Österreich mehr eine Chance hätten, sehe ich keine Werbewirksamkeit."

Letztlich trifft Arnsteiner noch eine lautstarke Feststellung, die sicher nicht überall unwidersprochen bleiben dürfte: „Wir sind der größte Vollplastikskierzeuger der Welt.“ Da die Holzverleimung keine kontinuierliche Qualität zulasse, sei man nach umfangreichen Experimenten zum Hartschaum übergegangen. Das Skigewicht gegenüber dem Holz konnte damit um 25 Prozent reduziert werden. Das bedeutet: leichteres Skifahren, bessere Festigkeit und Dämpfungseigenschaften und rationellere Fertigung.

Die Presse, 14. November 1973

Ist Atomic bereits Marktleader?

Rohrmoser: „Ich bleibe allein — Weitere Produktionssteigerung geplant

Sind Österreichs Skiunternehmen gesund, dürfen sie auch in Zukunft auf erfreuliche Zuwachsraten hoffen? Könnte nicht doch ein teilweises Zusammengehen der heimischen Produzenten zielführend sein? ATOMIC-Chef Rohrmoser: „Selbst wenn die Erfolge nachlassen, bleibe ich allein.“ Hinsichtlich der Marktchancen sieht man in Wagrain die Zukunft vor allem auf den Auslandsmärkten, der Inlandsmarkt dürfte wohl kaum mehr steigen. Die optimistische Stimmung bei ATOMIC findet auch ihren Niederschlag in einer geplanten Kapazitätserweiterung von 300 000 auf 400 000 Paar Skier im Jahr.

Der Ausbau soll im Werk Altenmarkt vorgenommen werden und bis zum Jahre 1974 abgeschlossen sein. Es handelt sich dabei um eine neue Lackierstraße und die Aufstellung weiterer Pressen. Die noch im Vorjahr geplante Aufnahme der Produktion von Skibindungen im Werk Wagrain wurde inzwischen wieder fallengelassen, Rohrmoser möchte vorerst bei der Skierzeugung bleiben. Zusätzlich wurde jedoch der Vertrieb der italienischen Skischuhmarke MUNARI in Österreich, der Bundesrepublik Deutschland und Frankreich übernommen.

Trotz des ständigen Ausbaus der Werke klagt Rohrmoser über Kapazitätsengpässe. „Ich könnte in der heurigen Saison noch zusätzlich 50 000 Paar Skier absetzen, über die ich leider nicht verfüge.“ Der ATOMIC-Inlandsmarktanteil wird gegenwärtig mit etwa 25 Prozent angegeben — Gesamtmarkt: 320 000 Paar Skier —, soll aber in Zukunft kaum noch steigen. Damit vermeint der in letzter Zeit ins Schußfeld der sportlichen Kritik geratene Firmenchef bereits heimischer Marktleader zu sein.

Das zukünftige Heil des Unternehmens soll jedoch im Ausland liegen. Zur besseren Marktbearbeitung wurden bereits eigene Vertriebsfirmen in der BRD und in Frankreich gegründet, womit allerdings das Auslandsengagement für die nächsten Jahre bereits abgeschlossen sein soll. Darüber hinaus wird der Skiexport nur über Generalvertretungen abgewickelt. In der Saison 1973/74 zeigt die Marktlage jedoch noch ein anderes Bild. So konnte am Inlandsmarkt eine Zuwachsrate von 29 Prozent erzielt werden, während die Auslandsmärkte nur um 23,5 Prozent wuchsen.

Niedrige Preise

Mit seiner eigenen Produktionspolitik ist Rohrmoser nicht ganz zufrieden. So lautete der Leitsatz des Unternehmens in den vergangenen Jahren: Wenig Modelle und niedrige Preise! Von diesem Weg ist man allerdings in der heurigen Saison etwas abgekommen. So wurde ein Ski für die hohe Preisklasse aufgenommen, wodurch nunmehr acht Modelle geführt werden. Im nächsten Jahr soll allerdings wieder eine Schrumpfung auf sieben Modelle vorgenommen werden, wobei auch keine Programmänderungen geplant sind. Für die heurige Saison wurden die Preise des Vorjahres beibehalten. In den vergangenen Jahren hat sich dabei gezeigt, daß der Metallski eine Renaissance erlebt. Während der Plastikski 1971 nur eine Steigerungsrate von neun Prozent erzielte, konnten nach Angaben des Fachverbandes um 78 Prozent mehr Metallskier an den Mann gebracht werden (Holzskier: plus 57 Prozent).

Können derzeit auch viele Händler wegen leerer Lager nicht in gewünschtem Umfang beliefert werden, so sieht auf der Ertragsseite das Bild schon weniger rosig aus. Dollarkrise und Wegfall der Exportvergütung sowie der starke Schilling haben eine beträchtliche Verschlechterung der Gewinnsituation gebracht. Trotz einer 25prozentigen Produktionssteigerung dürfte man bei ATOMIC heuer gerade wieder die Erträge des Vorjahres erzielen. Die ausländische Konkurrenz kann heute bereits wesentlich billiger anbieten. Deshalb scheint es auch verständlich, wenn ATOMIC-Chef Rohrmoser auf die Frage nach seinem härtesten Konkurrenten am Weltmarkt antwortet: „ROSSIGNOL."

Die Presse, 8. November 1973

Skiindustrie in der Währungszange

Ertragsdilemma am US-Markt — Hoffen auf Inlandsgeschäft — Produktionsstätten im Ausland?

„Bei uns ist höchste Alarmstufe", meint Skifabrikant Arnsteiner und möchte damit die schwierige Lage der heimischen Skiindustrie aufzeigen. Währungsdilemma und Spurenwechsel in der Umsatzsteuer (Wegfall der Exportrückvergütung) haben tiefe Spuren in den einst so stolzen Exportbilanzen der Skiproduzenten hinterlassen. Der US-Markt kann schon fast als ein Verlustfaß ohne Boden bezeichnet werden, die Ertragslage bietet ein recht tristes Bild. Es ist eine echte Schwächung gegenüber ausländischen Konkurrenzfirmen — etwa in Italien, Frankreich und den USA — eingetreten. Die Krisenstimmung im österreichischen Skilager geht sogar schon so weit, daß ausländische Produktionsstätten in Erwägung gezogen werden.

Da die Exportaufträge für die kommende Saison bereits im Frühjahr abgeschlossen wurden, kann schon jetzt ein klares Bild über die Situation auf den Auslandsmärkten gezeichnet werden. Der für Österreich wichtigste Exportmarkt, die USA, ist im Gefolge des Kurssturzes des Dollars zu einem Alptraum für heimische Brettelbauer geworden. So hat etwa die Skifabrik BLIZZARD (Arnsteiner) 25 Prozent ihres Marktanteiles abgeben müssen, bei FISCHER und KÄSTLE meldet man eine Stagnation des Absatzes auf Vorjahrshöhe, nur ATOMIC (Rohrmoser) spricht nach eigenen Angaben von einer beträchtlichen Zuwachsrate. Einhelliger Tenor aller Produzenten ist jedoch: Das US-Geschäft bringt keinen Gewinn (Arnsteiner: „Hier noch von Ertrag zu reden ist eine Verspottung").

Etwas differenzierter ist das Bild am japanischen Markt, ATOMIC-Chef Rohrmoser beklagt, daß er durch eine ungünstige Dollarfakturierung seine Gewinnvorstellung auf Null reduzieren mußte, während man bei BLIZZARD in einem ausgesprochenen Japan-Boom schwebt und stolz einen 120prozentigen Geschäftszuwachs verkündet.

Das trübe Bild der Überseemärkte wird in Europa nur wenig aufgehellt. In der BRD hofft man, das Vorjahrsniveau halten zu können, die bundesdeutsche Abnehmerschaft zögert jedoch mit ihren Bestellungen, da mit Ende des Jahres die Preisbindung fällt und daher besonders vorsichtig disponiert wird. Bei unseren Hauptkonkurrenten in Italien und Frankreich machen sich jedoch die Währungsverschiebungen wieder deutlich bemerkbar. Bei BLIZZARD wird von einer rückläufigen Entwicklung gesprochen, FISCHER konnte unter Ertragsopfer ein Plus von 20 Prozent verzeichnen.

Insgesamt hat Skifabrikant Arnsteiner heuer wenig Skier im Ausland abgesetzt (im Vorjahr 170 000) — „Bei 40 Prozent der Exporte muß ich dazulegen" —, FISCHER und KÄSTLE glauben, ungefähr das Vorjahrsniveau erreichen zu können, nur ATOMIC präsentiert sich als Außenseiter und verkündet eine Steigerung von 140 000 auf 180 000 Paar Skier.

Am Inlandsmarkt hofft die Skiindustrie jedoch wieder Terrain gutzumachen. Einhellig herrscht die Auffassung vor, daß bei guter Gewinnlage beträchtlich mehr Gerät als im Vorjahr an den Mann gebracht werden kann. Was aber, wenn sich die Witterung wie in den vergangenen drei Wintern wieder als äußerst unverläßlicher Partner zeigt?

Die Euphorie früherer Jahre ist jedenfalls verflogen. Von Ausbauplänen wird derzeit nicht mehr gesprochen. Nur BLIZZARD wird mit Jahresende weitere Kapazitäten in Betrieb nehmen, womit in der ersten Ausbauphase 350 000 Paar Skier produziert werden können (Kostenpunkt 40 Millionen Schilling). In Mittersill ist man allerdings über die langfristig geplante Investition gar nicht mehr glücklich. So meint BLIZZARD-Chef Arnsteiner optimistisch: „Hätte ich die wirtschaftsfeindlichen Maßnahmen der Regierung gekannt, hätte ich nicht gebaut", und spielt damit auf die Schillingaufwertung an („Ein Wirtschaftler hätte solch einen Unsinn nie gemacht").

Bereits im Frühjahr versuchten Österreichs stolze Skifabrikanten mit einem Bittgang zu Handelsminister Staribacher Hilfsmaßnahmen zu erheischen. Den Weg zum Stubenring hätte man sich jedoch sparen können, da Staribachers Taschen zugeknöpft blieben. Selbst die zum damaligen Zeitpunkt versprochene Unterstützung bei der Marktforschung läßt noch immer auf sich warten.

Fischer kauft Textilfirma

Arnsteiner ist über die derzeitige Situation so verbittert, daß er sich schon Gedanken macht, ob er billige Skier nicht im Ausland produzieren soll. Erste Verhandlungen wurden bereits mit spanischen und italienischen Partnern geführt.

Andere heimische Skiproduzenten konnten sich bisher mit einem derartigen Gedanken noch nicht anfreunden. ATOMIC wird sich auch in Zukunft weiter auf Skierzeugung in Wagrain und Altenmarkt konzentrieren, FISCHER sucht sein Heil in der Diversifikation. Ein erster Anlauf wurde bereits im Vorjahr mit der Gründung der Sport AG gemacht, einer Holding, in der FISCHER, KÄSTLE und die Schuhfabrik HUMANIC vereint sind. Als viertes Standbein wurde nun im heurigen Sommer die Textilfirma LÖFFLER in Ried gekauft (Umsatz: 50 Millionen Schilling, 350 Beschäftigte), die knapp vor der Anmeldung des Ausgleiches stand. Damit möchte man in Ried die Angebotspalette auch auf den Textilsektor ausweiten.

Trotz eines Weltmarktanteils von 40 Prozent scheinen für die heimischen Brettelbauer die mageren Jahre angebrochen zu sein. „Die Skiindustrie hat zu lange gelogen und nur an die Menge gedacht, das rächt sich nun", skizziert ein Fachmann aus der Branche das gegenwärtige Dilemma.. Zur Ehrenrettung von Österreichs industriellen Wagnermeistern muß jedoch gesagt werden, daß der Kursverfall von Dollar, Lira und Franc wirklich zum denkbar ungünstigsten Zeitpunkt die Skifabrikanten zum Erzittern bringt.

Die Presse, 22./23. September 1973

SKIFABRIK HEAD

Die Entwicklung einer amerikanischen Skifabrik von ihren Anfängen bis zur Eingliederung in einen multinationalen Konzern

Bemerkungen zu den HEAD-Fällen

Die HEAD-Fälle (A, B_1, B_2, B_3) zeigen die Entwicklung einer Skifirma von ihrer Gründung 1950 durch Howard Head bis herauf in die jüngste Vergangenheit (1972). Es werden vor allem die verschiedenen organisatorischen Phasen in der Entwicklung der Unternehmung sehr gut dargestellt sowie die für jede Phase typischen Probleme und Schwierigkeiten. In diesem Sinne dient der Fall HEAD A als Grundlage für die Bearbeitung von HEAD B_1 und in der weiteren Folge von HEAD B_2 und HEAD B_3. Diese Fälle zeigen weiters, daß die unternehmensstrategischen Überlegungen nicht losgelöst von der Persönlichkeit und der Motivation der Zentralfigur (zum einen Howard Head, zum anderen Dr. Herbert Bader) gesehen werden können.
Darüber hinaus werden noch folgende Problembereiche behandelt.
— Analyse der Trends, Chancen und Risken in der Skiindustrie, relevant für eine hochspezialisierte Unternehmung in dieser Branche.
— Feststellung der Stärken und Schwächen einer Unternehmung, um sich

a) im Skigeschäft und

b) in peripheren, für Expansion geeignete Geschäftssparten durchzusetzen.
— Übung bei der Spezifikation und Bewertung der Unternehmensstrategie als Aufgabe des Topmanagers.
— Einführung in das Problem, eine geänderte Strategie vorzuschlagen und durchzusetzen.
Dementsprechend wäre es empfehlenswert, bei der Bearbeitung der HEAD-Fälle folgende Fragen zu beachten:

I. Für HEAD A:

1. a) Welche Hauptbereiche der Umwelt sind für das Skigeschäft relevant?

b) Welchen Trend können Sie feststellen?

c) Welche Chancen und Risiken ergeben sich dadurch für HEAD? Wo liegen HEADS Stärken, wo die Schwächen?

2. a) Welche größeren strategischen Alternativen ergeben sich für HEAD?
b) Welche Alternativen soll HEAD nach Ihrer Meinung befolgen?

3. Welche grundsätzliche Unternehmenspolitik und welche Handlungen werden nötig sein, um die gewählte Strategie durchzusetzen?

4. a) Welchen Einfluß haben nach Ihrer Meinung die
— Eigenschaften
— Wertvorstellungen
— Fähigkeiten (allgemein unternehmerische, technische usw.)
von Howard Head auf die Unternehmung und auf ihre weitere Entwicklung?

b) Wie sollten diese Einflüsse in Rechnung gestellt werden?

5. Würden Sie HEAD empfehlen, sein Skisortiment in den mittleren Preissektor auszuweiten?

II. Für HEAD B, C und D:

1. Welche Trends, Chancen und Risken in der Skiindustrie können Sie in den Jahren 1967 bis 1972 feststellen?

2. Welche strategischen Alternativen hatte Mr. Seigle im Jahre 1967 bzw. 1970?

3. Wie beurteilen Sie die Unternehmenspolitik von Mr. Seigle?

4. Wie beurteilen Sie
— die Unternehmenspolitik im allgemeinen,
— die Marketingpolitik,
— die Produktpolitik
der Firma „HEAD Sportgeräte" in Kennelbach.

5. a) Welche Chancen hat „HEAD Sportgeräte" bei der herrschenden starken Konkurrenz auf dem österreichischen und darüber hinaus auf dem europäischen und Weltmarkt erfolgreich zu sein?
b) Wo liegen die Stärken, wo die Schwächen von „HEAD Sportgeräte"?

6. a) Welchen Einfluß haben nach Ihrer Meinung die
— Eigenschaften
— Wertvorstellungen
— Fähigkeiten (allgemein unternehmerische, technische usw.)
von Dr. Herbert Bader auf die Unternehmung und ihre weitere Entwicklung?
b) Wie sollen diese Einflüsse in Rechnung gestellt werden?

HEAD SKI COMPANY INC. (A)

HEAD Ski Company, Inc.

Die HEAD Ski Company, Inc. mit ihrem Sitz in Timonium, Maryland, wurde im Jahr 1950 zum Verkauf von Metallskiern gegründet, die von Howard Head in dreijähriger Forschungsarbeit entwickelt worden waren. Im ersten Jahr produzierten sechs Angestellte 300 Paar Ski. In der Skisaison 1954/55 erreichte die Produktion 8000 Paare, und im Jahre 1965 hatte sie 133 000 Paare überschritten. Die Ausweitung des Verkaufs, in Dollar ausgedrückt, und die Gewinne stiegen gleichermaßen spektakulär an. Als HEAD im Jahr 1960 Aktien ausgab, betrug der Umsatz etwas über 2 Millionen und der Gewinn lag knapp unter 59 000 $. 1965 betrug der Umsatz 8,6 Mio. $ und der Gewinn 393 713 $. In den nächsten zwei Jahren stieg das Volumen weiter an, obwohl das Wachstum weniger dramatisch war. In den 53 Wochen bis zum 30. April 1966 betrug der Umsatz 9,1 Mio. $ und der Gewinn 264 389 $. In einem gleich langen Zeitraum bis 29. April 1967 betrug der Umsatz 11 Mio. $ und der Gewinn belief sich auf 401 482 $ (Finanzen siehe Tabelle 4).

Die Industrie

HEAD beteiligte sich enthusiastisch an dem wachsenden Freizeitmarkt, in dem der Skisport eines der dynamischesten Segmente darstellte. Nach einer Schätzung der Ski Industries America (SIA), des Industrieverbandes, stiegen die Ausgaben für den Skisport einschließlich Bekleidung, Ausrüstung, Skischuhe, Zubehör, Liftkarten, Reisekosten, Unterhaltungskosten, Unterkunft und Verpflegung von 280 Mio. $ im Jahr 1960 auf 750 Mio. $ im Jahr 1966/67. Für 1969/70 wurde ein Bruttoumsatz von 1,14 Mrd. $ erwartet. Dieser Anstieg wurde sowohl auf die zunehmende Zahl der Skisportler als auch auf die höheren Pro-Kopf-Ausgaben zurückgeführt. Man schätzte, daß es im Jahr 1947 weniger als 10 000 aktive Skiläufer in den Vereinigten Staaten gab. Die SIA schätzte, daß diese Zahl im Jahr 1960 1,6 Mio. und in den Jahren 1966/67 3,5 Mio. betrug und sagte für 1970 eine Zahl von 5 Mio. voraus. Einer anderen Schätzung der Industrie zufolge stieg die Zahl der Skiläufer um 20 Prozent jährlich.
Es wurde geschätzt, daß von den 750 Mio. $, die in der Saison 1966/67 für den Skisport ausgegeben wurden, 200 Mio. $ auf Skiausrüstung und Skibekleidung entfielen und 550 Mio. $ den 1200 Skigebieten und den Transportgesellschaften, die die Skiläufer an ihr Ziel brachten, zuflossen. 98 Produzenten waren Mitglieder der SIA. Das *Skiing International Yearbook* für 1967 führte 85 Holzskimarken mit 260 Modellen, 49 Metallskimarken mit 101 Modellen und 53 Kunststoffskimarken mit 116 Modellen an. Jedes Modell gab es in bis zu 15 verschiedenen Längen. Verschiedene Hersteller produzierten alle drei Skiarten, manche Erzeuger produzierten mehrere Marken. Die Industrie war in viele Konkurrentengruppen aufgespalten.
Die folgende Tabelle zeigt die Marktaufteilung nach Preis und Skiarten.

Tabelle 1: Zahl der Skimarken nach Preisgruppen

Type	bis 49 $	50 bis 99 $	100 $ und darüber
Holz (85 Marken)	69	27	3
Metall (49 Marken)	0	22 (28 Modelle)	28 (73 Modelle)
Fiberglas (53 Marken)	0	24 (35 Modelle)	39 (81 Modelle)

Quelle: Skiing International Yearbook, 1967, S. 90—91.

Ski Business faßte die Analyse der in der Industrie festzustellenden Trends wie folgt zusammen:

— Die Einfuhr von billigen Holzskiern für Erwachsene in den Vereinigten Staaten nimmt stark ab.

— Der Verkauf von amerikanischen Metallskiern nimmt stärker zu als irgendeine andere Kategorie.

— Auf dem Skiausrüstungs- und Bekleidungsmarkt ist ein ungewöhnlich breiter und deutlicher Preis- und Qualitätsanstieg zu vermerken.

— Der Umsatz von Spezialskigeschäften scheint rascher anzusteigen als der Umsatz von Kaufhäusern, für die viel Publicity gemacht wird, und von allgemeinen Sportartikelgeschäften.

— Der Anstieg der Zahl der Skisportler nimmt vermutlich ab und hat möglicherweise bereits ein Plateau erreicht [1].

Zusätzlich zu diesen Feststellungen, die Trends in der Industrie betreffend, führte *Skibusiness* einige weitere Beobachtungen an.

Der Umsatz an ausländischen Skiern sank im Jahr 1966 deutlich zugunsten der inländischen Erzeugerfirmen (die Gesamtzahl der in den Vereinigten Staaten verkauften, importierten und inländischen Ski beläuft sich schätzungsweise auf mehr als 900 000 Paar jährlich). Vorsichtigen Schätzungen zufolge war die amerikanische Metallskiproduktion 1966 (nach Lieferung an Kleinhandelsgeschäfte in der Saison 1966/67) im Vergleich zu 1965 um mindestens 40 000 Paar angestiegen ...

Viel wichtiger jedoch als der steigende Umsatz von amerikanischen Skiern (der jetzt, da amerikanische Kunststoffski auf den Markt kommen, weiter ansteigen wird) ist der bemerkenswerte Preisanstieg. Während 1966 um 10 Prozent weniger ausländische Ski in die Vereinigten Staaten importiert wurden, stieg der Dollarwert aller importierten Ski um mehr als 10 Prozent oder 700 000 $ an ... Das war das echte Maß für das Wachstum des Skimarktes; es war kein zahlenmäßiges, sondern ein dollarmäßiges Wachstum.

Am meisten profitierte von dieser bemerkenswerten Tatsache, daß die Verbraucher immer bessere Qualität bevorzugen, natürlich die Spezialgeschäfte. Der Skiläufer, der Ski um 140 $ und Skischuhe um 80 $ kauft, wird dazu neigen, dem erfahrenen Spezialgeschäft sein Vertrauen zu schenken. Die Spezialskigeschäfte selbst sind von diesen Ereignissen beinahe überwältigt. Hier der Kommentar eines Händlers: „Noch vor 2 oder 3 Jahren verkauften wir eine komplette Bindung um 15 $. Jetzt kommen die Skiläufer in unser Geschäft und denken sich nichts dabei, eine Bindung um 40 $ zu kaufen.

... Die meisten Kaufhäuser und Sportartikelgeschäfte, die von Ski Business befragt wurden, konnten für 1966/67 ebenfalls von erhöhten Umsätzen berichten. Aber irgendwie scheint die überschwenglich positive Einstellung bei den Nichtspezialgeschäften verflogen zu sein. Montgomery Ward z. B. berichtet, daß die Skiausrüstungsumsätze nicht den Erwartungen der Firma entsprochen haben. Ward's hat sich auf billige Waren für Anfänger und mittelmäßige Skiläufer spezialisiert. Die Kaufhäuser oder Sportartikelgeschäfte, die den größten Anstieg bei ihren Umsätzen berichteten, waren eindeutig die Geschäfte, die sich bemühten als Spezialskigeschäfte angesehen zu werden ... [2]

Die Skiimporte im Jahr 1966 betrafen sowohl den billigen als auch den teuren Markt. Mehr als die Hälfte der japanischen Importe, die sich insgesamt auf 530 000 Paar Ski beliefen, waren vermutlich Kinderski, was die niedrige Bewertung der japanischen Ski erklärt.

Dieser Wert von 6.84 $ pro Jahr war der reine japanische Fabrikspreis und beinhaltet nicht die Transportkosten, Zoll sowie die Gewinnspannen der Importfirmen der Kleinhändler [3].

Nach dem Bericht von *Ski Business* waren die Importe in die Vereinigten Staaten wie folgt:

Tabelle 2: Skiimporte in die VereinigtenStaaten 1966 (nach Ursprungsländern)

Ursprungsland	Zahl der Paare	Änderungen 1966 : 1965	Wert in $	Durchschn. $-Wert pro Paar * 1965	1966
Kanada	7 091	+ 6 350	149 961	21.14	23
Schweden	2 767	+ 1 131	22 386	8.09	9
Norwegen	1 125	— 698	18 221	16.20	6
Finnland	10 184	+ 5 411	98 275	9.65	9
Belgien	129	+ 129	6 327	49.05	—
Frankreich	5 257	+ 2 828	265 018	50.41	49
BRD	44 736	+ 9 959	1 010 354	22.58	18
Österreich	72 536	— 20 872	1 511 563	20.84	21
Schweiz	2 835	+ 1 155	124 068	43.76	39
Italien	7 494	+ 351	195.723	26.12	14
Jugoslawien	22 540	+ 5 122	254 962	11.31	11
Japan	529 732	— 89 632	3 625 639	6.84	5.54
Australien	2 307	+ 2 307	114 091	49.45	
1965 insgesamt	708 733	— 77 013	7 396 588	10.44	8.52
1966 insgesamt	785 746		6 692 451	8.52	

* Der durchschnittliche Wert pro Paar ist der Fabrikspreis und beinhaltet nicht die Transportkosten, Zoll, Verbrauchsteuer oder Gewinn des Händlers oder Großhändlers. Der Zoll auf Ski beträgt 16²/₃ Prozent.

Quelle: Ski Business, Mai/Juni 1967, S. 31.

Auf dem teuren Marktsektor, d. h. bei Skiern um 100 $ oder mehr, wurde der Jahresumsatz auf etwa 250 000 Paar Ski geschätzt.

Die Anteile der führenden Firmen waren auf Grund dieser Schätzungen wie folgt:

Tabelle 3:

Marke	Type	Geschäftsumsatz Paare	Preis *
HEAD (USA)	Metall	125 000	115.00—175.00
HART (USA)	Metall	44 000	99.50—175.00
KNEISSL (Österreich)	Epoxi	20 000	150.00—200.00
YAMAHA (Japan)	Epoxi	13 000	79.00—169.00
FISCHER (Österreich)	Holz, Metall, Epoxi	13 000	112.00—189.00

* Quelle: Skiing International Yearbook, 1967, S. 90—91.

Der Gesamtumsatz von FISCHER wurde auf 15 bis 18 Mio. $ geschätzt. Die Umsätze von KNEISSL sind, international gesehen, etwa so groß wie die von HEAD, in den Vereinigten Staaten jedoch betragen sie nur etwa ein Zehntel der Umsätze von HEAD. Außerdem kam VOIT, die Freizeitartikelabteilung der AMF, mit einem Kunststoffski auf den Markt. VOIT produzierte auch Wasserski, eine große Anzahl von anderen Produkten für den Wassersport und Gummiwaren. Der Gesamtumsatz der AMF im Jahre 1966 betrug 357 Mio. $. Freizeitartikel waren für rund 20 Prozent des Umsatzes verantwortlich. Diese Ziffer beinhaltet noch nicht die Bowlingausrüstungen, die weitere 22 Prozent des Umsatzes ausmachten.

Das skiläuferische Können war ein entscheidender Faktor bei der Wahl der Skier (für diejenigen, die mit den Unterschieden zwischen den Skiern für die einzelnen Gruppen nicht vertraut sind, ist im Anhang A eine Übersicht über die Skikonstruktion angeführt). Von den 3,5 Millionen aktiven Skiläufern wurden 17 000 als Rennläufer klassifiziert, weitere 75 000 galten als Fachleute und weitere 100 000 wurden als ausgezeichnete Skiläufer, die den Sport in ihrer Freizeit zum Vergnügen ausüben, bezeichnet.

Der Markt

Der Skilauf wurde als Sport der relativ gut situierten sowie der im wirtschaftlichen Aufstieg Begriffenen bezeichnet. Diese Ansicht ergab sich auf Grund der folgenden Marktdaten:

Eine Anfang 1965 vom Handelsministerium veröffentlichte statistische Untersuchung zeigte, daß der amerikanische Skiläufer im Durchschnitt 26,2 Jahre alt ist und ein durchschnittliches Jahreseinkommen von 11 115 $ hat. Diese Untersuchung zeigte außerdem, daß zwei Drittel aller Skiläufer College-Absolventen sind.

Wie geben diese jungen, wohlhabenden und intelligenten Leute ihre Dollars beim Skilaufen aus? In einem typischen Skiort gibt man pro Tag etwa 10 $ für die Unterkunft, 10 $ für Verpflegung und 5 $ für Liftkarten aus und zahlt 10 $ Leihgebühr für die Skiausrüstung, angefangen von Skihose und Anorak bis zu Skiern, Skischuhen, Stöcken und Bindungen.

Wenn sich jemand eine eigene gute Skiausrüstung kaufen und beim Skifahren gut aussehen will, kann der Anschaffungspreis leicht etwa 200 $ betragen. Um diesen Betrag bekommt ein Skiläufer alles, angefangen von der warmen Unterwäsche bis zu den Schneebrillen, und vielleicht bleibt ihm sogar noch etwas Geld für einen Glühwein in der Skihütte am ersten Abend.

Skischuhe kosten zum Beispiel zwischen 20 und 150 $, im Durchschnitt 50 $. Skier kosten zwischen 30 und 200 $ und Stöcke zwischen 5 und 35 $.

Was die Skibekleidung betrifft, so sind die Kosten sehr unterschiedlich. Jacken oder Anoraks gibt es bereits um 20 $, aber wenn sie aus Pelz sind, können sie auch 1000 $ kosten. Um etwa 30 $ jedoch bekommt man eine ganze Reihe von Anoraks.

Lastex-Skihosen kosten im Durchschnitt etwa 20 $. Zur Skibekleidung gehören weiters Pullover, deren Preise zwischen 10 und 50 $ liegen. Skiunterwäsche, die etwa 5 $ kostet, und Skimützen und Hauben, die man für 3 $ und darüber bekommt [4].

Der Skisport war deutlich von der Mode bestimmt. Das Modebewußtsein drückte sich im Design der Skiausrüstung, der Skibekleidung und dem Auftauchen des neuen Skiläufertyps aus. Das Wall Street Journal brachte unter dem Titel „Die Nichtskiläufer strömen in die Skiorte" folgenden Artikel:

Interessieren Sie sich für die Ausübung eines rauhen Sportes in der frischen Luft? Dann streichen Sie Skifahren von Ihrer Liste. Der Sport hat seine Härte verloren. Die Skiorte bieten heutzutage alle Bequemlichkeiten, die man zu Hause hat, vorausgesetzt, daß man zu Hause eine Bar, einen geheizten Swimming-Pool, einen gepolsterten Sessellift, Boutiquen und einen Babysitter hat. In einigen Skiorten ist das Skilaufen beinahe nur mehr eine rein zufällige Tätigkeit. Einige der begeistertsten Besucher von Squaw Valley und anderen Skiorten können tatsächlich nicht skifahren. Sie gehen nur selten ins Freie.

„Warum kommen Sie dann her?" — „Wegen der Männer. Sie sind scharenweise hier, und ich bin auch da", sagt Betty Reames, ein schlankes, schwarzäugiges Mädchen und sucht sich eine Couch, die strategisch zwischen Kamin und Bar steht.

In Squaw Valley gibt es ein halbes Dutzend Bars und Restaurants, und manchmal sorgen drei verschiedene Bands und ein Folksänger gleichzeitig für Unterhaltung. In Aspen in Colorado gibt es einen großen Faschingszauber. Sun Valley in Idaho hat ein Einkaufszentrum, zu dem ein zweistöckiges Buchgeschäft und eine Boutique, in der man Miniröcke bekommt, gehören.

Auch für die Skiläufer, die tatsächlich skilaufen, ist das Leben einfacher und bequemer geworden. Einige Skiorte machen ihre Sessellifte durch Schaumgummipolster bequemer. Aber selbst das genügt einigen verweichlichten Leuten noch nicht. „Was, ich soll auf einem Sessellift fahren? Sind Sie verrückt? Ich würde doch dabei erfrieren", sagt Wanda Petersen, ein blondes Mädchen, das auf die Seilbahn wartet, die sie den Berg hinaufführen soll. Sie ist nicht die einzige, die sich anstellt. Zweihundert Leute stehen bei der Seilbahnstation. Der Sessellift ganz in der Nähe ist inzwischen praktisch leer.

Für die Anfänger unter den Skiläufern bieten die meisten Skiorte sanfte, sorgfältig präparierte Hänge, die ein Fallen fast unmöglich machen. „Wir versuchen es so zu machen, daß demjenigen, der keine Muskelkraft und wenig Erfahrung hat, nichts passieren kann, daß er keinen Fehler machen kann", sagt der Leiter eines Skiortes. „Dann haben wir ihn. Er ist ein neuer Kunde und ebenso ein glücklicher Mensch."

Wenn er einmal darauf kommt, worum es geht, ob er nun ein guter Skiläufer ist oder nicht, beginnt der glückliche Mensch eine Menge Geld auszugeben, und genau daran sind die Skiorte interessiert [5].

Im Hinblick auf das Modebewußtsein brachten einige Erzeuger von Skibekleidung und Skiausrüstung jedes Jahr neue Farben und neue Modelle heraus, so daß die Ausrüstung vom vergangenen Jahr altmodisch war und die Leute die modischen Artikel kauften.

Die Geschichte der HEAD Company

Woward Head, der Vorsitzende und Gründer der Firma, die seinen Namen trägt, war für die Entwicklung des ersten erfolgreichen Metallskis verantwortlich. Er verband seine Erfahrung als Flugzeugkonstrukteur mit seiner Liebe zum Sport und verbrachte mehr als drei Jahre mit der Entwicklung eines Skis, der nicht brechen und leicht zu fahren sein und ohne zu schwimmen und zu flattern gut auf der Piste liegen sollte. Andere haben versucht Metallskier zu produzieren, aber HEAD war fast fünf Jahre früher erfolgreich als seine schärfsten Konkurrenten, Hart und Harry Holmberg, die die HART-Metallskier auf den Markt brachten. Ski Magazine gibt den folgenden Grund für den Erfolg von Howard Head an:

... Er war zweifellos von seiner Idee besessen. Er war relativ unbelastet durch Aktionäre oder das Streben nach einem luxuriösen Leben und war somit für den langen Kampf gut gerüstet.
„Ich machte Veränderungen nur dort, wo sie notwendig waren", sagte er über die Zeit, als seine Skier die Feuerprobe bestehen mußten. „Wenn sie brachen, verstärkte ich sie nur dort, wo sie gebrochen waren [6]."
Im Jahr 1960 beschrieb Howard Head die ersten Jahre seines Unternehmens und die Proben, die er bestehen mußte, wie folgt:
Vor zwölf Jahren nahm ich sechs Paare handgemachter Metallski nach Stowe in Vermont und bat die Profis, sie auszuprobieren. Ich hatte etwa ein Jahr zur Herstellung dieser sechs Paare gebraucht. Die Konstruktion, die auf den technischen Prinzipien einer Flugzeugkonstruktion basierte, unterschied sich radikal von allem, was bisher ausprobiert worden war. Ich war der Meinung, daß die Konstruktion gut war, aber die Profis waren überhaupt nicht überrascht, als alle sechs Paare prompt in Stücke zerbrachen. Schließlich hatten ja schon andere vor mir versucht, Metallskier herzustellen, und sie hatten nur bewiesen- was ohnehin jeder wußte — ein Ski muß aus Holz sein.
Das war Januar 1948. Heute sind etwa 60 Prozent aller hochwertigen Skier, die in den Vereinigten Staaten gekauft werden, Metallskier. Die Gründe für diese Revolution in der Skiindustrie sind einfach. Die Leute haben die Fahreigenschaften der Metallskier, ihre Dauerhaftigkeit und die einfache Pflege gern.
Auf Grund unseres ständigen Test- und Entwicklungsprogrammes wurden im Laufe der Jahre viele kleine Verbesserungen und Veränderungen in der Konstruktion eingeführt, um dem technischen Fortschritt Rechnung zu tragen. Aber die grundlegende Konstruktion wurde nicht geändert, was für die ursprüngliche Idee spricht [7].
Mr. Head führte weiter an, daß sein persönliches Interesse an technischen Problemen eine wichtige Rolle bei der Schaffung seines Geschäftes spielte.
Als ich begann, war ich ein Konstrukteur. Das Geschäft hatte seinen Ursprung einfach in dem Gefühl, daß es möglich sein müßte, einen besseren Ski zu produzieren. Es begann mit einem technischen Problem und endete mit einem Geschäft. Ich erinnere mich genau, daß ich mich damals fragte, ob wir jemals so groß werden würden, daß wir 5000 Paar Ski pro Jahr produzieren würden.
Reifliche Überlegungen spielten in der ursprünglichen Marketingpolitik eine kleine Rolle. Der Preis der ersten HEAD-Metallski betrug 75 $, ungeachtet der Tatsache,

daß die meisten Skiläufer damals Skier verwendeten, die mit der Bindung 20 $ kosteten. Mr. Head sagte über seine Vorstellungen bezüglich Qualität, Kosten und Preis folgendes:

Der große Nachteil aller Metallski ist einfach ihr hoher Preis. Das sahen wir ganz deutlich, als wir den ursprünglichen Metallski einführten und als wir feststellen mußten, daß er viel mehr als ein Holzski kosten würde. Wir ließen uns aber dadurch nicht abhalten, da wir der Meinung waren, daß die überragenden Vorteile eines Metallskis den hohen Preis mehr als wettmachten. Es stellte sich heraus, daß HEAD-Ski trotz des höheren Anschaffungspreises auf lange Sicht billiger sind, weil sie so dauerhaft sind.

Am Anfang konnten die Leute nicht wissen, daß die Ski so lange halten würden, daß sie im Endeffekt billiger waren als billigere Ski. Sie gefielen ihnen einfach so gut, daß sie sie trotz des Preises kauften.

Mr. Head fand einen völlig unerwarteten Markt. Trotz des hohen Preises sprachen die HEAD-Ski den durchschnittlichen Anfänger oder den etwas besseren Skiläufer mehr an als Rennfahrer. Die HEAD-Fahrer wurden unter den Skiläufern als Schwindler bezeichnet. Diese Bezeichnung stammte daher, daß mit diesem Ski fast jeder gut fuhr. Die Skier fuhren fast allein um die Kurven. Bald wurde die schwarze Plastikoberfläche der HEAD-Ski ein allgegenwärtiges Statussymbol auf den Skihängen.

Produktpolitik

Das Hauptgewicht von Mr. Heads Produktpolitik lag auf der Qualität. Seine grundlegende Ansicht war die, daß der Konsument alles bekommen sollte, wofür er bezahlt, und daß er für alles bezahlen sollte, was er bekommt. In der 17jährigen Geschichte der Firma ist es zu einer beträchtlichen Aufwertung der Produkte gekommen. In der Vergangenheit hatte die Firma verschiedene Male bestimmte Modelle oder Produktserien eingezogen, die sich als fehlerhaft herausstellten. Ein leitender Vertreter der Firma sagte, daß dies ohne zu zögern geschah, selbst als die Firma in einer heiklen finanziellen Situation war.

Auf die Frage, wodurch sich HEAD von seinen Konkurrenten unterscheide, antwortete Mr. Head wie folgt:

Ich glaube, es ist die Gründlichkeit in allen Einzelheiten, die unsere Firma traditionsgemäß kennzeichnet. Wir versuchen, in allen Produkten konsequent zu sein. Service, die Beziehungen mit den Händlern, die Qualität der Produkte, Stil, Werbung; das alles ist wichtig und muß auf die bestmögliche Weise getan werden. Wir legen stets Wert auf hohe Qualität der Produkte und der Betriebsführung. Wir legen großes Augenmerk auf die Beziehungen mit den einzelnen Händlern und mit der Öffentlichkeit.

Ich habe versucht, schöpferische Fähigkeit mit Phantasie und ein Maß an Perfektion im großen Stil anzuwenden. Das war immer unser Wunsch, und es ist uns erst dann nicht mehr gelungen, als das Geschäft für das bestehende Personal zu groß wurde. Unsere Philosophie blieb jedoch die gleiche; und jetzt haben wir die nötigen Mitarbeiter, um diesem Ziel gerecht werden zu können.

Die Gründlichkeit im Detail lohnt sich. Auf Grund unseres Erfolges können wir das nötige Personal halten, um die Verwirklichung dieser Philosophie zu garantieren.

Wir lassen keine Schlamperei zu.

HEAD-Ski wurden in einer Farbe erzeugt: schwarz. Es gab keine besondere Aufmachung zur Bezeichnung der einzelnen Modelle, sondern nur einen Unterschied in der Farbe, in der der Name „HEAD“ auf dem Ski eingraviert war, sowie einen Unterschied in der Farbe der Verpackung. Rot bei einigen Modellen, gelb oder schwarz bei anderen. Obwohl man eine Zeit lang eine Chromspitze in Betracht zog, wurde diese Idee verworfen, weil das Chrom zu stark glänzte und sich nicht gut vom Schnee abhob. Abgesehen von diesen Faktoren, bezeichnete ein leitender Vertreter der Firma schwarz als eine konservative Farbe, die zu allem paßt. Howard Head erklärte, daß er die Wahl des Konsumenten nicht komplizieren wollte.

Ich glaube fest daran, daß man sich an die Funktion halten und die Fragen des Stils sich selbst überlassen sollte. Wir sind bei unserer schwarzen Farbe geblieben, weil sie aufrichtig und funktionell ist, so daß sie fast zu einem Markenzeichen geworden ist. Während wir ständig kleinere Verbesserungen durchführen, machen wir nie eine entscheidende Modelländerung, es sei denn, daß der Grund dafür in einer besseren Leistung liegt. Mit anderen Worten, wir halten uns nicht an das Prinzip, die Dinge mit Gewalt altmodisch werden zu lassen, und wir werden uns auch nicht in Zukunft daran halten.

Diese Politik wurde ständig gewählt und beibehalten, obwohl die Konkurrenz sechs oder acht verschiedene Farben eingeführt hatte und diese jedes Jahr veränderte, um mit der Mode Schritt zu halten.

Abgesehen von der Farbe und Stil mußten sich die Ski auf den Pisten bewähren. Es gab drei fundamentale Anforderungen an einen Ski: Er mußte gut Spur halten [8], bei einer Schrägfahrt gut auf der Piste halten [9] und sich leicht drehen lassen [10].

Die Notwendigkeit dieser Funktionen bedeutete für die Skikonstruktion Einschränkungen und die Forderung, daß ein Ski gut die Spur halten, aber sich auch leicht drehen lassen müsse, erforderte bei der Konstruktion einige Kompromisse. Ski-Magazine führten einige dieser Faktoren an:

1. Die Schaufel muß spitz und gleichmäßig nach oben gebogen sein, damit der Ski auch ohne Richtungsänderung über Unebenheiten fahren kann, damit er sich nicht in den Tiefschnee eingräbt und damit sich die Ski nicht überkreuzen.

2. Die Lauffläche muß flach sein und in der gleichen Ebene mit den Stahlkanten liegen, abgesehen von einer schmalen Rinne über die ganze Länge des Skis, die die Stabilität der Führung erhöht.

3. Die Skier müssen vollkommen gerade sein, jede Seite muß die gleiche Krümmung haben, und die Rinne muß gerade sein und in der Mitte liegen.

4. Die Lauffläche muß glatt sein, damit sie gut gleitet.

5. Damit das Gewicht des Fahrers über die ganze Länge des Skis verteilt wird, muß der Ski gebogen sein.

6. Ein Ski muß flexibel sein.

7. Die Form des Skis muß mit der Flexibilität des Skis und der Torsionsfähigkeit des verwendeten Materials zusammenhängen. Ein flexibler Ski wird nicht halten, wenn die Form zu gerade ist, da die Skienden den Schnee kaum berühren.
Nur wenn der Ski die richtige Form hat, wird ein plötzliches Drehen der Skier möglich sein, und der Kanteneinsatz kann genau um so viel vermindert werden, daß der Ski ohne Schwierigkeiten über Unebenheiten fährt, aber trotzdem die Spur hält.

8. Scharfe Kanten sind notwendig, damit der Ski auf einer harten Piste hält.

9. Um ein Maximum an Stabilität zu erzielen, muß der Fahrer die richtige Länge der Ski wählen.

Mr. Head fand bei seinem ersten Metallski die richtige Kombination der Elemente für den Freizeit-Skiläufer. Dieses als „Standard" bezeichnete Modell wurde im Laufe seiner 17jährigen Geschichte erheblich verbessert. Bis 1960 jedoch befaßten sich HEAD und andere Metallskierzeuger nicht damit, die bestmöglichen Ski für Experten herzustellen. Mr. Head selbst sagt über diesen Zeitraum: „Während der ersten Jahre waren wir viel zu sehr damit beschäftigt, den bestmöglichen Ski für die breite Öffentlichkeit zu erzeugen, als daß wir viel Zeit auf die Entwicklung eines Rennskis aufgewandt hätten."

Der grundlegende Einwand der Experten gegen die Metallskier war, daß sie zu weich waren und bei Renngeschwindigkeiten zu stark vibrierten. Dieses Problem wurde 1960 eindeutig gelöst, als HEAD sein „Vector"-Modell einführte, dem 1962 das „Competition"-Modell folgte und das später zur Gänze von diesem ersetzt wurde. Bei diesen Skiern dämpfte eine Neoprenschichte die Schwingungen und verbesserte die Leistung der Skier erheblich. Während sich 1960 die meisten Rennläufer bei den Olympischen Spielen in Squaw Valley an ihre Holzkier gehalten hatten, wurden 1962 weitgehend HEAD-Ski verwendet, und 77 von 141 Rennläufern hatten damit Plätze unter den ersten Sechs bei Rennen der International Professional Ski Race Association in Kanada und in den Vereinigten Staaten gewonnen. Die Hälfte der Ski, die in diesem Jahr bei den amerikanischen Meisterschaften und Jugendmeisterschaften verwendet wurden, waren ebenfalls HEAD-Ski.

1966 war HEAD bereits ein wichtiger Faktor im Rennsport. Zwei Amerikaner hatten den Geschwindigkeitsrekord — 106,527 Meilen/h — auf HEAD-Skiern aufgestellt. Bei den großen internationalen Rennen im Jahr 1966 fuhr ein Drittel aller Läufer, die unter den ersten Zehn placiert waren, HEAD-Ski, und HEAD war der einzige führende Produzent mit 18 Goldmedaillen, 15 Silbermedaillen und 15 Bronzemdaillen.

Das Produktionsprogramm von HEAD im Jahr 1968 umfaßte Skier für jeden Skiläufertyp, vom Anfänger bis zum Rennläufer. Im *Sik Handbook* von HEAD wurde das Produktionsprogramm wie folgt beschrieben:

. . . die wichtigste Überlegung bei der Konstruktion eines Skis sind Sie — d. h. welcher Skiläufertyp Sie sind und wo Sie skilaufen. Darum können Sie bei Ihrem Händler zwischen neun verschiedenen HEAD-Skimodellen wählen. Sie können sicher sein, daß das Modell, das Ihnen Ihr Fachhändler auswählen hilft, für Sie das beste ist.

Standard — der nachsichtigste Ski: Für mittelgroße und durchschnittlich sportliche Anfänger sowie für Fortgeschrittene, die Stemmbogen fahren. Auch für den besseren Fahrer, der gelegentlich fährt und einen einfach zu fahrenden, leichten Ski will, der sich praktisch von allein dreht.

Der *Standard* hat eine mittlere Elastizität und läßt sich leicht fahren. Die präzise Seitenkrümmung und relative Breite des Skis tragen zu seiner besonderen Stabilität bei langsamer Fahrweise bei. Sein leichtes Gewicht und seine Torsionsfestigkeit machen Hangschrägfahrten usw. einfach. Mit seiner dünn zulaufenden Schaufel gleitet der *Standard* auch durch den schwersten Schnee, ohne sich einzugraben. *Standard:* 115 $, dreizehn verschiedene Längen von 140 bis 215 cm. Schwarze Oberfläche, Seitenflächen und Lauffläche, weiße Aufschrift.

Master — eine größere Herausforderung: Für den Skiläufer, der die grundlegende Technik beherrscht und der mit seinen Skiern die Pisten erobern will. Genauso dynamisch wie der *Standard,* ist der *Master* gleichzeitig der Skif ür den kräftigeren, sportlicheren Anfänger, der kraftvoller fahren will.

Der *Master* ist in seiner Grundform wie der Standard, nur dicker und schwerer. Der Schaufelradius ist zwecks besonderer Stoßdämpfung länger. Mehr Steife gewährleistet beste Stoßdämpfung beim Fahren über Unebenheiten.

Master: 135 $, neun Größen von 175 bis 215 cm. Schwarze Oberfläche und Seitenflächen, blaue Laufflächen und Aufschrift.

The Fabulous 360 — der vielseitigste Ski: Der beste Allround-Ski, den es je gab — für den Skiläufer, der mit Stemmbogen beginnt, bis zum Experten. Bemerkenswert leicht, ruhig und präzise zu fahren, ist der *360* der Ski für den ernsten Skiläufer, der die Pisten erobern oder genießen will, bei allen Schnee- und Geländebedingungen.

Der *360* hat mit den anderen Freizeitskiern die elastische Schaufel gemeinsam, ist aber am Ende etwas steifer. Seine Form ist ähnlich der des *Giant Slalom,* aber schmäler als der *Standard* oder *Master.* Durch eine Gummidämpfung in der leichten Außenhaut spricht der *360* sehr gut an, so daß der gute Skiläufer seine Bogen herrlich kontrollieren und präzise kanten kann. Durch die Abschrägung der Schaufel leichtes Gleiten durch Tiefschnee und ausgezeichnete Stoßdämpfung, vor allem auf Buckelpisten.

The Fabulous 360: 155 $, elf Größen von 170 bis 220 cm. Schwarze Oberfläche und Seitenflächen, gelbe Lauffläche und Aufschrift.

Slalom — the Hot Dog: Für den Experten unter den Skiläufern, die gerne in der Fallinie fahren und über steile Eishänge hinunterwedeln. Der *Slalom* wurde heuer vollkommen neu konstruiert, um den Ansprüchen der besten Skiläufer gerecht zu werden, die einen Ski wollen, der möglichst leicht ist, rasch reagiert und ausgezeichnet auf Eis hält.

Slalom, der schmalste Ski, den HEAD produziert. Auf Grund seiner leichten Außenhaut und seines Kerns ist er auch einer der leichtesten HEAD-Ski. Sein leichtes Gewicht und seine schmale Form ermöglichen abruptes Schwingen und raschen Richtungswechsel. Durch seine speziell konstruierte Form und relativ weiche dünne Mitte höchste Haltbarkeit und kontrolliertes Fahren auf Eis. Neopren gibt dem Ski die für einen hochwertigen Eisski notwendige Stoßdämpfung und Drehkraft.

Slalom: 160 $, fünf Größen von 190 bis 210 cm. Schwarze Oberfläche und Seitenflächen; rote Lauffläche und Aufschrift.

Downhill-Bomb: Der breiteste und schwerste HEAD-Ski für den fortgeschrittenen Skiläufer, Freizeitskiläufer oder Rennläufer, der Schußfahrten liebt. Hervorragende Fahreigenschaften bei hohen Geschwindigkeiten, ausgezeichnete Führung und Stabilität beim Fahren über Unebenheiten und Buckeln.

Die Vorteile des *Downhills* bei hohen Geschwindigkeiten beruhen auf seiner langen Schaufelabschrägung und seiner elastischen Schaufel. Er fliegt gleichsam über die Piste. Der feste Mittelteil und die Schaufel des Skis wirken wie das Steuer eines Gleitbootes. Dadurch ermöglicht der *Downhill* dem Fahrer höchste Kontrolle und große Wendigkeit bei langsameren Geschwindigkeiten. Ein fester Außenbelag und eine zusätzliche Gummidämpfung erhöhen die Stabilität und die ruhige Fahrweise des *Downhills* bei hohen Geschwindigkeiten. Der Rennski für die internationale Elite, der von Experten auch als ausgezeichneter Tiefschneeski bezeichnet wird.

Downhill: 175 $, sieben Größen von 195 bis 225 cm. Schwarze Oberfläche und Seitenflächen; gelbe Lauffläche und Aufschrift.

Giant Slalom — Eleganz plus Geschwindigkeit: Der „GS“ verbindet die besten Eigenschaften des *Downhill* und des *Slalom.* Er bietet den Experten unter den Skiläufern, gleichgültig ob Freizeitsportler oder Rennläufer, ein Optimum an Fahreigenschaften bei hohen Geschwindigkeiten. Die Stabilität und Präzision des *Giant Slalom* ergeben sich aus einer einmaligen Kombination von Formgebung und relativ großer Steife. Der „GS“ ist als Ganzes ähnlich wie der *360,* ist aber steifer als der *360,* vor allem im Mittelteil. Dadurch hat der „GS“ die Vielseitigkeit des *360,* ermöglicht aber eine bessere Kontrolle bei hohen Geschwindigkeiten. Die Konstruktion der Schaufel gewährleistet eine maximale Stoßdämpfung und gute Gleiteigenschaft.

Giant Slalom: 165 $, neun Größen von 175 bis 215 cm. Schwarze Oberfläche und Seitenflächen; gelbe Lauffläche und Aufschrift.

Youngster's Competition — Junior Hot Dog: Dieser Ski trägt die Aufschrift „Giant Slalom“ und ist für die Könner unter den jungen Skifahrern gedacht, die einen schnellen, anspruchsvolleren Ski wollen als den kleinen *Standard* und die diesen Ski auch fahren können. Form und Eigenschaften sind ähnlich wie die des *Giant Slalom.* Es fehlt jedoch die Neoprendämpfung des „GS“, um eine leichtere Wendigkeit des Skis zu gewährleisten.

Youngster's Competition: 120 $, zwei Größen, 160 und 170 cm. Schwarze Oberfläche und Seitenflächen; gelbe Lauffläche und Aufschrift.

Shortski — Vergnügen ohne Anstrengung: Nicht bloß ein abgeschnittener *Standard,* sondern ein vollkommen anderer Ski mit vollkommen anderen Proportionen. Für seine Länge relativ breit und steif. Ideal zum raschen Erlernen der

Grundbegriffe des Skilaufs. Auch für den älteren Skiläufer, der sich nicht anstrengen will, der das Fahren genießen will und den am leichtesten zu fahrenden Ski will.

Shortski: 115 $, vier Größen von 150 bis 190 cm. Schwarze Oberfläche, Seitenflächen und Lauffläche. Weiße Aufschrift.

Deep Powder — das reinste Schweben über die Hänge: Durch seine besondere Elastizität gleitet dieser Spezialski im Pulverschnee und weist gleichzeitig hohe Wendigkeit sowie ausgezeichnete Führung und Haltbarkeit auf harten Pisten auf. Der *Deep Powder* ist als Ganzes sehr breit und weich, mit einer gelenkigen Schaufel, so daß er auch durch den tiefsten Pulverschnee gleitet.

Deep Powder: 115 $, fünf Größen von 195 bis 215 cm. Schwarze Oberfläche, Seitenflächen und Lauffläche. Weiße Aufschrift.

HEAD experimentierte ständig mit neuen Konstruktionen und führte kleinere Veränderungen ein, um die Eigenschaften und die Haltbarkeit seiner Produkte zu verbessern. Auf die Frage nach einer größeren Veränderung bei der Konstruktion seiner Produkte, z. B. die Einführung eines fiberverstärkten Plastikskis, gab Mr. Head folgende Antwort:

„Wir glauben, daß die Metall-Sandwich-Konstruktion das Beste ist. Unserer Ansicht nach wird sich die Situation in der überschaubaren Zukunft nicht ändern. Die anderen Materialien setzen sich gegenwärtig wegen ihrer Ausgefallenheit bestimmt nicht durch. Ihnen fehlt die vielseitige Anwendungsmöglichkeit des Metall-Sandwichskis. Die Epoxyski oder fiberverstärkten Plastikski haben eine kurze Haltbarkeit und weisen nicht die umfangreichen Eigenschaften wie unsere Ski auf.

Wir glauben, daß der Vorteil des Metallski darin liegt, daß man ihn für jede gewünschte Fahreigenschaft konstruieren kann. Selbstverständlich haben wir eine Forschungsabteilung, die auch andere Materialien untersucht, aber bis wir eine entscheidende Verbesserung entdecken, bleiben wir bei unserem grundlegenden Material. Wir können immer den besten Ski für Anfänger bauen, und wir können diesen Ski so anpassen, daß er die von den Könnern geforderten Eigenschaften besitzt."

Marketing-Politik

Die hohe Bedeutung, die HEAD der Qualität zuschreibt, bezieht sich nicht nur auf das Produkt, sondern auch auf die Händler und auf das Service. Der Verkauf erfolgt nur durch eine beschränkte Zahl von konzessionierten Händlern, von denen die Firmenleitung überzeugt war, daß sie etwas von Skiern und vom Skilaufen verstehen. Es gab zehn District Sales Manager, die an etwa 900 Händler in den Vereinigten Staaten verkauften. Davon waren rund 85 Prozent Spezialskigeschäfte, 12 Prozent waren große allgemeine Sportartikelgeschäfte und der Rest waren Kaufhäuser (siehe Tabelle 5). In Europa wurden die HEAD-Ski ausschließlich durch Walter Haensli aus Klosters in der Schweiz verkauft. 1964 verkaufte er 19 Prozent der HEAD-Produktion. Diese Zahl schien allmählich zu sinken.

Tabelle 4: Konsolidierte Bilanz 1965—1967, Aktiva

	per 30. 4. 1967	per 30. 4. 1966	per 24. 4. 1965
	Sämtliche Angaben in Dollar		
Umlaufvermögen			
Barvermögen	263 896	233 330	162 646
Kurzfristige Wertpapierforderungen	1 200 000	800 000	1 200 000
Außenstände (Rechnungen, Wechsel) abzüglich Rücklagen	242 632	174 127	334 503
Warenlager — zum Kosten- oder Marktpreis	3 102 069	3 522 235	2 815 042
Vorauszahlungen und verschiedene Außenstände	402 879	223 864	207 279
	5 211 476	4 953 566	4 719 470
Anlagevermögen, Kostenpreis			
Gebäude — mit Hypothek	1 010 149	1 012 085	1 014 738
Maschinen und Einrichtung	1 540 707	1 059 274	847 974
Sonstiges Anlagevermögen	715 809	213 692	147 336
	3 266 665	2 285 051	2 010 048
Abzüglich Wertabschreibung	1 123 203	892 153	822 255
Anlagevermögen insgesamt	2 143 462	1 392 898	1 187 793
Sonstiges Vermögen			
Nicht amortisierte Anleihenabzüge und Ausgaben	252 004	263 564	277 636
Sonstiges	70 194	22 364	28 583
Sonstiges Vermögen insgesamt	455 766	406 517	409 336
Vermögen insgesamt	7 810 704	6 752 971	6 316 599

HEAD vertrat die Meinung, daß eine HEAD-Konzession für einen Händler von Wert sei. Viele große Geschäfte wollten HEAD-Ski verkaufen, aber sie wurden abgewiesen. Saks, Fifth Avenue, hatten acht Jahre gewartet, bevor ihnen die Konzession erteilt wurde. Über die Auswahl der Händler sagte Mr. Head folgendes: Die Aufnahme von Saks, Fifth Avenue, in die Liste der Händler steht im Einklang mit unserer Betriebsphilosophie, derzufolge wir an die Händler die gleichen Qualifikationsforderungen stellen, wie wir sie an uns stellen.
Wenn wir einmal einen Händler ausgewählt haben, kennen wir auch die Leute und arbeiten eng mit ihnen zusammen. Wir erkennen immer mehr, wie wertvoll es ist, daß wir unseren Händlern ein größeres Maß an Hilfe und Führung geben, so daß sie eine bessere Arbeit für ihre Kunden leisten können.
Selbst ein großes, gut geführtes Kaufhaus oder ein Sportartikelgeschäft braucht auf dem speziellen Skisektor unter Umständen Hilfe. Hilfe bei der Auswahl der Produkte oder auch bei der Auswahl des Personals. Wir interessieren uns in zunehmendem Maß für das Personal, das Ski verkauft. Vom Verkäufer hängt sehr vieles ab. Er muß selbst ein guter Skiläufer sein.

Passiva und Forderungen der Aktionäre

	per 30. 4. 1967	per 30. 4. 1966	per 24. 4. 1965
	Sämtliche Angaben in Dollar		
Laufende Verbindlichkeiten			
Außenstehende Rechnungen	829 826	299 040	521 031
Laufender Anteil der langfristigen Verbindlichkeiten	22 100	21 000	20 600
Aufgelaufene Aufwendungen	549 720	413 865	451 062
Einkommensteuer	333 514	231 908	39 102
Sonstiges	51 120	91 271	94 899
Laufende Verbindlichkeiten insgesamt	1 787 280	1 057 084	1 126 694
Langfristige Verbindlichkeiten			
Hypotheken $5^3/_4$ %, zahlbar bis 1978	331 115	376 036	396 646
Wandelobligationen	2 125 000	2 125 000	2 125 000
		2 501 036	2 521 646
Abzüglich laufendem Anteil		21 000	20 600
	2 456 115	2 480 036	2 501 046
Verpflichtungen, Forderungen der Aktionäre			
Stammaktien, Nennwert 50 c pro Aktie (2 000 000 autorisierte Aktien; außenstehend 915 202 Aktien; 1965 882 840 Aktien für 2 : 1 Aktien ausgeglichen, mit Wirkung vom 15. September 1965)	459 401	457 601	220 710
Einbezahltes Kapital	1 679 700	1 679 700	1 820 323
Nicht ausgeschüttete Gewinne	1 412 488	1 011 006	647 826
Forderungen der Aktionäre insgesamt	3 551 589	3 148 307	2 688 859
Verbindlichkeiten und Forderungen der Aktionäre insgesamt	7 794 984	6 685 427	6 316 599

Es gibt Beispiele von zwei Kaufhäusern gleicher Qualität im gleichen Gebiet, von denen ein Geschäft acht Paar Ski im Jahr verkaufte und das andere dreihundert Paar, einfach deshalb, weil unterschiedliche Anstrengungen gemacht wurden, daß der richtige Mann die Ski verkaufen sollte. Skier können nur von einem Verkäufer verkauft werden, der selbst skilaufen kann und der auf Grund seiner persönlichen Erfahrung verkauft.

Die Firma vertrat die Auffassung, daß der Verkauf von Skiern eine anspruchsvolle Tätigkeit sei. Die Länge der Skier mußte der Größe und dem Körpergewicht des einzelnen entsprechen; die Elastizität des Skis mußte je nach Verwendungszweck ausgewählt werden, die Bindungen mußten fachmännisch montiert werden. Abgesehen vom Verkauf bot HEAD ein umfangreiches Service. Von den Händlern wurde erwartet, daß sie die nötigen Serviceeinrichtungen für kleinere Reparaturen besäßen, und in der Fabrik gab es Einrichtungen zum Kantenschleifen, zum Erneuern des Plastikteiles der Skier und zur Erzeugung einzelner Ski, wenn ein Ski eines Paares total kaputt gegangen war. Selbst während der Hauptsaison betrug die Zeit für einen Service weniger als drei Wochen.

Tabelle 4 (Fortsetzung): Konsolidierte Gewinnrechnung

	52 Wochen bis 29. 4. 1967	53 Wochen bis 30. 4. 1966*	52 Wochen bis 24. 4. 1965*	52 Wochen bis 25. 4. 1964*
	Sämtliche Angaben in Dollar			
Nettoumsatz				
Verkaufskosten	11 048 072	9 080 223	8 600 392	6 018 779
Bruttogewinn	7 213 188	6 357 169	5 799 868	4 033 576
	3 834 884	2 723 054	2 800 524	1 985 203
Aufwendungen:				
Verkauf, Verwaltung und Allgemeines	2 756 939	2 029 531	1 697 659	1 169 392
Forschung und Technik	327 857	239 851	303 884	102 358
Aufwendungen insgesamt	3 084 796	2 269 382	2 001 543	1 271 750
Einkommen vor Abzug der Einkommensteuer und einmaliger Abgaben	750 088	453 672	798 981	713 543
Einkommensteuer	348 606	221 034	392 515	367 542
Einkommen vor Abzug einmaliger Ausgaben	401 482	232 638	406 466	345 911
Einmalige Schuldzahlungen — nach Abzug der Einkommensteuer			63 678	
Nettogewinn	401 482	232 638	342 788	345 911
Nettogewinn korrigiert	401 482	264 389	393 713	376 788
Gewinn pro Aktie				
vor Abzug einmaliger Abgaben	.44	.26	.51	.40
nach Abzug einmaliger Abgaben	.44	.26	.43	.40
korrigiert		.29	.49	.48

(Der Gewinn pro Aktie basiert auf den durchschnittlich außenstehenden Aktien (904 237 in 1966 und 801 196 in 1965) nach Inkrafttreten der 2:1-Aufteilung am 15. September 1965 und der 3:1-Aufteilung am 7. Juli 1964.)

* Gewinn korrigiert am 29. April 1967 zwecks Steuerabschreibung von Aktiva.

Im März 1967 gab Mr. Harold Seigle, der neu ernannte Präsident und leitende Manager von HEAD ein „Management News Bulletin" heraus, in dem er die Marketing-Philosophie von HEAD skizzierte:

Marketing-Philosophie

1. Unsere gegenwärtige selektive Händlerorganisation ist, abgesehen von unserem Produkt, selbst einer der wichtigsten positiven Faktoren für die HEAD Ski Company.

	52 Wochen bis 29. 4. 1967	52 Wochen bis 30. 4. 1966	52 Wochen bis 24. 4. 1965	52 Wochen bis 25. 4. 1964	52 Wochen bis 27. 4. 1963
		Sämtliche Angaben in Dollar			
Nettoumsatz	11 048 072	9 080 223	8 600 392	6 018 779	4 124 445
Nettogewinn	401 482	264 389	393 713	376 788	191 511
Aufwendungen für Anlagen u. Geräte	1 027 854	304 102	558 865	513 130	272 154
Abschreibung	294 961	238 161	211 683	132 497	79 719
Arbeitskapital	3 424 196	3 828 928	3 542 857	1 525 015	654 676
Anlagen, Geräte und sonstiges Vermögen, netto	2 598 508	1 799 415	1 745 839	1 187 246	701 875
Langfrist. Schulden	2 456 115	2 480 036	2 501 046	1 176 647	287 345
Forderungen der Aktionäre	3 566 589	3 148 307	2 787 650	1 535 614	1 069 306
Gewinn pro Aktie	.44	.29	.49	.48	.25
Durchschnittl. außenstehende Aktien	916 542	904 237	801 196	777 600	777 600

Durchschnittlich außenstehende Aktien zeigen die 2:1-Aufteilung vom 15. September 1965 und die 3:1-Aufteilung vom 7. Juli 1964.
Die statistischen Angaben für 1963 bis einschließlich 1966 sind korrigierte Werte.

Tabelle 5: Händlerorganisation 1962—1967 (konzessionierte Händler)

Jahr	Zahl am Anfang	Neue Konzessionen	Abgelaufen oder nicht erneuert	Zahl am Ende
1967	900 (g.)	30	n. v.	—
1966	727 (g.)	n. v.	n. v.	900
1965	670	96	39	727
1964	560	167	57	670
1963	454	136	30	560
1962	390	105	41	454

(g.) = geschätzt; n. v. = nichtverfügbar
Nota bene: Die konzessionierten Händler hatten zusätzlich etwa 300 Zweigbetriebe, die in den obigen Zahlen nicht beinhaltet sind.
Quelle: Firmenunterlagen.

2. Um unsere Umsätze weiterhin zu steigern, müssen wir die Märkte nach und nach erobern und müssen uns die Mühe nehmen, die Wirksamkeit unserer Händler dadurch zu erhöhen, daß wir dort, wo die Händler gegenwärtig nicht entsprechen, bei der Auswahl neuer Händler sehr selektiv vorgehen und uns nicht auf einen Massenverkauf einstellen.

3. Unsere zukünftigen Marketingbemühungen — vor allem der persönliche Verkauf, Werbung, Merchandising und die Verkaufsförderung — werden darauf abzielen, daß unsere Händler alle HEAD-Ski-Produkte verkaufen.

4. Wir wollen und werden die besten Verkäufer in der Industrie haben. Verkäufer, die Wert auf persönliche Anständigkeit, Service und intensive Arbeit bei ihrer Tätigkeit legen, und die keine krummen Geschäfte machen.

5. Wir glauben, daß für unseren weiteren Erfolg, abgesehen von Qualitätsprodukten, der intensive persönliche Einsatz im Verkauf, sowohl beim Erzeuger als auch beim Kleinhändler, der überragende Faktor ist, der alle anderen Marketingfaktoren an Bedeutung übertrifft.

Die Werbung erfolgte auf selektiver Basis. In einem von außenstehender Seite verfaßten Bericht heißt es:

Die Firma investiert etwa 2 Prozent ihres Bruttoumsatzes in die Werbung, die sich auf Skizeitschriften (50 Prozent) und *Sports Illustrated, The New Yorker* und *Yachting* aufteilt.

Die wirksamste Werbung jedoch ist vermutlich der Ski selbst. HEAD freut sich über die zunehmende Nachfrage nach seinen Skiern bei den Skiverleihstellen. „Wir verkauften im letzten Jahr 10 000 Paar, fast 10 Prozent unseres Umsatzes, für Leihzwecke", sagt er, „und alle Leute, die sich diese Skier ausborgen, sind potentielle Käufer [11]."

Um den Skiverleih zu unterstützen, gewährte HEAD einen zusätzlichen 12- bis 15prozentigen Rabatt auf Skier, die ein Händler für Leihzwecke kaufte. Der Skiverleih wurde als die beste Möglichkeit betrachtet, einem Kunden zu zeigen, wie leicht HEAD-Skier zu fahren sind.

Die HEAD Ski Company ging bei der Werbung sozusagen auf die weiche Tour vor. Im Gegensatz zu vielen anderen Sportartikelfirmen baute HEAD seine Werbung nicht auf Werbung durch berühmte Skiläufer auf. Ein leitender Vertreter der Firma sagte, daß es nach den amerikanischen Amateurbestimmungen unmöglich war, Plakate mit einem Amateurrennläufer zu zeigen. Die Werbung durch professionelle Skiläufer war vermutlich sowieso unwirksam, da auch viele andere Sportartikelfirmen davon Gebrauch machten und da die Öffentlichkeit zum Großteil sowieso wußte, daß sich diese Art der Befürwortung einfach kaufen ließ. HEAD versuchte, aktuelle Aufnahmen, aktuelle Aufnahmen von berühmten Skiläufern oder Rennfahrern, die HEAD-Ski fuhren und damit gewannen, zu bekommen. Um sicherzugehen, daß die Spitzenläufer HEAD-Ski verwenden würden, lieh die Firma den Rennläufern Skier für die Dauer eines Jahres. Diese Maßnahme war teuer und mußte streng kontrolliert werden. Ein guter Skiläufer brauchte unter Umständen bis zu neun Paar Ski pro Jahr, was eine Ausgabe von fast 1000 Dollar bedeutete. HEAD war der Meinung, daß diese Art der Werbung als Nebenergebnis auch wertvolle Informationen für die Produktentwicklung lieferte, was einen nicht zu übersehenden Vorteil darstellte.

HEAD war mehrmals zur Teilnahme an einem Werbefilm aufgefordert worden, der gemeinsam mit den UNITED AIRLINES produziert wurde und berühmte Skigebiete zeigte. HEAD wurde im Titel, am Ende und mehrere Male während des Films erwähnt. Der Film wurde von Skiclubs und anderen Organisationen verwendet, um das Interesse an diesem Sport zu fördern.

Eine weitere Werbung für HEAD-Skier ergab sich aus der Werbung für Skibekleidung und für Skiorte. *Sales Management* drückte dies folgendermaßen aus:

HEAD-Skier genießen weltweites Ansehen, und obwohl Howard Head behauptet, daß er sich nicht mit anderen Firmen zu Werbezwecken zusammenschließt, kann der Skifanatiker die bekannten schwarzen Skier in den diversen Anzeigen für Anoraks und Skiorte kaum übersehen. Sie sind einfach ein Statussymbol.

Produktion

Die Erzeugung der HEAD-Ski erfolgte in drei Stufen. Das Detail Department erzeugte die einzelnen Bestandteile für das Fließband, einschließlich Kern, Schaufel, Skiende, Plastikoberschicht, Ober- und Unterbeläge, Lauffläche und Kanten. Die einzelnen Teile gelangten ins Cavity Department, wo sie zusammengebaut wurden. Die einzelnen Schichten wurden in eine Form eingebracht und unter kontrollierten Zeit-, Temperatur- und Druckbedingungen erhitzt und miteinander verbunden; die Skier wurden mit einer Bandsänge bearbeitet. Von diesem Zeitpunkt an wurden die Ski immer paarweise behandelt. Im Finishing Department wurden die Ski in ihre endgültige Form gebracht, poliert und beschriftet.
Bei der Produktion war sehr viel Handarbeit erforderlich, die bei 70 Prozent eine sehr hohe Fertigkeit verlangten. Der Grundcharakter der Erzeugung war so, daß sich die einzelnen Arbeitsschritte nicht für die Methode der Massenproduktion eigneten.
Im Mai 1967 wurde der fünfte Anbau zur HEAD-Anlage seit ihrer Fertigstellung im Jahr 1959 vollendet. Vor diesem neuen Anbau umfaßte die Anlage 105 668 Quadratfuß, wovon 93 040 Quadratfuß für Produktions- und Lagereinrichtungen und 12 628 Quadratfuß für Büros verwendet wurden. Zum Werk gehörten eine Werksküche, Garderobenräume und Duschräume für die Angestellten.
Howard Head kommentierte die Schwierigkeiten des Produktionsvorganges und die Beziehung zwischen Kosten und Preisen wie folgt:
„Es gibt etwa 150 Arbeitsschritte, die eine große Zahl von speziell entwickelten Maschinen, Werkzeugen und Handgriffen erfordern. Keiner dieser Arbeitsvorgänge ist standardisiert. Wir mußten alles mehr oder weniger aus dem Nichts entwickeln.
Einige dieser speziellen Maschinen sind zum Beispiel Maschinen zur Anbringung der Laufrinne, zum Montieren der Stahlkanten und zum Profilieren der Skier, nachdem sie aus der Presse kommen. Beim Verbundverfahren ist eine sehr genaue Kontrolle der Temperatur- und Druckwerte erforderlich.
Abgesehen von diesen speziellen Maschinen verwenden wir Bandsägen auf eine etwas ungewöhnliche Weise. Ein gutes Beispiel dafür ist die Profilierung der Holz- und Plastikkernelemente. Da sich die Steife eines Skis an einem bestimmten Punkt aus dem Quadrat des Abstandes zwischen Ober- und Unterfläche, d. h. aus der Kerndicke ergibt, würde eine normale Bandsägentoleranz von etwa 0,010 die Elastizität stark beeinflussen und kommt nicht in Frage. Durch spezielle Anpassungs- und Führungselemente jedoch können wir diese Teile mit der Bandsäge in etwa zehn Sekunden mit einer Toleranz von plus oder minus 0,0002 bearbeiten.
Ein Beispiel für ein leistungsfähiges, aber billiges Gerät in unserer Fabrik ist die Presse, mit der wir 3' x 10'-Spanplatten, die den Kern bilden, mit dem entsprechenden Plastikseitenteil laminieren. Bei diesem Vorgang ist die Gesamtkraft etwa

90 000 Pfund. Dadurch, daß wir einen Deckenbalken als Reaktionspunkt, den Boden als Basis und drei Winden zur Druckaufbringung verwenden, können wir auf einmal das Material für 600 Paar Ski erzeugen, wobei die erforderlichen Geräte insgesamt etwa 250 $ kosten.

Es war von Anfang an unsere Firmenpolitik, absolute Betonung auf Produktqualität zu legen. Wir wählen nie ein altes Material als Kompromißlösung und lehnen auch ein neues Material nicht aus Kostengründen ab. Im Prinzip glaube ich, daß, wenn sich mit Platinblech bessere Ski herstellen ließen, wir im Endeffekt auch das verwenden würden. Mit anderen Worten, unsere Firmenpolitik besteht darin, das bestmögliche Produkt zu erzeugen, ungeachtet der Kosten, und dann den Preis entsprechend festzusetzen."

Im HEAD-Werk wurde während des ganzen Jahres in drei Schichten gearbeitet. In der Nichtsaison wurden Skier fürs Lager erzeugt. Es gab mehr als 600 Beschäftigte.

Es waren sechs Versuche gemacht worden, das Werk an eine Gewerkschaft anzuschließen, aber alle diese Versuche wurden zurückgewiesen; einige Male mit einer Drei-zu-Eins-Mehrheit. Ein Lagerhausangestellter, der 12 Jahre für die Firma arbeitete, sagte: „Es ist ein angenehmer Arbeitsplatz, wir brauchen keine Gewerkschaft. Wenn wir Schwierigkeiten haben, dann wird sie Mr. Head anhören."

Alle Angestellten erhielten in Abhängigkeit von ihrer Dienstzeit automatisch Gehaltserhöhungen sowie Verdienstzulagen. Außerdem gab es ein Gewinnbeteiligungssystem, wodurch jährlich etwa 6 bis 7 Prozent zu den Löhnen hinzukamen. Ein weiterer wichtiger Vorteil für einige Gruppen von Gehaltsempfängern war der Bonusplan. Dieser Plan sah für drei Gruppen verschiedene Prämien vor. Für die niedrigst bezahlte Gruppe betrug die Prämie 2 Prozent, wenn der Firmengewinn vor Abzug der Steuer unter 2 Prozent lag, aber 10 bis 11 Prozent, wenn der Gewinn 8 bis 12 Prozent betrug. Die mittlere Gruppe erhielt keine Prämie, wenn der Gewinn 2 Prozent oder darunter war, aber die Prämie betrug 20 bis 22 Prozent, wenn der Gewinn zwischen 8 bis 12 Prozent war. Die Prämien für die Spitzengruppe wurden nicht bekanntgegeben, aber es hieß, daß ihr Bonusplan noch größere Unterschiede vorsah. In den letzten Jahren lagen die Prämienzahlungen überwiegend bei der oberen Grenze.

Finanzen

Die ursprüngliche Finanzierung der HEAD Ski Company erfolgte mit 6000 $ aus Howard Heads persönlichem Besitz. 1953 verkaufte Mr. Head 40 Prozent der Aktien um 60 000 $. Dadurch sowie durch zurückbehaltene Gewinne und normale Bankkredite wurde die Expansion bis 1960 finanziert, als es zur Ausgabe von Stammaktien kam. Damit die rasche Erweiterung rascher fortgesetzt werden konnte, war eine zusätzliche Finanzierung notwendig, und im Jänner 1965 wurde ein Aktienpaket im Wert von 3 527 500 $ verkauft, das aus 5$^1/_2$prozentigen konvertierbaren Obligationen mit einem Nennwert von 2 125 000 $ und aus 42 500 Stammaktien bestand. Bis zur Aktienausgabe im Jahr 1965 hatte Howard Head 42 Prozent der Stammaktien besessen, und 46,1 Prozent waren im Besitz der anderen Direktoren gewesen. Es hatte nie eine Frage bezüglich der überragenden Rolle von Howard Head bei wichtigen Entscheidungen gegeben. Die neu ausgegebenen Aktien stellten insgesamt einen Wert von 17,1 Prozent dar. Viele Leute in der Firma betrachteten die Erweiterung als eine defensive Maßnahme. Die Ansicht war: „Wenn man nicht so schnell wächst, wie es einem der Markt gestattet, so geht man das Risiko ein, daß ein anderer kommt und einem den Markt wegnimmt."

Außerdem bedeuteten diese Geldmittel das Kapital für zwei andere im Jahr 1966 gegründete Unternehmungen, die HEAD SKI und SPORTSWEAR Co. und die HEAD-Kunststoffabteilung.

Trotz eines Absinkens der Gewinnzuwachsrate wurden die Aussichten von HEAD 29- bis 60mal so hoch wie die Gewinne der vergangenen Jahre eingeschätzt. Von Januar 1966 bis Juli 1967 lag der Verkaufswert der Aktien zwischen $9^3/_8$ und $17^3/_4$. Noch im Januar 1965 waren die Aktien jedoch zu $22^3/_4$ verkauft worden.

Organisation

Im Juni 1967 wurde die HEAD SKI COMPANY nach funktionellen Gesichtspunkten organisiert. Dem Präsidenten unterstanden der Vizepräsident für den Betrieb, der Finanzchef und die Direktoren für Marketing und Qualitätskontrolle sowie der Personaldirektor. Dieses Organisationsschema war von Mr. Harold Seigle eingeführt worden, als er am 16. Januar 1967 zum leitenden Betriebsführer ernannt worden war (siehe Tabelle 6).

Von den 26 angeführten Personen waren 12 seit einem Jahr oder weniger bei HEAD. Auf die Frage nach den potentiellen Schwierigkeiten dieser Situation sagte Mr. Head:

„Ich würde nur sagen, daß, wenn man eine Menge neuer Leute hat, ein Mann die Leitung haben muß, der Erfahrung und Begabung im Einsatz von Personal hat. Meine Aufgabe ist es, diesen Mann zu unterstützen und einzusetzen."

Mr. Head faßte die Geschichte der Organisation, die er zu der gegenwärtigen Struktur geführt hatte, folgendermaßen zusammen:

„Ich glaube, das ist typisch für ein Unternehmen, das einfach auf einer Produktbasis beginnt, ohne ursprüngliches Interesse oder Erfahrung im Management oder in der Betriebsführung. Ein solches Unternehmen hört nie zu planen auf. Das überragende Interesse besteht darin, etwas Neues aufzubauen, von dem man wünscht, daß es akzeptiert wird. Der Unternehmer muß im Laufe der Zeit Grundbegriffe der Finanzwirtschaft und Organisation lernen. Jeder Gedanke an Planung kommt erst später. Ursprünglich ist er nur mit dem Problem des Überlebens und Aufbauens beschäftigt. Außerdem ist das Unternehmen, wenn es erfolgreich ist, so erfolgreich, daß keine echte Motivation dafür gegeben ist, innezuhalten und sich die ausgeklügelten Planungs- und Managementmethoden anzueignen. Ein solches Unternehmen ist phantastisch wirksam, solange es überleben kann. Ein Mann kann alle wichtigen Entscheidungen treffen. Es gibt keinen pyramidenförmigen Aufbau.

In unserem Fall funktionierte diese Methode bis 1955 recht gut. Damals verkauften wir 10 000 Paar Ski und erreichten einen Umsatz von 500 000 $. Die nächsten fünf Jahre von 1955 bis 1960 sahen eine Reihe von nicht organisierten Ver-

Tabelle 6: Organisation (Stand Juni 1967)

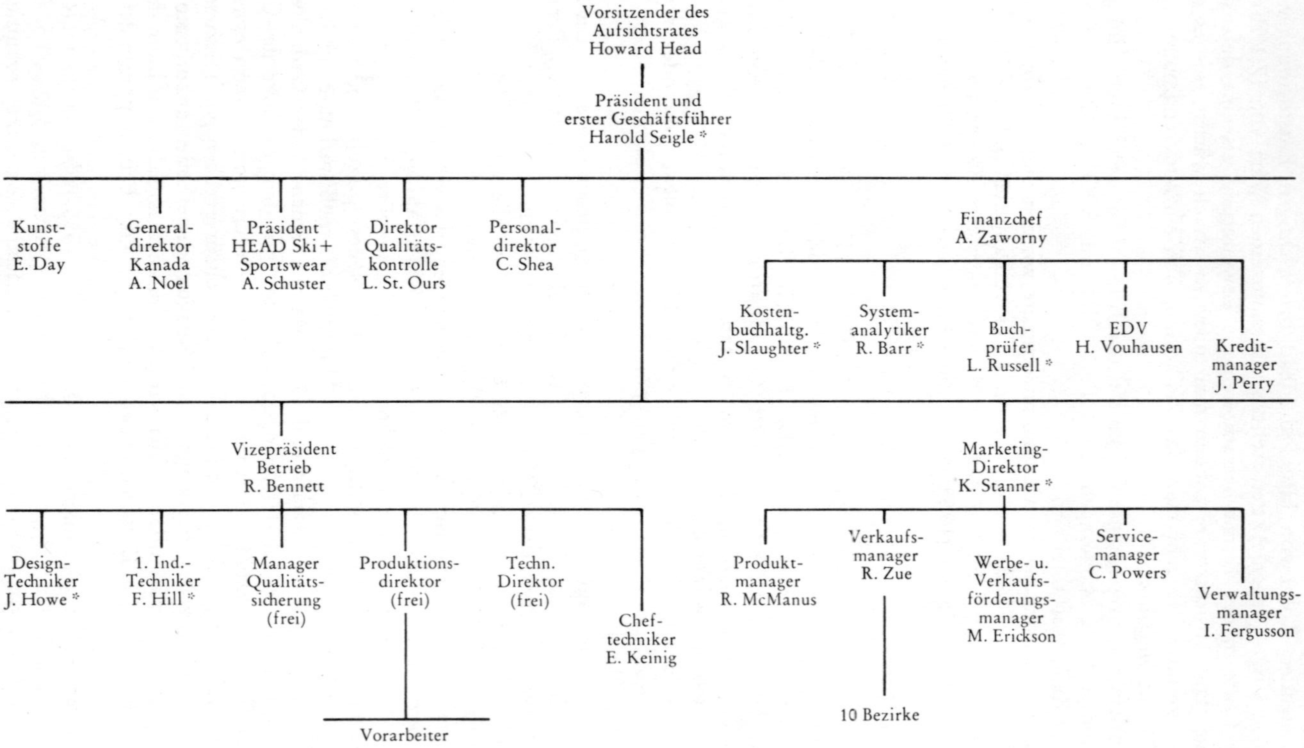

* weniger als ein Jahr bei HEAD.

suchen, ein konventionelleres pyramidenförmiges System einzuführen. Kurz gesagt, was auf dem 500 000-$-Umsatzniveau wirksam war, wurde zunehmend unwirksam, als wir einen Umsatz von 1 Mio. $ und dann von 2 Mio. $ erreichten. Ein Mann konnte einfach nicht damit fertig werden. Ich machte zu viele Fehler. Es war so, als ob man eine Armee mit nur einem General und einigen Unteroffizieren leiten wollte. Es gab einfach keine Offiziere, von einer Befehlserteilungsfolge ganz zu schweigen.

1960 kam der erste erfolgreiche Durchbruch. Ich entschied mich zur Anstellung eines Generaldirektors, der später der geschäftsführende Vizepräsident wurde. Es war für mich nicht leicht zu lernen, den Betrieb in diesem Rahmen zu führen. Der auffallendste Aspekt, der dieser Zeit fehlte, war ein Konzept des Personalmanagements. Ich verbrachte fünf Jahre damit, allmählich zu lernen, nicht zu viele, aber auch nicht zu wenige Aufgaben zu delegieren.

Lassen Sie mich hinzufügen, daß der letzte Anstoß zur völligen Umwandlung in eine gut geordnete Firma daher kam, daß 1965 bis 1966 die Firma in Schwierigkeiten war.

Selbst fünf Jahre nach dem Anfang eines Teamsystems geriet die Firma in Schwierigkeiten, und das war der letzte entscheidende Faktor, der mich dazu brachte, aufs Ganze zu gehen. Es ist interessant, daß es zwölf Jahre gedauert hat. Bis 1960 stand die Firma vollständig unter meiner Leitung. Zwischen 1960 und 1965 gab es dann entweder ein Zuviel oder ein Zuwenig an Leitung von meiner Seite. Die größte Schwierigkeit für mich bestand darin, daß ich lernen mußte, die erforderlichen Resultate festzulegen und mich dann aus den Einzelheiten herauszuhalten; die Schwäche bestand darin, eine Formel für die Definition der Ziele festzulegen und dann den Dingen ihren Lauf zu lassen, solange die Ziele erreicht wurden.

Durch die Bestellung von Herrn Seigle zum Präsidenten gewann die Firma einen höchst erfahrenen Mann, der bei uns richtige Managementmethoden einführen konnte. Was mich betrifft, so brachte diese Umstellung zwei Dinge mit sich: erstens meine Erkenntnis, daß ich diese Art der Organisation wollte; zweitens die Wahl eines Mannes mit bewährten professionellen Managementfähigkeiten.

Leider gibt es für einen Unternehmer nur zwei Möglichkeiten, wenn die Firma über eine bestimmte Größe herauswachsen soll. Er kann zum Teufel gehen oder er kann seine Betriebsmethode wirklich ändern. Ich freue mich, daß diese Firma die Umstellung durchgeführt hat.

Die Firma macht sich jetzt noch mehr als früher meine speziellen Fähigkeiten und Kenntnisse zunutze, aber ich mische mich nicht länger in ein gut geführtes Management- und Planungssystem ein. Wir haben der Firma neue Instrumente gegeben, mit denen sie operieren kann, und ich habe ihr nicht den Boden unter den Füßen weggezogen.

Ich reserviere meine Energie für zwei Dinge. Erstens setze ich meine schöpferische Tätigkeit fort, fast wie ein Berater der Firma; zweitens habe ich die konventionellere Rolle eines Vorsitzenden und ersten Geschäftsführers übernommen. In dieser Rolle befasse ich mich mit der Planung und mit der langfristigen Strategie.

Ich glaube, daß ich der Firma in den beiden Funktionen einen Dienst erweisen kann. Ich kann bei meiner schöpferischen Arbeit nur Erfolg haben, wenn ich ausschließlich ein Berater ohne Autorität bin. Es muß in dieser Rolle klargemacht werden, daß alles, was gesagt wird, nur den Charakter eines Vorschlages hat. Es wurde gezeigt, daß die Rolle eine rein konsultative ist, da einige meiner Vorschläge abgelehnt wurden. Mir gefällt diese Rolle, da ich Freiheit gern habe. Ich kann freier denken, da ich weiß, daß meine Vorschläge sorgfältig überprüft werden.
Auf ganz wichtigen Gebieten natürlich, wie etwa bei der Einführung neuer Produkte, Bindungen oder Skischuhe, bei der Aufnahme neuer Modelle in unser Skisortiment, bei Ankäufen usw. muß ich über den Präsidenten Autorität ausüben."
Bevor Mr. Seigle zu HEAD kam, war er Vizepräsident und Generaldirektor einer 50-Millionen-Dollar-Elektronikabteilung einer 150-Millionen-Dollar-Firma gewesen. Seine Anstellung, hieß es, sollte zu einer professionelleren Betriebsphilosophie beitragen. Er hoffte, formalisiertere Methoden der Budgetkontrolle einführen zu können und die Umstellung von einer Ein-Mann-Organisation zu einem traditionell verstandenen Funktionsschema zu leiten.
Mr. Seigle führte ein Budgetsystem mit einer Aufteilung in 13 Perioden jährlich ein. Alle vier Wochen mußten Berichte ausgearbeitet werden, in denen die Ziele mit den tatsächlichen Werten für die einzelnen Einnahme- oder Ausgabestellen, wie Marketing, Betrieb, Personal, und die drei Tochtergesellschaften verglichen wurden. Damit hoffte man, die Prämien, je nach Budget, echt von der Leistung abhängig zu machen. Früher waren die Berichte ebenfalls für jeweils vier Wochen ausgearbeitet worden. Das Ziel hatte jedoch nur darin bestanden, die tatsächlichen Ergebnisse des vergangenen Jahres zu vergleichen.
Als Neuankömmling in der Firma stellte Mr. Seigle fest, daß er sehr viel Zeit für Betriebsprobleme verwenden mußte. Er glaubte jedoch, daß er mit der vollständigen Annahme und mit dem Inkrafttreten seines Budgetsystems mehr Zeit für die Planung und für langfristige Projekte verwenden könnte. Er sagte: „Im Idealfall bin ich der Organisation um sechs bis achtzehn Monate voraus. Wenn ein Projekt nur mehr sechs Monate von seiner tatsächlichen Durchführung trennen, dann gebe ich es an die Operating Managers weiter." Er stellte einen Manager für Firmenplanung an, mit dem er eng zusammenarbeitete.
Nach dem früheren Organisationsschema von März 1966 bis zur Anstellung von Mr. Seigle hatte Howard Head den direkten Vorsitz über die verschiedenen Abteilungen und Marketingfunktionen geführt. Es gab damals keinen Marketingdirektor. Selbst zwischen 1960 und 1966, als es einen geschäftsführenden Vizepräsidenten gab, hatte sich Mr. Head, wie er sagt, mit den Details der Betriebsführung befaßt.

Ein Ausblick auf die Zukunft

Die erste Expansion von HEAD auf andere Produktgebiete betraf Skistöcke. Diese waren relativ leicht herzustellen und wurden über die bestehenden Kanäle verkauft. So wie bei den Skiern wahrte Head den höchsten Standard bei Qualität und Stil. Die Stöcke unterschieden sich von den Konkurrenzprodukten durch ihre schwarze Farbe, durch ihre konische Form und ihr besonders leichtes Gewicht — Eigenschaften, die damals die anderen teuren hochwertigen Skistöcke nicht bieten konnten. HEADs Preise lagen so ziemlich am oberen Ende der Preisskala: 24.50 $ im Vergleich zu nur 5 $ für einige Marken.

Der Erfolg beim Verkauf der Skistöcke ermutigte die Firma, sich nach anderen Produkten umzusehen, die sie ihrem Sortiment hinzufügen könnte. Zwei weitere Schritte zur Produkterweiterung wurden Ende 1966 unternommen, als HEAD eine Plastikabteilung gründete und eine Tochtergesellschaft, die HEAD SKI AND SPORTSWEAR, INC., ins Leben rief.

Die Arbeit der Plastikabteilung konzentrierte sich auf hochmolekulare Kunststoffe. Im März 1967 erschien folgende Presseinformation:

Die HEAD SKI CO., INC., hat ein Linzenzabkommen mit der PHILLIPS PETROLEUM COMPANY geschlossen über die Verwendung einer neuen, von PHILLIPS entwickelten Methode zur Verarbeitung von ultrahochmolekularem Polyäthylen in Fertigprodukte.

Die für die Entwicklung notwendigen Geräte wurden im HEAD-Werk installiert und das Material wurde in kleinem Umfang für die Lauffläche von HEAD-Skiern verwendet, wobei ausgezeichnete Testergebnisse erzielt wurden. Die Produktion dieses Materials für die Skierzeugung ist für diesen Frühling vorgesehen.

Zusätzlich zu diesem Laufflächenmaterial hat die HEAD-Kunststoffabteilung eine spezielle ultrahochmolekulare Polyäthylenverbindung für eine Reihe von industriellen Anwendungszwecken entwickelt.

Ultrahochmelokulares Polyäthylen ist ein äußerst fester, reibungsresistenter, thermoplastischer Kunststoff, der in der Lage ist, Metalle und Metallegierungen in vielen industriellen Bereichen zu verdrängen. Im Vergleich zu den normalen hochmolekularen Kunstharzen hat das ultrahochmolekulare Material eine höhere Spannungsfestigkeit, eine längere Lebensdauer und eine größere Kernfestigkeit.

Die Erweiterung der Produktion auf Skibekleidung wurde von Vertretern der Firma als der wichtigere Schritt betrachtet. Howard Head begründete die Logik dieses neuen Unternehmens wie folgt:

Skibekleidung ist in erster Linie Ausrüstung und in zweiter Linie Mode. Wir sind zufrieden, daß unsere Skibekleidung besser ist als alles bisher Dagewesene. Auch hier fällt die gleiche Genauigkeit im Detail auf, die unsere Metallprodukte charakterisiert.

Der Präsident der neuen Tochtergesellschaft, Alex Schuster, sagte:

Viele Leute glaubten, daß sich HEAD an Metallprodukte, wie Stöcke und Bindungen, und an Skiwachs halten sollte. Dadurch, daß wir nun auch in die Skibekleidungsindustrie einsteigen, nützen wir meiner Meinung nach die bestehenden Verkaufswege und den guten Ruf aus. Es ist kein Grund vorhanden, warum das im Laufe der Jahr hohe Maß an „Good will“ nicht mit unseren Anstrengungen in Beziehung gebracht werden sollte.

Dieser neue Markt bietet größere Möglichkeiten als die auf Metallprodukte orientierten Gebiete. Das Einsteigen in einen neuen Markt bringt immer Schwierigkeiten mit sich. Diese Schwierigkeiten können wir nur lösen, indem wir die Dinge

richtig durchführen und den HEAD-Standard aufrechterhalten. Der Name HEAD verpflichtet zu einem überragenden Standard.
Unter der Annahme, daß wir diesen Standard aufrechterhalten können, werden wir in der Lage sein, einen Markt zu beliefern, der gegenwärtig klein ist, aber ungeheure Möglichkeiten in sich birgt. Wir schaffen eine Basis für eine weitere Produkterweiterung.
Unsere Produkte sind konstruiert, nicht bloß entworfen. Wir befassen uns mit dem technischen Zusammenhang zwischen Material, Funktion und Paßform. Diese technisch durchdachten Details springen nicht immer sofort ins Auge, aber sie beziehen sich auf funktionelle Anforderungen. Die Funktion kommt vor der Mode, aber aus dem Streben nach dem Funktionellen ergibt sich eindeutig Schönheit. Wir stehen absolut im Einklang mit den Modetrends.
Wir werden eine vollständige Skiausrüstung auf den Markt bringen: Hose, Anorak, Pullover, Zubehör, Socken und Handschuhe. Wir werden den Total-Look bieten.
Gleichzeitig mit den Neuerungen beim Design werden wir Neuerungen bei der Verpackung und der Werbung einführen. Wir müssen mehr tun, als einfach entsprechende Bekleidung zu erzeugen.

HEAD SKI AND SPORTSWEAR produzierte zum Teil selbst und beschäftigte auch Nebenlieferanten. Die Produkte, bei denen es besonders auf technisch durchdachte Details ankam, wurden im HEAD-Werk erzeugt. Pullover, bei denen dieser Punkt von geringerer Bedeutung war, wurden im Auftrag von einem der führenden Pullovererzeuger Europas hergestellt.
Die Kollektion wurde den Händlern erstmalig im April 1967 vorgeführt, und die Freigabe war für die Skisaison 1967/68 geplant. Die erste Reaktion auf seiten der Händler und der Modepresse war äußerst ermutigend gewesen. *Ski Business* berichtete:

HEAD liegt vorne, weit vorne. Genauer gesagt 194 Prozent über dem geplanten Volumen bei seiner ersten Skibekleidungskollektion.
Jeder, der glaubte, daß Howard Heads Eintritt in die Welt der Mode auf Schwarz aufgebaut sein würde, erlebte eine Überraschung. Paradoxerweise stammt die Skibekleidungskollektion mit den aufregendsten Farben auf dem Markt von einem Mann, der vollständig farbenblind ist.

Skihosen: Die 55-Dollar-Hose war die große Überraschung. Sie war unser Bestseller, weit über unsere Erwartungen hinaus, und die 45-Dollar-Standardhose rangierte erst an zweiter Stelle. Eine weitere Überraschung war die 70-Dollar-Hose mit schaumgummigepolstertem Bund, bei der wir nur einen beschränkten Umsatz erwarteten. Sie ist ein Siegermodell ...

Aufträge: Sie übertreffen alle Erwartungen. 90 Prozent der Aufträge kommen von Skigeschäften und 10 Prozent von Kaufhäusern. Natürlich verkaufen wir in erster Linie an HEAD-Skihändler, aber das ist keineswegs bindend [12].
Die Tochtergesellschaft für Sportbekleidung war in einem eigenen Werk fünf Meilen vom HEAD-Hauptquartier in Timonium untergebracht. Es handelte sich um einen unabhängigen Betrieb, einen getrennten Verkäuferstab, mit einer eigenen Gewinnabrechnung. Die ursprüngliche Voraussetzung war, daß die Sport-

bekleidung von HEAD-Händlern verkauft werden sollte, obzwar nach Mr. Seigle die Marketingentscheidungen der Sportbekleidungsabteilungsabteilung unabhängig von den Entscheidungen der Skiabteilungen getroffen werden sollte. Obwohl den HEAD-Händlern die HEAD-Sportbekleidungskollektion offeriert wurde, wurde sie nicht auf exklusiver Basis verkauft. Der Vertrieb erfolgte direkt von der Fabrik an den Händler. Innerhalb der Firma wurde die Notwendigkeit eines eigenen andersartigen Verkäuferstabes anerkannt. Ein Firmenmanager drückte dies folgendermaßen aus: „Ich kann mir nicht vorstellen, daß unsere Skiverkäufer versuchen sollen, Bekleidung zu verkaufen. Unsere Verkäufer kommen in erster Linie ins Geschäft, weil sie ausgezeichnete Skiläufer sind." So wie bei den Skiern und Stöcken waren sowohl Preis als auch Qualität der Kollektion ziemlich hoch.

Auf die Frage nach dem potentiellen Wachstum antwortete Mr. Seigle, daß seiner Meinung nach HEAD auch in Zukunft rasch weiterwachsen würde. Er sah die Möglichkeit für die Verdopplung des Skigeschäftes innerhalb der nächsten fünf Jahre. Obwohl er das Sportbekleidungsgeschäft als ein gut kalkuliertes Risiko bezeichnete, glaubte er, daß es eine Expansion um 5 bis 8 Mio. $ bedeuten könnte. Darüber hinaus glaubte er, daß es für HEAD drei mögliche Richtungen geben könnte. Erstens war er der Ansicht, daß HEAD noch einmal die Chancen und das Risiko des Einsteigens in die anderen Preissektoren auf dem Skimarkt untersuchen sollte. Entweder unter einer anderen Marke oder mit einem Nichtmetallski. Obwohl er glaubte, daß HEAD in einer niedrigeren Preiskategorie 50 000 oder mehr Paar Ski verkaufen könnte, war das Risiko ebenfalls hoch. Zweitens war er der Ansicht, daß HEAD die Chancen auf anderen verwandten Produktgebieten, wie Schuhe oder Bindungen, untersuchen sollte. Drittens war er der Meinung, daß HEAD letzten Endes auch andere spezielle Sportartikel aufnehmen sollte, vorzugsweise für Sportarten mit einer anderen Saison.

Im Hinblick auf diese neuen Gebiete formulierte Mr. Seigle seine Ansicht zur Produktpolitik wie folgt:

Jedes von HEAD in Erwägung gezogene neue Produkt sollte:

1. Im Einklang mit der Qualität und dem Prestige von HEAD-Skiern stehen.
2. Eines oder mehrere der folgenden Merkmale aufweisen:

a) neu,
b) technisch durchdacht,
c) modisch attraktiv,
d) patentierbar.

Wir werden versuchen, mit Hilfe der normalen Methoden, zum Beispiel interne Produktentwicklung, Aufkauf von Produkten oder Aufkauf von Firmen, in neue Produktgebiete einzusteigen. Wenn wir in ein neues Gebiet einsteigen, dann wollen wir unbedingt, daß unser Produkt den anderen gegenüber einen Vorzug aufweist. Sollten wir zum Beispiel einen Skischuh erzeugen, so würden wir wollen, daß er anders ist. Wir würden diese Möglichkeit nur dann ernsthaft in Betracht ziehen, wenn wir einen echten Produktvorteil bieten könnten, zum Beispiel, wenn wir einen hochwertigen Plastikschuh entwickeln könnten.

In bezug auf die Zukunft brachte Howard Head folgende Hoffnung zum Ausdruck:

Ich möchte gerne sehen, daß HEAD in einem Maß wächst, das ausreicht, um seine gegenwärtige Jugend und Schwungkraft zu sichern. Dies würde ein Wachstum von mindestens 20 bis 25 Prozent pro Jahr bedeuten. Diese Feststellung schließt die Möglichkeit nicht aus, daß wir rascher wachsen können. Wir glauben, daß das Skigeschäft allein um 20 bis 25 Prozent pro Jahr wachsen wird. Mit einem zunehmenden Personalstand können wir vermutlich auch auf andere Gebiete übergehen. Was unsere Ziele für die nächsten fünf Jahre betrifft, so würde ich sagen, daß es das erste Ziel der Firma ist, ein gesundes Wachstum in unserem grundlegenden Skigeschäft beizubehalten. Das Skigeschäft ist die Wurzel von all dem, was an HEAD gut ist. Zweitens müßten wir sicher sein, daß jeder neue Tätigkeitsbereich sorgfältig ausgewählt wird, im Hinblick darauf, ob es eine vernünftige Wahrscheinlichkeit für einen guten Gewinn und für ein Image, das der Tradition von HEAD entspricht, gibt.

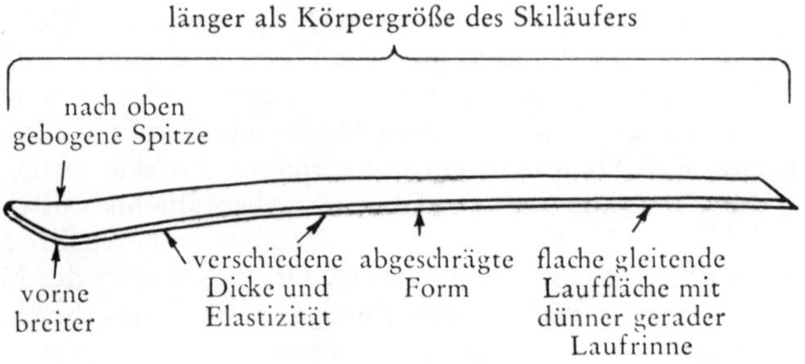

Abbildung 1: Elemente eines gut konstruierten Skis [13]

Skiarten

Holzski

Für Leute mit kleinem Budget sind gut konstruierte Holzskier zu niedrigen Preisen von inländischen und ausländischen Erzeugern erhältlich. Das Holz ist ein Bündel aus Zellulosezellen, die in einem elastischen Medium, dem Lignin, miteinander verbunden sind. Die interne Gleitfähigkeit der Holzski gestattet nicht nur ein Drehen über Unebenheiten, sondern dämpft auch das Vibrieren oder Flattern auf harten, unebenen Pisten. Es gibt Holzski für jede Schneeart, für jede Geschwindigkeit, und es macht Spaß, mit ihnen zu fahren. Das einzige Problem ist ihre mangelnde Dauerhaftigkeit. Holzski sind zerbrechlich. Außerdem erhöht sich mit der Zeit die innere Gleitfähigkeit der Fasern, und die Lebensdauer der Holzski nimmt ab.

Bei der Wahl eines Holzskis ist es vermutlich ratsam, etwas mehr als den Mindestpreis zu bezahlen. Der Anfänger oder mittelmäßige Skiläufer sollte bei einem besseren Holzski auf folgende Merkmale achten: Vielfach verleimte Hickory- oder Eschenski, große Elastizität, ineinandergreifende Kanten, Polyäthylenlauffläche, Plastikoberfläche und Seitenflächen, Schaufel- und Endenschutz. Wenn man über die 40- bis 70-Dollar-Preisklasse hinauskommt, sind die Empfehlungen des Händlers wohl die beste Garantie.

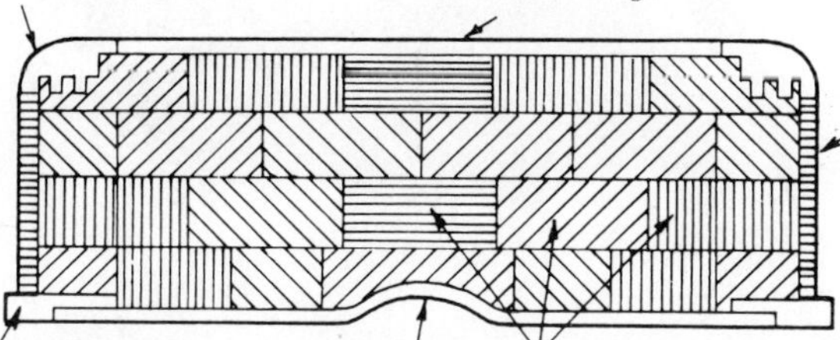

Abbildung 2: Querschnitt durch einen Holzski.

Fiberverstärkte Ski

Vor einigen Jahren gab es nur eine Handvoll „Epoxy"-Skier auf dem Markt, und die Skiläufer betrachteten sie mit einer Mischung aus Interesse und Mißtrauen. Heute hat sich die Zahl der verfügbaren Modelle unglaublich vervielfacht. Neue Firmen wurden gebildet, und viele der alteingeführten Firmen haben ihre eigenen Versionen herausgebracht. Die Plastikski sind noch neu genug, um die meisten Skiläufer über ihre eigentliche Natur zu verwirren — und das mit gutem Grund —, weil es so viele Typen gibt.

Diese Verwirrung ist zum Teil auf das Wort Epoxy zurückzuführen. Die wirkliche Ähnlichkeit aller Skier, die gegenwärtig unter diesem Begriff zusammengefaßt werden, ist die Verwendung von Glasfasern in einem Plastikmedium, wodurch sehr feste Schichten gebildet werden. Die Kunststofftechniker verwenden den Terminus „Fiberverstärktes Plastik" zur Bezeichnung dieser strukturellen Lösung. Das Material ist sehr fest.

Die Festigkeit der Bewährungsschichten, die bei diesen neuen Konstruktionen verwendet werden, beruht auf der kombinierten Festigkeit von Millionen von dünnen Glasfasern oder -fäden, die in der Plastikschicht eingeschlossen sind. Die potentielle Festigkeit der Kunststoffgruppe kann die Festigkeit von Aluminium oder Stahl übersteigen. Leider gibt es keine einfache Methode zur Auswertung oder Beschreibung der tatsächlich verwendeten Materialien. Die große Zahl von Glasfaserkunstharzen sowie die verschiedenen Form- und Behandlungssysteme der

METALLSKIQUERSCHNITTE

Abbildung 1: „Northland Golden Jet" — Laminierter Holzkern ohne Füllung, durchgehende Stahlkante, obere und untere Fläche aus Aluminium.

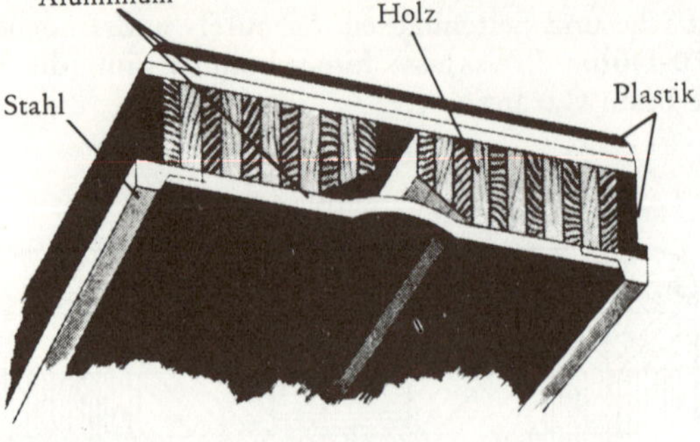

Abbildung 2: „Hart Javelin" — Ungemaserter, gepreßter Kern, durchgehende, L-förmige, an die Stahlschicht geschweißte Kanten, Alu-Oberkante, Phenol-Plastik-Oberbelag.

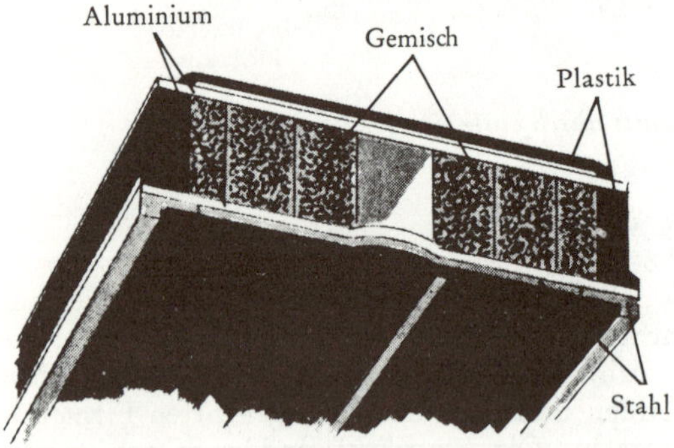

Abbildung 3: „Head Competition" — Laminierter Holzkern, oben und unten dämpfende Gummischicht, durchgehende, L-förmige Stahlkante, hochmolekulare Plastikbasis.

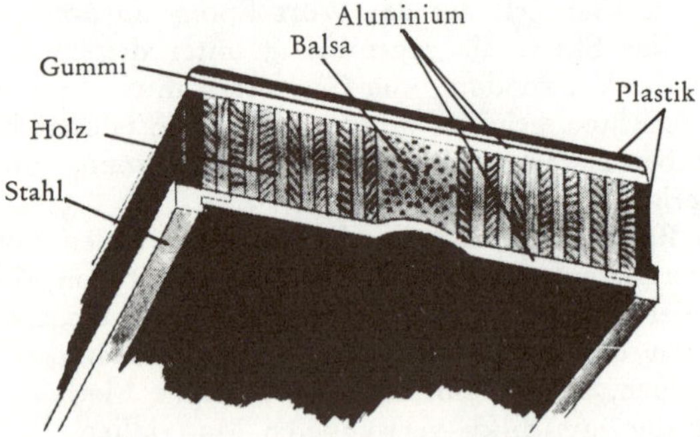

FIBERVERSTÄRKTE PLASTIKSKIQUERSCHNITTE

Abbildung 4: „Kneissl White Star" — Epoxy-Sandwich-Konstruktion mit nicht vollem Holzkern zwecks leichtem Gewicht; gelenkige, L-förmige eingeschraubte Kanten, Aluminium-Oberkante, zweifarbige Basis.

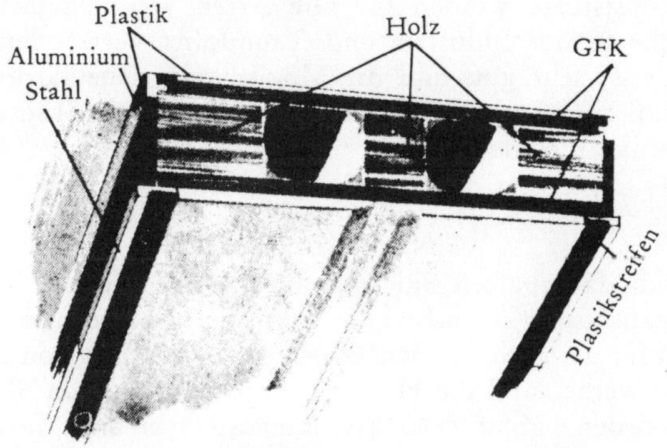

Abbildung 5: „A &T K 2" — Rudimentärer Holzkern, rundherum Plastik, durchgehende, L-förmige Kante, ABS-Plastikoberschicht.

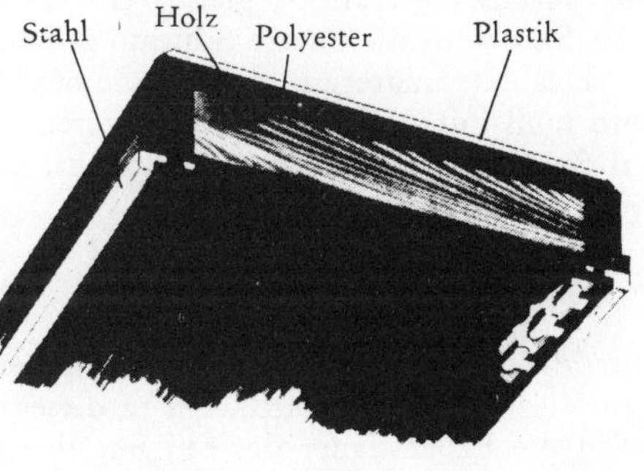

Abbildung 6: „Yhama Hi-Flex" — Fiberverstärkte Plastik-Sandwich-Konstruktion, Hartholzkern mit Längsmaserung, durchgehende, L-förmige Kante aus rostfreiem Stahl.

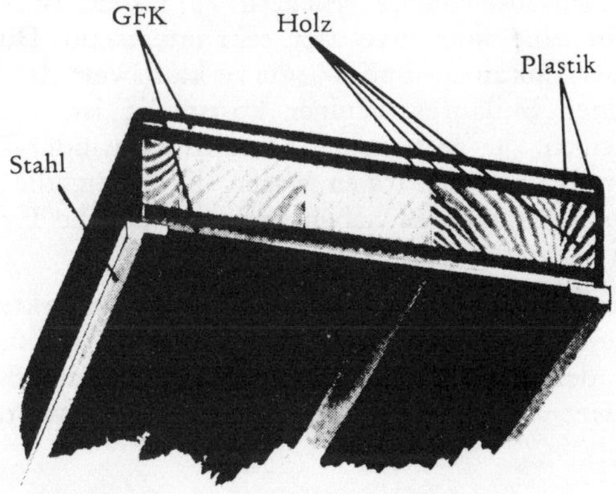

fiberverstärkten Schichten führen zu sehr unterschiedlichen Ergebnissen. Sie können nur in Laboratoriumsversuchen oder letzten Endes durch die Ergebnisse bei der tatsächlichen Verwendung ausgewertet werden.

Fiberverstärkte Kunststoffe werden für alle Arten von Sportartikeln sowie für Verwendungszwecke in der Industrie und Raumfahrt verwendet. Ihr Festigkeit-Gewicht-Verhältnis ist sehr gut, und die Möglichkeit, neue Formen zu erzeugen, ist so attraktiv, daß sie zu vielen Versuchen ermutigt. Die Skiproduktion scheint sich für diese Technik zu eignen.

Metallski

Auf der Suche nach dauerhaften Skiern eroberten die Metallski vor etwa einem Jahrzehnt den Qualitätsmarkt und werde weitgehend als ideal akzeptiert, sowohl für den Freizeitläufer als auch für den Experten. Abgesehen von der Verwendung für spezielle Rennzwecke, sind die Holzskier auf dem besseren Skimarkt größtenteils verdrängt worden. Fiberverstärkte Kunststoffski sind heute die einzigen Konkurrenten des Metallskis.

Die Festigkeit der Metallski beruht auf leichten, aber sehr festen Aluminiumschichten. Die Struktur eines Metallskis gleicht einem „I"-förmigen Balken. Bei einer Krümmung des Skis wird die untere Schichte gedehnt und die obere Schichte zusammengedrückt. Das Kernmaterial, der senkrechte Anteil des „I" dient als Zwischengewebe und muß mit den oberen und unteren Metallschichten fest genug verbunden sein, um der Schubbelastung standhalten zu können, die auftritt, wenn der Ski gebogen wird.

Servicemöglichkeiten bei Metallskiern

Die Möglichkeit, Metallskier zu erneuern und auszubessern, war einer der attraktivsten Punkte beim Verkauf von Metallskiern in diesem Land. Solange der Verbund intakt ist, wird die Lebensdauer des Ski nur durch die Abnützungserscheinungen — Steine, Zusammenschlagen der Skier, schlechte Behandlung beim Transport usw. — begrenzt. Die Möglichkeit, den Plastikbelag und die Kanten oder sogar einzelne Strukturelemente erneuern zu lassen, ist für den Skiläufer, der gut über 100 $ in seine Skier investiert, sehr interessant. Durch diese Erneuerungsmöglichkeit ist der Eintausch- und Wiederverkaufswert der Skier relativ hoch, wodurch es für einen Skiläufer weniger kostspielig ist, auf ein besseres, neueres Modell umzusteigen, je nach seinen Kenntnissen oder Wünschen nach etwas Neuem. Die amerikanischen Firmen waren die ersten, die diese Servicemethoden entwickelten, aber vor kurzem haben auch europäische Firmen Servicezentren in den Vereinigten Staaten gegründet.

Es gibt drei grundlegende Elemente bei einer fiberverstärkten Plastikkonstruktion: das Plastikmaterial oder Kunstharz, die Glasfasern selbst und die Methode des Zusammenbaus, der Behandlung und der Formung der Bewährungsschicht. Eine Änderung von einem dieser drei Elemente wirkt sich auf die Merkmale des Endproduktes aus.

Servicemöglichkeiten bei fiberverstärkten Plastikskiern

Eines der Probleme für die Hersteller von fiberverstärkten Plastikskiern waren Service und Wiederherstellung, wenn einmal die normale Abnützung beim Skifahren ihre Folgen gezeigt hat. Es schien, daß nur Metallski wiederhergerichtet werden könnten.

Es stimmt zwar, daß man einen fiberverstärkten Plastikski nicht einfach erhitzen, den Klebestoff zum Schmelzen bringen kann, den Belag erneuern und den Ski so leicht umbauen kann, wie das bei einem Metallski der Fall ist, aber in der letzten Saison wurde in dieser Richtung ein Fortschritt erzielt. Mehrere Hersteller haben regionale Servicezentren ins Leben gerufen.

Die Leistung dieser verschiedenen Servicezentren ist erheblich. Sie tauschen den Belag und die Kanten und erneuern und bessern den Oberbelag aus. In manchen Fällen können die Fiberglaselemente vom Holzkern getrennt und erneuert werden, wodurch im Endeffekt ein vollkommen neuer Ski entsteht. Das Ergebnis ist ein echter Vorteil für den durchschnittlichen Skifahrer, der nicht bereit ist, jede Saison ein Paar Ski wegzuwerfen. Was die Servicemöglichkeiten betrifft, so wird die Kluft zwischen Metallskiern und fiberverstärkten Plastikskiern immer enger. Sie werden feststellen, daß die Kosten ähnlich wie bei den Metallskiern sind und daß auch die Garantiebestimmungen ähnlich sind.

Anmerkungen

1 John Fry, Ski Business, Mai—Juni 1967, S 25.
2 Ebd.
3 Ebd.
4 The New York Times, 12. 12. 1965.
5 Wall Street Journal, Februar 1967.
6 Ski Magazin, Jänner 1964.
7 On Metall Skis, Manuskript von Howard Head, 1960.
8 *Gut die Spur halten:* Wenn man einen Ski frei den Hang hinunterlaufen läßt, so muß er geradeaus fahren, über Unebenheiten und Löcher und bei jeder Art von Schnee.
9 *Bei einer Hangschrägfahrt gut auf der Piste halten:* Bei einer Diagonalfahrt über einen Hang muß der Ski geradeaus fahren, auch über Unebenheiten, bei jeder Art von Schnee.
10 *Sich leicht drehen lassen:* Wenn ein Skiläufer seine Kanten nicht einsetzt, so muß der Ski seitlich gleiten, und wenn er die Kanten einsetzt, müssen sie sich gleichmäßig in den Schnee fressen. (Ein Bogen beim Skilaufen ist nichts als ein Seitlichgleiten, das durch kontrollierten Kanteneinsatz in einen Bogen umgewandelt wird.)
11 Sales Management, 5. 2. 1965.
12 Ski Business, Mai-Juni 1967.
13 Skiing International Yearbook 1967, S. 63—68.

Die Fälle HEAD SKI COMPANY INC. B1, B2, B3wurden von Herbert Voglmayr unter der Leitung von Professor Dr. Michael Hofmann erarbeitet. Sie dienen als Grundlage für Lehrveranstaltungen und wurden nicht geschrieben, um richtiges oder unrichtiges Verhalten des Managements darzustellen.

Tabelle 1: Skiimporte der USA (1966—1968)

Herkunftsland	Anzahl der Paare			$-Wert			durchschn. $-Wert pro Paar		
	1968	1967	1966	1968	1967	1966	1968	1967	1966
Japan	406 965	383 222	529 732	2 941 248	2 750 823	3 625 639	7.23	7.18	6.84
Österreich	107 117	64 782	72 536	3 208 901	1 950 058	1 511 563	29.96	30.10	20.83
BRD	59 495	46 269	44 736	1 306 526	863 007	1 010 354	21.96	18.65	22.58
Frankreich	24 840	11 633	5 257	1 151 351	523 931	265 018	46.35	45.16	50.41
Jugoslawien	18 673	30 240	22 540	296 569	451 583	254 962	15.90	14.93	11.51
Finnland	12 087	8 277	10 184	120 406	87 004	98 275	9.96	10.63	9.65
Kanada	11 019	11 462	7 091	405 994	360 051	109 961	36.84	31.41	21.15
Italien	9 688	7 041	7 494	212 540	137 676	195 723	21.93	19.55	26.12
Schweiz	8 298	5 027	2 835	306 588	142 852	124 068	36.95	28.41	43.76
Schweden	4 887	3 504	2 767	38 993	27 126	22 366	7.98	7.72	8.09
Norwegen	2 517	1 522	1 125	31 995	21 625	18 221	12.71	14.20	16.20
Südkorea	1 404	—	216	1 534	—	737	1.09	—	3.41
Belgien	681	975	129	27 079	10 646	6 327	39.76	10.92	49.04
Hongkong	308	—	350	255	—	2 208	0.83	—	6.51
Polen	204	505	118	5 645	15 250	3 280	27.76	30.20	27.79
Großbritannien	20	—	—	559	—	—	27.95	—	—
Total	668 203	574 459	707 110	10 056 483	7 341 632	7 288 722	15.05	20.70	21.68

Quelle: US-Department of Commerce.

HEAD SKI COMPANY Inc. (B)

Dieser Fall wurde von Herbert Voglmayer unter der Leitung von Professor Dr. Michael Hofmann erarbeitet. Er dient als Grundlage für Lehrveranstaltungen und wurde nicht geschrieben, um richtiges oder unrichtiges Verhalten des Managements darzustellen.

1. Industrie und Markt

In unserer Freizeitgesellschaft kommt dem Skigeschäft eine immer bedeutendere Rolle zu. Der Umsatz der HEAD SKI COMPANY stieg beispielsweise im Jahr 1968 um 34 Prozent gegenüber dem Vorjahr. Mehr als 80 Prozent des Umsatzes entfielen dabei auf Skier und Skistöcke, weniger als 10 Prozent jeweils auf Sportbekleidung und Gymnastikgeräte. In Reno, Nevada, wurde von der Firma HEAD eine Niederlassung neu errichtet, um den sehr wichtigen Markt im Westen besser erfassen zu können. Sie bietet ein komplettes Skiservice und eine Reparaturwerkstätte sowie ein Warenlager zum Versand an die Händler im Westen.

Tabelle 2: Skiimporte der USA (1969—1970)

Land	Anzahl der Paare		$-Wert/Paar		$-Wert	
	1970	1969	1970	1969	1970	1969
Japan *	515 310	401 197	8.36	7.83	4 326 000	3 120 000
Österreich	278 211	178 090	34.45	33.94	9 591 000	6 052 000
BRD	70 100	72 864	35.50	26.99	2 490 000	1 967 000
Frankreich	57 760	40 261	46.00	42.59	2 657 000	1 711 000
Jugoslawien	6 132	4 956	14.49	14.63	88 450	72 500
Finnland	13 807	14 382	11.62	9.18	160 000	135 000
Italien	31 698	22 185	34.19	38.08	1 078 000	843 600
Schweiz	30 538	15 498	32.34	30.50	985 000	465 000
Schweden	13 715	7 723	6.37	7.42	87 700	57 000
Norwegen	28 054	8 376	11.84	12.75	330 000	107 000
andere	5 000	—	—	—	—	—
Gesamtimporte	1 050 315	765 000				
Gesamtproduktion der USA	365 000	271 000				

* Die Importe aus Japan schließen eine große Menge Kinderski ein (schätzungsweise mehr als die Hälfte).
Quelle: US-Department of Commerce.

1968 war das erste Jahr, in dem der Wert der in die USA importierten Skier die 10-Millionen-Dollar-Grenze überschritt. Auf Grund der vom US Department of Commerce veröffentlichten Zahlen betrug der Import an Skiern und Schneeschuhen (wobei die Schneeschuhe weniger als 1 Prozent ausmachten) 1968 668 203 Paare mit einem Wert von 10 056 483 $. Der stückmäßig größte Skiexporteur nach den USA ist nach wie vor Japan. Was jedoch den $-Wert der importierten Skier anlangt, wurde Japan von Österreich bereits überholt. Österreich exportiert zwar nur ungefähr ein Viertel soviel Skier nach den USA wie Japan, jedoch haben die österreichischen Skier einen durchschnittlichen Wert von beinahe 30 $/Paar, verglichen mit einem durchschnittlichen Wert von 7,23 $/Paar bei japanischen Skiern. Das ergibt für die Importe aus Österreich insgesamt einen Wert von 3 208 901 $, der um fast 300 000 $ über dem Wert der Importe aus Japan liegt. Der durchschnittliche Wert pro Paar ist der Fabrikspreis und beinhaltet nicht Transportkosten, Versicherung, Zoll und Gewinnspanne des Händlers bzw. Großhändlers.

Der weltweit feststellbare Trend zur Konzentration zeigt sich wie in anderen Branchen auch in der Skiindustrie. Die kleinen Skifabriken werden zunehmend von Industriegiganten geschluckt: Der japanische Außenbordmotor- und Musikinstrumentenhersteller YAMAHA ist heute hinter FISCHER und der jugoslawischen Skifirma ELAN der drittgrößte Skibauer der Welt; die italienische Skifirma PERSENICO befindet sich in den Händen des US-Tennisschlägerkonzerns SPALDING; DUNLOP übernahm die Laupheimer Skifabrik ERBACHER; die amerikanische Skifabrik HART ist im Besitz der Lebensmittelgesellschaft BEATRICE FOODS CORPPORATION; die junge amerikanische Skifabrik K 2 wurde von der Maschinenfabrik CUNNING übernommen, und FISCHER kaufte 1968 die alte Skifirma KÄSTLE.

Die Anzahl der Skiläufer auf der ganzen Welt wird heute auf ca. 30 bis 35 Mio. geschätzt. Es gibt hier abweichende Marktergebnisse, weil man sich über den Begriff Skiläufer nicht einigen kann. Der eine Teil ist der Meinung, daß jeder, der ein Paar Ski besitzt, als Skiläufer zu bezeichnen sei, während der andere Teil behauptet, Skiläufer sei nur der, der mindestens einmal im Jahr diesen Sport auch ausübt.

Von diesen 30 bis 35 Mio. Skiläufern entfällt der Großteil auf Amerika, Japan und Europa.

Tabelle 3: Geschätzte Zahl der Skiläufer auf der ganzen Welt.

	Einwohnerzahl (Millionen)	geschätzte Zahl der Skiläufer (Millionen)
USA	200	6—7
Japan	100	7
Europa	550	20
davon:		
Bundesrepublik Deutschland	54	6
Frankreich	50	4
Schweiz	6	1,5
Österreich	7	1

In Österreich liegt der jährliche Umsatz von Skiern (inklusive Kinderski) bei ca. 350 000 Paar.

Stellt man nun die Anzahl der Skiläufer der Skiproduktion gegenüber, so ergibt sich folgendes Bild:

Tabelle 4: Geschätzte Weltproduktion.

	Weltproduktion Paar	Weltproduktion Prozent
Geschätzte Weltproduktion	5 800 000	
Österreich	1 900 000	32
Japan	1 600 000	27
Bundesrepublik Deutschland	650 000	11
Frankreich	500 000	9
Jugoslawien	400 000	7
Italien	180 000	3
Schweiz	150 000	2,5

Die sechs großen Skifirmen in Österreich sind, nach der Größe des Marktanteils geordnet, FISCHER, KNEISSL, BLIZZARD, ATOMIC, KÄSTLE und HEAD. Daneben gibt es in Österreich noch 48 kleinere und ganz kleine Skifabriken (HAGAN, STURZHAHN, HERZOG, RIESINGER ...). Japans bekannteste Skimarken sind YAMAHA und KAZAMA, in Deutschland sind dies ERBACHER, VÖSTRA und FRITZMEIER, in Frankreich vor allem ROSSIGNOL, in Jugoslawien ELAN, in Italien PERSENICO und in der Schweiz AUTHIER, HALDERMANN und ROSSIGNOL (ROSSIGNOL hat in der Schweiz eine Fabrik etabliert).

An Hand der genannten Zahlen wäre abzuschätzen, ob die Skiindustrie auch weiterhin so stark expandieren wird wie bisher und ob sie die Zuwachsraten von 20 bis 30 Prozent und mehr beibehalten wird. Es gibt wohl noch Märkte, die noch sehr aufnahmefähig sind (z. B. USA), doch man nimmt an, daß sich die jährliche Zuwachsrate in Hinkunft im wesentlichen bei ca. 10 Prozent bewegen wird.

2. Entwicklung von HEAD 1967 bis 1970

Die Firma HEAD stand 1966 vor dem Problem, das Management zu ändern. Als das Unternehmen zu wachsen begann, zeigte sich, daß die Persönlichkeit von Howard Head wenig geeignet war, dasselbe weiterzuführen, hauptsächlich wegen seiner geringen Bereitschaft und Neigung, Autorität und Verantwortung zu delegieren.

Er wurde daher vom damaligen Aufsichtsrat beauftragt, innerhalb eines Jahres einen neuen „Executive Officer", der als Manager den HEAD-Konzern leiten sollte, zu bestellen.

So kam 1967 Harold Seigle als neuer Präsident in die Firma. Unter seiner Führung wurden die Bemühungen zur Diversifikation sehr stark vorangetrieben. Drei Gründe waren vor allem dafür maßgebend:

1. Man wollte die ganzen Lauf- und Oberflächenbeläge, die zu jener Zeit relativ teuer aus Europa importiert werden mußten, nun direkt in den USA herstellen. Zu diesem Zweck erwarb HEAD im August 1968 die WAYNE PLASTICS CORP. Die Belagerzeugung mußte jedoch später wieder aufgegeben werden, da

das entsprechende know how fehlte. Die WAYNE PLASTICS CORP. war daher nie aktiv. Sie ist heute einer anderen Division von AMF eingegliedert.

2. Da man mit den Skiern als ausgesprochenem Winterartikel den Vertrieb nicht das ganze Jahr über gleichmäßig auslasten konnte, wollte man das Ziel einer gleichmäßigen Vertriebsauslastung dadurch erreichen, indem man die Produktion auf Sommersportartikel ausdehnte. Golfausstattung kam dazu nicht in Frage, da dieser Markt von AMF und anderen Firmen ziemlich stark beherrscht wurde.
Man kooperierte daher mit der AMERICAN ATHLETIC EQUIPMENT CO. Diese Firma erzeugt verschiedene Turngeräte, und sie ist vor allem für ihre Trampolins und Barren sowie für die zusammenklappbaren Schutzmatten für das Bodenturnen bekannt.
Im November 1968 wurde dann die Firma PACER AMERICAN INC. erworben, die Leichtathletikgeräte produziert, insbesondere den bekannten Glasfiberstab zum Stabhochsprung.
Im Dezember 1968 wurde die WING ARCHERY CO. in Jacksonville, Texas, für 1000 Stammaktien und 335 000 $ in bar aufgekauft. WING ARCHERY erzeugt die bekannten, exklusiven Bogen zum Armbrustschießen. In den USA ist das Jagen mit Pfeil und Bogen sehr populär, denn es gibt Wildarten, die nicht geschossen, sondern nur mit Pfeil und Bogen erlegt werden dürfen. Da Bogenschießen ab 1972 olympische Disziplin ist, ist auch aus diesem Grunde eine zunehmende Beliebtheit dieser Sportart zu erwarten.
Schließlich begann man 1969 mit der Erzeugung eines Kunststoff-Tennisrackets, das in Zusammenarbeit mit Arthur Ashe, einem weltbekannten Tennisspieler, entwickelt wurde.

3. HEAD propagierte überdies das sogenannte „full service", d. h. es sollten Ski, Skischuh, Bindung, Skistock und Skibekleidung in einem Set angeboten werden. Zu diesem Zweck begann 1969 eine sehr enge Zusammenarbeit mit der weltbekannten Skischuhfabrik KÖFLACH, wobei die Firma HEAD 74 Prozent der Anteile dieser Firma übernahm. Man wollte damals KÖFLACH als eigene Firma mit ihrer eigenen Produktlinie unabhängig weiterarbeiten lassen, jedoch sollte sie mit ihrer Erfahrung eine eigene HEAD-Skischuhlinie entwickeln, was in der Zwischenzeit auch geschehen ist.
Des weiteren kam es zum Aufbau einer neuen Firma, der HEAD SPORTS AND SKI WEAR INC., deren Zweck es sein sollte, den Namen HEAD auch auf dem Markt für Wintersportbekleidung und später für Tennisbekleidung bekanntzumachen. Die Produkte der HEAD SPORTS AND SKI WEAR INC. fanden auf dem Markt außerordentlichen guten Anklang, da das Design sehr gut und auch die Qualität ausgezeichnet ist.
Alle diese Diversifikationen fanden in einem verhältnismäßig kurzen Zeitraum statt und verlangten von der Firma HEAD natürlich einen dementsprechenden Kapitaleinsatz.
Dazu kam, daß mit Beginn 1969 in der amerikanischen Wirtschaft eine Rezession einsetzte, die sich am fühlbarsten bei den Konsumgütern auswirkte.
Auf Grund der beginnenden Rezession und infolge verschiedener Methoden neuer Vertriebsorganisationen auf dem Wintersportartikelsektor kamen die Händ-

ler sehr stark unter Druck, da sie bald mit unabsetzbaren Wintersportartikeln die Lager voll hatten, wodurch die Forderungen der Erzeugerfirmen gegenüber den Händlern auf der anderen Seite sehr stark stiegen.

Bei der Firma HEAD waren im Jahre 1970 die Außenstände um 1 Mio. $ höher als im vorangegangenen Jahr. Dies war auch mit ein Grund, warum die Treuhandfirma ARTHUR ANDERSEN, die ja an der Börse gegenüber den Aktionären für die Bilanz verantwortlich ist, verlangte, infolge dieser erhöhten Außenstände eine Rückstellung für eventuell uneinbringliche Forderungen in der Höhe von ca. 800 000 $ zu machen. Des weiteren kam dazu, daß die HEAD SPORTS AND SKI WEAR INC im Jahre 1969 einen Neubau erstellte, der so groß gebaut wurde, daß er für die nächsten 5 Jahre reichen sollte. Dadurch hatte man im ersten Jahr sehr viel unausgenutzte Kapazität.

Diese beiden Punkte — die Erstellung des großen Gebäudes bei HEAD SPORTS AND SKI WEAR INC. und die hohe Rückstellung für uneinbringliche Forderungen — waren die Hauptgründe dafür, daß HEAD 1970 sehr stark in die roten Zahlen schlitterte (Zahlen siehe Tabellen 5, 6, 7 und 8).

Der Verlust wäre aber noch höher gewesen, wenn nicht die beiden europäischen Unternehmen — HEAD SPORTGERÄTE in Kennelbach/Vlbg. und HEAD SKI GERMANY — bestanden hätten. Diese haben nämlich schon im ersten Jahr ihres Bestehens (also 1969) relativ hohe Gewinne gemacht.

Tabelle 5: Konsolidierte Bilanz 1968—1970.

	per 27. April 1968	per 26. April 1969	per 25. April 1970
Umlaufvermögen			
Barvermögen	640 507	558 807	1 707 483
Kurzfristige Wertpapierforderungen	—	1 600 000	—
Außenst. (Rechn., Wechsel) abzl. RL	958 867	3 128 675	4 731 714
Warenlager — zum Kosten- oder Marktpreis	5 003 698	5 669 814	9 861 190
Vorauszahlg. u. versch. Außenstände	405 443	770 139	1 334 846
Umlaufvermögen insgesamt	7 009 515	11 727 435	17 635 233
Anlagevermögen, Kostenpreis			
Grundstücke und Gebäude	1 859 768	2 189 025	2 821 690
Maschinen und Einrichtung	2 053 229	3 664 610	5 329 961
Sonstiges Anlagevermögen	367 257	507 629	756 118
	4 280 254	6 361 264	8 907 769
abzüglich Wertabschreibung	1 542 234	2 414 439	3 404 040
Anlagevermögen insgesamt	2 738 020	3 946 825	5 503 729
Sonstiges Vermögen			
Nicht amort. Anleihenbezüge u. Ausg.	237 710	223 659	210 928
Barwert der Lebensversicherung	148 116	—	—
Anspruch auf Eink.-Steuer-Refund.	332 006	332 006	332 006
Goodwill, Patente, Schutzmarken	—	345 923	922 672
Sonstiges	80 750	453 470	393 632
Sonstiges Vermögen insgesamt	798 582	1 355 058	1 859 238
Vermögen insgesamt	10 545 111	17 029 318	24 998 200

Tabelle 6: Konsolidierte Bilanz 1968—1970.

	per 27. April 1968	per 26. April 1969	per 25. April 1970
Laufende Verbindlichkeiten			
Außenstehende Rechnungen	731 576	1 490 350	1 546 306
Außenst. Wechsel. u. laufd. Anteil der langfristigen Verbindlichkeiten	1 519 669	551 821	8 002 011
Aufgelaufene Aufwendungen	786 111	1 373 092	2 591 561
Einkommensteuer	290 006	—	—
Laufende Verbindlichkeiten insgesamt	3 327 362	3 415 263	12 139 878
Langfristige Verbindlichkeiten abzüglich laufendem Anteil			
Wandelobligationen	2 124 500	2 052 400	1 924 150
Fällige Wechsel	—	586 269	1 475 887
Hypotheken	597 483	582 795	1 128 483
Langfrist. Verbindlichkeiten insgesamt	2 721 983	3 221 464	4 528 520
Verpflichtungen und Forderungen der Aktionäre			
Stammaktien — Nennwert 0.50 $ pro Aktie (2 000 000 autorisierte Aktien, außenstehend 1968: 1 008 323; 1969: 1 248 964; 1970: 1 261 650 Aktien)	504 162	624 482	630 825
Stammaktien geschätzt, 75 328 Aktien zu kosten	—	—	(1 397 848)
Einbezahltes Kapital	1 873 623	6 722 883	7 020 982
Einbehaltene Gewinne	2 117 987	3 045 226	2 075 843
Forderungen der Aktionäre insges.	4 495 772	10 392 591	8 329 802
Verbindlichkeit und Forderungen der Aktionäre insgesamt	10 545 117	17 029 318	24 998 200

3. Fusion von HEAD mit AMF

Der AMF-Konzern (American Machinery and Foundry Corporation) hat einen jährlichen Umsatz von ca. 800 Mio. $ und besteht derzeit aus rund 50 verschiedenen Betrieben. Der AMF-Konzern ist hauptsächlich in der Freizeitindustrie tätig. Er erzeugt Bowlinganlagen, Boote, Snow-mobiles, die Harley-Davidson-Motorräder und andere Freizeitartikel (Bilanzzahlen siehe Tabelle 7).

AMF begann 1967 mit der Entwicklung eines eigenen Skis, dem sogenannten VOIT-Ski. In die Entwicklung wurde sehr viel investiert, die Produktion jedoch wegen Unwirtschaftlichkeit wieder eingestellt.

Da das Freizeitgeschäft sehr zukunftsträchtig ist, weil der Trend eindeutig dahingeht, die Freizeit immerm ehr zu verlängern, ist es das Grundkonzept von AMF, soviel wie möglich in diesem Geschäft zu diversifizieren. Sie waren daher bestrebt, mit einer bekannten Skierzeugerfirma zu kooperieren. Das war der Grund, warum es zu Kontakten zwischen HEAD und AMF kam.

Tabelle 7: Gewinn- und Verlustrechnung 1968—1970.

	per 27. April 1968	per 26. April 1969	per 25. April 1970
Nettoumsatz	17 239 278	21 043 261	28 050 742
Verkaufskosten	10 769 478	13 844 815	19 727 774
Bruttogewinn	6 469 800	7 198 446	8 322 968
Aufwendungen			
Verkauf, Verwaltung u. Allgem.	4 567 349	5 052 935	7 663 697
Zinsen	—	288 710	799 097
Forschung und Technik	554 350	657 422	627 996
Aufwendungen insgesamt	5 121 699	5 999 067	9 090 790
Gewinn (Verlust) vor Abzug der Einkommensteuer und einmaliger Abgaben	1 348 101	1 199 379	(767 822)
Einkommensteuer	652 611	630 100	201 561
Gewinn (Verlust) vor Abzug einmaliger Abgaben	695 490	569 279	(969 383)
Einmalige Ausgaben nach Abzug der Einkommensteuer	—	150 248	—
Nettogewinn	695 490	719 527	(969 383)
Gewinn pro Aktie			
Gewinn (Verlust) vor Abzug einmaliger Abgaben	.69	.49	(.78)
Einmalige Abgaben	—	.13	—
Nettogewinn (-verlust) pro Aktie	.69	.62	(.78)

Tabelle 8: Statistik.

	per 27. April 1968	per 26. April 1969	per 25. April 1970
Nettoumsatz	18 444 691	21 043 261	28 050 742
Nettogewinn (-verlust)	711 075	719 527	(969 383)
Ausgaben für Anlagen und Geräte	815 877	1 508 315	2 770 627
Abschreibungen	468 436	622 271	866 319
Arbeitskapital	3 629 208	8 312 172	5 495 355
Anlagen, Geräte und Sonstiges Vermögen, netto	4 102 354	5 301 883	7 362 967
Langfristige Schulden	2 885 828	3 221 464	4 528 520
Forderungen der Aktionäre	4 845 734	10 392 591	8 329 802
Gewinn (Verlust) pro Aktie	.69	.62	(.78)
Durchschnittl. ausstehende Aktien	1 035 337	1 168 131	1 240 664

Da sich die Firma HEAD 1970 auf der Liquiditätsseite in einigen Engpässen befand, entschloß sich der Präsident der Firma, Harold Seigle, auf das Angebot von AMF näher einzugehen. Auf Grund dieser Verhandlungen machte AMF dann im Dezember 1970 an der Börse das Angebot, die inzwischen sehr stark gesunkenen Aktien von HEAD zu einem Preis aufzukaufen, der um rund 100 Prozent höher lag als der Marktpreis an der Börse. Diesbezüglich war im „Wall Street Journal" am 17. Dezember 1970 folgender Artikel zu lesen:

Indem die Direktoren der HEAD SKI COMPANY den Bedarf an einem starken finanziellen Rückhalt für die künftige Entwicklung der Firma ins Treffen führen, empfehlen sie, daß die Aktionäre ein am Montag von der AMF Inc. vorgeschlagenes Zahlungsangebot akzeptieren.

Das Angebot gilt für alle auf das Grundkapital nicht einbezahlten HEAD-SKI-Stammaktien und beinhaltet einen Nennwert von 13,50 $ pro Aktie; man setzt den Erhalt von mehr als 50 Prozent der Aktien voraus, obwohl AMF möglicherweise von dieser Bedingung absieht.

Harold Seigle, der Präsident der HEAD SKI COMPANY, erklärte, mindestens 11 von 12 Direktoren, welche HEAD-Aktien besitzen, haben ihre Absicht, das Angebot anzunehmen, kundgetan. Ihre Aktien, erklärte ein Sprecher, stellen ca. 10 Prozent der nicht einbezahlten 1 187 650 dar. Darüber hinaus, so erklärte der Sprecher, haben sich andere Aktionäre, deren Aktien weitere 10 Prozent der nicht eingezahlten Aktien betragen, bereit erklärt, das Offert anzunehmen. Der Sprecher fügte hinzu, daß niemand erklärt habe, er würde dem Offert nicht zustimmen.

Mr. Seigle erklärte nach dem Meeting, daß die Firma HEAD SKI auch beschlossen habe, zusätzliche Reserven für potentielle Verluste aus ihren Geldanlagen in zwei Tochtergesellschaften — HEAD SPORT AND SKI WEAR und WAYNE PLASTICS — zu bilden. Diese Reserven, so erklärte er, werden sich besonders nachteilig auf das laufende Jahreseinkommen auswirken. AMF sagte dazu in New York, daß das ihr Offert nicht beeinträchtigen würde.

Mr. Seigle bemerkte, daß das Offert, nämlich ein Nominale von 13,50 $, beachtlich über den Kursen liege, die vor der Ankündigung des Offerts notierten. Letzten Freitag schloß die amerikanische Aktienbörse mit 7,50 $ pro HEAD-Aktie. Am Montag, dem Tag der Ankündigung, kletterte der Preis auf 13,375 $; gestern schloß die Börse mit 13,625 $.

Mr. Seigle erklärte, daß die zwei Firmen „den Anschein haben, zusammenzupassen" und daß der Zusammenschluß der Firma HEAD SKI mit einer größeren Gesellschaft für eine rentable Geschäftsführung unter den gegenwärtigen Marktverhältnissen wichtig sei.

Rodney C. Gott, Vorsitzender und Mitglied der Geschäftsleitung der Firma AMF, gab bekannt, daß seine Gesellschaft über die Antwort der HEAD-SKI-Direktoren sehr erfreut sei.

Auf Grund dieses Angebots erhielt AMF innerhamb von 3 Wochen mehr als 90 Prozent der gesamten HEAD-Aktien.

Die Firma HEAD hatte also damit aufgehört, als eigene Firma zu bestehen. Sie ist seit Mai 1971, dem Zeitpunkt, als die Fusion auch rechtlich durchgeführt wurde, eine Division von AMF.

Der AMF-Konzern ist nach Profit-Centers organisiert. Es gibt 10 Profit-Centers, eines davon ist die „Sports Products Group". Innerhalb derselben ist HEAD eine eigene Division, die ihre Entwicklung und ihr Erzeugungsprogramm genau wie bisher beibehält.

Tabelle 9: Year Financial Summary in Dollar.

	1970	1969	1968	1967	1966
Results for year	577 844	544 771	531 189	504 523	436 749
Notes	57 849	58 394	60 916	62 511	64 612
Rentals	635 693	603 165	592 105	567 034	501 361
Total revenue	294 579	267 884	247 622	235 784	223 886
Leisure time products	124 463	107 348	98 462	100 775	99 463
Bowling	170 116	160 536	149 160	135 009	124 423
Other Recreational	258 243	222 944	208 967	208 453	204 607
Industrial products and services	83 510	75 162	78 124	81 980	82 460
Automated machinery	82 893	69 738	60 839	54 799	52 511
Electronic/Electrical products	91 840	78 044	70 004	71 674	69 636
Process equipment	82 871	112 337	135 516	122 797	72 868
Government products	71 615	68 292	56 021	50 808	46 977
	34 928	34 787	27 479	25 025	22 874
Income from operations before taxes	36 687	33 505	28 542	25 783	24 103
Taxes based on income	—	—	(32 200)	—	—
Unusual losses and extraordinary	36 687	33 505	(3 658)	25 783	24 103
charges after taxes (Note)	25 116	24 296	26 916	26 961	23 880
Income (loss)	73	94	135	140	173
Depreciation and amortization	16 075	16 073	15 288	15 313	15 386
Dividends paid:					
on preffered stock	331 938	326 8882	318 753	338 567	349 151
on common stock	142 690	142 362	120 385	112 638	116 759
Financial position at December 31	189 248	184 520	198 368	225 929	232 392
Current assets	2.3	2.3	2.6	3.0	3.0
Current liabilities	49 871	56 093	58 807	76 494	84 187
Working capital	96 193	90 299	82 888	77 405	67 934
Working capital ration	507 452	485 881	468 698	506 221	522 117
Machines leased to customers (net)	152 854	152 723	163 665	177 640	192 594
Inventory, plant and equipment (net)	202 410	181 919	175 521	198 088	191 037
Fixed assets	2.05	1.85	1.54	1.39	1.29
Long-term debt	2.05	1.85	(.21)	1.39	1.29
Stockholders' equity	.90	.90	.90	.90	.90
Earnings per share	11.19	10.04	9.40	10.57	10.15
Earnings from operations	17 863 845	17 861 077	18 291 492	18 387 165	18 461 164
Net income	69 807	72 743	76 910	85 363	88 291
Dividends paid	24 296	23 456	23 453	23 764	22 291
Stockholders' equity	207 764	196 059	186 322	175 074	161 391

Tabelle 10: AMF Incorporated.

	1970	1969
Assets		
Current assets		
Cash	27 943	14 611
Marketable securities, at cost (approximales market)	9 144	23 771
Notes and accounts receivable (Note 2)	147 708	153 959
Inventories, at lower of cost ("first-in, first-out" or average) or market		
Raw materials and supplies	35 700	29 657
Work in process and finished goods	99 119	96 802
Total inventories	134 819	126 459
Prepaid expenses, including deferred taxes 1970: 5416 \$, 1969: 2316 \$ (Note 3)	12 324	8 082
Total current assets	331 938	326 882
Investments, pincipally at cost (Note 1)	17 174	5 988
Machines leased to customers, at cost	147 486	155 304
Less accumulated depreciation	97 615	99 211
	49 871	56 093
Property, plant and equipment, at cost		
Land and buildings	53 694	46 871
Machinery and equipment	102 807	96 302
	156 501	143 173
Less accumulated depreciation	60 308	52 874
	96 193	90 299
Goodwill and patents, at cost less applicable amortization	12 276	6 619
	\$ 507 452	\$ 485 881

Die einzelnen Profit-Centers unterstehen Mr. Wolcott, dem Vice President of Operations. Jedem Profit-Center steht dann wiederum ein Vice President vor, der auch mit zum Board gehört. Dieses Operating Management Board (OMB) setzt sich aus den Leitern der einzelnen Profit-Centers sowie aus den zwei Executive Officers (Aufsichtsrat) zusammen.

Einmal im Jahr (Oktober oder November) muß jeder Business Unit Manager innerhalb der „Sports Products Group" sein Budget für das kommende Jahr vor dem OMB detailliert vortragen und sich einer Diskussion stellen. Es müssen dabei das gesamte technische und finanzielle Programm für das kommende Jahr, weiters die genauen Budget-Zahlen, die Bilanz und der Cash flow vorgetragen werden. Die „Sports Products Group" koordiniert das Budget innerhalb des Profit-Centers und gibt es dann weiter an die Konzernspitze.

Wenn das Budget vom OMB genehmigt wurde, ist der einzelne Business Unit Manager an keine Weisungen mehr gebunden. Er muß nur jeden Monat — 8 Arbeitstage nach Monatsschluß — eine Bilanz sowie eine Gewinn- und Verlustrech-

nung über den vergangenen Monat an die „Sports Products Group“ senden (Organisationsplan von AMF siehe Tabelle 9).
Für den Vergleich der Betriebe innerhalb des Konzerns wird mit kalkulatorischen Zinsen gerechnet. Es sollen damit Unterschiede ausgeglichen werden, die eventuell dadurch entstehen, daß der eine Betrieb mehr gemietet hat als der andere und ähnliches mehr. Es wird auch mit kalkulatorischen Zinsen budgetiert.
Für die Konsolidierung der Gesamtbilanz müssen jedoch die effektiven Zinsen berechnet werden, die zu zahlen sind. Es werden zwei Gewinn- und Verlustrechnungen gemacht, wobei jene mit dem kalkulatorischen Zinsfuß auch dann für die Budgetplanung und -gestaltung verwendet wird.
Weiters wird vierteljährlich der effektive Zins ausgerechnet und dem kalkulatorischen Zins gegenübergestellt. Dann wird ausgerechnet, was für die konsolidierte Gesamtbilanz an Gewinn zustande kommt.
Es wird immer wieder erwähnt, daß IBM die Aktienmehrheit der Firma HEAD gehabt haben soll. Das ist nicht der Fall. Dieser Schluß wurde wahrscheinlich deshalb gezogen, weil Mr. Thomas Watson, der Generaldirektor von IBM, früher Aufsichtsratsmitglied bei HEAD war. Diese Mitgliedschaft hatte aber nichts mit der Firma IBM zu tun, sondern ist nur auf persönliche Freundschaft zwischen Thomas Watson und Howard Head zurückzuführen.

Tabelle 11: AMF Incorporated

	1970	1969
Consolidated staetments of income		
Sales	577 844	544 771
Rentals	57 849	58 394
	635 693	603 165
Cost of sales and expenses		
Cost of sales and operating expenses	441 136	417 194
Depreciation and amortization, principally straight line method	25 116	24 296
Selling, general and administrative expenses	97 993	92 351
	564 245	533 841
Profit from operations	71 448	69 324
Other income		
Interest income	8 244	7 839
Other (net)	2 242	1 174
	10 486	9 013
	81 934	78 337
Interest and amortization of debt expense	10 319	10 045
	71 615	68 292
Taxes based on income, including deferred taxes 1970: (7302 $), 1969: 895 $	34 928	34 787
Net income	36 687	33 505
Earnings per share	2.05	1.85

Tabelle 12: Consolidated income, surplus and working capital.

	1970	1969
Consolidated statements of earned surplus		
Balance at beginning of year	96 374	84 629
Net income for year	36 687	33 505
	133 061	118 134
Cash dividends		
Preferred stock	73	94
Common stock	16 075	16 073
Paid by pooled companies	—	26
	16 148	16 193
Retirement of common stock subsequently issued for companies acquired	—	5 567
	16 148	21 760
Balance at end of year (Note 4)	116 913	96 374
Consolidated statements of capital surplus		
Balance at beginning of year	59 194	60 400
Retirement of common stock subsequently issued for companies acquired	—	(1 248)
Other	73	42
Balance at end of year	59 267	59 194
Consolidated statements of source and use of working capital		
Source		
Net income	36 687	33 505
Depreciation and amortization	25 116	24 296
From operations	61 803	57 801
Long term debt borrowings	12 000	—
	73 803	57 801
USE		
Dividends paid	16 148	16 193
Increase in investments	11 186	651
Net additions to		
Leased machines	4 114	8 219
Property, plant and equipment	20 443	20 191
Intangible assets	5 888	4 289
Reduction in long term debt	11 869	10 942
Acquisition of treasury stock	105	10 877
Other	(678)	287
	69 075	71 649
Increase (decrease) in Working Capital	4 728	(13 848)

Als 1969 die Firma KÖFLACH mit HEAD zusammenging, tauchte immer wieder die Frage auf, ob es KÖFLACH als einer der größten Skischuherzeuger der Welt überhaupt notwendig hätte, mit HEAD zu koopeieren. Dieselbe Frage tauchte auch in ander Form bei der Firma TYROLIA auf. Dazu ist zu sagen, daß diese beiden Firmen, KÖFLACH und TYROLIA, nicht zu einer Zeit mit

Tabelle 13: Consolidated balance sheets.

	1970	1969
Liabilities and stockholders' equity		
Current liabilities		
Notes payable to banks	14 535	10 399
Accounts payable	37 916	36 089
Ascrued expenses and other liabilities	56 863	54 531
Federal and foreign income taxes	24 174	31 104
Current maturities on long term debt	9 202	10 239
Total current liabilities	142 690	142 362
Long term debt, less current maturities (Note 4)	152 854	152 723
Deferred federal and foreign income taxes (Note 3)	9 498	8 877
Stockholders' equity (Notes 4 and 5)		
Capital stock		
Preferred stock, 100 $ par value, 3.90 % cumulative, authorized and issued: 1970: 40 000 shares, 1969: 42 000 shares	4 000	4 200
Preference stock, without par value, 4 000 000 shares authorized and unissued	—	—
Common stock, 1.75 $ par value, shares authorized, shares issued: 1970: 18 224 273, 1969: 18 221 505	31 892	31 888
	35 892	36 088
Capital surplus	59 267	59 194
Earned surplus	116 913	96 374
	212 072	191 656
Less capital stock held in treasury, at cost (Preferred shares 1970: 21 272, 1969: 21 570; Common shares 1970 and 1969: 360 428)	9 662	9 737
Total stockholders' equity	202 410	181 919
Commitments and contingent liabilities (Note 8)		
	507 452	485 881

HEAD bzw. AMF fusionierten, wo es ihnen schlecht ging, sondern gerade zu der Zeit übernommen wurden, wo sie den höchsten Gewinn und das beste Ergebnis hatten. Infolgedessen haben sie sich auch am teuersten verkaufen können.

Der tiefere Grund, warum eigentlich im Rahmen von Fusionen kooperiert wurde, ist der, daß derzeit eine weltweite Tendenz des Zusammenschlußes in der Wirtschaft zu erkennen ist und daß sich diese Firmen im klaren darüber sind, daß bei einer immer stärker werdenden Konkurrenz und bei raschem Firmenwachstum eine entsprechende Kapitalbasis vorhanden sein muß, die aber eine Firma als Ges. m. b. H. oder Personengesellschaft, auf sich allein gestellt, auf lange Sicht nicht haben kann.

HEAD SKI COMPANY Inc. (C)

HEAD EUROPA

1. Background

Der Versuch der Firma HEAD, sich in Europa zu etablieren, begann 1967 mit der Absicht, know how im Kunststoffskibau zu kaufen. Es war damals schon damit zu rechnen, daß der Metallskimarkt zurückgehen würde. Zumal HEAD bisher nur Metallski erzeugte, war vorauszusehen, daß der Marktanteil ziemlich schrumpfen würde, wenn man nicht begann, ebenfalls Kunststoffskier zu erzeugen. Allerdings war es unmöglich, die Metallskierzeugung von einer Saison zur anderen auf Kunststofferzeugnisse umzustellen. Deshalb versuchte HEAD mit einer Firma zusammenzuarbeiten, die bereits Erfahrung auf diesem Gebiet besaß. Anfang 1968 fanden bereits Verhandlungen mit der Firma KÄSTLE bezüglich einer Kooperation beider Firmen statt. Diese Verhandlungen waren jedoch nicht erfolgreich, da im Juli 1968 die Firma KÄSTLE von der Skifabrik FISCHER übernommen wurde.

Dipl.-Ing. Dr. techn. Herbert Bader war von 1965 bis 1969 Geschäftsführer der Skifabrik KÄSTLE. Nach seinem Ausscheiden übernahm er den Aufbau der europäischen HEAD-Organisation und leitet jetzt HEAD SPORTGERÄTE in Kennelbach sowie HEAD SKI GERMANY. Er sagte zum Übergang von KÄSTLE an FISCHER und zum Aufbau von HEAD EUROPA folgendes:

„Die Firma KÄSTLE war im Mai 1965 konkursreif. Es fanden im Frühjahr 1965 auf Wunsch der Bank Verhandlungen mit verschiedenen Interessenten, unter anderem auch mit FISCHER und KNEISSL, statt, die es aber alle ablehnten, die Firma KÄSTLE weiterzuführen, da sie — das erklärten sie auch mir persönlich gegenüber — keine Möglichkeit sähen, diese Firma wieder in ein gewinnbringendes Unternehmen zu verwandeln.

Ich übernahm im Mai 1965 trotzdem die Geschäftsführung der Skifabrik KÄSTLE, nachdem die Credit-Anstalt in Wien (CA) zugesagt hatte, daß sie im Falle meiner Geschäftsführung für die nächsten fünf Jahre weiterhin Kredite zur Aufrechterhaltung der Firma zur Verfügung stellen werde.

Nachdem es uns gelungen war, durch die Entwicklung des CPM-Modells (Compund *P*lastic *M*etall) im Jahre 1967 wieder ein positives Bild zu erarbeiten, d. h. in der Vorschau für 1968 zu beweisen, daß wir nach 3½ Jahren bereits wieder mit Gewinn arbeiten werden, erhielt ich von der Credit-Anstalt in Wien den Auftrag, einen Kapitalgeber zu suchen, der die Firma KÄSTLE nun auch von der Kapitalseite her auf sichere Beine stellen sollte. Aus diesem Grunde nahm ich dann Kontakte auf mit FISCHER sowie mit den beiden amerikanischen Firmen HEAD und AMF. Die Firma HEAD sandte dann Mitarbeiter ihres Treuhandbüros Arthur Andersen im Mai 1968 für ca. 3 Wochen in die Firma KÄSTLE, um hier eine genaue Prüfung durchzuführen. Auf Grund dieser Prüfung wurde dann in Zusammenarbeit mit dem Präsidenten der Firma HEAD, Mr. Harold Seigle, in Hohenems ein Vorschlag ausgearbeitet, der Ende Mai in Wien der CA vorgelegt

wurde. Ungefähr 2 Wochen später wurde dann die Firma HEAD in den USA telegrafisch von der CA verständigt, daß dieser Vorschlag im Prinzip akzeptiert worden sei. Zwei Monate später jedoch teilte man der Firma HEAD mit, daß die Skifabrik KÄSTLE an die Firma FISCHER übergehen werde.
Da ich nach der Übernahme durch die Skifabrik FISCHER meine unabhängige Geschäftsführungstätigkeit nicht mehr gesichert sah, bin ich mit Ende 1968 aus der Firma KÄSTLE ausgetreten und gründete eine eigene Unternehmensberatungsfirma. Im Rahmen meiner Beratungsfirma erhielt ich von der Firma HEAD den Auftrag, eine Kunststoffskieerzeugung in Österreich für den Export in alle Welt und eine in Deutschland für den EWG-Raum zu planen, aufzubauen und deren Funktion zu überwachen.

Zu diesem Zweck wurde

a) die Firma HEAD INTERNATIONAL AG in Zug in der Schweiz als Finanzierungsgesellschaft,
b) die Firma HEAD SPORTGERÄTE in Kennelbach bei Bregenz und
c) die Firma HEAD SKI GERMANY für den EWG-Markt gegründet.

Die Firma HEAD SPORTGERÄTE begann im Jänner 1969 effektiv mit dem Einrichten der Räumlichkeiten in Kennelbach. Der sicherlich den meisten Österreichern unbekannte Ort Kennelbach wurde deshalb gewählt, weil dort die Textilwerke SCHINDLER waren, die zu dieser Zeit liquidiert wurden. Es ergab sich somit die Möglichkeit, 4000 m² Produktionsfläche zu mieten. Wenn man ein neues Fabriksgebäude hätte aufbauen müssen, wäre damit das ganze Programm um mindestens 1 Jahr verschoben worden."
HEAD SPORTGERÄTE ist ein vollständig eigenständiges Unternehmen mit eigener Entwicklungsabteilung. Alle Produkte, die in Kennelbach erzeugt werden, wurden auch dort entwickelt. Die Firma HEAD SKI GERMANY erzeugt genau dasselbe Programm wie die Firma HEAD SPORTGERÄTE, es werden also auch alle bei HEAD SKI GERMANY erzeugten Produkte in Kennelbach entwickelt. Als die Firma HEAD SKI GERMANY gegründet wurde, bestand zwischen dem EFTA-Raum und dem EWG-Raum eine Zollhürde von rund 30 Prozent. HEAD SKI GERMANY wurde daher vor allem deswegen gegründet, um für den deutschen Markt und darüber hinaus für den EWG-Markt zu produzieren. Da nun diese Zollschranke ab 1. Januar 1972 auf 12 Prozent reduziert wurde und zudem die Löhne in Deutschland unverhältnismäßig stärker gestiegen sind als in Österreich, trägt man sich mit dem Gedanken, die gesamte Skifertigung in Europa in Kennelbach zu konzentrieren. HEAD SKI GERMANY wird dann nur noch für den Vertrieb und das Reparaturservice in Deutschland tätig sein.
Um einen ungefähren Überblick über die Leistungsfähigkeit des Betriebes in Kennelbach zu geben, sei hier kurz die Entwicklung der Produktions- und Umsatzzahlen dargestellt.

Zu dieser bemerkenswerten Entwicklung sagte Dr. Bader:
„Der Aufbau der Firma KÄSTLE von 1965 an, als die Firma in Konkurs war, zu einem gewinnbringenden Unternehmen, war nur durch ein straffes und gutes Team möglich. Als ich im Dezember 1968 die Firma verließ, haben gleichzeitig mit mir mehrere Mitarbeiter des führenden und mittleren Management gekündigt

Tabelle 1:

	Produktion in Paar	Umsatz in Mio. S
Produktionsstart 15. März 1969		
1969 (15. März—31. Dezember)	30 000	40
1970	60 000	70
1971	80 000	100
1972 (geplant)	100 000	125

und sind in andere Betriebe übergewechselt. Beim Aufbau der Firma HEAD SPORTGERÄTE versuchte ich nun, alle diese Mitarbeiter wieder als Team nach Kennelbach zu bekommen, was mir größtenteils auch gelang. Durch diese Tatsache ist es erklärlich, daß wir Anfang Januar in leeren Produktionshallen mit dem Aufbau der Skierzeugung begannen und bereits nach 12 Monaten 30 000 Paar Ski ausgeliefert hatten."

2. Produktion

Der Firmenname HEAD SPORTGERÄTE wurde deshalb gewählt, weil man von vornherein die Absicht hatte, nicht nur Skier, sondern später auch Tennisschläger zu erzeugen. Zur Zeit werden neben den Skiern noch HEAD-Skistöcke und Bindungen verkauft (HEAD hat den Vertrieb der Schweizer Bindungsfirma GERTSCH). Man strebt jedoch eine eigene HEAD-Bindung an, die wahrscheinlich von GERTSCH hergestellt werden wird. Der Grund, warum man die Bindung nicht von der Firma TYROLIA, die ja im AMF-Konzern eingegliedert ist, fertigen läßt, ist folgender:

Man nimmt an, daß der Marktanteil, den man mit der neuen HEAD-Bindung (von GERTSCH) erringt, auf Kosten aller übrigen Bindungserzeuger (MARKER, GEZE, SALOMON, NEVADA, TYROLIA) geht; TYROLIA büßt zugunsten der HEAD-Bindungen nur einen Bruchteil des Marktanteiles ein, während HEAD auch den übrigen Bindungsherstellern Marktanteile abnehmen wird. Wenn jedoch TYROLIA die HEAD-Bindung erzeugen würde, dann würde der gesamte Marktanteil, den man mit der neuen Bindung erringt, nur auf Kosten von TYROLIA gehen.

Ab Herbst 1972 wird auch ein HEAD-Skischuh, der von KÖFLACH entwickelt wurde, in die Kollektion aufgenommen. Es handelt sich hier um ein völlig neues System, nämlich ein Luftkammernsystem mit einem Einlaß- und einem Auslaßventil, so daß sich der Kunde den Schuh selbst genau an den Fuß anpassen kann. Das bedeutet einen wesentlichen Fortschritt gegenüber dem derzeit geschäumten Skischuh, der ja im Fußbett nicht mehr geändert werden kann, wenn der Schaum bereits hart ist. Als Accessoir wird auch noch die HEAD-Sportbekleidung (Ski- und Tennisbekleidung) verkauft. Sie wird in Deutschland von der Firma STEINEBRONN, die einen Lizenzvertrag mit der Firma HEAD SPORTS AND SKI WEAR INC. in den USA hat, erzeugt.

Im Februar 1972 wurde auch mit der Erzeugung eines Kunststofftennisschlägers begonnen. HEAD will damit das Problem der saisonalen Schwankungen zum Teil beseitigen. Wenn die Wintersaison aus irgendeinem Grunde schlecht läuft, liegen die Skier ein ganzes Jahr auf Lager. Mit der Erzeugung von Tennisartikeln hat man nun, da es sich um einen Sommerartikel handelt, die Möglichkeit, den Vertrieb das ganze Jahr hindurch auszulasten. Dadurch ist der Vertreter häufiger mit dem Händler in Kontakt. Er kann, wenn er die Hauptbestellung für die Tennisschläger aufnimmt, gleichzeitig die Nachbestellung für die Skier aufnehmen. Es ist jedoch kaum möglich, den Vertreter nur wegen einer Nachbestellung zum Händler zu schicken. Die Hauptaufträge für Skier werden von April bis Juli aufgenommen, die Hauptaufträge für Tennisschläger von Oktober bis Dezember. Auf der Fertigungsseite ist durch die Erzeugung von Tennisrackets jedoch keineswegs ein Risikoausgleich gegeben, es treten hingegen eher mehr Probleme auf, jedoch ist die Kostenersparnis auf dem Vertriebssektor schon ein wesentlicher Fortschritt, um die saisonalen Schwankungen wenigstens ein bißchen auszugleichen. Derzeit betragen die Umsätze in der Tennisfertigung ca. 10 Prozent des Gesamtumsatzes. Dr. Bader glaubt, daß sie innerhalb von 5 Jahren, bis sich das Ganze konsolidiert hat, auf ca. 30 Prozent des Gesamtumsatzes ansteigen werden. Für die Zukunft meint Dr. Bader, daß 50 Prozent des Umsatzes auf die Skifertigung entfallen, 30 Prozent auf die Tennisfertigung und der Rest auf Skischuhe, Skistöcke und Bindungen. Man überlegt auch, ob man nicht einen HEAD-Tennisschuh und einen HEAD-Tennisball in das Vertriebsprogramm nehmen soll. Allerdings ist damit die Gefahr gegeben, daß man sich zu sehr verzettelt.
Das Produktionsprogramm bei den Skiern setzte sich bisher nur aus Kunststoffskiern zusammen, die in der konventionellen Sandwich-Bauweise hergestellt wurden. Die Skier sind eine Weiterentwicklung des bei KÄSTLE unter der Geschäftsführung von Dr. Bader entwickelten CPM-Modells. Bei der Sandwich-Bauweise werden die einzelnen Teile (Laminate, Kern usw.) vorfabriziert, bearbeitet und dann mit einer Dauer von ca. 20 Minuten in der Presse verleimt.
Bei HEAD SPORTGERÄTE hat man die kürzesten Fertigungszeiten in der Skiindustrie. Es gibt keine Skifirma, die hier besser liegen würde. Für einen Ski werden im Durchschnitt 2 Arbeitsstunden aufgewendet (vom Rohmateriallager bis zum Fertigwarenlager). Der Engpaß bei der Fertigung sind die Pressen, die eine Kapazität von 12 Paar Ski pro 16 Minuten haben. Eine Presse kostet öS 500 000,— und wird auf 5 Jahre abgeschrieben. Jedes Paar Ski wird geprüft, jedes 300. Paar wird im Labor einem genauen Test unterzogen.

Seit Anfang 1972 wird in Kennelbach ein Ski mit einer völlig neuen Konstruktionsart erzeugt, der die bisherige Sandwich-Bauweise in einigen Jahren komplett ersetzen wird. Es handelt sich hier um die Schalenbauweise des GKX.

Dr. Bader sagte zu dieser Entwicklung folgendes:

„Die Experten sind sich darüber einig, daß Torsion (Verdrehsteifigkeit), Dämpfung und Flexibilität die wesentlichen Komponenten für die Fahreigenschaft des Skis sind. Man ist sich jedoch nicht darüber einig, ob alle drei Komponenten im gleichen Ausmaß die Fahreigenschaften bestimmen oder ob eine oder zwei dieser Komponenten wichtiger bzw. weniger wichtig als die anderen sind. Auf Grund

der bisherigen Erfahrungen haben wir festgestellt, daß Torsion und Dämpfung zusammen ein ganz entscheidender Faktor sind für die Eisgriffigkeit. Der Ski soll jedoch nicht nur eisgriffig sein, er soll sich auch leicht drehen lassen, und leicht drehen läßt er sich dann, wenn er weich ist.
Bei der Sandwich-Bauweise kann man am Verhältnis von Torsion, Dämpfung und Flexibilität nichts mehr ändern. Man muß entweder einen weichen Ski mit geringer Torsion machen, wie zum Beispiel unser GK 05, der sich sehr leicht drehen läßt und daher vor allem im weichen Schnee leicht zu fahren ist, jedoch auf Eis nur bedingt hält, oder aber man muß einen harten Ski mit größerer Torsion bauen, der dann eisgriffig ist, sich aber schwerer drehen läßt.
Man hat daher versucht, dieses Problem durch eine andere Bauweise zu lösen. Die größte Torsion hätte ein Rohr, das aber für den Skibau ungeeignet ist. An zweiter Stelle kommt das Rechteck, das jedoch bei der Sandwich-Bauweise nicht gegeben ist; man kann hier nur die Biegefestigkeit der Laminate ausnützen. Der erste Schritt zur Lösung dieses Problems wurde in der Weise gemacht, daß man den Kern mit Fiberglas umwickelt hat, dann in einer Form mit Epoxiharz tränkte und in dieser Form aushärten ließ (Dynamit, K 2, HEAD-Naßwickelski). Diesr Ski hat bessere Fahreigenschaften als der Sandwich-Ski. Man hat allerdings in der Fertigung Probleme, da der Epoxiharzanteil nicht über den ganzen Ski genau kontrolliert werden kann.
Wir versuchten daher, die Vorteile der Sandwich-Bauweise mit den Vorteilen der Naßwickel-Bauweise zu verbinden. Damit sind wir zur Schalenbauweise des GKX gekommen, bei der zwei Schalen getrennt hergestellt und dann mit Epoxiharz verleimt werden. Dieser Ski hat ein völlig neues Verhältnis von Torsion, Dämpfung und Flexibilität. Das wirkt sich so aus, daß man den Ski weich bauen kann, so daß er im weichen Schnee leicht zu fahren und gleichzeitig so eisgriffig wie ein steifer RSL in der Sandwich-Bauweise ist."
Als Argument gegen die Schalenbauweise wird häufig angeführt, daß die Kräfte, die durch die Spannung des Skis von der Mitte auf den ganzen Ski gleichmäßig verteilt werden sollen, bei einem Hohlkörper (Schalenbauweise) nicht so leicht wie bei einem vollen Körper verteilt werden können (Sandwich-Bauweise).

Dazu Dr. Bader:

„Bei der Schalenbauweise sind die tragenden Teile nur der Ober- und der Unterteil. Diese sind natürlich entsprechend dimensioniert, um die Zug- und Druckspannungen aufnehmen zu können."

Die Schalenbauweise wird vorläufig nur beim Topmodell angewendet, später jedoch auch auf die billigeren Modelle erweitert. Der Arbeits- und Materialaufwand beim GKX ist vergleichbar mit dem der bisherigen Sandwich-Bauweise, es fallen aber bedeutend höhere Kosten für die teuren Werkzeuge an. Mit zunehmender Verkaufs-(Produktions-)Menge können diese Werkzeugkosten pro Paar sicher reduziert werden.
Es dürfte auf weite Sicht die Kostenbelastung pro Paar GKX ungefähr dem der rationelleren Sandwich-Bauweise entsprechen.
Was das Design betrifft, so ist man in der Firma der Meinung, daß es mindestens 3 Jahre, nach Möglichkeit jedoch 5 bis 6 Jahre auf dem Markt ankommen soll.

Wenn ein Modell nicht mindestens drei Jahre laufen kann, ohne an Wirkung zu verlieren, ist das Risiko für den Erzeuger zu groß.
Vom extrem konservativen Design der Vergangenheit (schwarz) ist man abgegangen. Man beauftragte eine amerikanische und zwei europäische Firmen, einen Design-Vorschlag auszuarbeiten. Das Ergebnis war folgendes: Die schwarze Farbe wurde für die Hinterenden (ca. 30 cm vom Hinterende nach vorne) beibehalten. Der Rest des Skis ist mit einer lebendigen, leuchtenden Farbe lackiert und trägt den Aufdruck HEAD mit der dazugehörigen Typenbezeichnung (z. B. HEAD GK 08, HEAD GK-CS, HEAD GKX). Der Übergang zwischen den beiden Farben ist kennzeichnend für die jeweilige Produktionsgruppe:
Übergang in Streifen — Kunststoff-Sandwich-Bauweise
Übergang in Streifen mit Punkten — Kunststoff-Metall-Konstruktion
Übergang in gekreuzten Streifen — Vollkunststoffski
Dieses Design wurde anfänglich vom Handel abgelehnt. Es stellte sich jedoch bald heraus, daß es beim Konsumenten sehr gut ankam.
Beschreibung der HEAD-Ski-Kollektion siehe Anhang 1.

3. Marketing

Im Jahre 1968 wurden in Österreich 200 Paar HEAD-Metallski verkauft. Mit der Gründung von HEAD SPORTGERÄTE wurden im ersten Jahr, also 1969, bereits 2000 Paar, 1970 4000 Paar und 1971 8500 Paar HEAD-Ski in Österreich verkauft.
Dr. Bader bemerkte dazu:
„Der Grund, warum es uns gelang, in so kurzer Zeit einen relativ großen Marktanteil zu bekommen, der wohl — darüber bin ich mir im klaren — im Verhältnis zu den anderen österreichischen Skierzeugern gering ist, ist der, daß wir auf der einen Seite eine sehr gute Vertriebsorganisation haben und andererseits der Name HEAD auf dem Markt ein sehr gutes Image hatte. Es ist uns gelungen, mit unseren Skiern zu zeigen, daß wir in der Lage sind, ein den österreichischen Konkurrenzprodukten gleichwertiges Qualitätsprodukt herzustellen. Wir können nachweisen, daß wir derzeit auf dem österreichischen und deutschen Markt den weitaus geringsten Prozentsatz an Reklamationen bzw. Garantiefällen haben."
HEAD beliefert in Österreich nur den Sportartikelfachhandel (ca. 85 Prozent) und Warenhäuser mit eigener Sportartikelabteilung (ca. 15 Prozent). Der Trend ist zur Zeit so, daß viele Händler gerne HEAD-Produkte führen wollen. Bei HEAD ist man jedoch sehr vorsichtig mit der Auswahl der Händler.
Dr. Bader:
„Als ich bei KÄSTLE war, habe ich festgestellt, daß 40 Prozent der Händler 90 Prozent vom Umsatz gemacht haben. Die anderen Händler machten nur wenig Umsatz, aber eine Menge Arbeit. Deshalb verzichten wir auf diese von vornherein, solange wir die Möglichkeit haben, auszuwählen."
HEAD hat in Österreich ca. 150 Händler, und diese Zahl wird sich in nächster Zeit kaum wesentlich vergrößern (Preistabelle für Sportartikelfachhändler siehe Anhang 2).

Befragt darüber ob, HEAD an einem „Store-check" der Händler, wie er von anderen Skifirmen in Österreich bereits durchgeführt wird, interessiert sei, sagte Dr. Bader:

„Grundsätzlich wären wir an einer solchen Sache sehr interessiert. Das hat aber nur dann einen Sinn, wenn dieser Store-check von einem neutralen Institut durchgeführt wird. Solange es die Händler machen, hat das ganze wenig Sinn, denn ich weiß von einigen, daß sie bei diesen Store-checks nur ‚Hausnummern' einsetzen. Dabei interessiert uns jedoch nicht, was von unseren Konkurrenten beim Handel auf Lager liegt, sondern nur, welche Lagerbestände bei unseren Modellen bestehen. Wesentliche Vorteile würde es jedoch erst bringen, wenn der Storecheck auch in den Exportländern durchgeführt werden könnte."

In den Exportländern hat man eigene Generalvertreter, die nur die HEAD-Kollektion führen dürfen. Eine Ausnahme bildet die BRD, wo eine eigene Vertriebsorganisation besteht (HEAD SKI GERMANY). Die Generalvertreter kaufen und verkaufen auf eigene Rechnung, sie kalkulieren ihre Verkaufspreise selbst. Nur in Deutschland, Österreich und der Schweiz werden die Endpreise von der Firma festgelegt.

Der Umsatz entfällt derzeit zu 87 Prozent auf Exporte und zu 13 Prozent auf Verkauf im Inland. Der Export teilt sich folgendermaßen auf:

USA	43,6 Prozent
Schweiz	13,7 Prozent
Japan	8,8 Prozent
Kanada	5,1 Prozent
Schweden	3,0 Prozent
Italien	2,0 Prozent
Australien und Neuseeland	0,7 Prozent
Spanien	0,6 Prozent
Großbritannien	0,2 Prozent
Finnland	0,1 Prozent
andere	9,2 Prozent
	87,0 Prozent

Die Marktaufteilung zwischen HEAD USA und HEAD Europa auf den Märkten USA, Kanada und Japan ist folgendermaßen:

Markt	HEAD USA	HEAD Europa
USA	70 Prozent	30 Prozent
Kanada	70 Prozent	30 Prozent
Japan	50 Prozent	50 Prozent

Was die Werbung betrifft, so liegt der Schwerpunkt auf der Konsumentenwerbung. Man bedient sich bei HEAD einer Werbeagentur. Der Leiter dieser Werbeagentur ist schon seit langem mit der Firma in Kontakt. Er war seinerzeit Werbe-

leiter bei KÄSTLE und ist bereits sechs Jahre als Werbemann in der Skibranche tätig.
Bei HEAD arbeitet man jetzt an einer neuen Werbelinie. Herr Gross, der Leiter der Marketingabteilung, meinte dazu:
„Wir wollen in der Werbung darauf hinweisen, daß wir eine österreichische Firma sind (Betonung des Images ‚*HEAD Austria*'). Vor allem wollen wir auch das Sportliche mehr zum Ausdruck bringen, weil ja der HEAD-Ski bisher mehr als ‚Recreational-Ski' galt."
Die Werbung durch den Rennlauf wurde in den ersten zwei Jahren vollkommen vernachlässigt. Von verschiedenen Seiten wurde daher immer wieder der Wunsch geäußert, daß die Firma HEAD besonders in Europa auch am Rennlauf teilnehmen soll, da dies grundlegend wichtig wäre, um die Käuferschicht von 18 bis ca. 25 Jahren zu erfassen. Bei HEAD ist man sich jedoch nicht ganz im klaren, wie werbewirksam der Rennlauf eigentlich ist, und es wird daher diesbezüglich eine großangelegte Marktuntersuchung in der Schweiz, Österreich und Deutschland durchgeführt.
In der Zwischenzeit entschloß man sich, nun doch auch über den Rennlauf zu werben, d. h. ein eigenes Budget für den Rennlauf bereitzustellen und einige Rennläufer mit HEAD-Produkten auszustatten. HEAD versuchte auch, am österreichischen Skipool teilzunehmen. Die anderen österreichischen Skierzeuger verhinderten dies jedoch in jeder Beziehung. Aus diesem Grunde war HEAD gezwungen, Schweizer Rennläufer zu engagieren.

Derzeit starten folgende Rennläufer für HEAD:

Von der amerikanischen Nationalmannschaft:
Hank Kashiwa
Eric Poulsen
Steve Lathrop
Rick Chaffee

Von der Schweizer Nationalmannschaft:

Heini Hemmi
Adolf Rösti

4. Planung und Organisation

Ein Grundproblem der Skiindustrie ist, daß man ein Saisonprodukt hat und der Großteil des Verkaufs in 6 Monaten (Juli bis Dezember) abgewickelt wird. Man muß jedoch versuchen, das ganze Jahr gleichmäßig durchzuproduzieren. Das ist ein Risiko und erfordert sehr genaue Planung. Dazu ein Beispiel aus der Zeitplanung von HEAD.
Man muß also bereits im September des Vorjahres detailliert planen, was im nächsten Jahr pro Modell und Länge und pro Monat genau verkauft wird; dies zu einer Zeit, wo man weder weiß, wie der übernächste Winter aussieht, noch weiß, was die Konkurrenz bringt, und keine Ahnung von der Auftragslage hat. Es ist dies jedoch notwendig, weil man bei vielen Materialien bis zu 6 Monaten

Lieferzeit hat und bereits im Oktober das komplette Budget für das kommende Jahr im Konzern zur Genehmigung vorliegen muß.
Dieser Verkaufsplan wird auf Grund von Statistiken, persönlichen Erfahrungen und Besprechungen mit den wichtigen Vertretern im Ausland erarbeitet. Zuerst

Tabelle 2: Zeitliche Übersicht über Produktionsbeginn, Auftragseingänge und Auslieferung für die Saison 1972/73.

	1971				1972								
	Sep	Okt	Nov	Dez	Jän	Feb	März	Apr	Mai	Juni	Juli	Aug	Sep
Erstellen eines detaillierten Verkaufsplans für jeden Monat des Jahres 1972	—												
Beginn der Produktion (1. Oktober)		—											
60% d. Jahresauftrages der ausl. Vertr. (bis 15. Jän.)					—								
Restl. 40% (bis 15. April)								—					
Erste Messen (österr. und deutsche Sportartikelmesse) u. damit erste Übersicht über Produkte der Konkurrenz							—						
Vertreter im Verkauf								—	—	—	—		
Erste Übersicht über Auftragslage im Inland									—				
Auslieferung nach Übersee											—		
Gesamter übriger Export												—	
Auslieferung im Inland												—	—

wird eine Verkaufsplanung pro Modell und Land (die Preise sind ja in jedem Land verschieden) erstellt und gleichzeitig festgestellt, wann geliefert werden soll. Anschließend wird dann von der Arbeitsvorbereitung eine Produktionsplanung gemacht, um festzustellen, ob die Kapazität ausreicht, den Lieferwunsch des Verkaufs zu erfüllen. Wenn das koordiniert ist, muß der Verkauf die Umsatzplanung nochmals überprüfen bzw. auch korrigieren, wenn dies nötig ist. Weiters wird der Geldeingang auf Grund der Zahlungskonditionen ausgerechnet, weiters der Stand der Kundenforderungen und zugleich der Stand des Fertigwarenlagers pro Monat. Ferner werden noch auf Grund der Produktionsplanung der gesamte Materialbedarf, die Fertigkosten, der gesamte Personalbedarf und schließlich noch der Rohmaterial- und Halblagerbestand pro Monat berechnet. Zusammengefaßt werden also folgende Teilpläne erstellt:

1. Verkaufs- und Lieferplan (auf Monate aufgeteilt) und dessen Überprüfung bzw. Korrektur,
2. Produktionsplan und dessen Überprüfung bzw. Korrektur,
3. Geldeingangsplanung,
4. Kundenforderungen,
5. Materialbedarf,
6. Fertigungskosten,
7. Personalbedarf,
8. Lagerbestände:

a) Rohmateriallager,
b) Halbfertigwarenlager,
c) Fertigwarenlager.

Zur gleichen Zeit muß jede Abteilung für ihren Bereich ein genaues Kostenbudget, aufgeteilt nach Monaten und Kostenarten, für das gesamte nächste Jahr erstellen. Wenn alle diese Plane und Details vorliegen, dann wird daraus das Budget in Form einer Bilanz und in Form von Gewinn- und Verlustrechnungen auf die einzelnen Monate aufgeteilt und in Form von genauen Gewinnanalysen bzw. Spannenanalysen auf die einzelnen Modelle umgelegt.

Daraus kann man ersehen, daß es praktisch unmöglich ist, auf einen schlechten Winter, wie den vergangenen, in entsprechender Weise zu reagieren. Viele Skier bleiben bei den Händlern auf Lager. Aus diesem Grunde müssen gewisse Modelle weitergeführt werden, obwohl man sie vielleicht vom technischen Standpunkt aus gesehen schon durch neue ersetzen müßte. Dabei liegt HEAD noch relativ günstig, weil die HEAD-Produkte nur im Mittel- und Hochpreissektor placiert sind und diese Skier bereits zum Großteil im Oktober und November von Skiläufern gekauft werden. Hier wirkt sich also ein schlechter Winter nicht so arg aus. Hingegen sind Firmen, die im Niedrigpreissektor anbieten (öS 100,— bis öS 1000,—), von einem schlechten Winter stärker betroffen, weil die billigeren Skier erst dann gekauft werden, wenn der Schnee kommt.

Wurde das Budget vom OMB (Operating Management Board) des AMF-Konzerns genehmigt, muß auch kontrolliert werden, ob es eingehalten wird. Das Werk in Kennelbach wird vom Konzern angehalten, monatlich eine Bilanz sowie eine

Gewinn- und Verlustrechnung für den vergangenen Monat zu erstellen und innerhalb von 8 Arbeitstagen nach Monatsabschluß an die „Sports Products Group" zu senden (monatlicher Budgeterstellungszeitplan siehe Anhang 3).

In Kennelbach werden flexible Budgets erstellt, d. h. man trennt die fixen von den variablen Kosten und weist die Kostenvorgaben als variable Kosten pro Stück aus. Multipliziert mit der Kapazitätsauslastung ergeben sich dann die Sollkosten. Betragen die Abweichungen der Istkosten von den Sollkosten mehr als 5 Prozent, dann wird das mit den Abteilungsleitern durchbesprochen.

Bei HEAD SPORTGERÄTE wird eine Form der Deckungsbeitragsrechnung verwendet, ähnlich dem System von BÖHM. Ab 1973 werden auch die Vertreter nach Deckungsbeiträgen bezahlt. Bis dahin gilt die Umsatzprovisionsregelung.

Bezüglich der Verwaltungsarbeit wurde auch untersucht, auf welche Weise sich diese integrieren, rationalisieren und schneller erledigen läßt. Soweit es bis jetzt übersehen werden kann, denkt man eher an eine Intensivierung und Erweiterung der bereits praktizierten Zusammenarbeit mit dem Vorarlberger Elektronischen Rechenzentrum in Dornbirn als an die Installation einer eigenen Anlage.

Die Kontrolle der Fertigung erfolgt in der Weise, daß man Tafeln aufgestellt hat, auf denen das tägliche Soll mit Kreide aufgeschrieben wird. In der Fertigung gibt es fünf Arbeitsgruppen und für jede Gruppe eine Tafel, auf der jeden Tag aufgeschrieben wird, was die Gruppe mengenmäßig zu leisten hat und was effektiv gemacht wurde.

Dr. Bader sagte dazu:

„Ich war früher lange Zeit in der Kostenrechnung tätig. Wir haben damals monatliche Abrechnungen gemacht und diese dann mit den Meistern durchbesprochen. Der Erfolg war gleich Null, weil man mit einem Meister beispielsweise am 15. März nicht besprechen kann, was am 15. Februar war. Ich habe mir daher überlegt, wie man das besser machen könnte. Dabei bin ich draufgekommen, daß es wichtig ist, erstens festzustellen, welche Kosten für den Betrieb entscheidend sind, und zweitens die entscheidenden Kosten womöglich täglich in der Hand zu haben.

Die entscheidenden Kosten sind bei uns die Lohnkosten und zum Teil die Kosten für das Betriebsmaterial (Schleifmaterial u. dgl.). Für das Betriebsmaterial haben wir Standards pro Paar festgelegt und können somit kontrollieren, ob der Verbrauch den erzeugten Paar Ski entspricht. Die Lohnkosten kann ich durch die Tafeln kontrollieren. Ich sehe mit einem Blick, wie groß die Abweichungen in der Erzeugung sind und kann mir daraus die Lohnkosten ausrechnen. Ich überwache in der Arbeitsvorbereitung täglich den Zeitaufwand und damit den Personalkostenaufwand pro Paar, und wenn das im Rahmen liegt, habe ich die Gewißheit, daß mir die Fertigungskosten nicht aus der Hand gleiten. Das geht alles wunderbar, ohne viele Berichte und ohne Standardkostenrechnung.

Das Vorgeben der Sollwerte auf den Tafeln hat aber auch noch den Vorteil, daß die Mitarbeiter ein Ziel haben, das sie anstreben. Das Problem in der Fertigung ist ja heute, daß der Arbeiter selbst meist keine Beziehung mehr zum fertigen Produkt hat, weil er nur Teilarbeitsgänge macht. Wenn man nun versucht, den Leuten ein Ziel in die Hand zu geben, so versuchen sie meistens auch, dasselbe zu erreichen. Wenn ich zur Gruppe komme, kommt bestimmt sofort der Vorarbeiter und sagt mir genau, warum und wieso die geforderte Stückzahl eventuell nicht erreicht wurde. Wir haben sogar festgestellt, daß Leute aus eigenem Antrieb und ohne Überstundenbezahlung länger gearbeitet haben, um keine Minusabweichung zu haben, weil die andere Gruppe auch keine hatte."

Die Firma HEAD SPORTGERÄTE beschäftigt etwa 150 Mitarbeiter und erzeugt 100 000 Paar Ski/Jahr. Von der Gewerkschaft wurde ein Arbeitsplatzbewertungssystem festgelegt. Nach diesem System bewertet der Meister gemeinsam mit dem Leiter der Fertigung den jeweiligen Arbeitsplatz. Auf Grund dieser Bewertung wird dem einzelnen Arbeiter ein Faktor zugeteilt, der je nach Leistung mehr oder weniger über 100 Prozent seines Stundenlohnes liegt und nach dem er dann bezahlt wird.

(Organisationsplan und Vorstellung der Abteilungsleiter siehe Anhang 4 und 5.)

Anhang 1:

HEAD GK-CS

Ein preisgünstiges Modell für den Skiläufer. Abgeleitet aus dem HEAD-Rennlaufprogramm.
Eine neue Glas-Metall-Konstruktion für den sportlichen Skiläufer.
Bei diesem Ski werden durch die Awendung eines Spezialwickelverfahrens so hervorragende Fahreigenschaften erreicht, wie sie der sportliche Läufer wünscht.

Technische Details

Ein nach dem Sandwich-Compound-Verfahren hergestellter Ski. Tragende Elemente sind hochwertige GFK-Laminate zwischen den Profilstahlkanten „syntelast gelagert" und die für den Skibau spezielle Alulegierung „Perradur STT". Ein weiteres wesentliches Bauelement bei dieser HEAD-Konstruktion ist der mit Glasgewebe umwickelte Kern, der eine überdurchschnittliche Dämpfung bewirkt.
Laufflächenbelag „Fastex Super". Laufrille „Speedy Groove" im HEAD-Spezialverfahren hergestellt. Oberfläche die bewährte Phenolfolie mit sportlichem Design und einer Lackschicht überzogen. Spitzenschutz Niro-Stahl, Hinterendenschutz aus Aluprofil.

HEAD GKX-TS

Mit diesem Ski wird eine neue Epoche im Skibau eingeleitet. Das Bausystem GKX bringt mit seinen 2,8 Mio. Glasfibrillen pro Ski ein optimales Fahrverhalten für den Anfänger bis zum Spitzenläufer bei jeder Schneeart.

Technische Details

Ein Novum dieser Konstruktion: Hier werden die Materialien mit äußerster Präzision genau kontrollierbar eingebaut. Dadurch wird eine ideale Abstimmung zwischen Dämpfung, Torsion und Flexibilität erreicht. Der GKX kann daher sehr weich gebaut werden und ist trotzdem überragend in seiner Eisgriffigkeit.

Die tragenden Elemente sind die 2,8 Mio. Glasfibrillen, die im vorgespannten Zustand in einem neuen Verarbeitungsverfahren eingebaut werden.

Laufflächenbelag der überaus abriebfeste „Fastex GT 90 Super". Die Gliederstahlkante ist mit einer Spezialstanzung ausgebildet. Seitenbelag: ein homogenes, nicht spaltbares Synthetikmaterial, das zugleich die Funktion der Oberkante übernimmt. Die Oberfläche, eine zähelastische, lichtbeständige SOL-Folie, mit rassigem Design gestaltet.

Spitzenschutz Niro-Stahl, Endenschutz aus hochwertigem Synthetik.

Die richtigen Trends werden bei HEAD nicht nur sofort erkannt — sie werden gleich in die Tat umgesetzt.

Und so haben sich die Techniker eingehend mit dem Problem „Skilängen" auseinandergesetzt.

Das hohe Niveau der Fahrtechniken des modernen Skilaufs und die hart präparierten Pisten erfordern neue Abstufungen in den Skilängen.

HEAD machte auch hier einen Schritt nach vorne und bemüht sich, den individuellen Wünschen des einzelnen Skiläufers entgegenzukommen.

Daher haben die HEAD-Techniker beim GKX erstmalig die Skilängen für jeden Skiläufer maßgeschneidert. Von der üblichen 5-cm-Längenteilung wurde abgegangen.

Die neue Teilung im HEAD-GKX-System beträgt 4 cm.

Sie haben daher zur Auswahl: 180, 184, 188, 192, 196, 200, 204, 208 und 212 cm.

HEAD GK 12

Ein nach denm odernsten Gesichtspunkten der Skitechnologie neu entwickeltes sportliches Topmodell mit einer vom Computer errechneten Seitenfaçon. Das Modell HEAD GK 12 besitzt Fahreigenschaften für höchste sportliche Ansprüche.

Technische Details

Kunststoffski in Verbundbauweise mit Gliederstahlkanten, die eine spezielle Gliederung aufweisen. Die Gliederkante ist mit einem stranggezogenen GFK-Laminat über den inneren Stahlkantenschenkel zusätzlich zum Skikörper verbunden. Durch den hohen Anteil der GFK-Laminate mit „Syntelast-Lagerung" kommt der positive Einfluß der Gliederkante in den Fahreigenschaften voll zur Geltung. Eine Alu-Oberkante (Perradur S, L-Profil) umschließt den Ski endlos und schützt die eingelegte ABS-Oberfläche, die mit einem modernen Design gestaltet und lackiert ist. Laufflächenbelag Fastex Super, Rille (Speedy-Groove) im neuen HEAD-Spezialverfahren hergestellt. Spitzenschoner aus Niro-Stahl, Endenschoner Alu-Profil (Dekoral).

Längen: 180 bis 210 cm.

HEAD GK-J

Ein Vollkunststoffski für unsere kleinen Skiläufer. Leicht im Gewicht, flexibel und außerordentlich dauerbeständig.

Technische Details

Im Airvrem-Einspritz-Verfahren hergestellter Vollkunststoffski mit GFK-Laminaten. Durchgehende Stahlkante. Fastex-Läufflächenbelag. Lackierte ABS-Oberfläche. Eingebauter Spitzen- und Endenschoner.
Längen: 110, 120, 130 cm.

HEAD GK-R

Neu entwickelter Kunststoffski für die sportliche, anspruchsvolle Jugend. In diesem Jugendmodell sind die großen Erfahrungen von HEAD vereint und bringen auch dem jungen Skifahrer höchsten Fahrkomfort.

Technische Details

Erster Jugendski, bei dem die Alu-Oberkante (Perradur S) als Flachprofil endlos den Ski umschließt. Tragende Elemente sind straggezogene Laminate synt-elast gelagert und Gewebe-Glasfaserlaminate. Lauffflächenbelag Fastex Super, Laufrille (Speedy-Groove) mit neuem HEAD-Spezialverfahren hergestellt. Lackierte Oberfläche aus kerbschlagfestem, elastischem Material mit sportlichem Design. Skikern OkouméPhenol, Spitzenschoner aus Niro-Stahl, Hinterendenschutz Alu-Profil (Dekoral).
Allroundmodell-Längen: 140, 150, 160 cm; Rennmodell-Längen: 165, 170, 175 cm.

HEAD STD

Mit besonderen Merkmalen ausgestatteter Kurzski für die Lehrtechnik des modernen Skilaufs. Sehr wendig und rehfreudig — bestens geeignet für Anfänger, Fortgeschrittene und Alpinisten.

Technische Details

Kunststoffski in Verbundbauweise. Durchgehende Stahlkante 50 RC. Alu-Oberkante. GFK-Laminate, synt-elast gelagert. Laufflächenbelag Fastex-Super. Oberfläche aus kerbschlagfestem, elastischem Material. Spitzen- und Hinterendenschutz.
Längen: 150, 170 cm.

HEAD GK 03

Ein Allroundski — eignet sich besonders für Vergnügungsfahrer auf der Piste und im Tiefschnee. Sehr drehfreudig, daher ein Idealski für Anfänger und mittlere Könner.

Technische Details

Kunststoffski in Verbundbauweise mit durchgehender Stahlkante 50 RC, Alu-Oberkante (Perradur S), die als Flachprofil den Ski endlos umschließt. Stranggezogene Laminate (synt-elast gelagert) und Gewebe-Glasfaserlaminate sind tragende Teile. Laufflächenbelag Fastex Super. Die Rille (SpeedyGroove) ist mit dem neuen HEAD-Spezialvefrahren hergestellt. Oberfläche aus kerbschlagfestem, elastischem Material, versehen mit einem modernen Design, lackgeschützt. Der Skikern ist aus Okoumé-Phenol. Spitzenschoner — Niro-Stahl, Hinterendenschutz Alu-Profil (Dekoral).

Längen: 175 bis 210 cm.

HEAD GK 04

Ein Erfolgsmodell von HEAD für den verwöhnten Skiläufer. Dieser Ski hat viele begeisterte Anhänger auf der ganzen Welt, welche die hervorragenden Tiefschnee-Eigenschaften rühmen.

Technische Details

Ein in Sandwich-Compound-Bauweise hergestellter Kunststoff-Metallski. Tragende Elemente sind die hochwertig legierten Alu-Platten (Perradur S), die sich unten und oben über die ganze Skibreite erstrecken. Ein wesentlich tragendes und dämpfendes Element ist ein auf Gummi gebettetes GFK-Laminat, das zwischen Winkelprofil-Stahlkanten liegt. Laufflächenbelag Fastex Super. Laufrille (Speedy-Groove) mit dem neuen HEAD-Spezialverfahren hergestellt. Oberfläche — Phenolharzfolie mit modernem Design, mit einer Lackschicht überzogen. Kern Okoumé-Phenol, Spitzenschutz Niro-Stahl und Hinterendenschutz aus Alu-Profil (Dekoral).

Längen: 175 bis 210 cm.

HEAD GK 05

Ein in Verbund-Bauweise hergestellter Kunststoffski in modernster technischer Konzeption. Der HEAD GK 5 garantiert den Skifahrern aller Altersstufen optimalen Fahrkomfort, der speziell in ermüdungsfreime Fahren zum Ausdruck kommt.

Technische Details

GFK-Laminate synt-elast gelagert. Durch den wesentlich höheren Anteil von stranggezogenen Laminaten höhere Formbeständigkeit. Alu-Oberkanten (Perradur S). Einstück-Winkelprofil-Stahlkanten, Laufflächenbelag Fastex GT 90. Laufrille (Speedy-Groove) mit dem neuen HEAD-Spezialverfahren hergestellt, verleiht besonderen Fahrkomfort. Oberfläche strapazfähige Phenolharzfolie mit modernem Design und einer Lackschicht überzogen. Skikern Okoumé-Phenol, Spitzenschutz Niro-Stahl und Hinterendenschutz Alu-Profil (Dekoral).

Längen: 180 bis 210 cm.

HEAD GK 08

Der erste HEAD-Vollkunststoffski in Verbundbauweise bringt unerreichten Fahrkomfort auf der Piste und im Tiefschnee. Eine Besonderheit dieses Modelles ist eine völlig neue technische Konzeption mit einem Airvrem-Kunststoffkern.

Abbildung 1: HEAD GKX.

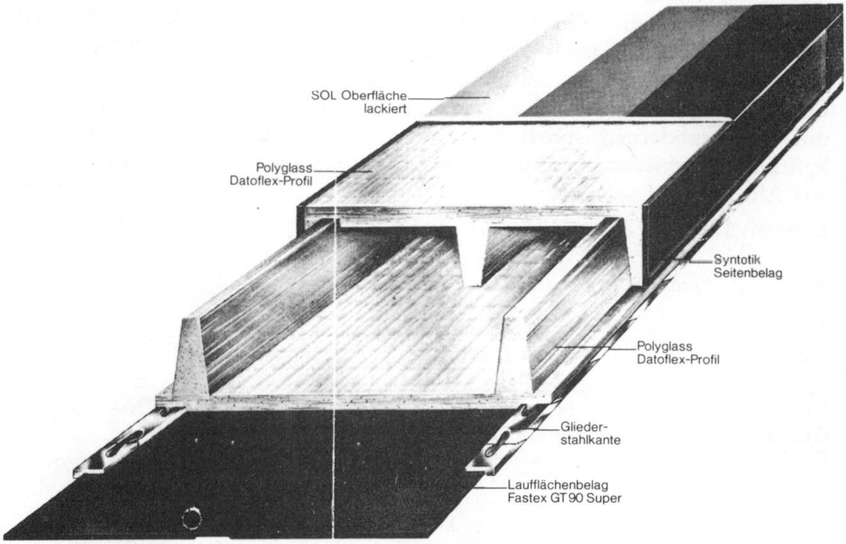

Abbildung 2: HEAD GK 05.

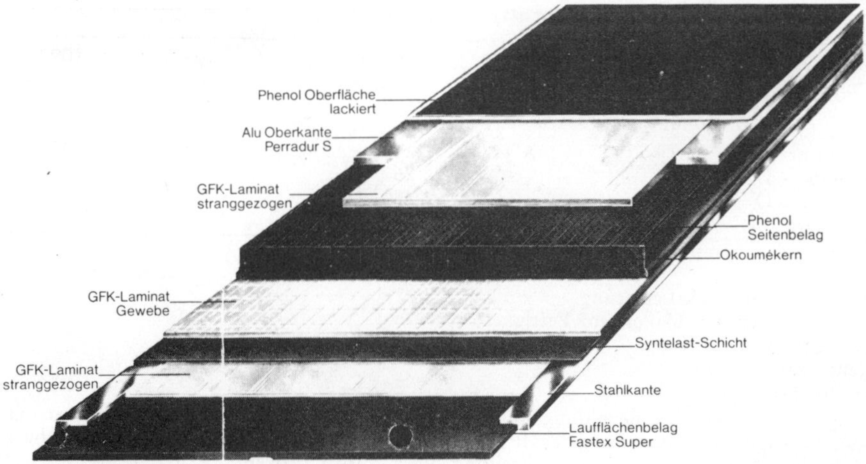

Technische Details

Vollkunststoffski in Verbundbauweise mit Airvrem-Kunststoffkern, Kunststofflaminaten, synt-elast gelagert. Durchgehende Stahlkante 50 RC. Die Alu-Oberkante (Perradur, L-Profil) umschließt den Ski endlos und gewährleistet einen optimalen Oberflächenschutz. Laufflächenbelag Fastex Super mit Speedy-Groove-Rille. Die Oberfläche aus kerbschlagfestem und elastischem ABS-Material ist eingelegt, mit einem modernen, sportlichen Design gestaltet und ist durch die Aul-L-Oberkante und Lackierung geschützt. Spitzenschoner aus Niro-Stahl, Hinterendenschutz aus Alu-Profil (Dekoral).

Längen: 175 bis 210 cm.

Anhang 2: Preistabelle für HEAD-Sportgeräte.

HEAD-Ski

Modell	Länge cm	EK-Preis öS	Vers. öS	VK-Preis öS
GK 02	140, 150, 160	816,—	75,—	1300,—
GK 02	165, 170, 175	950,—	75,—	1500,—
GK 03	175—210	1283,—	75,—	2000,—
404	175—210	1446,—	130,—	2300,—
GK 05	175—210	1580,—	130,—	2500,—
GK 08	175—210	1913,—	130,—	3000,—
GK 12	180—215	2246,—	130,—	3500,—
360	170—215	2780,—	130,—	4300,—
720	183—213	3046,—	130,—	4700,—
TGM	183—213	3580,—	130,—	5500,—

GERTSCH-Bindungen

Modell	Schuhgröße		
6 D Elite	36—43, 41—48	763,—	1090,—
6 D Super	36—43, 41—48	763,—	1090,—
4 D	37—46	525,—	750,—
4 DS Junior	32—38	483,—	690,—
Tourenzusatz		245,—	350,—
Demoblock 4 D		260,—	
Demoblock 6 D		380,—	
Montaglehre		250,—	

HEAD-Skistock

aus hochwertiger USA-Legierung,
superleicht, superhart, 65 kg/mm² Festigkeit
Farben: schwarz, rot, blau
Längen: 115—150 cm
Skistocklängen in 5-cm-Teilung 315,— 450,—

Zahlungskonditionen: Bei Bezahlung innerhalb 10 Tagen nach Rechnungserhalt 3 Prozent Skonto, 30 Tagen nach Rechnungserhalt 2 Prozent Skonto, 60 Tagen nach Rechnungserhalt netto. Frühorderrabatt: Bei Auftragserteilung bis 1. Juli 3 Prozent.

Lieferbedingungen: Grundaufträge franko Bestimmungsstation. Nachorder ab 5 Paar Ski franko Bestimmungsstation. Nachorder ab 5 Paar Stöcke franko Bestimmungsstation. Nachorder ab 5 Paar Bindungen franko Bestimmungsstation. Verpackung frei (für Leerkartons kann keine Vergütung gewährt werden).

Anhang 3: Budgeterstellungszeitplan für Budget 1973.

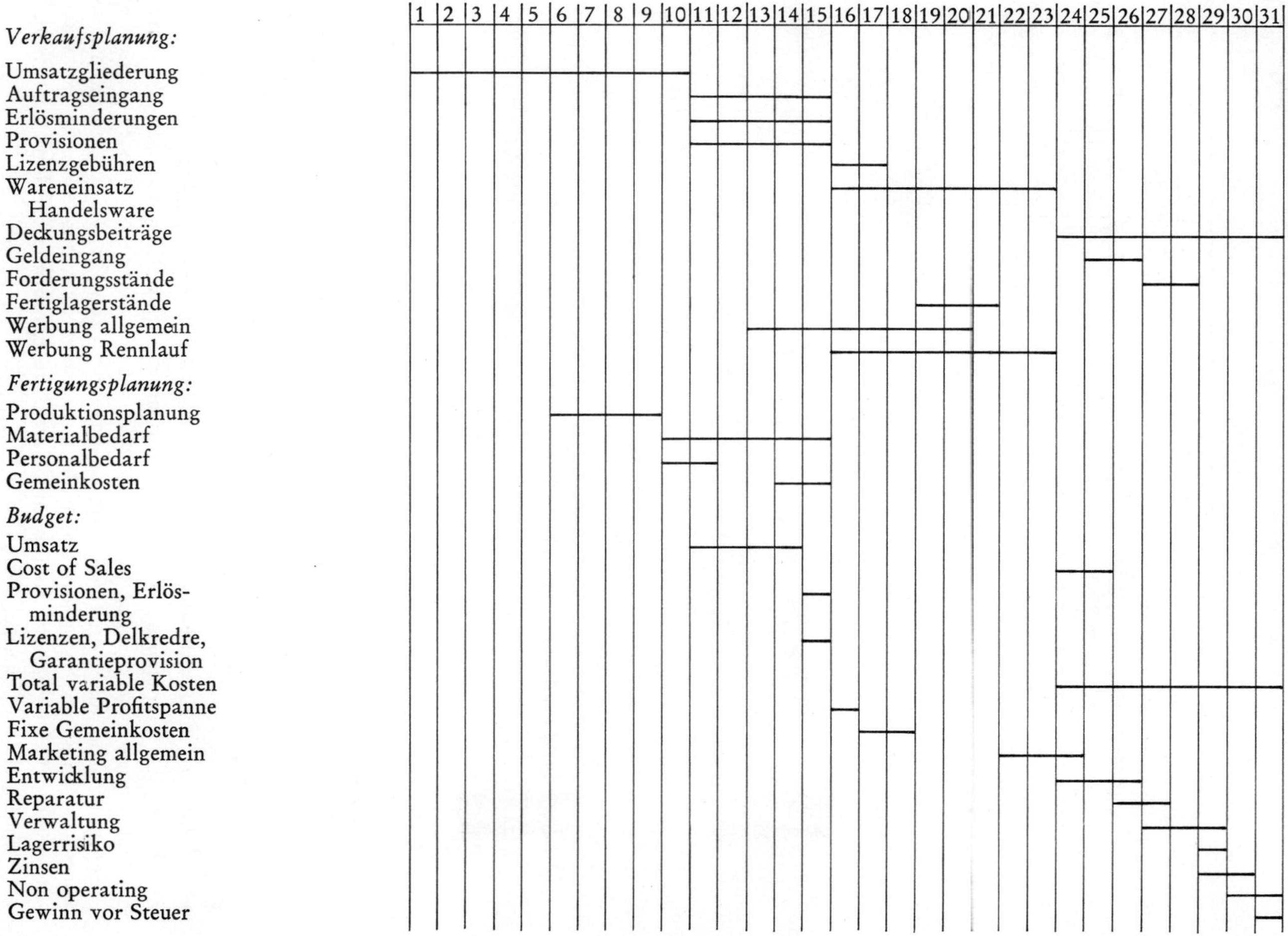

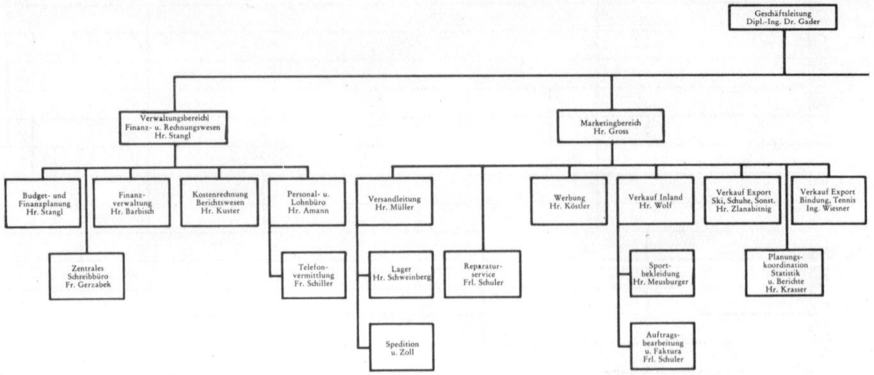

Anhang 5:

Leiter der Hauptabteilung Marketing:

Herr Alfons Gross, 48 Jahre. Absolvent der Handelsakademie Bregenz. Seit 1950 in der Sportartikelbranche tätig, auf folgenden Arbeitsgebieten: Zoll- und Speditionswesen, Werbung, Verkauf Inland, Verkauf Export. Zudem hat Herr Gross umfangreiche Erfahrung auf dem Gebiet der Marktforschung. Seit Februar 1969 in unserer Firma.

Leiter der Hauptabteilung Rechnungs- und Finanzwesen:

Herr Peter Stangl, 33 Jahre. Absolvent der Handelsakademie. Mehrjährige praktische Erfahrung als bilanzsicherer Buchhalter, mehrjährige praktische Erfahrung in der Kostenrechnung, mehrjährige praktische Erfahrung als Steuerberater. Seit Jänner 1972 in unserer Firma.

Leiter der Hauptabteilung Technischer Bereich:

Herr Heri Hämmerle, 47 Jahre. Absolvent der Gewerbeschule. Seit 29 Jahren in der Sportgeräteerzeugung. Er arbeitete als Facharbeiter, Meister, Leiter einer großen Abteilung, und von dort avancierte er zum Leiter des gesamten Technischen Bereiches. Er gehört zu denjenigen leitenden Mitarbeitern in der österreichischen Skierzeugung, die die umfangreichste Erfahrung im Skibau besitzen. Seit Jänner 1969 in unserer Firma.

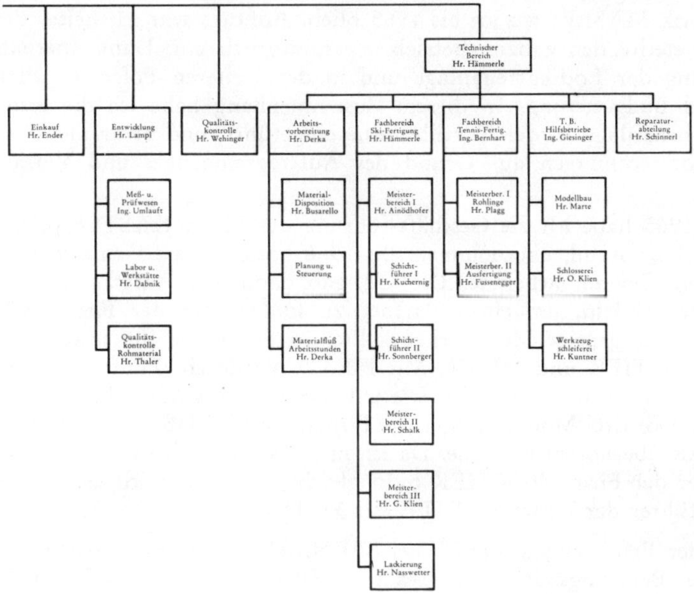

HEAD SKI COMPANY Inc. (D)

Dipl.-Ing. Dr. techn. Herbert Bader ist die zentrale Figur in der europäischen HEAD-Organisation. Er hat die Firmen HEAD SPORTGERÄTE (Januar 1969) und HEAD SKI GERMANY (Juli 1969) gegründet und aufgebaut und ist jetzt Geschäftsführer der beiden Betriebe. Unter seiner Führung wurde ein außeergewöhnliches Wachstum erreicht. Die Umsatzsteigerung betrug vom ersten zum zweiten Jahr 70 Prozent und vom zweiten zum dritten Jahr über 40 Prozent.
Es folgt hier die Wiedergabe eines Interviews mit Dr. Bader.
Interviewer: „Herr Dr. Bader, können Sie uns einiges über Ihren Werdegang erzählen?"

Dr. Bader: „Ich habe 8 Jahre die Volksschule besucht, bin dann in die 3. Klasse Gymnasium in Bregenz eingetreten und habe, nachdem ich beim Militär und in Gefangenschaft war, 1947 die Matura gemacht. Anschließend studierte ich an der Technischen Hochschule in Graz Maschinenbau, stieg jedoch dann auf das Wirtschaftsingenieurwesen um. Nach Beendigung meines Studiums im Jahre 1952 ging ich nach Deutschland zur Unternehmensberatungsfirma KIENBAUM, die damals aus nur 3 Mitarbeitern bestand. Dort blieb ich bis 1957. In der Zwischenzeit schrieb ich meine Dissertation über das Thema „Betriebsorganisation, Materialfluß- und Arbeitsvorbereitung im Rahmen der Rationalisierungsbewegung" und habe dabei einige neuartige Berechnungsformen entwickelt. Im Herbst 1957 promovierte ich an der Technischen Hochschule in Graz zum Doktor techn.

Zur gleichen Zeit ging ich von der Firma KIENBAUM weg nach Dornbirn in die Textilfabrik MÄSER, wo ich bis 1965 blieb. Anfangs war ich Leiter der Produktion und stellte den ganzen Betrieb organisatorisch um. Dann übernahm ich die Einführung der Lochkartenanlage und in der weiteren Folge die Planungsrechnung und Budgetierung. In diesem Zusammenhang habe ich die erste elektronische Rechenanlage in der Textilbranche eingeführt, und zwar mit Planungsrechnung, Hochrechnungen auf Grund des Auftragseinganges und Versand der Ware.

Im Sommer 1965 habe ich die Geschäftsführung der Firma KÄSTLE, die damals vor dem Konkurs stand, übernommen. Bis 1968 hatte ich die Firma so weit, daß sie wieder mit Gewinn arbeitete. Die CA gab dann den Auftrag, mit anderen Firmen zu verhandeln, um einen Partner zu finden, der der Firma KÄSTLE finanziell das Rückgrat wieder stärken sollte. In der Folge führte ich Verhandlungen mit FISCHER und HEAD. Mit HEAD wurde ein Fünfjahresprogramm ausgearbeitet und der CA vorgelegt. Die CA akzeptierte vorerst diesen Vorschlag, informierte jedoch drei Monate später die Firma HEAD, daß die Firma KÄSTLE von FISCHER übernommen werde. Da ich meine selbständige Geschäftsführungstätigkeit unter der Firma FISCHER nicht gesichert sah, habe ich meine Tätigkeit als Geschäftsführer der Firma KÄSTLE mit 31. Dezember 1968 gekündigt.

Auf Grund der Erfahrungen, die ich bei KIENBAUM gesammelt hatte, gründete ich ein eigenes Beratungsbüro und bekam im Zuge meiner Tätigkeit von HEAD den Auftrag, in Europa eine Skifabrik aufzubauen.

Als ich damals meinen Dienst bei KÄSTLE quittierte, haben mit mir auch mehrere Mitarbeiter des führenden und mittleren Management gekündigt und sind in andere Betriebe gegangen. Einen Großteil dieser Leute konnte ich nach Kennelbach bringen und mit ihnen den Betrieb aufbauen. Wir haben derzeit bereits eine Marktposition, die sogar von den eigenen Leuten unterschätzt wird. Ich habe das erst kürzlich bei Verhandlungen mit verschiedenen großen Abnehmern gesehen, die mir gesagt haben, daß sie ohne unsere Produkte einfach nicht mehr auskommen könnten."

Interviewer: „Herr Dr. Bader, ich kann mir vorstellen, daß das Leben, das Sie hier kurz skizziert haben, sehr intensiv und sehr ausgelastet ist. Ist es bei einer derartigen Beanspruchung eigentlich noch möglich, ein Familienleben und ein Privatleben zu führen?"

Dr. Bader: „Nun, es ist zwar so, daß ich von meinem Beruf sehr beansprucht werde, jedoch durchaus noch Zeit habe, auch ein Privatleben zu führen. Ich fahre leidenschaftlich gerne Ski und spiele ebenso gerne Tennis. Ich teste auch unsere Ski selbst. Weiters schwimme ich gerne, reise viel und beschäftige mich mit Filmen und Fotografieren. Die Belastungen in einem Betrieb sind leichter auszuhalten, wenn man aktiv Sport betreibt. Dies genügt aber, glaube ich, nicht, um auf Dauer topfit zu bleiben. Man braucht auch eine Frau, mit der man sich gut versteht. Ein gutes Familienleben ist meiner Meinung nach sehr, sehr wichtig. Natürlich ist es für eine Frau schwer, mit einem Manager verheiratet zu sein, da sie oft alleine ist, wenn der Mann auf Reisen oder im Betrieb sein muß."

Interviewer: „Bei unserem Durchgang durch den Betrieb habe ich mit verschiedenen Leuten gesprochen, und man hat mir gesagt, daß Sie ein sehr gutes Arbeitsklima hätten."

Dr. Bader: „Ja, das stimmt. Wir haben ein sehr gutes Betriebsklima. Der Standort des Betriebes liegt hier in Kennelbach etwas abseits, und man hat uns bei der Gründung gesagt, wir würden hier keine Arbeitskräfte bekommen. Aber so oft wir bisher Ausschreibungen machten, haben sich immer mindestens dreimal soviel Leute gemeldet als wir aufnehmen konnten. Das ist ein Zeichen dafür, daß wir einen guten Ruf haben.

Ein Großteil der Arbeiter kommt aus dem Bregenzerwald. Das Problem des Transportes haben wir in der Weise gelöst, daß wir mehrere VW-Busse einsetzen, die von solchen Arbeitern chauffiert werden, die am weitesten weg wohnen (sofern sie einen Führerschein haben). Das Ganze ist nun so eingeteilt, daß die Busfahrer die auf ihrer Strecke wohnenden Leute nach der Arbeit mit nach Hause nehmen, den Bus über Nacht bzw. übers Wochenende bei sich daheim stehen haben und die Leute dann am Morgen wieder zur Arbeit mitnehmen.

Früher wurden die Arbeiter bei uns nach Einzelakkord entlohnt. Wir sind aber jetzt zum Gruppenakkord übergegangen, weil wir festgestellt haben, daß die Gruppe in sich viel mehr auf Disziplin hält, als wir das von oben her tun könnten. Das Problem ist nur, daß man eine Gruppe richtig zusammenstellt. Gelingt dies nicht, hat man natürlich auch eine schlechte Leistung. Man muß vor allem bei den Jugoslawen darauf achten, daß in einer Gruppe nur Serben, nur Kroaten oder nur Slowenen zusammenarbeiten."

Interviewer: „Ist es nicht so, daß die Monotonie, die an gewissen Arbeitsplätzen herrscht, für den Betreffenden deprimierend ist?"

Dr. Bader: „Ich glaube, man darf dieses Problem nicht verallgemeinern. Wir haben zwar hier in Kennelbach diesbezüglich noch keine Versuche gemacht, jedoch habe ich persönlich früher bei MERCEDES die Monotonie der Fließbandarbeit studiert. Es gibt verschiedene Typen von Menschen, die für verschiedene Arbeiten geeignet sind. Bei meiner damaligen Untersuchung habe ich festgestellt, daß Menschen mit reger Phantasie gute Fließbandarbeiter sind. Sie arbeiten in ihrem Trott dahin und sind gleichzeitig mit ihrer Phantasie ganz woanders. Diese Leute sind froh, wenn sie keine Verantwortung tragen müssen, ihrer Phantasie freien Lauf lassen können und gut verdienen.

Ich hoffe, daß wir in einigen Jahren, wenn wir hier in Kennelbach die Pionierphase überwunden haben, auch auf diesem Gebiet detailliertere Untersuchungen durchführen können."

Interviewer: „Herr Bader, wir wissen, daß es im Management Meinungsverschiedenheiten darüber gibt, ob man über den Rennlauf Werbung betreiben sollte oder nicht. Vielleicht kann uns Herr Gross, der Leiter der Marketing-Abteilung, diesbezüglich seine Meinung darlegen."

Gross: „Zum Problem Rennsport möchte ich folgendes sagen: HEAD war einmal eine Zeit lang im Rennsport aktiv, die gesamte Schweizer Mannschaft fuhr damals ausschließlich den HEAD-Ski. Im Jahre 1969 hat ROSSIGNOL stark nachgestoßen und den Rennläufern horrende Beträge sozusagen unter dem Tisch offeriert. Es stiegen daraufhin viele Rennläufer auf ROSSIGNOL um und wir waren im Rennlauf nicht mehr so stark, wodurch auch der Umsatz von HEAD-Skiern in der Schweiz zurückging. Ich halte es für eine unbedingte Notwendigkeit, im Rennsport mit dabei zu sein. Vor allem in den skandinavischen Ländern lassen sich Leute, die einen Alpinski kaufen, sehr stark vom Rennlauf beeinflussen, weil man dort größtenteils kurze und harte Pisten hat, ähnlich wie bei alpinen Rennen. Man hat dort auch weniger Erfahrung im alpinen Skilauf, da ja der Langlauf Volkssport ist.

Für den Händler ist es sehr leicht, einen Ski zu verkaufen, wenn er darauf hinweisen kann, daß dieer Ski vom Rennläufer X gefahren wird. Es bedarf keines langen Verkaufsgespräches, um die Fahreigenschaften und technischen Eigenschaften des Skis zu erklären."

Interviewer: „Herr Dr. Bader, dürfte ich Sie bitten, dazu Stellung zu nehmen?"

Gross: „Darf ich erwähnen, daß Dr. Bader ehemals akademischer Weltmeister im Skilauf und Mitglied der österreichischen Skinationalmannschaft war (1948 bis 1952)?"

Dr. Bader: „Die Frage ist hier, wie stark die Kaufmotivation des Endverbrauchers durch den Rennlauf beeinflußt wird. Alle bisherigen Untersuchungen zeigen nämlich, daß dies nur zu einem geringen Teil der Fall ist. Ob die Untersuchungen ein richtiges Bild ergeben, kann ich auch nicht beurteilen

Aus den vorliegenden Marktuntersuchungen geht eindeutig hervor, daß 80 Prozent der Skiläufer ins Sportgeschäft kommen und sagen: ‚Ich möchte einen Ski in der Preisklasse X kaufen, was empfehlen Sie mir?' Die Kaufentscheidung richtet sich nach Aussage der Marktuntersuchungen dann zu 90 Prozent nach der Empfehlung des Sportartikelhändlers oder Verkäufers. Als ich seinerzeit in die Firma KÄSTLE kam, konnte ich nicht verstehen, daß Herr Komm.-Rat Kästle soviel für den Rennsport ausgab, was mit ein Grund für die Verluste der Firma war. Bei den Skirennen, die ich damals erlebt habe, konnte ich sehen, daß der Fabrikant, mit dessen Skiern das Rennen gewonnen worden war, von den Journalisten bestürmt und gefeiert wurde. Ich glaube, daß es ein rein persönlicher Prestigekampf der Skierzeuger war, im Rennlauf zu siegen.

Solange die Skimarke identisch mit dem Namen des Inhabers bzw. Chefs der Firma ist, ist sicher das persönliche Prestige mit ein wesentlicher Grund für die Teilnahme am Rennsport. Der Aufbau der Markennamen im Skigeschäft war sicher nur durch die Erfolge im Rennsport möglich. Nach meiner Ansicht gelten aber heute, wo der Skisport ein Massensport geworden ist und infolgedessen kaum mehr eine Verbindung zwischen dem Endverbraucher und dem Rennerfolg der einzelnen Marke besteht, ganz andere Maßstäbe.

Wenn ich den Zahlen Glauben schenke, die ich bis heute auf dem Tisch habe, dann muß ich sagen, daß der Rennlauf nicht das wert ist, was hineingesteckt wird. Schauen Sie, wir statten derzeit Schweizer Rennläufer mit unseren Produkten aus. Dieses Rennlaufprogramm kostet uns soviel wie das gesamte übrige Werbebudget. Und das steht sicher in keinem Verhältnis zum Verkaufserfolg."

Interviewer: „Herr Dr. Bader, haben Sie eine gewisse Konzeption, was in Kennelbach in den nächsten 10 Jahren geschehen soll?"

Dr. Bader: „Ich stelle mir vor, daß wir in den nächsten 10 Jahren zumindest die zweitwichtigste Marke auf dem europäischen Markt sein sollten. Derzeit scheint unser Entwicklungsprogramm so zu sein, daß wir diese Position erreichen könnten."

Interviewer: „Verbinden sich damit irgendwelche Größenvorstellungen hinsichtlich Umsatz, Mitarbeiterzahl oder Produktionsmenge?"

Dr. Bader: „Soweit ich es übersehen kann, möchte ich auf keinen Fall eine Mitarbeiterzahl von 500 übersteigen. Wir sind momentan in einer Phase, wo wir es mit 150 Mitarbeitern und zwei Schichten gerade noch schaffen. Wenn wir jetzt eine dritte Schicht einführen würden, dann bräuchten wir momentan mindestens 70 Prozent mehr Vorarbeiter und Führungskräfte in der Fertigung, was die Führung bedeutend schwieriger machen würde.
Ich möchte als verantwortlicher Mann an der Spitze immer noch persönlichen Kontakt mit dem einzelnen Mitarbeiter haben, um auch seine Probleme zu kennen. Wenn ich nur mehr auf die Information der Meisterebene angewiesen bin, habe ich das Betriebsklima nicht mehr direkt in der Hand. Selbstverständlich ist dann eine Firma auch zu führen. Solange ich aber direkten Kontakt zu alten Mitarbeitern habe, kann ich die Firma als Team so führen, daß ein optimaler Erfolg zu erreichen ist."

Interviewer: „Warum stattet die Firma HEAD Schweizer Rennläufer aus und nicht auch österreichische?"

Dr. Bader: „Die österreichischen Skierzeuger, die im ‚Austria Racing Team' vertreten sind, haben es bisher abgelehnt, daß die Firma HEAD auch österreichische Läufer unterstützen darf. Aus diesem Grund sind wir gezwungen, ausländische Rennläufer zu unterstützen, wenn wir beim europäischen Rennsport dabei sein wollen."

Bemerkungen zu den **SCHÖCHL-Fällen**

Die Fallstudien über SCHÖCHL zeigen den Weg eines relativ kleinen Unternehmens von seinen Anfängen bis zum Marktleader in der Bootsbranche. Daß es sich dabei letztlich nur um einen kleineren Mittelbetrieb handelt (der allerdings im Vergleich zu den anderen Betrieben der Branche sehr groß ist), erleichtert es den Studierenden, sich mit den Problemen des Unternehmens unmittelbar zu identifizieren.

Zur Bearbeitung des Falles werden folgende Fragen empfohlen:

I. *Für Teil A und B:*

1. a) Welcher Markt ist Ihrer Meinung nach für die Firma SCHÖCHL von Bedeutung?

b) Welchen Booten geben Sie auf welchen Märkten die größten Chancen?

c) Wie beurteilen Sie den Markt der USA? Kann er für SCHÖCHL von Bedeutung sein?

2. Wie beurteilen Sie die Entwicklung der Firma SCHÖCHL von der Tischlerei zur Bootswerft?

3. Halten Sie es für richtig, daß sich SCHÖCHL um die Lizenz für den „470“ bemüht hat?

4. Sollte versucht werden, Regattaerfolge zu erzielen? Wenn ja, mit welchen Booten?

II. Für Teil *C und D:*

1. Charakterisieren Sie die einzelnen Bootstypen. Welche Erwartungen haben Sie für die Zukunft?

2. Wie beurteilen Sie die in der Vergangenheit durchgeführten Investitionen?

3. Was halten Sie von der Absatzorganisation bei SCHÖCHL?

4. Wie beurteilen Sie die Kompetenzverteilung in der Aufbauorganisation?

5. Diskutieren Sie die Entwicklung der Entlohnungssysteme.

DIE BOOTSWERFT JOH. SCHÖCHL & SÖHNE

TEIL A

DER MARKT

1. Die Umwelt

Der Markt: Die folgende Marktübersicht soll einen Überblick über die Situation der Bootsmärkte in den bdeutendsten europäischen Staaten und den USA geben. Dabei wird der Entwicklung auf dem Segelbootmarkt besonderes Augenmerk zugewendet.

1.1 *Der italienische Markt*

Statistischer Überblick: Vom 1. Oktober 1968 bis 30. September 1969 wurden in Italien 24 000 Boote gebaut, die im Heimatmarkt abgesetzt wurden. Diese Zahl umfaßt sowohl Motor- als auch Segelboote. Davon waren etwa 80 Prozent kleine Dingis.

Bezogen auf das Jahr 1967/68 beinhaltet der oben genannte Gesamtabsatz eine Steigerung der Produktion von 43 Prozent. Der Export betrug 1968/69 6000 Boote, was im Vergleich zum vorangegangenen Jahr eine Steigerung von 66 Prozent bedeutet [1].

Nach Informationen der UCINA umfaßte die italienische Sportbootflotte 1970 etwa 150 000 Einheiten. Davon etwa 50 000 auf Binnengewässern und etwa 100 000 an der Küste. Die Steigerungsrate wurde, bezogen auf das Vorjahr, für das Jahr 1970 mit etwa 40 Prozent angegeben. Dabei wurde eine wesentliche Zunahme des Absatzes vor allem bei den populären kleinen Booten festgestellt (d. h. bei Ruderbooten, kleinen Segelbooten, Booten mit Außenbordmotoren, unsinkbaren Dingis und kleinen Segelbooten mit Kajüte), die in Italien 1970 etwa 95 Prozent des Absatzes ausmachten [2].

Bei den großen Segel- und Motorjachten gehören, was Styling und Qualität betrifft, die italienischen Werften in Europa zur Spitze. Es scheint daher glaubhaft, wenn von ihnen behauptet wird, daß die Nachfrage nach diesen größeren Vergnügungsbooten in den letzten Jahren ständig die Produktionskapazität überstieg.

Einfluß der Behörden: Durch die fiskalpolitischen Maßnahmen der Regierung wurden die allgemein überaus optimistischen Wirtschaftserwartungen der italienischen Bootsindustrie gedämpft, denn die italienische Regierung verfügte im Jahre 1969 eine 50prozentige Erhöhung der Bootssteuer und strich die Steuerfreiheit für Außenbordmotoren unter 6 PS. Die Motorbootindustrie sieht zudem eine Gefahr für ihre Absätze in den ständig steigenden Benzinkosten.

Entwicklung in den verwendeten Baustoffen: Wie in ganz Europa, so setzt sich auch auf dem italienischen Markt Glasfaser als Baustoff immer mehr durch. Dies beweisen vor allem Werften wie RIVA, ITALCRAFT und POSSILIPPA, deren hervorragend verarbeitete Holzboote einen ausgezeichneten internationalen Ruf besitzen, die sich aber trotzdem entschlossen haben, neben ihren weltbekannten Holzkonstruktionen auf modernen Montagestraßen glasfaserverstärkte Kunststoffboote herzustellen [3].

Zukunftserwartungen über die Entwicklung des italienischen Marktes: Gian Pietro Baglietto, selbst Besitzer einer Werft und Präsident der UCINA, ist auf Grund der derzeitigen Marktentwicklung und jener der vergangenen Jahre der Meinung, daß sich bereits im Jahre 1973 das Produktionsvolumen im Vergleich zu 1969 mehr als verdoppelt haben wird. Die stärksten Zunahmen werden sich dabei bei Booten für Außenbordmotore, bei Segelbooten ohne Kajüte, bei Ruderbooten und bei Dingis, also bei populären Booten ergeben.

Diese starke Zunahme populärer Bootstypen erfordert seiner Meinung nach eine starke Umstellung der italienischen Bootsindustrie, die mit großen Investitionen auf technologischem und kommerziellem Gebiet verbunden ist. Diese Umstellung ist jedoch erst im Entstehungsstadium, meint der Präsident der UCINA.

Signorina Astrid Muckermann, Generalsekretärin der UCINA, erklärte in einem Interview, daß bereits im Herbst 1970 die Anmeldungen für die im Februar 1971 stattfindende Bootsausstellung in Genua so stark waren, daß sich bereits im Oktober Schwierigkeiten mit der Standvergabe abzeichneten, obwohl die Ausstellungsfläche gegenüber dem Vorjahr erheblich erweitert worden war.

Auch sie wies auf die heftige Expansion bei den kleineren, populären Booten hin, deren Absatzzunahme vom Jahre 1969/70 sie auf etwa 40 Prozent schätzte.

Giorgio Adrianie, Inhaber von GIORGIO ADRIANIE & Co. und der VEGA-WERFT, der sich überwiegend mit der Herstellung von Segelbooten beschäftigt, erklärte, daß sich seine Erzeugnisse auf Grund des Stylings und der Qualität der Ausführung einer solchen Nachfrage erfreuten, daß diese im Jahre 1970 die Produktionskapazität weit überschritt. Nach seinen Informationen, meint Adrianie, ergibt sich für das Jahr 1971 keine Änderung in der Aufnahmefähigkeit des italienischen Marktes. (Es ist anzunehmen, daß Adrianie hier vor allem an das

Marktsegment seiner Produkte dachte, wobei es sich dabei vor allem um Motorboote der höheren Preisklasse handelt.)
Er erwartet jedoch eine wesentliche Steigerung der Nachfrage auf den übrigen europäischen Märkten. Hier vor allem in Deutschland. Ab 1971 planen ADRIANIE & Co. und die VEGA-WERFT, ihren Ausstoß auf eine Jahresproduktion von 2000 Booten zu steigern.
Einigen Aufschluß über die Marktverhältnisse in Italien gibt auch die Entwicklung der FIART-WERFT, die 1960 mit einem Eigenkapital von 50 Mio. Lire gegründet wurde. Im ersten Jahr verkaufte sie etwa 300 Boote. Im Jahre 1970 hatte sie die Produktion auf 2200 Einheiten gesteigert. Ihr Produktionsprogramm ist sehr weit. Es umfaßt kleine Dingis, Segelboote mit und ohne Kajüte als auch Motorboote, Motorsegler und Kreuzer bis zu einer Länge von 8,50 m.
In Kreisen der italienischen Bootswirtschaft ist man der Meinung, daß das Geheimnis des schnellen Aufstiegs FIARTS eben gerade darin zu suchen sei, daß sie ein breites Angebot zur Verfügung hat und damit in der Lage ist, keinen einmal gewonnenen Kunden zu verlieren, wenn er von einem kleineren auf ein größeres anspruchsvolleres Boot umsteigen will.
Wenn man nach den Erfolgsursachen bei FIART fragt, darf sicherlich auch nicht übersehen werden, daß diese Unternehmung allein in Italien ein Verkaufsnetz von 145 Verkaufsstellen in 130 Städten errichtete.
FIART produziert ausschließlich in Kunststoff und konnte im Jahre 1969, wie von der Geschäftsleitung angegeben wird, einen Umsatz von 1050 Mio. Lire erzielen, wobei 40 Mio. Lire auf den Export entfielen.
Auf die Frage nach den Zukunftserwartungen meinte der Verkaufsleiter von FIART, daß sie trotz der gegenwärtig eher pessimistischen Erwartungen (wegen Steuererhöhung) für das Jahr 1971 mit einer Produktionssteigerung auf 2500 bis 2600 Einheiten rechneten.

1.2 *Der französische Markt*

Statistischer Überblick: Die folgenden Produktionsziffern wurden von der französischen „Fédération des Industries Nautiques" (FIN) bei den 250 Bootsherstellern, die in Frankreich tätig sind, durch schriftliche Umfrage erhoben. Der Rücklauf betrug im Jahre 1967 232 und im Jahre 1968 205 Antwortschreiben.

Für die nicht eingelangten Rückantworten wurden von der FIN Schätzungen vorgenommen. Nach diesen Erhebungen wies das Produktionsvolumen der französischen Werften folgenden Umfang auf [4].

Tabelle 1:

A. Die Produktion von Segelbooten:

	1967	1968
Dingis und kleine Kielboote einschließlich Katamarane	8 570	13 429
offene Segelboote mit einer Länge von 3,35 m	2 100	4 002
Kajütsegelboote unter 7,50 m Länge	1 028	1 632
Kajütsegelboote über 7,50 m Länge	382	659
Summe der Segelboote	12 080	19 722

B. Die Gesamtproduktion aller Typen:

	1967	1968
Summe der Segelboote	12 080	19 722
Summe der Motorboote	6 218	5 583
Summe aller übrigen kleinen Boote von weniger als 3,35 m Länge (ausgenommen Schlauchboote)	5 747	7 955
Summe aller Typen	24 045	33 260

Das Import- und Exportverhältnis des französischen Marktes [5]*:* Nach einer Erhebung aus dem Jahre 1967 wurden 36,2 Prozent der nach Frankreich eingeführten Boote aus den EWG-Staaten bezogen.

Das sind: 12,9 Prozent aus der Bundesrepublik,
9,2 Prozent aus Italien,
8,1 Prozent aus Holland und
6,4 Prozent aus Belgien.

Unter den französischen Exportmärkten, die das stärkste Wachstum aufweisen, führt die Bundesrepublik, gefolgt von Italien und den USA [6].

Tabelle 2:

	Import 1968		Export 1968	
	Stück	Wert NF	Stück	Wert NF
Hochseefähige Boote:				
Segel- und Motorboote				
unter 5 Tonnen Gesamtgewicht	7 048	50 703	2 116	12 699 000
mit weniger als 101 kg Gesamtgewicht:				
Motorboote	343	198 000	2 330	3 222 000
Segelboote	1 995	814 000	549	720 000
Ruderboote	120 007	5 324 000	43 942	10 131 000
Binnenboote				
mit mehr als 100 kg Gesamtgewicht:				
Motorboote	2 467	17 181 000	2 159	7 460 000
Segelboote			2 368	7 767 000
Faltboote	20	22 000	397	563 000
Canoes-Kajaks	28	85 000	605	1 023 000
Summe	131 908	23 674 703	54 466	43 585 000

Einfluß der Behörden: Bis Ende 1968 waren von seiten der Behörden der Verbreitung des Segelsports keine nennenswerten Beschränkungen auferlegt. Ab 1969 wurden aber nun Boote für den Einsatz in Küstengewässern steuerpflichtig. Diese Maßnahme traf den Segelsport hart, denn etwa 90 Prozent der in den letzten Jahren gekauften Boote eignen sich für den Einsatz in Küstengewässern.

Andererseits werden jedoch mit großzügiger Unterstützung der Behörden Segelzentren gegründet. Ebenso wurde von der Regierung 1968 eine beachtliche finanzielle Zusage zur Errichtung eines technischen Forschungszentrums gemacht.

Darüber hinaus erhält die „Fédération Française de Yachting à Voile" Zuschüsse zur Ausbildung von erfolgversprechenden Segelsportlern, denen es damit wesentlich erleichtert wird, internationale Wettfahrten zu besuchen. Auch werden Clubs mit Segelunterrichtsklassen finanzielle Hilfen erteilt, und sogar in Schulen wird der Segelsport durch finanzielle Hilfen von seiten des Erziehungsministeriums gefördert. In 300 Segelschulen, die zum Teil staatlich subventioniert sind, erhalten jährlich ungefähr 100 000 Personen Unterricht. Allein im Jahre 1969 wurden etwa 30 Segelclubs gegründet, so daß es 1970 in Frankreich insgesamt 550 Segelclubs gab [7].

Entwicklung der Bootsanlagen: Mit steigender Anzahl der aktiven Bootssportler, deren Zahl in Frankreich auf etwa 300 000 geschätzt wird, wurden in den vergangenen Jahren sowohl am Atlantik als auch an der Mittelmeerküste zahlreiche private und von offizieller Seite unterstützte Marinas und Jachtzentren gebaut. Weitere Projekte sind noch im Bau. Das großzügigste dieser Anlagen ist das Projekt Languedoc-Rossillion an der Mittelmeerküste westlich von Marseille. Hier sollen entlang des 160 km langen Küstenstreifens, der fast gänzlich aus Sandstrand besteht, die vorhandenen Anlagen verbessert und darüber hinaus komplette neue Orte errichtet werden. Bis 1975 möchte man in diesem Gebiet Unterkünfte für etwa 250 000 Menschen in Hotels, Villen, Wohnungen und Landhäusern schaffen. Weiters ist der Ausbau von Marina-Ankerplätzen für 10 000 Jachten und an Land der Ausbau von weiteren 30 000 Liegeplätzen für kleinere Boote vorgesehen [8].

Absatzentwicklung in den einzelnen Bootskategorien

Jollen: Von der steigenden Popularisierung des Segelsports profitierten in zunehmendem Ausmaß auch die Jollen zwischen 4,5 bis 6 m Länge. Die Dingiflotte Frankreichs wächst jährlich etwa um 4000 bis 5000 Boote.

Der derzeitige (1970) Bestand an Jollen beträgt etwa 65 000 Stück. Davon entfallen ungefähr 45 500 Boote auf die in Frankreich populärsten Klassen wie: Vaurien, 420, Zef, 470, Ponant und Optimist [9].

Kleine Segelkreuzer: Die Anzahl der Segelkreuzer (Jachten von über 2 t) wird für das Jahr 1969 auf etwa 20 000 Einheiten geschätzt. Davon entfallen etwa 15 000 auf eine Größenklasse von unter 5 t. Diese Flotte wächst schätzungsweise um etwa 3000 Stück jährlich. Davon haben etwa 95 Prozent unter 4 t. 35 Prozent dieser Boote sind allerdings nicht primär dem Segelsport, sondern der Sportfischerei gewidmet.

In bezug auf Qualität und Ausführung ließen die französischen Boote vor Jahren im allgemeinen noch zu wünschen übrig. Hier wurde aber in den letzten Jahren stark aufgeholt.

Waren es in den vergangenen Jahren nur vereinzelte Werften, die nicht zuletzt durch ihre saubere Verarbeitung sowohl am Heimatmarkt als auch im Export sehr erfolgreich waren, ließ sich auf der Pariser Bootsausstellung 1971 schon ganz klar sehen, daß sauberes Finish von der breiten Masse der Anbieter als primäres Absatzargument erkannt wurde.

Schlauchboote: Eine extreme Entwicklung machte das in den letzten 5 Jahren sehr populär gewordene Schlauchboot, das fast ausschließlich mit Motor gefahren wird, durch.

Der Grund für diese rasche Verbreitung liegt wahrscheinlich darin, daß Schlauchboote sehr schnell und betriebssicher sind, leicht am Wagen transportiert werden können und an Land zu nehmen sind. Ebenso können Lecks, die nur selten vorkommen, einfach repariert werden.

Schätzungsweise gab es 1969 65 000 bis 70 000 Schlauchboote in Frankreich, wovon 61 500 in den letzten Jahren erzeugt worden sind.

Verteilung der Sportboote auf die einzelnen Kategorien: Von der FIN wird geschätzt, daß Frankreich vom kleinen Kinderdingi bis zur Hochseejacht über etwa 250 000 Sportboote verfügt, die sich wie folgt auf die einzelnen Bootskategorien verteilen [10]:

Segelboote	39 Prozent
Motorboote	16 Prozent
Schlauchboote	27 Prozent
Kleine Dingis	18 Prozent

Förderung der französischen Sportbootswirtschaft durch die FIN: Robert Fuchs ist hauptamtlich Generaldirektor der S.E.B. — MARIN, einer im Bootssport tätigen Gruppe der S.E.B., die in Frankreich einen angesehenen Ruf als Spezialfirma in der Schwerindustrie genießt. Nebenamtlich ist er Präsident der FIN.

Zur wirtschaftlichen Lage auf dem französischen Bootsmarkt meint er, daß die Hauptschwierigkeiten der französischen Bootshersteller vor allem auf dem Exportsektor liegen. Er beschuldigt die französischen Erzeuger ganz allgemein einer mangelnden Exportgesinnung und begründet diese Haltung damit, daß die heimischen Erzeugnisse auf dem ständig wachsenden Inlandsmarkt bisher leicht absetzbar waren.

Um den Schwierigkeiten im Export Abhilfe zu schaffen, organisierte die FIN mit großem Aufwand Gemeinschaftsstände auf ausländischen Fachmessen, die in den letzten Jahren im Rahmen von Bootsausstellungen in London, Stockholm, Göteborg, Friedrichshafen, Amsterdam und Los Angeles zu finden waren, wobei vor allem für den Export von Segelbooten geworben wurde.

Eine beachtenswerte Förderungsmaßnahme bedeutet auch die jedes Frühjahr von der FIN veranstaltete Bootsausstellung für die Presse. Hiezu werden sowohl Journalisten der Landeszeitungen, des französischen Rundfunks und Fernsehens als auch Journalisten aus dem Ausland eingeladen. Die Veranstaltung findet in einem Küstenort statt, wo es sowohl offenes als auch geschütztes Gewässer gibt. Hier wird dann eine komplette Reihe der in Frankreich gebauten Boote gezeigt. Die Journalisten können bei dieser „praktischen“ Ausstellung mit jeder beliebigen Jacht bzw. jedem beliebigen Dingi segeln, um dann ausführlich zu berichten, was die französische Bootsindustrie zu bieten hat.

Zukunftserwartungen hinsichtlich der Entwicklung des französischen Marktes
Der Sekretär der FIN meint, daß es durch die Einführung der Steuerpflicht für Boote, die sich für den Einsatz in Küstengewässern eignen, in den Jahren 1971

und 1972 zu einer Absatzstagnation im Inland kommen wird. Davon abgesehen bezweifelt er auch, daß die Nachfrage nach Booten in Zukunft so stark wie bisher steigen wird. Seine Bedenken beziehen sich dabei u. a. auf die Erhöhung des Mehrwertsteuersatzes von 19 Prozent auf 23 Prozent, die ab 1971 Geltung haben soll.

In bezug auf die längerfristige Marktentwicklung meint der Präsident der FIN, daß besonders den kleinen Werften schwierige Zeiten bevorstehen, da die gegenwärtigen wirtschaftlichen Aussichten in Frankreich nicht gerade glänzend seien und die Kreditmöglichkeiten beschränkt sind. Er ist aus diesem Grunde überzeugt, daß sich viele der kleinen Unternehmungen mit dem Gedanken vertraut machen müssen, sich einem Zusammenschluß in irgendeiner Weise zu unterwerfen oder sich auf Reparaturen, Serviceleistungen oder Einlagerungen umzustellen. Sollte diese Umstellung nicht rechtzeitig vonstatten gehen, so werden sich viele der kleinen Unternehmen seiner Meinung nach in nicht allzu langer Zeit gezwungen sehen, zu liquidieren [11].

1.3 *Der holländische Markt*

Statistischer Überblick: In Holland wurde 1968 die Zahl der Vergnügungsboote auf etwa 80 000 Einheiten geschätzt. Davon entfallen etwa 30 000 auf Motorboote und 50 000 auf Segelboote.

Bei den mehreren hundert Bootsbaubetrieben, die in Holland vorhanden sind, handelt es sich zum Großteil um sehr kleine Unternehmungen mit 3 bis höchstens 12 Mitarbeitern. Nur etwa 30 bis 40 Firmen beschäftigen mehr als 25 Personen.
Im Export stellen der Reihenfolge nach die Bundesrepublik Deutschland, die USA, Großbritannien und Frankreich die Hauptabnehmer dar [12].

Allgemeine Marktentwicklung

Das Wachstum des Wassersports hat in Holland in den letzten 10 Jahren zu einer gewissen Überfüllung der Binnenseen und Kanäle geführt. Das hatte zur Folge, daß man heute immer mehr an größeren seetüchtigen Jachten interessiert ist, mit denen man vor der Nord- und Südwestküste kreuzen kann. Die übrige Küste eignet sich hingegen nicht für den Segelsport. Gleichzeitig findet in den letzten Jahren aber auch das Dingisegeln am Strand vor der offenen Küste immer mehr Anklang. Durch die Landgewinnung an der Zuidersee, in Friesland und an der Scheldemündung wurden gute Voraussetzungen für den Segelsport geschaffen. Diese werden fortwährend verbessert, denn die Regierung entschloß sich, dort eigene Anlege- und Marineplätze zu schaffen, die sie dann den verschiedenen Segelclubs zur Vermietung zur Verfügung stellt [13].

Auch die Holländer, die auf dem internationalen Markt für ihre Stahlboote bekannt sind, verlegten sich in den letzten Jahren immer stärker auf den Bau von Kunststoffbooten. Zwar werden gegenwärtig die im Vergleich zu den Kunststoffrümpfen immer noch billigeren Stahlrümpfe in großer Zahl gebaut, der Bau von Holzrümpfen nimmt dagegen rapid ab und wird beinahe zur Gänze vom Kunststoffbau verdrängt.

Wie die alljährliche Ausstellung in Amsterdam in den letzten Jahren zeigte, dürften 7 bis 9 m lange Motor- und Segelkreuzer aus Glasfaser auf dem holländischen Markt guten Absatz finden.
Auch die Amsterdamer Ausstellung 1970 ließ erkennen, daß in Holland nach wie vor überwiegend Interesse an großen Booten herrscht. So wogen etwa 60 Prozent der ausgestellten Jachten über 5 t. Allerdings zeigte sich bei dieser Ausstellung auch, daß bei kleinen Küstenkreuzern in der Preislage von etwa DM 15 000,— eine deutliche Marktlücke gegeben war. Insgesamt wurde auf dieser Ausstellung, die für die holländische Bootswirtschaft ein sehr deutliches Barometer darstellt, wesentlich mehr umgesetzt als im vorangegangenen Jahr. Dies läßt auch für den holländischen Markt auf eine starke Expansion des Bootsmarktes schließen [14].

1.4 *Der britische Markt*

Statistischer Überblick: In Großbritannien gab es nach einer Schätzung der „Ship & Boat Builders National Federation" im Jahre 1969 einen Gesamtbestand von etwa 370 000 Vergnügungsbooten, davon etwa 75 000 Rennjollen. Damit ist der Markt von Großbritannien der größte aller europäischen Märkte. Etwa 600 bis 700 Firmen befassen sich in Großbritannien mit dem Bootsbau.

Die Entwicklung in den verwendeten Baustoffen

Auch in Großbritannien nahm die Verwendung von glasfaserverstärkten Kunststoffen im Bootsbau in den vergangenen 10 Jahren eine stürmische Entwicklung. Diese Veränderung in der Verwendung der Baustoffe soll durch die folgende Abbildung 1 aufgezeigt werden. Sie gibt den Anteil der einzelnen Baustoffe (am insgesamt verwendeten Material) wieder, die für die von 1955 bis 1969 auf der London Boat Show ausgestellten Boote verwendet worden sind:

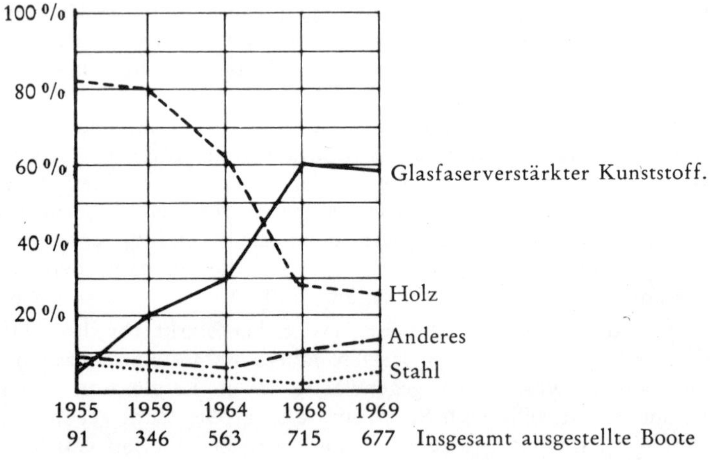

Abbildung 1 [15]: Anteil der verwendeten Materialien bei den ausgestellten Booten.

Aus dem Schaubild wird deutlich, daß die Glasfaserkonstruktionen mit einem Anteil von 55 Prozent, 60 Prozent (1968) und 60 Prozent (1969) in Großbritannien einen vorläufigen Höhepunkt erreicht haben dürften [16].
Der Anteil der Boote in Metallausführung einschließlich Stahl und Aluminium hat sich mit einem durchschnittlichen Anteil von 3,4 Prozent im Laufe der Jahre bis 1969 kaum geändert. Erst 1970 wird ein starker Abfall auf 1,1 Prozent gemeldet. Dafür ist aber ab dem Jahre 1969 ein spürbarer Anstieg von Booten aus verschiedenen anderen Baustoffen bemerkbar. Sie erreichten 1969 11,4 Prozent und 1970 14,5 Prozent. Diese Zahlen dürften wohl den auch in Großbritannien stark expandierenden Schlauchbootmarkt widerspiegeln. Daneben darf aber auch nicht übersehen werden, daß gerade in Großbritannien eine große Bereitschaft für die Anwendung neuer Baustoffe besteht.

Die Importsituation: Vielfach konnte die Erfahrung gemacht werden, daß Importeure, die Boote und Ausrüstungsgegestände nach Großbritannien einführen wollten, die Nachfrage überoptimistisch eingeschätzt hatten. Dabei wird häufig vermutet, daß diese Fehleinschätzung des Marktpotentials nicht zuletzt auf den täuschenden Umfang und die Aufmachung der London Boat Show zurückzuführen ist, die sowohl das Marktpotential als auch die Inlandsproduktion übertreibt. Am besten konnten noch importierte Segel- und Motorboote von außergewöhnlicher Konstruktion in Großbritannien Absatz finden [17].
Bei Jollen und Jachten bis zu einem Preis von etwa 1500 £ herrscht jedoch ein sehr harter Konkurrenzkampf, der sich in einem immer stärker werdenden Preiskampf auswirkt. Ganz allgemein kann dabei festgestellt werden, daß der Preiskampf bei kleineren Booten zunimmt. Er ist daher bei Jollen besonders stark [18].

Die Exportsituation: Im Export konnte Großbritannien besonders bei Segelbooten und aller Art von Zubehör große Erfolge verzeichnen.
Im Jahre 1969 wurden Boote und Rümpfe im Wert von 3,73 Mio. £ und Beschläge im Wert von 6,1 Mio. £ exportiert. Dabei ist zu bemerken, daß der Export von Booten im Jahre 1969 gegen 1968 um 90 Prozent gesteigert werden konnte [19].
Bei den internationalen Ausstellungen des Jahres 1970 und Anfang 1971 war Großbritannien erstmals mit großen Gemeinschaftsständen am europäischen Festland vertreten. Dabei wurden den Ausstellern die Standkosten von der Regierung zum Zwecke der Exportförderung bezahlt.
Im Vergleich zu den Erzeugnissen des europäischen Festlandes ist jedoch die Qualität der britischen Boote im allgemeinen wesentlich niedriger. Dies mag auch der Hauptgrund dafür sein, warum es den britischen Erzeugern bisher kaum gelang, auf dem Festland Fuß zu fassen. Die niedrigere Qualität ist vor allem auf den starken Preiskampf auf dem britischen Markt zurückzuführen.

Die geographischen Voraussetzungen: Der britische Bootssport konzentriert sich hauptsächlich auf die Süd- und Ostküste, um Schottland und auf die Themse. Dabei zeigt sich die Tendenz, geschützte Gewässer immer mehr zu bevorzugen. Der enormen Nachfrage nach Anlegeplätzen entsprechend wird besonders an der Südküste immer stärker in Marinas und Jachthäfen investiert [20].

Die gegenwärtige Marktsituation: Von den 2000 Firmen, die in Großbritannien in der Wassersportartikelbranche tätig sind, beschäftigen sich etwa ein Drittel mit dem Bootsbau, ein Drittel mit der Erzeugung von Zubehör und ein Drittel mit der Distribution und Serviceleistung. Von den etwa 600 bis 700 Bootsbaufirmen erzeugen jedoch nur etwa 20 bis 30 Firmen mehr als 100 Boote im Jahr.
Die Händlerspanne für Boote liegt im Durchschnitt zwischen 10 und 15 Prozent. Im allgemeinen ist man in Großbritannien der Meinung, daß sich diese niedrige Provisionsspanne sehr nachteilig auf die Leistungsfähigkeit der Händler ausgewirkt hat, da sich die Händler mit dieser Provision vielfach außerstande sahen, die für den Bootsverkauf notwendige Serviceleistung zu bieten [21].
Gegenwärtig nimmt etwa eine Million Menschen in Großbritannien aktiv am Wassersport teil. Das jährliche Wachstum der Bootsbranche lag in den vergangenen 10 Jahren zwischen 10 und 15 Prozent [22].

Der Einfluß der Behörden: Der Mangel an Marinas und Anlegeplätzen, die Einschränkung der zum Kauf eines Bootes gegebenen Kreditmöglichkeiten und die hohen Kosten der Finanzmittel, die für die industrielle Erweiterung der Unternehmungen unbedingt notwendig sind, geben in weiten Kreisen der britischen Bootswirtschaft zur Befürchtung Anlaß, daß das Wachstum der heimischen Bootswirtschaft in Zukunft sehr stark gebremst werden wird.
Ein großer Prozentsatz der Boote, die über 1000 £ kosten, wird mit sogenannten Schiffshypotheken finanziert. Das sind Anleihen, für die die Bootsurkunde als Bürgschaft dient. Kleinere Boote und aufwendige Ausrüstungsgegenstände werden zu einem großen Teil auf Raten gekauft.
Auf Grund der britischen Wirtschaftslage mußte jedoch die „Bank of England" in den letzten Jahren immer wieder konsumdämpfend einwirken. Dies hatte zur Folge, daß die Schiffshypotheken und die Ratenkäufe unter behördlicher Kontrolle eingeschränkt wurden. Gerade diese Maßnahme empfindet man aber in Großbritannien als eine einschneidende Störung des Absatzes.

Zukunftserwartungen hinsichtlich der Entwicklung des britischen Marktes — Entwicklung auf der Nachfrageseite: Eine von der Universität Keel, England, in Zusammenarbeit mit der „British Travel Association" durchgeführte Marktuntersuchung ergab, daß zwar nur 5 Prozent der Gesamtbevölkerung ihre Freizeit auf dem Wasser verbringen, jedoch 18 Prozent, d. h. also 10 Mio. daran interessiert wären und nur aus mangelnder Gelegenheit nicht dazu kommen. Dies läßt darauf schließen, daß der Wassersport in allen seinen Arten ein in der Relation weitaus größeres Entwicklungspotential als alle anderen Erholungszweige hat [23].

Entwicklung auf der Angebotsseite: Warington Smyth ist Präsident der „UK Ship and Boat Builders National Federation (SBBNF)". Er erklärte in einem Interview u. a., daß es für die britische Bootswirtschaft unbedingt notwendig sei, alle Anstrengungen zu unternehmen, um die prekäre Rentabilitätssituation zu verbessern und damit mehr Kapital anzuziehen. Weiters sollten seiner Meinung nach unbedingt in verstärktem Maß Interessenvereinigungen und Zusammenschlüsse der einzelnen Firmen vorgenommen werden. Besonders sollte dabei der bereits bestehende Zusammenschluß für Exportzwecke intensiviert werden.

Auch wird seiner Meinung nach die Typenzahl stark reduziert werden müssen. Ebenso wird sich aber auch die Zahl der Unternehmungen reduzieren. Es ist weiters zu erwarten, daß es in Zukunft zwar weniger, dafür aber größere Märkte gibt. Die Wachstumsrate wird seiner Meinung nach auch in den nächsten Jahren zwischen 15 und 15 Prozent liegen.

Bezüglich der Rentabilität des eingesetzten Kapitals erklärte der Präsident der SBBNF weiter, daß die britischen Bootsbauer traditionsgemäß einen „halsabschneiderischen" Konkurrenzkampf führen, welcher die schlechte Rentabilitätslage des überwiegenden Teiles der britischen Bootsbauer zur Folge hat.

Anders verhält es sich seiner Meinung nach lediglich bei wenigen großen Firmen, die den Hauptanteil des Marktes beherrschen und sich moderner industrieller Fertigungsverfahren und moderner Absatzmethoden bedienen.

Durch die Einführung von Kleinhandelspreisen konnte der Preiskampf eingeschränkt werden. Diese Maßnahme wurde jedoch von der Regierung wieder aufgehoben. Daraufhin versuchte man es mit empfohlenen Preisen. Aber auch hier befürchtet man ein Einschreiten des Staates. Durch die bevorstehende Abschaffung der empfohlenen Preise sieht die britische Bootsindustrie nach Warington Smyth einem Chaos entgegen, das Preisdrückerei und Konkurse zur Folge haben wird.

1.5 *Der norwegische Markt*

Die Verbreitung des Bootssportes in Norwegen ist wesentlich geringer, als dies die geographischen Bedingungen und die Tradition des Landes vermuten lassen. Vor allem der Segelsport beschränkt sich im wesentlichen allein auf den Raum Oslo.

Die allgemeine Entwicklung des norwegischen Marktes: Auf Grund der vorhergehenden Aussagen ist es auch nicht verwunderlich, wenn berichtet wird, daß von den rund 500 Bootsbauern, die es in Norwegen gibt, etwa 100 im Export tätig sind [24]. Allerdings muß dabei berücksichtigt werden, daß sich das Hauptpotential der gesamten norwegischen Produktion im wesentlichen auf drei Unternehmungen zusammenfassen läßt. Dies sind: Die Firma SELCO A/B, die Firma ANCAS A/B und die Firma FJORDPLAST A/B. Sämtliche Firmen sind hauptsächlich im Motorbootbau tätig und verlegten sich erst in den letzten Jahren nach und nach auf den Bau von Segelbooten. Diese Firmen bestreiten allein die Hälfte des gesamten norwegischen Exportes, indem sie jeweils 90 Prozent ihrer gesamten Produktion exportieren [25].

Im Jahre 1968 wurde die Firma ANCAS A/B von der Firma SELCO übernommen, womit die Firma SELCO zu einer der größten Sportbootsfabriken Europas wurde. Sie hatte im Geschäftsjahr 1968/69 einen Exportumsatz von nkr 37 Millionen. FJORDPLAST, die zweitgrößte norwegische Unternehmung der Branche, gibt ihren Exportumsatz für den gleichen Zeitraum mit nkr 25 Millionen bekannt. Neben diesen großen Firmen gibt es etwa noch 10 mittelgroße Firmen. Diese mittelgroßen und großen Firmen beherrschen den gesamten norwegischen Markt.

Aus Norwegen und ebenso aus anderen Ländern wird berichtet, daß in letzter

Zeit auch verschiedene, bereits fest etablierte und finanziell leistungsfähige Unternehmungen (darunter vor allem Unternehmungen der Schiffs- und Maschinenbauindustrie) dazu tendieren, Kapitalanlagen in Sportbootsfabriken zu suchen [26].

Die Entwicklung in den einzelnen Bootskategorien: Noch bis herauf zur Gegenwart beschränkte sich die Produktion von Kunststoffsegelbooten vorwiegend auf kleinere Boote. Sie sind den Küstenbedingungen entsprechend zumeist ziemlich schwer und haben wenig Segelfläche. Dies stellt für den Export dieser Boote ein großes Hemmnis dar. Der Inlandsbedarf von Kielsegelbooten muß aber nach wie vor zum Großteil importiert werden. Dies gilt sowohl für Boote, die für Regatten bestimmt sind, als auch für solche, die lediglich für Kreuzfahrten verwendet werden [27].

Die Entwicklung des norwegischen Exportes: Verglichen mit dem Export des Jahres 1967 haben sich die Exporte der norwegischen Sportbootsindustrie im Jahre 1968 um 43 Prozent geseigert.

Der weit an der Spitze stehende Hauptabnehmer norwegischer Boote ist dabei Schweden. Jedes dritte 1967 in Schweden verkaufte Boot stammt aus Norwegen [28].
Exportziffern [29]:

Jahr	Exportwert
1957	7,5 Millionen
1961	23,8 Millionen
1967	85,0 Millionen

1.6 *Der schwedische Markt*

Statistischer Überblick: Nach einem im Jahre 1966 durchgeführten Gutachten gab es in diesem Jahr in Schweden etwa 300 000 Sportboote [30]. Dabei wurden die kleinsten Dingis nicht mitgezählt. Diese Zahl dürfte jedoch sehr vorsichtig geschätzt sein.

Eine Umschau des Jahres 1969 ergab, daß der Wert der zwischen 1963 und 1967 gefertigten Boote von 2 Mio. £ auf 5 Mio. £ anstieg und damit eine jährliche Zuwachsrate von durchschnittlich 28 Prozent aufwies. In derselben Periode begann auch in Schweden das Glasfaserboot den Markt zu beherrschen. Im Jahre 1963 machte der Marktanteil der Glasfaserboote noch etwa 32 Prozent aus, wogegen er im Jahre 1967 bereits bei 60 Prozent lag.

Die allgemeine Entwicklung des schwedischen Marktes: Die Nachfrage nach Booten setzte in Schweden Ende der fünfziger Jahre boomartig ein. Der Durchbruch des Baumaterials Kunststoff führte zu einer enormen Vereinfachung der Herstellung von Booten. Dies bewirkte, daß sich viele Hinterhöfe zu Bootswerften verwandelten. Kein Wunder, daß die Produktion der beginnenden sechziger Jahre viele Boote in sehr unterschiedlicher Qualität hervorbrachte.

Bis Ende der sechziger Jahre fand in der schwedischen Bootswirtschaft jedoch eine strenge Auslese statt. Allein von den 150 Bootsbauern, die es an der schwedischen Westküste nördlich von Göteborg gab, überlebten nur 15. Von den in ganz

Schweden verbliebenen Bootswerften sind es etwa 10, die mit 50 bis 100 Beschäftigten arbeiten und deren Jahresproduktion bei 300 bis 1000 Booten liegt. Der nicht von diesen Unternehmungen beanspruchte Marktanteil ist kaum nennenswert.

Bei diesen Werften, die sich zu den größten des Landes entwickelt haben, arbeitet man fast ausnahmslos mit moderner industrieller Serienfertigung. Dabei wird der Arbeitsvorbereitung und der Ablauforganisation besondere Aufmerksamkeit geschenkt.

Die schwedischen Bootsfabrikanten denken in bemerkenswerten Größenordnungen. Für ihre Planung ist weder der heimische noch der europäische Markt bestimmend. Denn so hoch die europäischen Herstellkosten auch sein mögen (besonders in Schweden, wo man einem mit Fiberglas tätigen Arbeiter etwa öS 100,— pro Stunde zahlt), es sind europäische Boote in den USA noch immer mit gutem Gewinn abzusetzen, behaupten viele von ihnen [31].

Auf den europäischen Märkten konnte beobachtet werden, daß die schwedischen Werften besonders durch die gute Organisation ihres Industriezweiges immer stärker Fuß fassen.

Der Inlandsabsatz und der Export: Seit vielen Jahren konzentriert sich die schwedische Bootswirtschaft hauptsächlich auf den Heimatmarkt, der durch den hohen Lebensstandard und die günstigen Bedingungen von Binnen- und Küstengewässern sehr aufnahmefähig ist. Die vielen Inseln der Ost- und Westküste bieten viele geschützte Gewässer, die jedem zum Ankern offenstehen. Diese Bedingungen ließen einen Markt entstehen, der in der Lage ist, eine Vielzahl von Bootstypen aufzunehmen.

Ab dem Jahre 1966 trat jedoch auch eine wesentliche Steigerung der Exporte ein. Betrug der Export 1963 noch weniger als 0,5 Mio. £, so betrug er 1966 bereits über 3,5 Mio. £.

Die Hauptexportländer für schwedische Boote sind ihrer Bedeutung nach: Deutschland, Frankreich, die USA und Großbritannien [32].

Die Zukunftserwartungen hinsichtlich der Entwicklung des schwedischen Marktes: In Expertenkreisen der schwedischen Bootswirtschaft sagt man für die nächste Zukunft dem schnellfahrenden, seetüchtigen Hausboot eine stark steigende Absatzentwicklung voraus. Es muß für den schwedischen Markt allerdings mit guter Beheizung und Isolierung als Standardzubehör ausgestattet sein.

Daß die Absatzerwartungen in Schweden für die nächste Zukunft sehr optimistisch eingeschätzt werden, zeigt auch die Neugründung der AJS — PARCA Bootsfabrik im nördlichen Zentralschweden, die für den Anfang eine Mengenproduktion von 1000 Einheiten im Jahr plant, wobei ihr Produktionsprogramm von Dingis bis zu Kreuzern reicht. Im allgemeinen wird von Kennern der schwedischen Bootswirtschaft nicht bezweifelt, daß diese Unternehmung ihr Ziel erreichen wird. Laut einer von der schwedischen Bootswirtschaft durchgeführten Marktstudie wurde die Nachfrage für das nächste Jahrzehnt mit 30 000 bis 60 000 Sportbooten prognostiziert [33].

1.7 *Der dänische Markt*

Statistischer Überblick: Man nimmt an, daß es in Dänemark etwa 60 000 bis 80 000 Sportboote (einschließlich Dingis) gibt. Dabei ist der Anteil an Segel- und Motorbooten fast gleich. Etwa 80 Prozent aller neuen Boote sind aus glasfaserverstärktem Kunststoff [34].

Die allgemeine Entwicklung des dänischen Marktes: In Dänemark hat sich innerhalb der vergangenen 10 Jahre die Zahl der Vergnügungsboote fast verdoppelt. Die Produktion der dänischen Bootswirtschaft besteht im wesentlichen aus Luxuskreuzern (Motorboote) mit und ohne Kabine bis zu einer Länge von 9 m. An zweiter Stelle stehen Kielboote (Segelboote). In letzter Zeit werden auch immer mehr Hausboote und Motorsegler produziert, mit denen man besonders im Export großen Erfolg hatte [35]. Das in anderen Ländern bestehende Interesse an Schlauchbooten hat Dänemark noch nicht erreicht. Der Grund dafür liegt wahrscheinlich darin, daß es nur wenige Stellen gibt, wo Schlauchboote ohne Gefahr benutzt werden können, desgleichen erschweren auch die klimatischen Bedingungen den Einsatz von Schlauchbooten. Auch in Dänemark beherrschen einige wenige nach modernen Gesichtspunkten arbeitende Werften den Markt, während eine große Zahl von kleinen Werften einen kaum nennenswerten Marktanteil für sich beansprucht.

Das Export-Import-Verhältnis [36]: Im Jahre 1959 wurden 15 Boote unter 2 t eingeführt. Im Jahre 1969 war diese Zahl auf 1967 Boote gestiegen. Der Export stieg während des gleichen Zeitraumes von 696 auf 1128 Boote.

Die Hauptabnehmer des dänischen Exportes waren für 1969 dem Werte nach:

		Wert in £
Schweden	392 Boote	531 000
Deutschland	163 Boote	327 000
USA	36 Boote	255 000
Großbritannien	64 Boote	210 000
Norwegen	112 Boote	141 000
Frankreich	54 Boote	124 000

Die Importe kamen aus folgenden Ländern:

		Wert in £
Norwegen	874 Boote	393 000
Schweden	368 Boote	356 000
Großbritannien	435 Boote	242 000
Finnland	100 Boote	75 000

1.8 *Der Markt in der Bundesrepublik Deutschland*

Da die Bundesrepublik Deutschland das Hauptabsatzgebiet der Bootswerft SCHÖCHL darstellt, wird dieser Markt nach Maßnahme der Möglichkeiten genauer und detaillierter behandelt.

Statistischer Überblick[37]:

Tabelle 3: Die Motor- und Segelbootsproduktion der Bundesrepublik von 1964 bis 1969.

Jahr	Motorsportboote und Motorjachten		Segelboote und Segeljachten	
	Stück	Wert in 1000 DM	Stück	Wert in 1000 DM
1964	31	4 583	179	6 591
1965	90	4 289	262	6 333
1966	66	3 661	374	9 346
1967	59	3 040	629	8 480
1968	66	4 107	659	9 908
1969	62	5 727	1 182	17 503

Wie aus den statistischen Daten über die geringe einheimische Produktion hervorgeht, wird die Nachfrage des deutschen Marktes zum Großteil durch Importe aus dem Ausland gedeckt. Die den Importen gegenüberstehenden Exporte und Eigenproduktionen der deutschen Bootswirtschaft sind — wie das Import-Export-Verhältnis aus dem Jahre 1969, das auch für die vorangegangenen Jahre repräsentativ ist — außerordentlich gering.

Wenn diese statistischen Daten auch mit einiger Skepsis betrachtet werden müssen, so geben sie im gesamten doch in etwa die Verhältnisse des Marktes der Bundesrepublik Deutschland wieder, die auch durch persönliche Beobachtungen bestätigt werden konnten.

Tabelle 4: Das Import-Export-Verhältnis aus dem Jahre 1969.

A. Import

Land	seegängige Motor- und Segeljachten		nicht seegängige Motorboote und Motorjachten		nicht seegängige Segelboote und Segeljachten		Sportboote	
	Stück	1000 DM	Stück	1000 DM	Stück	1000 DM	Stück	1000 DM
Frankreich	5	200	125	756	1 242	3 368	1 316	491
Belg. Luxemburg	1	11	160	694	12	53	62	88
Niederlande	71	3 438	211	2 947	468	3 698	626	316
Italien	1	20	934	3 423	85	243	83	57
Großbritannien	6	148	279	1 463	210	1 227	218	42
Norwegen	1	47	483	5 588	22	243	442	205
Schweden	13	45	114	2 411	45	1 026	1	9
Finnland	2	113	19	546	1	64	48	35
Dänemark	8	230	89	2 419	111	753	152	156
Schweiz	1	1	31	560	45	460	22	70
Österreich	5	68	59	337	115	826	42	59
Spanien	1	16	9	36	13	159	—	—
Jugoslawien	—	—	256	182	197	67	15	21
Ungarn	—	—	1	4	28	151	7	3
USA	3	1 182	134	1 646	8	155	1	2
sonstige Länder	1	1	19	111	6	8	124	27
	119	5 893	2 941	23 123	2 608	12 501	3 168	1 581

B. Export

Land	seegängige Motor- und Segeljachten		nicht seegängige Motorboote und Motorjachten		nicht seegängige Segelboote und Segeljachten	
	Stück	1000 DM	Stück	1000 DM	Stück	1000 DM
Frankreich	3	457	21	99	41	128
Belg. Luxemburg	3	147	18	117	3	29
Niederlande	20	551	17	70	210	488
Großbritannien	1	1 000	—	—	4	4
Italien	—	—	7	183	23	98
Norwegen	1	4	—	—	1	6
Schweden	—	—	3	38	30	194
Finnland	—	—	1	61	—	—
Dänemark	1	76	1	53	6	155
Schweiz	4	95	42	1 451	298	1 181
Österreich	2	463	19	214	108	238
Jugoslawien	—	—	10	73	4	20
Ungarn	—	—	2	7	—	—
USA	4	3 060	—	—	29	59
sonstige Länder	6	1 268	16	174	69	408
	45	7 115	156	2 540	826	2 949

Wer ist der deutsche Bootskäufer?

Es gibt zwar keine Untersuchungen über die soziologische Struktur, die Konsumgewohnheiten und Besitzverhältnisse der deutschen Bootskäufer, doch gibt es eine derartige Untersuchung über die Leser der Zeitschrift die „DIE YACHT". Bei dieser Zeitschrift handelt es sich um die mit Abstand am weitesten verbreitete Zeitschrift. Sie ist auch *der* Werbeträger der deutschen Bootswirtschaft und nimmt damit eine zentrale Stelle am Markt ein.

Aus eigener Erfahrung darf gesagt werden, daß das Leserpublikum in seiner Struktur die Bootsbesitzer bzw. prospektiven Käufer weitgehend repräsentiert. Deshalb dürften die Ergebnisse dieser Untersuchung hinsichtlich des Leserpublikums auch der Struktur der deutschen Bootskäufer im allgemeinen entsprechen.

Die allgemeine Entwicklung des deutschen Marktes

Für das Jahr 1970 wird der Bestand der Vergnügungsboote in der Bundesrepublik Deutschland auf etwa 250 000 geschätzt. Hier sind auch Schlauchboote eingeschlossen.

Bei der Beurteilung des Marktumfanges muß natürlich berücksichtigt werden, daß viele Deutsche auch in anderen Ländern Europas dem Bootssport nachgehen und vielfach auch in diesen Ländern ihre Boote liegen haben. Bevorzugte Gegenden sind Holland, Skandinavien und die nördliche Mittelmeerküste.

Eine Ursache für diesen immer stärker werdenden Auslandstrend ist sicher auch in der Gewässersperrung oder zumindest in der Fahreinschränkung in Gewässern der Bundesrepublik Deutschland zu suchen.

Im allgemeinen, so die Meinung von F. Drey, Sekretär der Vereinigung deutscher Sportbootshersteller, zeigt das Jahr 1969 eine erfreuliche Aufwärtsentwicklung am deutschen Sportbootsmarkt. Bei der zu erwartenden Fortsetzung dieses Trends ist für das Jahr 1970 mit einem Wachstum von 8 bis 10 Prozent zu rechnen.

Trotz dieses Wachstums des deutschen Marktes, das übrigens, wie die vorangegangenen statistischen Daten zeigen, sehr stark auf Importen beruht, muß aus eigener Erfahrung festgestellt werden, daß sich der Bootssport — und damit auch die dahinter stehende Industrie — in der Bundesrepublik Deutschland bis zum gegenwärtigen Zeitpunkt noch nicht so entwickeln konnte wie in anderen Ländern. Für diese mäßige Entwicklung werden von Drey vor allem drei schwerpunktbildende Ursachen verantwortlich gemacht:

Erstens seien seiner Meinung nach die zur Verfügung stehenden Wasserflächen, abgesehen von der Küste, zu begrenzt.

Zweitens werden der Entwicklung des Bootssports behördlicherseits zu viele Hemmnisse in Form von Reglementierungen, Verboten und Beschränkungen auferlegt [38].

Drittens, so meint er, hatte sich die allgemeine Wirtschaftsflaute der Rezession der Jahre 1966/67 auch auf die Bootswirtschaft ausgewirkt. Durch die Einführung des Führerscheinzwangs für Motorboote wurden diese Auswirkungen in bezug auf Motorboote noch zusätzlich verschärft.

Den Behörden wirft er vor, den zunehmenden Wert dieser Art der Freizeitentspannung noch immer nicht in seiner vollen Bedeutung erkannt zu haben und bis heute noch nicht im geringsten öffentliche Mittel für den Bau von Marinas, neuen Sporthäfen oder sonstigen Anlagen für den Bootssport zur Verfügung gestellt zu haben. Die Vorbereitungsmaßnahmen für die Olympischen Spiele in Kiel wurden dabei nicht in Betracht gezogen.

Die Arbeit der deutschen Verbände der Bootswirtschaft

In der Bundesrepublik Deutschland bestehen drei verschiedene Wirtschaftsorganisationen der Bootswirtschaft, wovon zwei in Westdeutschland und eine in Berlin ihren Sitz haben. Erst in jüngster Zeit haben diese drei Organisationen begonnen, ihre Interessen in der „Arbeitsgemeinschaft Deutsche Bootswirtschaft" zusammenzuschließen, um die vielen, sie gemeinsam betreffenden Probleme koordiniert zu behandeln.

Weiters wird ein engerer Zusammenschluß von Bootsbauern, Händlern und Importeuren angestrebt [39]. Durch diesen Zusammenschluß will man dazu beitragen, der immer stärker werdenden ausländischen Konkurrenz die Stirn zu bieten.

Darüber hinaus vertritt man in den Verbänden die Meinung, daß vor allem die Fertigungsmethoden bei den deutschen Herstellern dringend modernisiert werden müssen. Außerdem sei ein gemeinsames Vertriebs- und Servicenetz zu schaffen, das wesentlich dichter sein soll als das zur Zeit bestehende.

Zur Rationalisierung der Bootswirtschaft hatte man auch daran gedacht, die Kunststoffrohschalen der einzelnen Bootstypen von Industriebetrieben fertigen zu lassen, um dann den Ausbau dieser Schalen den Handwerksbetrieben zu überlassen [40].

Der Markt der Bundesrepublik Deutschland aus der Sicht des Autors

In eigenen Beobachtungen auf den deutschen Bootsausstellungen der vergangenen Jahre wurde der Eindruck gewonnen, daß die relativ schwache Entwicklung des Sportbootabsatzes vor allem in der Schwäche der Anbieter selbst zu suchen ist.

Der Großteil der deutschen Hersteller besteht aus traditionell geführten Bootsbauhandwerksbetrieben, die trotz der günstigen Nachfrageentwicklung nicht in der Lage waren, sich zu größeren Unternehmungen zu entwickeln. Vielfach lag der Grund ganz einfach darin, daß die Leiter dieser Gewerbebetriebe die Führungsaufgaben, die eine solche Entwicklung erfordert, nicht erfüllen konnten.

Stellvertretend für viele andere Unternehmungen sei hier die Firma MADER genannt. Sie hatte sich einen hervorragenden Namen in der Herstellung formverleimter Sperrholzboote geschaffen. Typen wie der „Flying Dutchman" und der „Korsar", die sich gerade Ende der fünfziger, Anfang der sechziger Jahre stark entwickelten, gehörten zu ihrem Produktionsprogramm. Die Unternehmung war in dieser Zeit ständig mit Aufträgen überlastet. Die Leiter dieser Firma hielten es aber für ihre Aufgabe, selbst manuell am Produktionsprozeß mitzuwirken. Dies hatte zur Folge, daß sie nur wenig Zeit hatten, sich ihren Kunden zu widmen. Da die vorhandene Kapazität ständig ohne allzu große Mühe ausgelastet war, schienen derartige Bemühungen um das Wohlwollen der Kunden auch nicht notwendig. Von der Entwicklung des Marktes her gesehen hätte diese Unternehmung die Möglichkeit gehabt, sich unter günstigeren Bedingungen als alle später in den Markt eintretenden Konkurrenten zu einer heute ansehnlichen Unternehmung „mit zu entwickeln".

Dies geschah jedoch nicht, denn die Nachfrage nach den einstigen Erfolgstypen ließ mehr und mehr nach, und über eine neue Produktpolitik hatte man sich allem Anschein nach zu wenig Gedanken gemacht. In der Tat kam es gerade in den letzten Jahren zu einer absoluten Schrumpfung des Unternehmens.

Andere Unternehmungen dagegen erlebten in den letzten 5 Jahren eine steile Aufwärtsentwicklung. Als Beispiel dieser Unternehmungen sei die Firma DEHLER genannt, die 1964 in Deutschland noch kaum bekannt war und sich inzwischen zu einem der führenden deutschen Bootshersteller auf dem Segelbootsektor emporgearbeitet hat.

Die Leiter dieser Unternehmung kommen aus dem Elektrohandel. Besonderes Kennzeichen dieser Firma ist es, daß sie sich von ihren Konkurrenten vor allem durch ihre Werbung und ihre allgemeine Marketingkonzeption unterscheidet.

Diese beiden Beispiele verdeutlichen somit auch, wie wenig die durchschnittliche Wachstumsrate der Branche aussagt, wenn nicht auch die Abweichungen von dieser Durchschnittszahl bekannt wird.

Tabelle 5: Auszug aus der Leseranalyse 1968/69 der Zeitschrift „DIE YACHT" (Soziologische Struktur der Leser).

Alter

	a)	b)
14—19 Jahre	7	11
20—29 Jahre	21	21
30—39 Jahre	17	19
40—49 Jahre	28	16
50—59 Jahre	16	17
50 Jahre und älter	11	16

a) = LpN YACHT %
b) = Bundesbevölkerung %

Einkommen

Haushalts-Netto-Einkommen	a)	b)
bis 399 DM	—	5
400 DM bis 599 DM	1	9
600 DM bis 799 DM	2	20
800 DM bis 999 DM	7	21
1000 DM bis 1249 DM	10	29
1250 DM bis 1499 DM	10	
1500 DM bis 1749 DM	14	10
1750 DM bis 1999 DM	11	
2000 DM und mehr	44	6
Keine Angabe	1	—
	100	100

a) = LpN YACHT %
b) = Bundesbevölkerung %

Bildung

	a)	b)
Volksschule (und Berufsschule) ohne abgeschlossene Lehre oder Berufsausbildung	4	35
Volksschule mit abgeschlossener Lehre	22	42
Mittelschule, Oberschule ohne Abitur, mehrjährige Fachschule, Handelsschule	37	18
Abitur	17	5
Hochschule, Universität	15	5
Keine Angaben	5	—
	100	100

a) = LpN YACHT %
b) = Bundesbevölkerung %

Soziale Schicht

	a)	b)
Schicht I (oben)	72	15
Schicht II	21	27
Schicht III	6	33
Schicht IV	1	19
Schicht V (unten)	—	6
	100	100

a) = LpN YACHT %
b) = Bundesbevölkerung %

Beruf

	a)	b)
Inhaber, Geschäftsführer von größeren Unternehmen	9	5
Freie Berufe	12	
Selbständiger Geschäftsmann, Inhaber von kleinerer Firma und selbständiger Landwirt/ Handwerker	25	9
Leitende Angestellte und Beamte	24	9
Sonstige Angestellte und Beamte	19	27
Facharbeiter	9	27
Sonstige Arbeiter	1	25
Keine Angabe	1	—
	100	100

Haus

(Art des bewohnten Hauses)	a)	b)
Bauernhaus	1	10
Siedlungshaus oder einfaches Familienhaus	11	24
Besseres Einfamilienhaus	33	5
Kleines Mehrfamilienhaus	17	28
Größeres Mehrfamilienhaus (Wohnblock)	33	29
Sonstiges	5	4
	100	100

Eigentümer des Hauses oder der Wohnung		
Ja	44	40
Nein	56	60
	100	100

a) = LpN YACHT %
b) = Bundesbevölkerung %

Lesegewohnheiten

Lesefrequenz

Es gaben an, von 12 Ausgaben zu lesen oder durchzublättern

	a)
12 Ausgaben	54
11 Ausgaben	—
10 Ausgaben	3
9 Ausgaben	—
8 Ausgaben	2
7 Ausgaben	—
6 Ausgaben	8
5 Ausgaben	2
4 Ausgaben	2
3 Ausgaben	2
2 Ausgaben	4
1 Ausgabe	3
Keine Ausgabe	1
Leser	81
Nichtleser	19

a) = YACHT-Leser %

Leseort

Wo haben Sie die YACHT zuletzt gelesn?	a)
Zu Hause	85
Anderswo	9
Weiß nicht, keine Angabe	6
	100

a) = LpN YACHT %

Exklusiv-Leser

	a)
Es wird nur die YACHT und keine andere der 5 Bootszeitschriften gelesen	60

a) = Von den LpN der YACHT

Wird die YACHT gesammelt oder weggeworfen?

	a)
Gesammelt	79
Weggeworfen	5
Teils teils	10
Weiß nicht	6

a) = LpN YACHT %

Leseverhalten gegenüber Publikumszeitschriften im Erscheinungsintervall ...	a)
keine der fünf aktuellen Zeitschriften gelesen	34
keine der fünf Programmzeitschriften gelesen	41
keine der sieben Frauenzeitschriften gelesen	69
keine der sechs Sportzeitschriften gelesen	68
keine der fünf monatlichen Zeitschriften gelesen	65
keine der vier Wochenzeitungen gelesen	77

a) = LpN YACHT %

Funk und Fernsehen

Gestern ...	a)
kein Fernsehen gesehen	49
kein Werbefernsehen gesehen	84
nie Radio gehört	40

Besitz

Personenkraftwagen

	a)	b)
Ein Pkw im Haushalt	63	43
Mehrere Pkw im Haushalt	26	2
Pkw im Haushalt	89	45
Keinen Pkw im Haushalt	11	55
Gesamt	100	100

a) = YACHT %
b) = Bundesbevölkerung %

Welche Marke?

	a)	b)
BMW	8	3
DKW	2	—
Ford	10	1
Mercedes	22	3
NSU	2	3
Opel	16	4
VW	18	7
Andere inländische Marken	4	2
Andere ausländische Marken	7	5
* Mehrfachnennungen	89	* 28

a) = YACHT % (1. Pkw)
b) = YACHT % (2. Pkw)

Anschaffungsjahr (Pkw)	a)	b)
vor 1960	2	0
1960—1961	2	1
1962	7	1
1963	7	2
1964	6	2
1965	20	4
1966	18	8
1967/1968	27	8
Pkw im Haushalt	89	26

a) = YACHT % (1. Pkw)
b) = YACHT % (2. Pkw)

Personenkraftwagen Größe des Pkw	a)	b)
Kleinwagen	3	2
Untere Mittelklasse	22	11
Obere Mittelklasse	26	4
Größere Wagen	38	9
	89	26

Der Pkw wurde ...		
neu gekauft	67	19
gebraucht gekauft	22	7
	89	26

a) = YACHT %
b) = Bundesbevölkerung %

Kapitalbildung

Ich habe persönlich ...	a)	b)
Wertpapiere wie Aktien, Pfandbriefe, Hypothekenbriefe, Obligationen	31	11
Bausparvertrag	25	19
Private Lebensversicherung	47	54
Private Sterbeversicherung	28	36
Private Krankenversicherung einschl. Zusatzversicherung	49	29
Nichts davon	24	24

(Mehrfachnennungen)
a) = YACHT %
b) = Bundesbevölkerung %

Güter des gehobenen Bedarfs

Im Haushalt vorhanden:	a)	b)
Kühlschrank	97	86
Tiefkühtruhe, Tiefkühlschrank	22	14
Toaster	76	31
Grillgerät	38	12
Staubsauger	97	88
Geschirrspülmaschine	16	1
Fernsehgerät	83	76
Motorrasenmäher	26	6
Bestrahlungsgerät	51	21
Private Schreibmaschine	68	29
Telefon	78	25

a) = YACHT %
b) = Bundesbevölkerung %

In den letzten 12 Monaten angeschafft ...	a)	b)
Kühlschrank	4	4
Tielkühltruhe, Tiefkühlschrank	6	3
Toaster	5	4
Grillgerät	5	2
Staubsauger	6	1
Geschirrspülmaschine	4	0
Fernsehgerät	4	5
Motorrasenmäher	3	1
Bestrahlungsgerät	3	2
Private Schreibmaschine	3	2
Telefon	1	—

Mehrfachnennungen
a) = LpN YACHT %
b) = Bundesbevölkerung %

Verbrauch

Kosmetika

Welche kosmetischen Artikel verwenden Sie davon ständig für sich persönlich?	a)	b)
Nagellack	70	33
Lippenstift	78	49
Haarspray	66	63
Mundwasser	65	39
Gesichtscreme	82	—
Make up	50	—
Augenbrauenstift	45	25
Wimperntusche	29	15
Zahnpasta	100	—

Mehrfachnennungen
— d. h. nicht in der LA'68 ausgewiesen
a) = LpN Yacht %
(Frauen N = 98)
b) = Bundesbevölkerung (Frauen) %

Körperpflege

Welche von diesen Körperpflegemitteln verwenden Sie ständig für sich persönlich?	a)	b)
Rasier- und Gesichtswasser	69	57
Haarwasser	38	31
Elektrischer Rasierapparat	72	62
Klingenapparat	35	46
Mundwasser	35	25

Zahnpasta	98	—
Nichts davon	1	—

Mehrfachnennungen

a) = LpN YACHT %
(Männer N = 202)

b) = Bundesbevölkerung (Männer) %

Rauchen

Rauchen Sie, wenn auch nur gelegentlich?

	a)
Ja	52
Nein	46
	100

a) — LpN YACHT %

Handwerkliche Arbeiten

Kleinere handwerkliche Arbeiten im Haushalt werden selbst gemacht . . .

	a)	b)
Ja	89	—
Nein	11	—
	100	—

Handwerkliche Arbeiten — Welche?

Autopflege	56	46
Fotoarbeiten	28	14
Gartenarbeiten	38	57
Malerarbeiten	43	45
Wohnung tapezieren	27	46
Teppichknpüpfen, Häkeln, Webearbeiten	0	2
Sonstiges: Basteleien am Boot	8	—

Mehrfachnennungen

a) = LpN YACHT %
(Männer N = 202)

b) — Bundesbevölkerung (Männer) %

Getränke

Trinken Sie persönlich?

	a)	b)	c)
Bohnenkaffee	79	8	74
Pulverkaffee	39	31	25
Tee	80	5	65
Cola-Getränke	21	38	25
Fruchtsaftgetränke mit Kohlensäure, Limonade	40	28	49
Fruchtsaftgetränke ohne Kohlensäure, Obstsäfte, Süßmost	60	18	49
Mineralwasser	38	35	33
Cognac, Weinbrand	49	18	33
Klare Schnäpse	44	26	31
Whisky	38	33	10
Sekt	51	13	26
Weißwein	59	16	45
Rotwein	42	23	27
Bier	67	11	65

a) = LpN YACHT %
(häufig und gelegentlich)

b) = LpN YACHT % (selten oder nie)

c) = Bundesbevölkerung %
(häufig oder gelegentlich)

Kennzeichnung YACHT bedeutet hier: Haushalte, in denen die YACHT gelesen wird.

1.9 *Der Schweizer Markt*

Statistischer Überblick:

Die Importe von 1966 bis 1968: Die Importe von Segel- und Ruderbooten 1968. Der Wert der Importe von Segel- und Ruderbooten betrug im Jahre 1968 etwa 7,5 Mio. sfr. Diese Importe verteilen sich wie folgt auf die verschiedenen Länder:

Frankreich	2,300 Mio. sfr
Westdeutschland	1,700 Mio. sfr
England	0,845 Mio. sfr
Italien	0,780 Mio. sfr
Österreich	0,728 Mio. sfr
Holland	0,294 Mio. sfr
Schweden	0,194 Mio. sfr
Japan	0,191 Mio. sfr
Norwegen	0,167 Mio. sfr

Der Wert der Importe von Motorbooten beträgt etwa 11 Mio. sfr und verteilt sich wie folgt auf die einzelnen Länder:

Norwegen	2,900 Mio. sfr
Italien	1,800 Mio. sfr
Holland	1,100 Mio. sfr
Schweden	0,932 Mio. sfr
Dänemark	0,892 Mio. sfr
Frankreich	0,875 Mio. sfr
England	0,807 Mio. sfr
Westdeutschland	0,728 Mio. sfr
USA	0,682 Mio. sfr

Importe 1966:

Im Jahre 1966 wurden Motorboote im Wert von etwa 4,1 Mio. sfr und Ruder- und Segelboote im Wert von 5,3 Mio. sfr importiert.
Die allgemeine Marktentwicklung in der Schweiz: Vom Verband der Schweizer Bootsbauer wird der gegenwärtige Bestand an Sportbooten mit etwa 60 000 Einheiten angenommen. Dabei sind die Kleinstboote unter 2,5 m Länge nicht mitgerechnet.

Jack Beck, der Sekretär des Verbandes der Schweizer Bootsbauer meint, daß die gegenwärtigen behördlichen Maßnahmen für den Bootsport weder hemmend noch förderlich sind. Eine Ausnahme stellen dabei allerdings einige Gemeinden dar, die direkt an Seen angrenzen und Hafenanlagen in verschiedenen Größen planen und teilweise sogar realisiert haben.

Gewisse Besorgnis herrscht jedoch in Motorsportkreisen wegen der zu erwartenden gesetzlichen Maßnahmen im Hinblick auf den Umweltschutz.

Tabelle 6: Statistik über die Bootsproduktion in den Jahren 1965—1969.

	Anzahl Boote					Gesamtwert in 1000 Fr.				
Bezeichnung	1965	1966	1967	1968	1969	1965	1966	1967	1968	1969
Gesamttotal	1 480	1 469	1 463	1 424	1 388	10 742	10 100	11 148	11 330	11 599
davon Export	80	64	82	74	112	1 462	1 194	1 621	1 508	2 402
Kunststoffbau	811	784	741	639	641	7 602	7 062	7 796	7 920	7 563
Motorboote	157	139	139	*	117	1 166	937	1 054	*	768
Holzbau	512	546	583	785	630	974	2 101	2 298	3 410	3 268
Metallbau	450	479	420	387	320	6 726	5 939	5 747	6 212	5 864
Holzbau	222	212	173	173	176	4 660	4 167	4 199	4 764	4 791
— mit Außenbordmotor	66	54	44	25	24	393	303	233	238	149
— mit eingebautem Motor	156	168	129	148	152	4 267	3 864	3 966	4 526	4 642
Metall- und Kunststoffbau	228	267	247	214	144	2 066	1 772	1 548	1 448	1 073
— mit Außenbordmotor	183	233	217	177	111	829	906	846	694	361
— mit eingebautem Motor	45	34	30	37	33	1 237	866	702	754	712
Segelboote	354	287	350	351	460	2 582	2 633	3 675	3 518	4 143
Holzbau	257	213	258	221	154	2 187	2 042	2 702	2 365	1 820
— Yachten	163	147	189	167	111	1 874	1 833	2 480	2 165	1 574
— Jollen (Schwertboote)	94	66	69	54	43	313	209	222	200	252
Metall- und Kunststoffbau	97	74	92	130	806	395	591	973	1 153	2 317
— Yachten	36	30	54	97	101	205	380	824	986	1 286
— Jollen (Schwertboote)	61	44	38	33	205	190	211	148	167	1 031
Ruderboote (einschließlich Beiboote)	676	703	693	686	608	1 434	1 528	1 726	1 600	1 592
Holzbau	332	359	310	245	311	755	883	895	791	946
Metall- und Kunststoffbau	344	344	383	441	297	679	675	831	809	646
Zahl der Firmen	52	52	52	49	50	52	52	52	49	50

* Keine Angabe.

Nach der persönlichen Ansicht von Jack Beck wird die Produktion in der Schweiz auf Grund des Arbeitskräftemangels noch weiter zurückgehen. Davon wird vor allem der Holzbau betroffen sein.

Aber auch im Kunststoffbau sieht er nur wenige entwicklungsfähige bzw. entwicklungswillige Unternehmungen. Als besonders hemmend für die heimische Produktion hält er die hohen Durchschnittslöhne und den kleinen, sehr differenzierten Inlandsmarkt.

Die Zukunft der Schweizer Bootswirtschaft, die beinahe ausschließlich aus Klein- und Mittelbetrieben besteht, liegt für Jack Beck nicht mehr in der Produktion, sondern in den Serviceleistungen, die diese Unternehmungen erbringen können.

Ebenso erwartet er für die Zukunft in der Schweiz eine gewisse Sättigung bei den kleineren Booten, doch scheint seiner Meinung nach die Lage zumindest noch für die nächsten zwei Jahre nicht schlecht zu sein.

1.10 *Der Markt der USA*

Statistischer Überblick: Die folgenden statistischen Daten beruhen auf Schätzungen, die vom „Marketing Department of the Boat Industry Association", Chicago, und der „National Association of Engine and Boat Manufacturers" in Greenwich, Connecticut, vorgenommen und veröffentlicht wurden.

Die geschätzte Verkaufsexpansion von Vergnügungsbooten aller Art von 1950 bis 1969 [41]:

1950	680 000 000
1955	1 230 000 000
1960	2 525 000 000
1965	2 683 000 000
1969	3 292 000 000

Entwicklungstendenzen hinsichtlich der verwendeten Baustoffe [42]:

Für den amerikanischen Bootsmarkt kann die New Yorker Bootausstellung als repräsentativ angesehen werden.

Demnach entwickelte sich die prozentuelle Verteilung der verwendeten Baustoffe wie folgt:

Tabelle 7.

Baumaterial / Jahr	1969	1968	1967	1966	1965	1964
Holz	4,6	7,0	14,4	13,7	18,9	25,5
Kunststoff	76,5	75,5	65,2	64,2	56,5	54,6
Aluminium	7,7	8,7	12,8	14,9	18,2	14,2
Gummi und beschichtetes Tuch	11,2	8,6	7,3	6,9	6,3	4,7
Stahl	0,0	0,2	0,3	0,3	0,1	1,0
Summe (%)	100,0	100,0	100,0	100,0	100,0	100,0

Die Entwicklung der schätzungsweise in Gebrauch befindlichen Vergnügungsboote von 1950 bis 1969 [43]:

1950	3 510 000
1962	7 468 000
1967	8 275 000
1968	8 440 000
1969	8 646 000

Verteilung der 1969 schätzungsweise in Gebrauch befindlichen Vergnügungsboote auf die einzelnen Bootskategorien [44]:

Die Summe aller Vergnügungsboote der USA betrug 1969 schätzungsweise 8 646 000. Diese Zahl verteilt sich wie folgt:

Innenbord-Motorboote und mit Hilfsmotor ausgestattete Segelboote	615 000
Außenbord-Motorboote	5 101 000
Segelboote ohne Innenbordmotor	598 000
Ruderboote, Canoes, Dingis, Tretboote usw.	2 332 000
	8 646 000

US-Import-Export von Vergnügungsbooten [45]:

Tabelle 8: US-Import-Export von Vergnügungsbooten [45].

Jahr	1966	1967	1968
Export	15 769 000 $	17 692 000 $	23 308 000 $
Import *	12 101 000 $	14 669 000 $	19 302 000 $

* Bei den Importen wurden nur die Motorboote erfaßt.

Die allgemeine Entwicklung des amerikanischen Marktes:

Mr. Lifton, der in den vergangenen 13 Jahren das Amt des Executive Director der USA „Boating Industry Association" bekleidete, vertrat in einem 1970 gewährten Interview die Meinung, daß nach dem bemerkenswerten Wachstum, auf das die amerikanische Bootswirtschaft in den Jahren 1950 bis 1960 zurückblicken konnte, erst der Schock der Wirtschaftskrise von 1960 die zwingende Erkenntnis brachte, daß man auch in der Bootsindustrie moderne Marketingideen benötigt.

Es kam daraufhin zu Zusammenschlüssen und Gründungen von vielseitigen Gesellschaften, die die Bootswirtschaft als Einkommensquelle und nicht, wie das vorher in vielen Fällen anzutreffen war, als Unterhaltungsclub betrachteten.

In der Folgezeit verringerte sich die Anzahl der Händler parallel mit der immer mehr Platz greifenden Erkenntnis bei den Herstellern, daß man mit einem verbesserten Service und mit weniger, dafür aber tüchtigeren Händlern den Umsatz steigern kann.

Mr. Lifton meint, daß die amerikanische Bootswirtschaft so allmählich aus der Zeit herauswächst, in der die Mehrzahl der Bootshändler aus Leuten bestand, denen es einfach Spaß machte, an Motoren herumzubasteln oder zu segeln und die aus diesem Hobby heraus ein kleines Familienunternehmen betrieben.

Im Jahre 1960 betrug der Jahresumsatz der Bootshändler im Durchschnitt etwa 100 000 $ und kommt im Jahre 1970 etwa auf 300 000 $.
Sehr günstig wirkte sich dabei auch aus, daß die Händler in der „toten Saison" Motorschlitten und ähnliches in ihr Verkaufsprogramm aufnahmen.
Obwohl die Absatzwege nicht mehr so chaotisch wie vor 10 Jahren sind, haben die Absatzmethoden der Bootsindustrie längst nicht den Standard anderer Industriezweige erreicht.

Im allgemeinen, so meint Mr. Lifton weiter, hat jedoch die ermutigende Wachstumsrate der sechziger Jahre dazu geführt, daß sich die Händler entwickeln konnten und heute vielfach über ein breites und qualitativ hochstehendes Sortiment verfügen.
Innerhalb der einzelnen Bootskategorien ist dabei besonders die zunehmende Nachfrage nach Hausbooten bemerkenswert.
Trotz des guten Wachstums während der vergangenen zehn Jahre muß aber gesagt werden, daß im Wettbewerb mit anderen Erholungsindustrien die Bootsindustrie relativ zurückfiel. Soweit die Meinung von Mr. Lifton.
Es wird weiters berichtet, daß für das Kalenderjahr 1969 von den Bootsherstellern in Amerika ein durchschnittlicher Gewinn von 4 Prozent des Umsatzes nach Abzug der Steuern verdient wurde. Mit dieser Gewinnrate liegt die Bootsindustrie vor der Luftfahrt und deren Zulieferindustrie, vor der Elektromaschinen- und Möbelindustrie und vor der Branche der Industrieanlagenhersteller und den meisten anderen Herstellern von Metallprodukten.
Im Vergleich zu diesen Industriezweigen zeigt die Bootsindustrie mit einer Steigerung des Nettobetriebsvermögens um 43,6 Prozent von 1968 auf 1969 auch die größte Zuwachsrate [46].
In der deutschen Zeitschrift „boote" wurde zur Entwicklung des amerikanischen Bootsmarktes anläßlich der New York Boat Show festgestellt, daß sich der Trend nicht nur auf den Verkauf von mehr, sondern auch auf den Verkauf von größeren Booten ausrichtet. Das Gros der ausgestellten Boote lag bei familengerechten Motorkreuzern zwischen 17 und 28 Fuß, die etwa 9000 $ kosteten. Daneben waren sehr stark die Hausboote vertreten, hier vor allem die Mini-Hausboote, die man mittels Pkw-Anhänger von einem Revier zum anderen transportieren kann.
Inzwischen gibt es in den USA 37 Hausboothersteller, die sich für das Jahr 1970 einen Absatz von insgesamt 6000 Booten erwarten.

Ein anderes Thema, das auf der New York Boat Show die Gemüter bewegte, war der „Ausverkauf der Bootsindustrie". Denn immer mehr häuften sich die Fälle, daß Bootsfabriken oder Werften der Sportbootsindustrie von Großkonzernen, die nach Investitionsmöglichkeiten suchten, aufgekauft wurden. So gehören etwa angesehene Werften wie die der Marken NAUTEC, TROJAN und SHEPARD unterdessen dem WHITTAKER-Konzern.

MARITIME, DRIFT-R. CRUZ (Hausboote) wurden beispielsweise Abteilungen der ALLIANCE MACHINE CORPORATION. Die Werften PACEMAKER, ALGLAS und HETTERAS, die sich mit der Herstellung teurerer Luxusmotorjachten beschäftigten, wurden von NORTH AMERICAN ROCKWELL, bekannt durch den Bau des Apollo-Raumschiffes, übernommen. Auch bei der Ausstellung

1969 sollen wieder distinguierte Herren unterwegs gewesen sein, um Ausschau nach verkäuflichen Unternehmungen der Bootsbranche zu halten [47].

Zukunftserwartungen über die Entwicklung des Marktes in den USA: Während der Saison 1970 hatte sich in der Sportbootsindustrie der Vereinigten Staaten eine Flaute bemerkbar gemacht, die hauptsächlich auf den Konjunkturrückgang in der amerikanischen Wirtschaft zurückzuführen war. Obgleich der Abschlußbericht über den tatsächlichen Verkaufsrückgang für 1970 zur Zeit der Abfassung der Studie noch nicht vorlag, wurde von der „USA Boat Industry Association" auf Grund zuverlässiger Schätzungen angenommen, daß der Verkauf von Booten und Ausrüstungsgegenständen um etwa 10 Prozent zurückgehen wird.

Das Jahr 1970 brachte jedoch einen Boom im Verkauf von Ersatzteilen, Artikel der Oberflächenbearbeitung und Anstrichmittel, da viele Bootsbesitzer auf Grund der schlechten Wirtschaftslage lieber ihr altes Boot nochmals instand setzten, als sich für eine Neuanschaffung zu entschließen.

Das allgemeine Gefühl der wirtschaftlichen Unsicherheit scheint aber allmählich abzunehmen, da sich nun doch wieder Anzeichen einer Erholung des Marktes bemerkbar zu machen beginnen. Sicher wird es aber noch einige Zeit dauern, bis die Bootsverkäufer dies zu spüren bekommen.

Das Jahr 1971 wird für die Sportbootsindustrie im allgemeinen als ein Jahr der gemäßigten Erholung angesehen. Dabei wird für den Absatz von Booten ein Anstieg von etwa 5 bis 10 Prozent erwartet. Daß die Verkaufsrekorde von 1969 überboten werden, wird jedoch für unwahrscheinlich gehalten [48].

1.11 *Übersicht über den österreichischen Markt*

Tabelle 9: Statistischer Überblick: Der Sportbootsbestand für Österreich wird wie folgt angegeben.

Jahr	Motorboote	Ruderboote	Segelboote	Gesamt
1967	7 100	5 300	1 500	13 900
1970	10 200	keine Angabe	2 100	—

Die allgemeine Entwicklung des Marktes: Leider sind die statistischen Unterlagen über den österreichischen Bootsmarkt so spärlich, daß die folgenden Aussagen hauptsächlich auf persönlichen Beobachtungen beruhen und somit auch weitgehend nur die subjektive Meinung des Autors darstellen.

Die Möglichkeiten zur Ausübung des Bootsportes sind in Österreich der geographischen Gegebenheiten wegen noch beschränkter als in den bisher genannten Ländern.

Was die Motorboote betrifft, so wurde ihre Zulassung auf den österreichischen Seen weitgehend eingeschränkt. So ist auf sehr vielen Seen das Fahren mit Motorbooten gänzlich untersagt und auf anderen Seen soweit eingeschränkt, daß keine Neuzulassungen mehr gestattet werden. Für die Ausübung des Segelsports gibt es keine derartige Beschränkung.

Allerdings wird hier die Frage der Liegeplätze für die Boote allmählich zum Problem. Zwar wird von öffentlicher Hand der Bau von Clubanlagen und damit auch die Schaffung von Liegeplätzen gefördert, doch kommt diese Förderung nur den betreffenden Jacht- bzw. Segelclubs zugute. Von vielen Bootsportinteressenten wird auch deshalb das Jacht- und Segelclub-Image abgelehnt. Die Innung der österreichischen Bootsbauer muß deshalb in Zukunft u. a. auch Anstrengungen dahingehend unternehmen, daß auch für den Bau von öffentlichen Marinas oder Jachtzentren, bei denen kein Clubzwang besteht, öffentliche Mittel zur Verfügung gestellt werden.

Die Struktur des Marktes: Auch in Österreich besteht die Struktur der Anbieter größtenteils aus kleinen, traditionsgebundenen Gewerbetreibenden, die zumeist an einer Expansion ihrer Betriebe gar nicht interessiert sind. Soweit es den Teilmarkt der Segelboote betrifft, nimmt die Firma SCHÖCHL gegenüber allen anderen Anbietern eine dominierende Position ein.

Vor einigen Jahren begann allerdings auch die Schiffswerft Korneuburg, die unter den übrigen Anbietern eine bemerkenswerte Ausnahme bildet, mit dem Bau von Kajütsegeljachten in Kunststoff. Sie begann ihre Produktion mit der Type „Shark", einer Kajütsegeljacht, die der zu diesem Zeitpunkt von der Firma SCHÖCHL ebenfalls herausgebrachten Type „Sunbeam" direkt Konkurrenz machte. Allerdings wurde dieser Konkurrent auf Grund der mangelhaften Ausführung seines Produktes von der Firma SCHÖCHL nicht ernst genommen. Doch verbesserte sich im Laufe der letzten Jahre die Qualität zusehends, und die Korneuburger Werft wurde zu einem ernsten Konkurrenten.

Was die Nachfrage betrifft, so dürften sich die Bootskäufer in Österreich aus denselben Schichten zusammensetzen und dieselben Konsumgewohnheiten aufweisen, wie dies in der Bundesrepublik Deutschland der Fall ist.

Zukunftserwartungen hinsichtlich der Entwicklung des österreichischen Marktes: Ähnlich der Entwicklung in der BRD wird vom österreichischen Motorsportverband folgende zukünftige Entwicklung für den Bootsport erwartet:

1. Bei Motorbooten wurde für das Jahr 1968 eine Steigerungsrate von 25 Prozent verzeichnet. Für die Jahre 1969 bis 1974 wird mit einer jährlichen Steigerung von 30 Prozent gerechnet und sodann (1975 bis 1980) infolge einer gewissen Sättigung und Ausschöpfung der Liegeplätze für größere Boote mit einer Steigerung von 20 Prozent pro Jahr.

2. Bei Ruderbooten wird in den Jahren 1967 bis 1971 mit 5 Prozent, von 1972 bis 1975 mit 5 Prozent und von 1976 bis 1980 mit 4 Prozent Zuwachs gerechnet.

3. Bei Segelbooten wird in den Jahren 1967 bis 1974 mit einer Steigerung von 10 Prozent und von 1975 bis 1980 mit 5 Prozent gerechnet.

Im Jahre 1975 werden unter dieser Annahme etwa 18 000 Motorboote, 7000 Ruderboote und 4000 Segelboote, also zusammen 29 000 Sportboote in Betrieb sein.

Im Jahre 1980 werden es etwa 25 000 Motorboote, 7000 Ruderboote und 4600 Segelboote, zusammen also 36 600 Sportboote sein [49].

2. Die Herstellungstechniken

Es sind kaum 30 Jahre vergangen, seitdem die ersten handelsüblichen Polyesterstoffe in Amerika erschienen. Bereits in den fünfziger Jahren begann man in Europa Boote mit glasfaserverstärktem Kunststoff herzustellen. Im Jahre 1967 lag der Verbrauch von Kunststoffrohmaterial für den Schiffsbau bereits bei 4000 Tonnen.
Heute bestehen etwa 85 Prozent der bei Lloyd's Register of Shipping zur Anmeldung gelangenden Jachten aus Glasfaserkonstruktionen [50].

2.1 *Das Handauflegeverfahren*

Zum gegenwärtigen Zeitpunkt werden in Europa fast alle Glasfaserkonstruktionen im sogenannten Handauflegeverfahren hergestellt, d. h., daß mit der Hand Kunstharz, verstärkt mit Glasseidenmatten bzw. -gewebe, in eine Negativform aufgetragen wird. Nach einer etwa zwölfstündigen Härteperiode kann die fertige Form dann aus der Negativform herausgelöst werden.
Auf Grund der reinen Handarbeit ist dieses Verfahren sehr lohnintensiv. Der Grund dafür, daß dieses Verfahren trotzdem so weite Verbreitung fand, liegt darin, daß die Investitionskosten für dieses Verfahren im Vergleich zu allen anderen Verfahren die weitaus niedrigsten sind.
Mit steigenden Lohnkosten verschiebt sich aber die Wirtschaftlichkeit dieses Verfahrens immer mehr zugunsten mechanisierterer Verfahren bzw. zugunsten prinzipiell neuer Verfahren.

2.2 *Das Spritzverfahren*

In den USA werden bereits jetzt etwa 75 Prozent aller in Kunststoff gebauten Boote im sogenannten Spritzverfahren hergestellt. Dabei handelt es sich um ein gegenüber dem Handauflegeverfahren wesentlich mechanisierteres Verfahren, bei dem mittels einer Spritzpistole auf die Negativformen ein gallertartiges Schichtstoffharz aufgetragen wird.
Dabei wird entweder eine auch beim Handauflegeverfahren verwendete Glasseidenmatte bzw. -gewebe im Spritzverfahren mit Kunststoff durchtränkt oder es gelangt ein Ablagerungssystem zur Anwendung, wobei Kunstharz und Glasfaser gleichzeitig in die Form gespritzt werden, wodurch die Herstellung wesentlich beschleunigt und der Abfall verringert wird.
Dieses Ablagerungsverfahren stellt allerdings an den Arbeiter wesentlich höhere Anforderungen als das Handauflegeverfahren, verkürzt aber andererseits die Arbeitszeit um ein Vielfaches.

2.3 *Das Kaltpreßverfahren*

Das Kaltpreßverfahren ist wahrscheinlich für viele Bootshersteller der leichteste Übergang vom Handauflegeverfahren zu einem teilweise mechanisierten Verfahren. Es erfordert nur einen mäßigen Kapitalaufwand für ein Preßgestell und unbeheizte, aufeinander abgestimmte Glasfaserkunststoffwerkzeuge, mit denen in viel kürzerer Zeit als dies mit dem Handauflegeverfahren möglich ist, gleichbleibende Formen mit guter beiderseitiger Oberflächenbehandlung herzustellen sind.

Die dafür verwendeten schneller härtenden Harze steigern die Produktionsgeschwindigkeit und vermindern die Formbesetzungszeiten. Die Reaktionsgeschwindigkeit der dafür verwendeten Harze ist heute bereits so hoch, daß es praktisch möglich wird, Bestandteile in 7 bis 10 Minuten zu erzeugen.
Kleinere Boote und Bestandteile werden bereits nach diesem Verfahren gebaut, und es ist zu erwarten, daß man auch größere Boote bauen wird, wenn die Erfahrungen mit dieser Herstellungsmethode erst gewachsen sind.

2.4 *Das Vakuum-Verformungsverfahren*

Im Jahre 1969 wurden in Westeuropa etwa 10 000 Stück von kleinen Dingis zu einem Preis von etwa öS 3000,— bis öS 8500,— verkauft. Diese Preise gehören im Verhältnis zu den angebotenen Booten zu den niedrigsten auf dem Markt.
Sie wurden im Verfahren der Vakuum-Verformung hergestellt. Der Grundstoff für dieses Verfahren besteht aus Acrylnitril-Butadien-Styrol, kurz ABS genannt, und wird unter dem Markennamen „Cycolac“ vertrieben. Dieses „Cycolac“ ist ein anpassungsfähiges Bauthermoplast, das leicht zu verarbeiten, verwindungssteif und wärmebeständig ist und eine glänzende Oberfläche aufweist.
Zur Zeit wird dieses Material bereits zur Erzeugung von Telefonapparaten, Schreibmaschinengehäusen, Automobilteilen und Möbeln verwendet.
Der technische Ablauf des Verfahrens: Die aus „Cycolac“ als Rohmaterial erzeugte und vom Folienhersteller angelieferte Thermoplastfolie wird über einen Halterahmen gespannt und daraufhin mit Wärme bestrahlt, bis sie nach unten absackt. Nun wird aus einer darunterliegenden Kammer Luftdruck eingelassen, so daß sich die Folie in Form einer Blase in ungefährer Größe der Bootsform nach oben wölbt. Dann wird die Negativform in die Blase hochgefahren. Ist sie in richtiger Stellung, so wird die Druckluft in der Kammer schnell abgelassen, und die Folie wird durch winzige Löcher in der Form an diese festgesogen. Nach Abkühlung kann die neugeformte Kunststoffhaut abgenommen werden.
Zu den bekanntesten Typen, die nach diesem Verfahren hergestellt wurden, gehören die Duraflots, die in Italien hergestellt werden, die Sparkt- und Minidingis von INOVAC in Le Mans, Frankreich, und die Type Youngster, die von KLEPPER in Rosenheim, Deutschland, herausgebracht wurde.
Auch in der Automobilindustrie fand dasselbe Verfahren bereits Anwendung. So wurde etwa die Karosserie des „Citroen Dyane 6 Méhari“ im gleichen Verfahren hergestellt. Vom technischen Gesichtspunkt betrachtet, steckt die Vakuum-Verformung von Sportbooten jedoch noch in den Kinderschuhen. Bisher wurden nur Boote bis zu einer Länge von 4,5 m nach diesem Verfahren gebaut. Vom technischen Standpunkt gibt es jedoch überhaupt keine Gründe, warum nicht auch Jachten bis zu einer Länge von 12 m in diesem Verfahren hergestellt werden könnten [51].

Einstweilen sind jedoch die Investitionen für größere Boote noch zu hoch, als daß sich aus diesem Verfahren für derartige Typen auch wirtschaftliche Vorteile ergäben. Diese Situation kann sich aber durch die ständig schwieriger werdende Situation auf dem Arbeitsmarkt in einzelnen Ländern bereits in nächster Zukunft ändern.

Es wäre aber auch denkbar, daß künftig genügend große Anlagen errichtet werden, an denen ein weiter Bereich verschiedener Größen von Formen verwendet werden kann. Einzelnen Bootsherstellern könnte es dann ermöglicht werden, derartige Anlagen auf Zeit zu mieten, in der die Formen ihrer Boote hergestellt werden. Es wird aber noch einiger Forschungsaufwand notwendig sein, um für dieses Verfahren Probleme der Festigkeit, der Eignungsfähigkeit gewisser anderer Materialien und des Kostenaufwandes zu lösen.

3. Die Unternehmung

Allgemeiner Überblick über die geschichtliche Entwicklung der Bootswerft JOH. SCHÖCHL & SÖHNE

Aus dem landwirtschaftlichen Unternehmen seines Vaters kommend, wurde von Herrn Johann Schöchl in den zwanziger Jahren eine kleine Tischlerei gegründet. Vorerst wurde sie von ihm allein betrieben. Später führte er die Tischlerei gemeinsam mit seinen beiden Söhnen Heinz (geb. 1925) und Georg (geb. 1928), deren Lehrmeister er auch war, bis zum Jahre 1960.

Vor dem Zweiten Weltkrieg beschäftigte sich die Unternehmung vorwiegend mit Bau- und Möbeltischlerei, wobei die Arbeiten ausschließlich in der Ausführung von Einzelaufträgen bestanden. Bald erfreute sich die Unternehmung durch die hochqualitative Arbeit, die Herr Johann Schöchl zu seiner persönlichen Handwerksehre machte, eines sehr guten Rufes.

Der allgemeine wirtschaftliche Niedergang und die politischen Wirren der dreißiger Jahre und der anschließende Zweite Weltkrieg verhinderten jedoch eine weitere Entfaltung der Unternehmung. Die zu dieser Zeit oft nur mehr zwei Mitarbeiter umfassende Unternehmung befand sich am Rande des Unterganges. Viele Grundstücke, die noch aus der väterlichen Landwirtschaft vorhanden waren, mußten verkauft werden, dadurch aber überlebte die Unternehmung.

In den ersten Nachkriegsjahren des Zweiten Weltkrieges wurde die Produktionspolitik im wesentlichen beibehalten. Im Jahre 1948 begann man mit der Serienfertigung von Kücheneinrichtungen, die über den Möbelhandel abgesetzt wurden. Gleichzeitig wurde ein eigenes Sägewerk errichtet, das jedoch 1955 auf Grund seiner schlechten Rentabilitätslage wieder geschlossen werden mußte.

In den fünfziger Jahren umfaßte die Unternehmung bereits wieder einen Stand von etwa 10 bis 15 Mitarbeitern. Der immer stärker werdende Konkurrenzdruck der Möbelindustrie schränkte jedoch die Unternehmung in der Serienfertigung von Kücheneinrichtungen immer mehr ein. Man verlegte sich wieder mehr auf die Bautischlerei.

Gegen Ende der fünfziger Jahre versuchte man sich in der Serienfertigung von Kleinmöbel. Durch das Aufkommen und die rasche Verbreitung des Fernsehapparates sah man eine Chance in der Erzeugung von Fernsehtischen.

Das Geschäft lief gut an, aber bald war auch hier ein starker Konkurrenzdruck von seiten der Großbetriebe spürbar geworden, und die anfänglich zufriedenstellende Rentabilitätslage verschlechterte sich mehr und mehr.

Parallel zu dieser Entwicklung beschäftigte sich besonders Georg Schöchl, daneben aber auch Heinz Schöchl, in der Freizeit mit dem Segelsport. Schon in den ersten Nachkriegsjahren des Zweiten Weltkrieges hatten sie sich eine alte 22-m²-Rennjolle zusammengebaut und waren Gründungsmitglieder des Segelclubs Mattsee.
Im Jahre 1953 bauten sie unter Mithilfe des dritten Bruders Werner Schöchl das erste Boot. Es war ein karwellbeplankter Einheitszehner.

Mit diesem Boot ging Heinz Schöchl 1954 zur österreichischen Staatsmeisterschaft der 10-m²-Rennklasse nach Pörtschach am Wörthersee, Georg Schöchl nahm mit einem gekauften Boot derselben Klasse teil. Das Endresultat der Regatta war traurig für die Schöchls. Heinz war Letzter und Georg Vorletzter geworden.
Neue Ideen wurden entwickelt, und im Winter 1956 wurde ein neues Boot der 10-m²-Rennklasse im Knickspantbau gebaut. Bereits 1957 konnten Heinz und Georg Schöchl, die das Boot steuerten, den 2. Platz in der österreichischen Staatsmeisterschaft belegen.

Inzwischen waren als neue Bauverfahren sperrholzverleimte Rümpfe aufgekommen. Mit dem Erlös aus den immer wieder verkauften Booten, deren Preise mit den immer besseren Placierungen bei den Regatten stiegen, wurde der Versuch unternommen, mit einfachsten Mitteln sperrholzverleimte Rümpfe herzustellen. Dabei wurde so vorgegangen, daß über einen Kern etwa 2 mm starke Furnierschichten viermal diagonal verleimt gepreßt wurden. Als Kern sollte dazu ein altes, legendär schnelles Schiff dienen. Die Schwierigkeit lag aber im Aufeinanderpressen der einzelnen Furnierschichten. Diesem Problem wollte man dadurch beikommen, indem man über das ganze Schiff Bänder legte, die mit schweren Spannschlössern festgezogen wurden und die dazwischen liegenden Furnierschichten aufeinanderpressen sollten. Das Experiment mißlang, da der Kern den notwendigen Druck nicht aushielt. Die Furnierschicht wies eine Unzahl von Stellen auf, wo die Verleimung nicht hielt. Georg Schöchl kam auf die Idee, diese Stellen einfach aufzuschneiden, sie mit Leim zu füllen und mittels schwerer Heftklammern wieder zuzupressen. Das hatte sich bewährt. Ein neues Preßverfahren war erfunden. Die nächsten Furnierschichten wurden zur Gänze nach diesem Verfahren aufgepreßt und so auch gleich das zweite Schiff für die Brüder Werner und Franz Schöchl gebaut.

Alle vier Brüder traten mit den so erbauten Schiffen 1959 bei der Staatsmeisterschaft in Rust am Neusiedlersee an. Es gab starken Wind. Georg und Heinz Schöchl (Georg am Steuer, Heinz an der Vorschot) überrundeten in spektakulärer Weise das gesamte Feld und gewannen überlegen den Staatsmeistertitel. Werner und Franz Schöchl mußten nach guten Ansätzen wegen Mastbruchs ausscheiden. Das Siegerboot wurde sofort an Ort und Stelle für gutes Geld verkauft.

Für das Jahr 1960 kamen bereits die ersten Aufträge von Clubkameraden, für sie Schalen zum Selbstausbau herzustellen. Es wurden nach neuem Riß von Georg Schöchl mit neuem Kern und verbessertem Preßverfahren (nun wieder ohne Heftklammern) die ersten sieben Schalen für Kunden erzeugt.
Auch die vier Gebrüder Schöchl bauten sich zwei Schalen, die sie, gemeinsam mit den Käufern der anderen sieben Schalen, in ihrer Freizeit ausbauten.

Bei der österreichischen Staatsmeisterschaft 1960 siegten auf dem Mattsee Georg und Heinz Schöchl vor Franz und Werner Schöchl auf den neuen Booten. „Schöchl-Schöchl vor Schöchl-Schöchl“ als Schlagzeile in der Sportseite der österreichischen Tageszeitungen war das Fanal einer neuen Ära der Unternehmung JOH. SCHÖCHL & SÖHNE.

Anmerkungen:

1 Vgl.: Ohne Autor, News from the Boat Industry, in: International Boating, Oct. 1970, London, S. 55.
2 Nach Angaben der UCINA.
3 E. Oliveri: Market Survey, in: International Boat Industry, Dec. 1970, London, S. 13.
4 Statistical Review 1967/68 of the Boat and Shipbuilders National Federation, London 1969, S. 25, und Statistical Review 1968/69 of the Boat and Shipbuilders National Federation, London 1970, S. 22.
5 Statistical Review 1968/69, a. a. O., S. 23.
6 Ohne Autor: Der Bootsbau in Frankreich, in: Bootswirtschaft, Heft 3, Lübeck, März 1968, S. 66.
7 H. Bauerau: The French Yachting Scene, in: International Boating, July 1970, London, S. 25 f.
8 Ebenda.
9 Ebenda.
10 Ebenda.
11 Die Tendenz, daß einige wenige Große den Markt beherrschen und die kleinen Bootsbauer trotz ständig steigender Nachfrage immer weniger konkurrenzfähig werden, begegnet uns auch in allen anderen Ländern.
12 Ohne Autor: Market Survey, in: International Boating, Oct. 1968, London, S. 49.
13 Ebenda.
14 Ohne Autor: Die Schau der großen Schiffe, in: Die Yacht, Heft 9, Bielefeld 1970, S. 34 f.
15 T. Webb: British Boating Market — Facts and Trends, in: International Boating, January 1970, London, S. 22.
16 Ebenda, S. 24.
17 Nach Aussagen britischer Importeure.
18 Nach eigenen Erfahrungen und Angaben von britischen Segelherstellern und Beschlägelieferanten, die britische Bootsbauer beliefern.
19 T. Webb: The British Boating Market — Facts and Trends, in: International Boating, January 1970, London, S. 2 f.
20 Ohne Autor: Market Survey, in: International Boating, January 1970, London, S. 8.
21 Nach Aussagen britischer Bootshändler.
22 Ohne Autor: Market Survey, a. a. O., S. 8.
23 T. Webb: British Boating Market — Facts and Trends, a. a. O., S. 24.
24 Nach Auskunft der Vereinigung norwegischer Bootsbauer.
25 C. Ch. Stephanson: Market Survey — Norway, in: International Boating, April 1969, London, S. 9.
26 Ebenda.
27 Ebenda.
28 Ebenda.
29 Ebenda.
30 B. Allskob: Market Survey — Sweden, in: International Boating, Juli 1969, London, S. 29 f.
31 Ohne Autor: Bauen Schwedens Werften besser?, in: Das Kommodore- Wirtschaftsmagazin für Wassersport, Heft 12, Hamburg 1968, S. 11 f.
32 B. Allskob: Market Survey — Sweden, a. a. O., S. 32.
33 Ebenda.

[34] J. Mogens: A Market Survey of Skandinavia, in: International Boat Industry, S. 27.
[35] Ebenda.
[36] Ebenda.
[37] Ohne Autor: Die Produktion von Booten in der Bundesrepublik, in: Bootswirtschaft, Heft 5, Lübeck 1970, S. 101 ff.
[38] Sportboote auf deutschen Seen und Flüssen, entnommen dem gleichlautenden Artikel in der Frankfurter Allgemeinen Zeitung vom 25. Februar 1971.
[39] F. Drey: The Challenge to the German Boating Industry, in: International Boating, Oct. 1970, London, S. 12.
[40] In Großbritannien existiert bereits ein auf dieser Basis arbeitender Industriebetrieb, wobei dieses System der Arbeitsteilung dort gut zu funktionieren scheint.
[41] Statistical Review 1968/69, a. a. O., S. 16.
[42] Ebenda.
[43] Statistical Review 1968/69, a. a. O., S. 19.
[44] Ebenda, S. 17.
[45] Ebenda, S. 18.
[46] Ohne Autor: News from the Boat Industry, in: International Boating, Oct. 1970, London, S. 55.
[47] K. Freund: Bootsausstellung in New York, in: „boote", Heft 2, Bielefeld 1969, S. 24.
[48] Ch. Johnes: The Outlook for the USA, in: International Boating, April 1970, London, S. 4.
[49] Ohne Autor: Bedeutung des Sportbootsverkehrs in Österreich, in: Yachtsport 2/4, Wien 1971, S. 25.
[50] P. F. Herbert: G. R. P. — The Future for Boat Building, in: International Boating, April 1969, London, S. 26.
[51] R. van Mesdag: The Growth of Vacuum Forming, in: International Boating, Oct. 1970, a. a. O., S. 30 ff.

Dieser Fall wurde von Mag. Franz Schöchl unter der Leitung von Professor Dr. Michael Hofmann erarbeitet. Er dient als Grundlage für Lehrveranstaltungen und wurde nicht geschrieben, um richtiges oder unrichtiges Verhalten des Managements darzustellen.

DIE BOOTSWERFT JOH. SCHÖCHL & SÖHNE

TEIL B

DIE PRODUKTE

Die Produktentwicklung von 1959 bis 1970

Die 10-m²-Rennklasse

Das Modell, mit dem die Staatsmeisterschaft 1960 gewonnen wurde, blieb im wesentlichen unverändert, denn es war wegen des bedeutend niedrigeren Gewichtes und wahrscheinlich auch auf Grund des Risses allen anderen Booten dieser Klasse weitaus überlegen. Diese Überlegenheit hatte jedoch zur Konsequenz, daß die folgenden Regatten vor allem durch das Boot und nicht mehr durch die sportliche Leistung des einzelnen entschieden wurden. Viele Segler verließen daraufhin diese Klasse, die sich demzufolge einige Jahre später auflöste.

Der Korsar

Schon 1960 wurde neben der Erzeugung der 10-m²-Rennklasse mit der Erzeugung des Typs Korsar begonnen.
Diese Klasse erfreute sich damals bereits großer Beliebtheit auf den benachbarten bayerischen Seen. Im Vergleich zur 10-m²-Klasse handelte es sich hier um ein in allen Abmessungen streng genormtes Boot von 5 m Länge und einem erlaubten Mindestgewicht von 95 kg. Als Baustoff war formverleimtes Sperrholz vorgesehen.
Bald sah man aber, daß man sich vor der Konkurrenz differenzieren mußte, wollte man sich durchsetzen. Als Hauptkonkurrent wurde die Firma MADER aus Waging am Wagingersee (Bayern) betrachtet, die in dieser Klasse eindeutig die Führerschaft übernommen hatte und mit ihren Sperrholzbooten sehr hohe Qualitätsmaßstäbe setzte. Einige Schwierigkeiten in der Herstellung von formverleimten Sperrholzkorsaren erleichterten den Entschluß, auf Kunststoff überzugehen.
Der Blick der Firma SCHÖCHL war dabei im besonderen auf die revolutionären Konstruktionen der italienischen Firma ALPA gerichtet, die den Flying Dutchman, der wie der Korsar für Sperrholzbau konstruiert war, in Kunststoff baute. ALPA hatte dabei ebenso wie die Firma SCHÖCHL mit der Schwierigkeit zu kämpfen, unter Beibehaltung des erlaubten Mindestgewichtes mit Kunststoff dieselbe Stabilität zu erreichen, wie dies mit den formverleimten Sperrholzbooten möglich war.
Eine zweite Schwierigkeit, die der von SCHÖCHL geplanten Differenzierung entgegenstand, war die allgemeine Ablehnung, mit der zur damaligen Zeit noch weite Kreise der Segler dem Kunststoff gegenüberstanden. Diese Ablehnung war allerdings weniger im mangelnden technischen Vertrauen, das man diesem neuen Baustoff entgegenbrachte, begründet, als vielmehr einfach in dem geschmacklichen Vorzug, den man dem Holz einräumte.

Gewicht, Stabilität des Bootskörpers und Geschmacksrichtung der Kunden waren also bei der neuen Konzeption des Korsars zu berücksichtigen.
Man versuchte deshalb den Rumpf des Bootes in einem ganz neuen Verfahren des Kunststoffbootsbaues, dem sogenannten „Sandwichverfahren“, herzustellen. Dabei dürfte die Bootswerft SCHÖCHL wahrscheinlich die erste Unternehmung in Europa gewesen sein, die dieses Verfahren auf dem Jollensektor anwandte.
Es war das Spezifische dieses Verfahrens, daß die äußerste Schicht des Rumpfes aus einer etwa 3 mm starken glasfaserverstärkten Polyesterschicht bestand, worauf eine etwa 1 cm dicke Schicht von Hartschaumstoff folgte. Über diese wurde wieder eine etwa 3 mm starke Schicht aus glasfasverstärktem Polyester gelegt.
Bei dieser Bauart konnte mit relativ geringem Gewicht eine sehr hohe Rumpfstabilität, die steifer als die der Holzboote war, gewonnen werden.
Aus Gewichts- und Geschmacksgründen entschloß man sich, das Deck und die Innenausstattung des Bootes in Mahagoni-Sperrholz zu fertigen.
Man glaubte, mit dieser Konstruktion ein Boot geschaffen zu haben, das sowohl im Gewicht als auch in der Geschmacksrichtung den Marktanforderungen entsprach. In den Jahren 1960 und 1961 baute man die ersten 14 Boote dieser Konzeption.
Leider stellte sich bereits während des Sommers 1961 heraus, daß sich die Rümpfe dieser Boote verformten, wenn die Boote — wie das üblich war — aus dem Wasser genommen und in der Sonne gelagert wurden.
Hätten die Käufer dieser Boote von ihrem Recht auf Reklamation massiv Gebrauch gemacht, wäre die auf noch recht schwachen Füßen stehende Firma mit Sicherheit in eine ernste Krise geraten [1]. Die Besitzer dieser mangelhaften Boote taten dies aber nicht. Man konnte sich auf dem Kulanzweg einigen und damit eine schwere Krise verhindern.

Der Standard-Korsar

Im Jahre 1961/62 wurde der Schalenbau [2] im Sandwichverfahren eingestellt und zu dem um etwa 50 Prozent billigeren Handauflegeverfahren übergegangen. Bei diesem Verfahren stellt man die Schale nur aus einer einfachen, etwa 5 mm starken glasfaserverstärkten Polyesterschicht her.
Diese Schale wurde dann mit Längsrippen versteift und war so elastisch, daß sie nach einer Verformung sofort wieder in ihren ursprünglichen Zustand zurückging. Die Steifheit der Holzboote konnte allerdings nicht mehr ganz erreicht werden. Die Folgezeit sollte jedoch zeigen, daß durch diese Kombination von Kunststoffrumpf und Holzdeck ein Kompromiß gefunden war, der den praktischen und geschmacklichen Anforderungen des Marktes in optimaler Weise Rechnung trug. Diese Holz-Kunststoff-Kombination war am europäischen Jollenmarkt einzigartig. Von der Fachpresse wurde die Möglichkeit, Holz mit Kunststoff haltbar zu verbinden, allerdings in höchstem Maße angezweifelt. Aber trotz dieser skeptischen Haltung zeigte sich bald, daß diese Kombination, unterstützt durch den allgemein einsetzenden Bootsboom in Deutschland und Österreich zu einem Erfolg führte, der die günstige Entwicklung der Unternehmung bis zum Ende der sechziger Jahre entscheidend beeinflußte [3].

Der Sport-Korsar

Im Jahre 1962 wurde innerhalb der Type Korsar das Modell „Sport" geschaffen und das bis dahin erzeugte Modell als Modell „Standard" weitergeführt. Diese Differenzierung der Type Korsar wurde einerseits vorgenommen, um den verschiedenen Anforderungen von Regattaseglern und nicht an Regatten interessierten Kunden Rechnung zu tragen, und andererseits, um durch diese relativ geringe Produktdifferenzierung eine verhältnismäßig hohe Preisdifferenzierung zu erwirken. Die Produktdifferenzierung bestand lediglich in einer etwas anders gearteten Ausführung der Deckkonstruktion. Obwohl das Modell „Sport" etwa 10 bis 15 Prozent teurer war als das Modell „Standard" und diesem gegenüber nur geringfügige Änderungen aufwies, lagen die Absätze des Modells „Sport" vom Jahre 1967 an ständig über dem Absatz des Modells „Standard" [4].

Regattasiege spielten für den Absatz der Korsare eine große Rolle. Sie waren nicht nur für Verkäufe an Regattaseglern ausschlaggebend. Auch Kunden, die keine Regatten segelten, fühlten sich dadurch in ihrem Kauf bestätigt.

Bald wurde in Seglerkreisen eifrig diskutiert, ob Holz- oder Kunststoffboote schneller wären. Ein objektiver Vergleich war schwierig, da es sich bei den Seglern auf SCHÖCHL-Korsaren hauptsächlich um Leute handelte, die neu zu dieser Klasse hinzukamen und damit jenen Seglern, die bereits seit Jahren einen Korsar der Konkurrenz fuhren, in den meisten Fällen von vornherein unterlegen waren.

Dazu kam, daß in den ersten Jahren, in denen die Firma SCHÖCHL auf den Markt kam, bei den Regattaveranstaltungen immer mehr Holzboote der Konkurrenz als Kunststoffboote der Firma SCHÖCHL teilnahmen.

Dies war wahrscheinlich auch der Hauptgrund dafür, daß die für die Firma SCHÖCHL so notwendigen Siege in diesen Jahren nur sehr spärlich ausfielen. Es entstand der allgemeine Eindruck, daß Holzboote schneller seien als Kunststoffboote.

Der allgemein einsetzende Bootsboom ließ aber die Produktion zur vollen Kapazitätsauslastung weiterlaufen, und bald waren in gewissen Gebieten bei den Regatten die quantitativen Unterschiede zwischen Holzbooten und Kunststoffbooten nicht mehr so groß, was eine Besserung der Regattaergebnisse zur Folge hatte.

Der Flying Dutchman

Im Jahre 1964 wurde der Typ Flying Dutchman (FD) in das Produktionsprogramm aufgenommen. Dabei handelte es sich um einen Typ, der sich zu diesem Zeitpunkt großer Popularität erfreute, weil er bei den Olympischen Spielen eine eigene Klasse bildete.

Die Internationalität dieser Klasse zog viele Spitzensegler aus den nationalen Klassen an.

Durch das hohe Niveau seglerischer Leistungen, das in dieser Klasse zu finden war, stieg das Prestige dieser Bootstype sehr hoch.

Aus Prestigegründen glaubte auch die Firma SCHÖCHL, den FD bauen zu müssen. Dabei wurde nicht so sehr damit gerechnet, daß mit dem FD selbst ein großes

Geschäft gemacht werden würde, als vielmehr, daß das Image der Firma durch Regattaerfolge in dieser Klasse gehoben werden könnte.
Dies schien von großer Bedeutung, da in Seglerkreisen die Werbung zum größten Teil aus Mund-zu-Mund-Werbung bestand. Die Opinion-Leader waren dabei unter den Club-Mitgliedern der Yacht- und Segelclubs im allgemeinen und unter den Regattaseglern im besonderen zu finden.
Bei dieser Type war die Firma MADER Hauptkonkurrent. Sie genoß bereits seit Jahren einen sehr guten Ruf als FD-Erzeuger.
In der Firma SCHÖCHL sah man sich nun vor die Entscheidung gestellt, den FD nach dem Muster des Korsars in Kunststoff-Holz-Kombination oder in Sperrholz zu bauen. Das Mindestgewicht von 125 kg, das in der Größenrelation noch niedriger lag als beim Korsar, die langen geraden Flächen, die sich für den Kunststoffbau unter Berücksichtigung der notwendig scheinenden Stabilität statisch ungünstig auswirkten, und die Investitionen, die für den Bau von Negativformen notwendig gewesen wären, ließen die Firma SCHÖCHL zu dem Entschluß kommen, den FD in Sperrholz zu bauen.
Diese Politik stellte sich in den späteren Jahren als richtig heraus, da die Sperrholzboote den Kunststoffbooten in dieser Klasse eindeutig überlegen waren.

In den folgenden Jahren wurde beim Bau dieser ausgesprochenen Regattaboote viel experimentiert, da die meisten Aufträge Sonderanfertigungen für erfahrene Regattasegler waren. Obwohl beim Korsar 1965/66 schon zufriedenstellende Regattaerfolge erzielt werden konnten, war beim FD der Durchbruch noch nicht gelungen. Hier mag vielleicht ein Fehler darin liegen, daß nicht mit dem nötigen Nachdruck versucht wurde, internationale Spitzensegler auf die Boote zu bekommen. Dazu hätte man allerdings an solche Segler die Boote wahrscheinlich so lange zu stark reduzierten Preisen anbieten müssen, bis man auf internationale Siege hinweisen hätte können. Zu diesem Werbeaufwand war die Firma SCHÖCHL jedoch nicht bereit.

Im Jahre 1966 konnte von Franz Schöchl der sehr bekannte dänische Olympiateilnehmer Hans Fogh dazu gewonnen werden, eine Spezialanfertigung in Auftrag zu geben. Diese Spezialanfertigung wurde unter Berücksichtigung aller Sonderwünsche ausgeführt, und der Weltmeister bezahlte den vollen Preis. Leider waren auch bei ihm die großen Hoffnungen vergebens. Die großen Erfolge blieben aus, und der dänische Spitzensegler stieg auf ein englisches Boot der Werft Bob Hore um. Einige anerkannte, internationale Spitzensegler fuhren bereits auf Booten dieser bis dahin vollkommen unbekannten Werft und waren damit erfolgreich.

Es begann ein regelrechter Run auf diese Werft, da es in der Vorbereitung zur Olympiade keiner der Spitzensegler mehr riskieren wollte, ein anderes Boot als das der erfolgreichen Konkurrenten zu segeln.
Da der Großteil der internationalen Spitzensegler bei der Olympiade 1968 in der FD-Klasse auf Bob-Hore-Booten segelte, war es auch naheliegend, daß ein Boot dieser Werft die Olympiade gewann.
Zu diesem Zeitpunkt spürte man die Sättigung des internationalen Marktes in der FD-Klasse schon stark. Als Käufer kamen nur noch die internationalen Spitzen-

segler in dieser Klasse in Frage. Dieser Markt wäre jedoch nicht schlecht gewesen, da diese Segler im allgemeinen ihre Boote alle 2 bis 3 Jahre wechseln und weitgehend preisunempfindlich sind, wenn sie nur dafür die Garantie bekommen, ein schnelles Schiff zu besitzen.
Das Geschäft machte aber nach dem Sieg bei der Olympiade nur mehr Bob Hore. Infolge der stark spürbar werdenden Sättigung auf dem FD-Markt und der hohen Opportunitätskosten, die für die Sonderanfertigungen entstanden und mit der Entwicklung von neuen Typen fortwährend stiegen, entschloß man sich 1969, endgültig den FD aus dem Produktionsprogramm zu streichen.
Ganz allgemein zeigte sich jedoch schon ab der zweiten Hälfte der sechziger Jahre in der Firma SCHÖCHL eine gewisse Müdigkeit, Regattaboote zu bauen. Man überlegte, sich aus dem Regattageschehen allmählich zurückzuziehen, um — wie es der Unternehmensleitung schien — zu einer vernünftigen Serienfertigung von standardisierten Typen überzugehen. Dabei sollten die Normen der zu produzierenden Typen von der Firma SCHÖCHL selbst festgelegt werden, um sicherzugehen, daß das Gewicht dem vorgesehenen Baumaterial und der notwendigen Stabilität des Bootes entsprach. Man hoffte damit auch, die für beide Seiten unangenehmen Reklamationen aus der Welt zu schaffen.
Diese Politik sollte mit der Entwicklung der Robby-Jolle, die 1965 herausgebracht wurde, ihren Anfang finden.

Der Regatta-Korsar

Nach dem Vorbild des von der italienischen Werft ALPA gebauten Flying Dutchman in Kunststoff brachte die bayerische Werft MADER, die sich bis dahin ausschließlich mit der Herstellung von Sperrholzbooten befaßte, 1963 einen vollkommen aus Kunststoff gebauten Korsar mit doppeltem Boden heraus.
Zum Unterschied von allen herkömmlichen Jollen wurde bei dieser Konstruktion neben dem normalen Rumpfboden noch ein zweiter, von vorne nach hinten abfallender Boden eingebaut, der die Funktion hatte, über Bord spritzendes Wasser automatisch nach hinten ablaufen zu lassen.
Gleichzeitig war damit gegenüber den herkömmlichen Konstruktionen auch der Vorteil verbunden, daß im Falle einer Kenterung das Boot leicht wieder aufgerichtet und weitergesegelt werden konnte.
Versuchsweise hatte sich die Firma SCHÖCHL schon 1960/61 mit einer derartigen Konstruktion beschäftigt, aber sie nach dem Bau von zwei Booten wieder aufgegeben, weil die Boote zu schwer wurden.
Provoziert durch die Firma MADER, kam die Firma SCHÖCHL jedoch 1963 ebenfalls mit einem „Doppelboden-Modell" heraus, das sie „Regatta" nannte. Es war wie das Modell von MADER vollkommen aus Kunststoff und unterschied sich von diesem Modell lediglich durch einige Veränderungen, die in der Deckkonzeption vorgenommen wurden.
In den folgenden Jahren mußte die Firma SCHÖCHL jedoch feststellen, daß das für Regattazwecke notwendige Mindestgewicht nur schwer, und wenn, dann zumeist nur auf Kosten der Bruchfestigkeit, zu erreichen war. Die Firma SCHÖCHL ging daher davon ab, dieses Modell zum Mindestgewicht zu bauen.

Es wurde in der Folge nur mehr zu einem Gewicht angeboten, mit dem eine gewisse Bruchfestigkeit garantiert werden konnte und wurde nicht mehr für Regattazwecke empfohlen.

Ein ähnliche Politik dürfte auch die Firma MADER eingeschlagen haben.

Die Robby-Jolle.

Im Jahre 1965 wurde die Robby-Jolle, die von Georg Schöchl konstruiert worden war, auf den Markt gebracht. Man wollte damit eine Type schaffen, die billiger war als der Korsar, für dessen billigste Ausführung man in voller Ausrüstung immerhin öS 25 000,— rechnen mußte. Die Robby-Jolle sollte jedoch voll ausgerüstet lediglich öS 14 000,— kosten.

Sie hatte eine Länge von 4 m, ein Gewicht von etwa 75 bis 80 kg und wies eine überdurchschnittlich hohe Bruchfestigkeit auf. Ihrer Absatzentwicklung war nicht zuletzt sehr förderlich, daß sie auf dem Autodach transportiert werden konnte und im Falle einer Kenterung leicht aufzustellen und weiterzusegeln war.

Bei der Konstruktion dieses Bootes trug sich Georg Schöchl in zweiter Linie mit dem Gedanken, ein Jugendboot zu schaffen, auf dem die Jugend unter 15 Jahren entsprechend trainieren konnte.

Nach dem ersten Jahr stand fest, daß das Boot im allgemeinen Zustimmung gefunden hatte und die Qualität absolut zufriedenstellend war. Noch waren es zu wenige und zu weit verstreute Boote, um schon eine Robby-Vereinigung zu schaffen und Robby-Regatten zu veranstalten, wie dies bereits von anderen Werften, die ebenfalls mit selbstentwickelten Typen auf den Markt kamen, erfolgreich durchgeführt wurde.

Diese Initiative wurde von der Firma SCHÖCHL auch in den folgenden Jahren nicht ergriffen und damit die Möglichkeit der Ausschöpfung eines hohen und billigen Werbeeffektes nicht wahrgenommen [5].
Daß dies nicht geschah, liegt darin, daß die Unternehmensleitung dazu einfach keine Zeit fand.

Der Sport-Super-Korsar

Auch beim Korsar hatte sich inzwischen wieder etwas getan. Die Regattaerfolge nahmen zu, und bereits 1965/66 hielten sich SCHÖCHL- und MADER-Korsare bezüglich der Regattaerfolge die Waage. Der Bekanntheitsgrad war zusehends gestiegen, und das Image der SCHÖCHL-Korsare war im allgemeinen gut.

Für besonders ambitionierte Regattasegler, die zumeist die Sportausführung fuhren, wurde dieses Modell weiter verbessert. Verschiedene kleine Änderungen in der Deck- und Cockpit-Ausführung wurden vorgenommen und das Boot mit allen möglichen Vorrichtungen ausgestattet, die das Boot schneller machen sollten.

Anregungen durch die Regattasegler waren dabei von großem Nutzen. Der so extrem für Regattazwecke gebaute und ausgerüstete Sport-Korsar wurde ab 1967

als eigenes Modell unter dem Namen „Sport-Super-Korsar“ herausgebracht. Die Absatzentwicklung dieses Modells war jedoch anfangs mäßig [6].
Er wurde vor allem herausgebracht, um das Image zu verbessern. Durch die spezielle Ausrichtung auf Regattasegler rechnete man nicht mit so hohen Absätzen, als sie dann tatsächlich eintraten.

Der Fahrtenkreuzer „Mirabell“

Im Jahre 1966 brachte die Firma SCHÖCHL den Fahrtenkreuzer „Mirabell“ auf den Markt. Es handelte sich dabei um eine Kajütjacht mit 4 Schlafstellen von 7,6 m Länge und 2,3 m Breite, die von der Firma SCHÖCHL selbst konstruiert wurde. Der Rumpf des Bootes wurde in Kunststoff hergestellt, das Deck, die Kajüte und die Innenausbauten in Mahagoniholz. Man entschloß sich zu dieser Kombination, weil man der Meinung war, daß dem Holz gegenüber dem Kunststoff aus geschmacklichen Gründen noch immer der Vorzug gegeben würde.
Der Preis des Bootes betrug etwa öS 100 000,—.
Mit dem Bau der Mirabell verfolgte man die Strategie, sich aus dem Regattageschehen zurückzuziehen [7]. Die Konzeption dieses Bootes sollte jene Leute ansprechen, die nicht an einem schnellen Regattaschiff — wo die Bequemlichkeit im allgemeinen zurückgestellt werden muß — interessiert waren, sondern an einem komfortablen Kreuzer mit guten Segeleigenschaften, auf dem die ganze Familie bequem das Wochenende oder sogar den Urlaub verbringen kann.

Für das Meer wurde die Mirabell mit Mittelkiel und für seichtere Gewässer, wie etwa für den Neusiedlersee, mit Kimmkielen gebaut [8]. Das Boot war außerdem so konzipiert, daß es von einem schweren Pkw mit Anhänger transportiert werden konnte. Die Geräumigkeit des Bootes und die hohe Qualität der Verarbeitung fanden bei den Interessenten für diese Jacht allgemeine Zustimmung.

Im Sommer 1966 mußte man jedoch feststellen, daß die Segeleigenschaften der Mirabell den eigenen Vorstellungen nicht entsprachen. Man baute eine neue Rumpfform. Die Segeleigenschaften der neuen Mirabell hatten sich dadurch zwar gebessert, trotzdem stellte sich aber schnell heraus, daß es in dieser Größenordnung schnellere Schiffe gab. Da man der beabsichtigten Strategie entsprechend jedoch ein gemütliches Familienschiff schaffen wollte, störte dies anfangs wenig.

Erst nach und nach mußte die Erfahrung gemacht werden, daß auch ein Schiff, das nicht für die Teilnahme an Regatten gedacht ist, schnell sein muß, um bei einem gemeinsamen Segelausflug mit anderen Jachten nicht zurückzubleiben.

Bald hatte die Mirabell — bei allem Lob für die saubere Ausführung — in bezug auf Schnelligkeit ein schlechtes Image, und man sah, daß sich die Absatzerwartungen nicht erfüllten.

Der hohe Anteil an Handarbeit stand einer kostensparenden Rationalisierung der Herstellung entgegen, und die ständig steigenden Löhne verschlechterten die Gewinnlage dieses Typs. Im Jahre 1967 kostete die Mirabell bereits öS 120 000,—, ein Preis, der allgemein zu hoch schien. Man entschloß sich daher, noch im selben Jahr den Bau der Mirabell einzustellen und eine Kajütjacht von etwa öS 60 000,— bis öS 80 000 herauszubringen.

Die Sunbeam S 22

Die Mirabell wurde durch die Sunbeam S 22 ersetzt. Auf Grund der Erfahrungen, die man mit der Mirabell machen mußte, sollten von der Sunbeam folgende Eigenschaften erfüllt werden:

— sie sollte in der Preisklasse von öS 60 000,— bis öS 80 000,— liegen,

— vollkommen aus Kunststoff bestehen,

— im Styling eine moderne Linie und höchste Qualität in der Verarbeitung aufweisen,

— im Verhältnis zu vergleichbaren Typen schnell sein,

— Schlafstellen für 4 Personen bieten,

— mit einem Pkw der Mittelklasse transportiert werden können,

— durch die Variante von Kiel- und Kielschwertausführung sowohl für Küstengewässer als auch für seichte Binnengewässer Verwendung finden können und nicht zuletzt

— von einem international anerkannten Jachtkonstrukteur entworfen sein.

Mit diesem Anforderungskatalog wandte man sich an den holländischen Jachtkonstrukteur E. G. van de Stadt, der zur Weltelite der Jachtkonstrukteure zählte, und beauftragte ihn mit der Konstruktion eines entsprechenden Bootes. Sein international bekannter Name und seine Leistung sollten zum Erfolg dieser Type entscheidend beitragen.

Die von E. G. van de Stadt entworfenen Pläne entsprachen jedoch im Kajütaufbau, in der Konzeption des Cockpits, den Innenausbauten der Kajüte und in der Takelage nicht den Vorstellungen der Firma SCHÖCHL. Dies alles wurde von der Firma SCHÖCHL nach eigenen Vorstellungen abgeändert. Nur der Bootsrumpf wurde entsprechend den Originalplänen gebaut und damit auch der so wichtige Name eines renommierten Konstrukteurs erhalten.

Zum Unterschied von der Mirabell wurde die Sunbeam vollkommen in Kunststoff gebaut. Lediglich einige Innenausbauten der Kajüte erfolgten noch in Mahagoniholz. Diese Innenausstattungen bestanden aus einer kleinen Kochstelle, einem Kleiderschrank, einem zerlegbaren Tisch und vier Schlafstellen.

Im Januar 1968 wurde die Sunbeam auf der Hamburger Bootsausstellung zum erstenmal der Öffentlichkeit vorgestellt. Die Fachpresse lobte die moderne Linienführung und die saubere Verarbeitung. Das Interesse der Messebesucher war, obwohl man nicht die geringste Werbung gemacht hatte, sehr groß und die Verkaufsabschlüsse relativ gut.

Im Sommer 1968 wurde die Sunbeam von der Segelzeitschrift „Die Yacht" getestet. Das Testergebnis war gut, wurde veröffentlicht und zog einen großen Werbeeffekt nach sich. Die Nachfrage stieg kontinuierlich [9]. Bald war die Kapazitätsgrenze erreicht und man sah sich veranlaßt, den Preis für das Jahr 1969 mit öS 95 000,— festzusetzen.

Trotz des guten Testergebnisses wurden von der Firma SCHÖCHL weitere Verbesserungen an dieser Type vorgenommen. Zur Rationalisierung der Produktion

wurde eine neue Negativform für das Deck gebaut. Zur Verbesserung der Segeleigenschaften wurden Kiel, Steueranlage und Takelage geändert.
Von diesem Zeitpunkt an war die Konstruktion so ausgereift, daß keine Veränderungen mehr vorzunehmen waren. So konnte die Produktion im Jahre 1970 ohne Störung auf 80 Stück gesteigert werden.
Es war ein besonderer Erfolg für dieses Boot, daß sich eine japanische Gesellschaft, die zum Lizenzbau eine Type dieser Größenordnung auf den europäischen Ausstellungen suchte, für die Sunbeam entschied.
Das erste Musterboot wurde im Sommer 1970 verschifft. Der Lizenzvertrag war allerdings im Zeitpunkt der Niederschrift der Fallstudie noch ausständig.

Der Holzkorsar

Der bereits seit 1966 eingetretene chronische Rückgang des Korsarabsatzes nahm allmählich bedenkliche Formen an [10]. Man suchte Gründe für diesen Rückgang. Ein Grund, so glaubte man, liege darin, daß Holzboote bei Regatten ebenso siegreich waren wie Kunststoffboote und dadurch den Kunststoffbooten ein wesentlicher Marktanteil weggenommen wurde.
Auf Initiative von Gottfried Schöchl ging man von der seit acht Jahren verfolgten Politik, sich von der Konkurrenz zu differenzieren, ab und entschied sich, den Korsar nun auch in Sperrholz zu bauen.
Diese Maßnahme barg allerdings die Gefahr in sich, das in Seglerkreisen jahrelang aufgebaute Vertrauen zu erschüttern.
Dafür sprach andererseits die Aussicht, diejenigen zu gewinnen, die auf Holzboote schworen.
Dieses Argument wog um so schwerer, weil es sich bei diesen Käufern ausnahmslos um Regattasegler handelte.
Holzkorsare wurden bisher in Österreich nicht gebaut, deshalb lag die Befürchtung nahe, daß sich eine Gruppe von Interessenten eine Ausnahmsgenehmigung zur begünstigten Einfuhr von Holzbooten beschaffen könnte. Dies hätte die Absatzlage dann noch weiter verschlechtern können, da der Zollschutz für Segelboote immerhin bei etwa 36 Prozent (gesamte Einfuhrkosten) lag.
Der Abwärtstrend des Korsarabsatzes konnte mit dieser Maßnahme jedoch kaum beeinflußt werden [11].
Nach persönlichen Diskussionen, die auf den Ausstellungen des Jahres 1969 mit Konkurrenzanbietern geführt wurden, ergab sich, daß bei allen Korsarherstellern chronische Rückgänge in dieser Type zu verzeichnen waren [12].
Der wahre Grund für diesen allgemeinen Rückgang im Korsarabsatz ist wohl darin zu suchen, daß in den letzten Jahren das Angebot an Booten dieser Größenordnung schneller zunahm als die Nachfrage.
Dabei waren viele dieser neu angebotenen Typen billiger als der Korsar und entsprachen vielfach genauso, wenn nicht sogar besser, den Anforderungen der Käufer.
Eine weitere Variation in den Modellen der Type Korsar kann aller Voraussicht nach nur mehr zu einer Umschichtung der Absätze innerhalb der angebotenen Modelle führen, nicht aber vor einem weiteren Rückgang der Nachfrage nach dieser Type insgesamt bewahren.

Die Manta

Obwohl im Jahre 1969 klar vorauszusehen war, daß durch die günstige Absatzentwicklung der Sunbeam die Produktionskpazität für 1970 vollkommen ausgelastet sein würde, wurde noch im selben Jahr der Entschluß gefaßt, ein der Sunbeam ähnliches, jedoch kleineres Kajütboot herauszubringen.
Diese neue Type sollte für jene Leute geschaffen werden, die zwar gerne ein Kajütboot wollen, aber nicht bereit oder in der Lage sind, dafür öS 95 000,— auszugeben. Zudem glaubte man, daß neben der Frage des Preises für ein etwas kleineres Kajütboot, als es die Sunbeam war, ganz allgemein ein guter Markt bestehen müßte.
Die neue Type, die man ins Auge gefaßt hatte, sollte dabei folgende Bedingungen erfüllen:

— sie sollte in einer Preisklasse von öS 50 000,— bis öS 60 000,— liegen,
— vollkommen aus Kunststoff bestehen,
— eine elegante Linienführung besitzen,
— ungefähr 5 m bis 5,6 m lang sein,
— Schlafplätze für 4 Personen bieten und
— mittels eines Pkw der Mittelklasse zu transportieren sein.

Mit diesem Anforderungskatalog wandte man sich an einen so gut wie unbekannten Konstrukteur. Auch die von ihm angefertigte Konstruktion entsprach aus denselben Gründen wie die Konstruktion der Sunbeam von E. G. van de Stadt nicht den Vorstellungen der Firma SCHÖCHL. Der Kajütaufbau und das Cockpit wurden abgeändert und ähnlich wie bei der Sunbeam gestaltet. Ebenso wurde die Innenkonzeption der Kajüte grundlegend geändert. Den Rumpf ließ man unverändert. Noch 1970 konnte mit dem Bau der Negativformen begonnen werden.
Noch bevor eine einzige Manta gebaut war, konnte man bereits im Herbst 1970 auf Grund eines sehr einfachen Prospektes eine Anzahl von Verkaufsabschlüssen machen. Dieses große Vertrauen in die Firma war hauptsächlich auf die Qualität der Sunbeam zurückzuführen.

Die Aquila

Gleichzeitig mit dem Entschluß, ein Boot wie die Manta herauszubringen, beschloß man, eine offene stabile Segeljolle mit einer kleinen Schlupfkajüte konstruieren zu lassen.
Der Grund, warum man trotz der sich abzeichnenden totalen Kapazitätsauslastung auch noch in die Entwicklung einer solchen Type investierte, lag darin, daß Hans und Gottfried Schöchl der Meinung waren, es müsse genügend Familienväter geben, die mit ihrer Familie gern sportlicher segeln würden. Dies ist mit einem Kajütboot wie der Manta nicht möglich, und der Korsar ist zu labil, um den Anforderungen eines Familienbootes zu entsprechen.
Nach diesen Überlegungen sollte diese Segeljolle folgende Bedingungen erfüllen:

— sie sollte den Preis von öS 40 000,— nicht überschreiten,

— vollkommen aus Kunststoff gebaut sein,
— etwa eine Länge von 7 m aufweisen und damit eine elegante Form ermöglichen,
— so stabil im Wasser liegen, daß mühelos in das Boot ein- und ausgestiegen werden kann (was beim Korsar nicht möglich ist) und
— ohne Trapez [13] gesegelt werden können, obwohl eine solche Einrichtung für besonders sportlich Ambtionierte vorhanden sein sollte,
— weiters sollte sie über eine kleine Schlupfkajüte verfügen, in der nötigenfalls übernachtet werden kann,
— darüber hinaus sollte auf alle technischen Feinheiten, wie sie bei Regattabooten bereits allgemein üblich waren, verzichtet werden.

Mit der Konstruktion dieses Bootes wurde derselbe Konstrukteur betraut, der auch die Manta konstruiert hatte. Ende 1970 wurde bereits mit dem Bau der Negativformen begonnen.

Die Absatzerwartungen für diese Jolle wurden von Heinz und Georg Schöchl außerordentlich optimistisch eingeschätzt.

Aus eigener Kenntnis der Konkurrenzverhältnisse in der Bundesrepublik Deutschland muß aber eher mit mäßigen Absätzen gerechnet werden.

Sollte jedoch die optimistische Absatzentwicklung eintreten, werden sich auf Grund der mit Sicherheit zu erwartenden Absatzentwicklung der Manta und der Sunbeam Schwierigkeiten in der Produktionskapazität ergeben, denn eine Expansion ist aus räumlichen Gründen nicht mehr möglich.

Der „470“

Der „470“ ist eine in Frankreich konstruierte Jolle in der Größe des Korsars. Seit dem Jahre 1967 findet diese Jolle in Europa und Übersee, unterstützt durch eine sehr gute internationale Klassenorganisation, sprunghafte Verbreitung. Im Jahre 1969 wurde sie von der IYRU (International Yacht Racing Union) als internationale Klasse anerkannt und als Olympiaklasse in die engere Wahl genommen.

Der Bau dieser Type, die ausschließlich in Kunststoff konstruiert wurde, kann nur in Lizenz erfolgen. Diese Lizenzen werden allerdings nur jeweils an einen von der IYRU als gut angesehenen Bootsbauer pro Land vergeben.

Die Firma SCHÖCHL bemühte sich um diese Lizenz und bekam sie im Sommer 1970.

Ansätze einer Diversifikation

Bootsbeschläge

Bis zu den Jahren 1965/66 wurden alle Bootsbeschläge, die im Durchschnitt ein Drittel der gesamten Materialkosten eines Bootes ausmachen, zugekauft. Soweit es sich um standardisierte Beschläge handelte, wurden sie vor allem aus England importiert. Beschläge, die speziell angefertigt werden mußten, wurden bei Schlossereien in Auftrag gegeben.

Erst ab dem Jahre 1965 wurde im Rahmen einer großen baulichen Erweiterung der gesamten Unternehmung eine eigene Schlosserei errichtet, in der nun sämtliche

Spezialanfertigungen selbst hergestellt werden können. Bis 1967 waren in dieser Abteilung etwa 3 bis 5 Arbeiter ständig beschäftigt und bis 1970 etwa 5 bis 8. Die Errichtung dieser Schlosserei war derart rentabel, daß sie sich bereits im ersten Jahr voll amortisierte.

Aluminiummaste

Im Jahre 1965 begann man bereits mit der Herstellung von Aluminiummasten. Vorher mußten die Aluminiummaste von der Firma IAN PROCTOR aus England importiert werden. PROCTOR war der erste, der Aluminiummaste herstellte. Er begann 1959 und hatte sich in wenigen Jahren ein Weltmonopol geschaffen, obwohl ihn kein Patent vor Nachahmung schützte. Seine Garantie war einzig und allein die Tatsache, daß seine Maste beinahe bei jeder Regatta gewannen. Die Konsequenz davon waren seine hohen Preise. Man entschloß sich deshalb in der Bootswerft SCHÖCHL, selbst Aluminiummaste herzustellen. Für diese Erzeugung wurde das Aluminiumwerk Ranshofen beauftragt, die entsprechenden Profilrohre zu ziehen, die dann in der eigenen Schlosserei zu Masten für die verschiedenen Bootstypen weiterverarbeitet wurden. Damit konnten die Kosten des Aluminiummastes um etwa zwei Drittel gesenkt werden.
Dies war sehr bedeutend, denn gerade zu dieser Zeit vollzog sich auf breiter Basis ein Umschwung von Holz- auf Aluminiummaste.

Die Mastproduktion hatte im Jahre 1968 in qualitativer Hinsicht bereits ein zufriedenstellendes Niveau erreicht. Mit der Firma SEAHORSE SAILS konnte ein Vertrag geschlossen werden, der die Firma SCHÖCHL ermächtigte, Aluminiummaste unter eigenem Namen in England abzusetzen. Beachtliche Aufträge folgten. Technische Schwierigkeiten und mangelnde Kontrolle der Qualität führten jedoch zu Reklamationen seitens der Firma SEAHORSE SAILS.

Dieser Auftrag wurde zwar in beiderseitigem Einvernehmen abgeschlossen, die Firma SCHÖCHL zog sich jedoch nach diesem Vorkommnis vollkommen aus dem Mastexportgeschäft zurück.

Ein technischer Angestellter der Firma SEAHORSE SAILS — ein Initiator dieses Geschäftes — gründete darauf hin die Firma SEAHORSE EQUIPMENT und übernahm selbst die Produktion der Maste, wobei sich das Geschäft bis zum gegenwärtigen Zeitpunkt positiv entwickelte.

Segelausrüstung

Durch den Import von Bootsbeschlägen aus England wurde ab 1967 auch in größerem Umfang mit dem Import von Segelausrüstungsgegenständen, wie etwa Schwimmwesten, Wasserschutzanzügen, Bootsschuhen usw., begonnen. Da in diesem Bereich in Österreich offensichtlich eine Marktlücke bestand, fanden alle diese Gegenstände bei den Kunden der Werft guten Absatz. Im Jahre 1970 wurde ein einfacher Prospekt, der alle diese Artikel enthielt, herausgegeben und der österreichischen Seglerzeitung „Yachtsport“ beigelegt. Der Erfolg war überraschend groß. Ein Engpaß im Büro verhinderte jedoch eine weitere Intensivierung dieses Geschäftszweiges.

Bootsanhänger

Für jede von der Firma SCHÖCHL erzeugte Type wurde bereits seit 1962 auch ein entsprechender Bootsanhänger im Verkaufsprogramm geführt. Diese Anhänger wurden gegen Provision für die jeweilige Herstellerfirma vermittelt. Ab 1965 arbeitete man dann nur mehr mit einer deutschen Anhängerfirma zusammen.
Die Zollbelastung, die dadurch entstand, war zu groß, und so einigte man sich mit der deutschen Firma, Anhänger für die beiden Märkte im eigenen Betrieb bauen zu lassen. Ein Team der deutschen Firma kam dazu jedes Jahr für einige Zeit nach Österreich, um den voraussichtlichen Jahresbedarf herzustellen.
Im Jahre 1969 wurde die Zusammenarbeit mit der deutschen Firma gelöst, und die Firma SCHÖCHL begann ihre eigene Anhängerproduktion.

Segel

Auch die Segel und Persenningen [14] wurden bis 1966 gegen Provision für verschiedene Segelschneider, die der Kunde frei wählen konnte, vermittelt. 1966 schloß die Firma SCHÖCHL mit der renommierten Firma SEAHORSE SAILS einen Jahreslieferungsvertrag ab. Eine bestimmte Anzahl von Segeln verschiedener Spezifikation wurde von der Firma SCHÖCHL fix übernommen und gegen eigene Rechnung weiterverkauft. Im Jahre 1968 konnte man in Mattsee einen Herrenschneider dazu gewinnen, sich im kleinen Umfang mit der Herstellung von Segeln und Persenningen zu beschäftigen. Dies war notwendig, weil immer wieder kleine Reparaturen, Abänderungen und Sonderanfertigungen anfielen, die in enger Zusammenarbeit mit der Werft erfolgen mußten.

Gebrauchtboote

Von vielen Kunden, die auf ein neues Boot umsteigen wollten, mußte ihr altes Boot in Zahlung genommen werden. Mit dem zunehmenden Absatz neuer Boote stieg diese Art von Geschäft, und allmählich entwickelte sich die Rücknahme und der Weiterverkauf gebrauchter Boote zu einem beachtlichen Geschäftszweig der Unternehmung.
Die zu erwartende zunehmende Bedeutung dieser Serviceleistung stellt die Unternehmensleitung vor die Frage, ob das passive Verhalten in diesem Bereich nicht in eine forcierte Aktivität zur Schaffung eines eigenen Gebrauchtbootemarktes verwandelt werden sollte.

Die Preispolitik

Die Preisberechnung mittels Zuschlagskalkulation im System der traditionellen Vollkostenrechnung

Die Preiserstellung für die von der Firma SCHÖCHL produzierten Produkte erfolgte in Form einer Preisberechnung mittels Zuschlagskalkulation nach dem System der traditionellen Vollkostenrechnung.
Die Kalkulation zur Ermittlung des Verkaufspreises sah für das Jahr 1968 demnach wie folgt aus:

Kalkulationsschema

Fertigungslöhne
+73,9 Prozent Fertigungsgemeinkosten
Fertigungsmaterial
+20,8 Prozent Materialgemeinkosten
=Herstellkosten
+4,2 Prozent Verwaltungsgemeinkosten
+9,7 Prozent Vertriebsgemeinkosten
=Selbstkosten
+ × Prozent Gewinnzuschlag
+5,5 Prozent Umsatzsteuer (Inland)
=Verkaufspreis

Die Zuschläge, die sowohl variable als auch fixe Gemeinkosten enthalten, wurden aus dem Betriebsabrechnungsbogen ermittelt und als fixe Zuschläge betrachtet. Eine Variationsmöglichkeit in der Preispolitik bot daher einzig und allein die Gewinnspanne.

Durch die zweifelhafte Proportionalisierung der Fixkostenbestandteile scheint es jedoch bedenklich, die so ermittelten Selbstkosten als eine für jeden Fall gültige, absolute Untergrenze zu betrachten, wie die Unternehmensleitung dies stets tat.

Die preispolitischen Maßnahmen

Bei den kalkulierten Verkaufspreisen mußten natürlich auch die Preise der Konkurrenz Berücksichtigung finden. Der Prozentsatz für den Gewinnaufschlag wurde daher je nach den Marktverhältnissen leicht variiert.

Das zentrale Mittel der Preispolitik bestand jedoch sowohl für den direkten als auch für den indirekten Verkauf in der Rabattpolitik.

So wurde für Aufträge, die von September bis Januar erteilt wurden, vielfach ein Winterrabatt von 5 Prozent erteilt. Der auf Messen zumeist gewährte Messerabatt lag im allgemeinen in derselben Höhe, lag aber manchmal auch darüber. Dieser Höchstrabattsatz galt vor allem für die Jollen. Bei Jachten, wie etwa der Sunbeam, wurde er oft eingeschränkt. Für Händler lagen die Wiederverkaufsrabatte für Jollen bei etwa 15 bis 20 Prozent und bei größeren Booten, wie der Sunbeam und der Mirabell, zwischen 7 und 10 Prozent. Diese Wiederverkaufsrabatte waren im allgemeinen niedriger als die der Konkurrenzhersteller und lagen auch unter dem in Deutschland üblicherweise gewährten 25-Prozent-Satz.
Trotz dieses relativ niedrigen Rabattsatzes hatte die Firma SCHÖCHL jedoch kaum Schwierigkeiten. Die Qualität der Boote bürgte für ihren guten Ruf, und daher waren die Boote leicht abzusetzen.

Anmerkungen:

[1] R. B. Buchele: Starting Crisis, in: Business Policy in Growing Firms, San Francisco 1967,S. 16 ff.
[2] Schale wird in der Fachsprache als Synonym für Bootsrumpf bezeichnet.

[3] Siehe Tabelle 2: Entwicklung des Jahresabsatzes der einzelnen Typen, Teil C.
[4] Siehe auch Abbildung 5, Teil C.
[5] Die Förderung von „Privatregatten" der Robby-Jolly hätte der Politik, sich aus dem Regattageschehen zurückzuziehen, nicht widersprochen, da mit dieser Politik eine Distanzierung von jenen Regatten gemeint war, wo die eigenen Boote mit den Booten der Konkurrenz konfrontiert wurden.
[6] Siehe Abbildung 5, Teil C.
[7] Gleichzeitig verstärkte man jedoch durch die Entwicklung des Sport-Super-Korsars das Engagement im Regatta-Segeln.
[8] Kimmkiele sind seitlich links und rechts am Unterwasserschiff angebracht. Sie haben meist weniger Tiefgang als ein Mittelkiel.
[9] Vgl. Abbildung 4 und Abbildung 11, Teil C.
[10] Vgl. Abbildung 4, Teil C.
[11] Vgl. Abbildung 4 und Abbildung 5, Teil C.
[12] In diesen Diskussionen wurde auch in Erfahrung gebracht, daß die Konkurrenzanbieter sich mit dem Gedanken trugen, den Korsar in Kunststoff herzustellen, weil sie der Meinung waren, daß sich nur bei den Holzkorsaren dieser Absatzrückgang bemerkbar machte. Hier wurde die Wichtigkeit einer internationalen Zusammenarbeit zur Erstellung von aussagefähigen Statistiken zum Zwecke der Marktbeobachtung deutlich, da damit Fehlinvestitionen jedes Beteiligten verhindert werden können.
[13] Trapez ist die Bezeichnung für eine besondere Vorrichtung zum Ausreiten des Bootes.
[14] Persenning ist eine Abdeckplane für ein Boot.

Dieser Fall wurde von Mag. Franz Schöchl unter der Leitung von Professor Dr. Michael Hofmann erarbeitet. Er dient als Grundlage für Lehrveranstaltungen und wurde nicht geschrieben, um richtiges oder unrichtiges Verhalten des Managements darzustellen.

TEIL C

DER ABSATZ

Das Wachstum der Unternehmung

Die Preisentwicklung bei einzelnen Typen und Modellen

Um beurteilen zu können, welche Bedeutung die Absatzentwicklung der einzelnen Typen für den Gesamtumsatz hat, wurde die Entwicklung der Preise der Behandlung der Absatzentwicklung vorangestellt.
Diese Preisentwicklung von 1960 bis 1970 ist auf Tabelle 1 dargestellt.
Aus Gründen der Übersichtlichkeit sind außer den Marktpreisen der Produkte noch jene Preise angeführt, die sich im Zeitablauf verändert haben. Für die Jahre, für die keine Preise angegeben wurden, gelten die im Vorjahr gültigen Preise.
Die angegebenen Preise stellen die Grundpreise der Boote ohne Segel dar. Eine Ausnahme bildet lediglich die Robby-Jolle, die stets mit Segel angeboten wurde.

Die Entwicklung der Jahresabsätze

Die Entwicklung der Jahresabsätze der einzelnen Typen

In der Tabelle 2 wurden in der Waagrechten die Entwicklungen der Jahresabsätze der einzelnen Typen dargestellt; die Abbildung 4 enthält die dazugehörige graphische Darstellung.

Tabelle 1: Preisentwicklung innerhalb der einzelnen Typen von 1960 bis 1970 in öS.

Typen, Modelle / Jahre	1960	1961	1962	1963	1964	1965
Standard-Korsar	14 000		17 000	19 000	21 000	
Sport-Korsar				21 000	23 000	
FD				25 000	30 000	36 000
Regatta-Korsar					25 000	
Robby-Jolle						14 000
Sport-Super-Korsar						
Holzkorsar						
Mirabell						
Sunbeam						

Typen Modelle / Jahre	1966	1967	1968	1969	1970
Standard-Korsar	23 000	25 000	26 500		
Sport-Korsar	25 000	27 000	27 500		
FD	40 000	45 000	47 000	48 000	
Regatta-Korsar	27 000	30 000	29 500		
Robby-Jolle	15 000	17 000		18 000	19 500
Sport-Super-Korsar	32 000				
Holzkorsar				35 000	
Mirabell	100 000	120 000			
Sunbeam			80 000	95 000	

Tabelle 2: Entwicklung der Jahresabsätze der einzelnen Typen.

Jahr	1961			1962			1963			1964		
Type	G	I	Ex	G	I	Ex	G	I	Ex	G	I	Ex
Korsar												
Standard-Korsar	24	24		47	37	10	41	21	20	39	22	17
Sport-Korsar							48	18	30	59	28	31
Regatta-Korsar										26	10	16
Sport-Super-Korsar												
Holzkorsar												
Summe der Korsare	24	24		47	37	10	89	39	50	124	60	64
Robby												
FD							1	1		1	1	
Mirabell												
Ruderboot												
Sunbeam												
Manta												

Allgemeine Bemerkungen zu den Umsätzen in den einzelnen Bootstypen:

Der Korsar:

Der Kurvenverlauf in Abbildung 1 zeigt deutlich den Höhepunkt des 1965 mit 145 Stck erreichten Korsarabsatzes. Seit diesem Zeitpunkt sinkt der Absatz kontinuierlich, um im Jahre 1970 den vorläufigen Tiefpunkt zu erreichen.

Die vermutliche Ursache für den Absatzrückgang dürfte, wie bereits in Teil B erwähnt wurde, in dem immer stärker werdenden Konkurrenzangebot von Typen dieser Größenklasse liegen.

Eine seit 1969 besonders ernstzunehmende Konkurrenz ist der „470“, der, aus Frankreich kommend, in der Bundesrepublik Deutschland sprunghafte Verbreitung findet. Er stellt für die weitere Entwicklung des Korsars eine große Gefahr dar, weil er im besonderen die Regattasegler anspricht und deshalb gerade bei jenen Personen Absatz findet, die in den letzten Jahren vor allem als Korsar-Käufer in Frage kamen.

Die Absatzerwartungen werden in der BRD vom Importeur des französischen „470“ äußerst optimistisch eingeschätzt. Dies zeigt die Tatsache, daß er sich für 1971 gegenüber der Herstellfirma für den Absatz von 300 Booten in der BRD verpflichtete. Der Gesamtabsatz der Boote, die eine direkte Konkurrenz zum Korsar darstellen, beträgt in der BRD ungefähr 600 Stück.

Der Flying Dutchman:

Vom FD, der 1963 in das Produktionsprogramm aufgenommen wurde, ist in den ersten beiden Jahren jeweils nur ein Stück gebaut worden. Dann konnte der Bau auf 9 und 1966 auf 18 gesteigert werden. Daraufhin nahm der Absatz konstant mit 10, 6 und 4 Stück ab.

Dieser Rückgang entspricht dem allgemeinen Trend der Absatzentwicklung dieser Klasse.

Der Grund dafür dürfte darin liegen, daß diese Klasse bereits 20 Jahre alt ist

1965			1966			1967			1968			1969			1970		
G	I	Ex	G	I	Ex	G	I	Ex	G	I	Ex	G	I	Ex	G	I	Ex
47	8	39	44	13	31	38	14	24	31	14	17	19	13	6			
54	25	29	48	27	21	38	16	22	28	18	10	35	20	15			
44	22	22	27	15	12	28	12	16	27	18	9	25	9	16			
			1	0	1	6	6	0	11	9	2	10	7	3			
												3	3			keine	
145	55	90	130	65	65	110	48	62	97	59	38	92	52	40		Angaben	
19	11	8	38	17	16	40	15	25	43	17	26	40	19	21			
9	7	2	18	11	7	10	8	2	6	4	2	4	2	2			
			9	3	6	9	2	7	5	2	3	0	0	0			
			11	11	0	24	24	0	19	9	1	6	6	9			
									23	12	11	56	21	35			

und die Bauvorschriften den Bau von Holzbooten gegenüber Kunststoffbooten in bezug auf ihre Regattatüchtigkeit begünstigten. Die Holzbauvorschriften verteuerten den Bau dieser Type, bei der nur Regattaerfolge zählten, derart, daß sich der Absatz schließlich nur mehr auf extreme Regattasegler beschränkte. Infolge der zu geringen Gewinne und der ausbleibenden Prestigeerfolge wurde 1969 die Produktion dieser Type eingestellt.

Die Robby-Jolle:

Der Absatz der Robby-Jolle nahm bis zum Jahre 1968 ständig zu, blieb jedoch hinter der Entwicklung des Gesamtabsatzes von Typen dieser Größenordnung in der BRD und der Schweiz weit zurück.

Als Ursachen mögen dafür u. a. das viel zu schwache Verteilernetz und der nicht nennenswerte Umfang der Werbung angesehen werden.

Leider wurde keine eigene Klassenorganisation gegründet, die einen beachtlichen Teil der Öffentlichkeitsarbeit — und damit Verkaufsförderung — hätte leisten können, wie es bestehende Klassenorganisationen beweisen. Nicht zuletzt sei aber auch der Preis genannt, auf den gerade in niedrigeren Preisklassen der Absatz empfindlich reagiert. Dies betrifft vor allem die Schweiz und die BRD, wo der Preis der Robby-Jolle im allgemeinen ständig etwa 20 Prozent über dem vergleichbarer Konkurrenzprodukte lag [1].

Als Hauptkonkurrent der Firma SCHÖCHL beim Absatz der Robby-Jolle tritt auf den Exportmärkten die Firma ATLANTA BOOTSBAU aus Weitenau im Allgäu auf. Sie spezialisierte sich auf die Herstellung der „Koralle", einer Jolle mit einer Länge von 4,10 m, deren Preis 1968 DM 1980,— (inklusive Mehrwertsteuer) betrug. Diese Firma baut die „Koralle" seit 10 Jahren und konnte in dieser Zeit ihr Händlernetz auf 500 Fachgeschäfte in Europa ausdehnen. In diesen 10 Jahren konnten ungefähr 7000 Stück dieses Typs abgesetzt werden. Dieser hervorragende Erfolg ist wahrscheinlich nicht primär auf die Qualität des Bootes zurückzuführen, als vielmehr auf die Organisation des Absatznetzes.

Die Mirabell:

Die Absätze der Konkurrenz zeigen, daß für eine Type in der Preisklasse und Größe der „Mirabell" bereits während der ganzen Hälfte der sechziger Jahre ein guter, ständig expandierender Markt vorhanden war. Daß die „Mirabell" dennoch nicht zum Zuge kam, lag, wie erwähnt, in ihren Segeleigenschaften und dem mangelnden Renn-Appeal, den ihre Konstruktion aufwies. Ihre Produktion wurde 1968 eingestellt. Die Einheit, die in der Abbildung 4 noch als Absatz des Jahres 1969 angeführt ist, stammt aus dem Lagerbestand des Jahres 1968.

Die Sunbeam:

Schon auf der ersten Messe, auf der die „Sunbeam" ausgestellt wurde, stand ihr Erfolg fest. Ihr zunehmender Absatz beanspruchte schnell die verfügbare Kapazität und führte zu einer Intensivierung der Arbeit in den vorhandenen Räumlichkeiten. Im Jahre 1969 mußte eine neue Halle gebaut werden, und im Jahre 1970 konnten bereits 80 Stück dieser Type abgesetzt werden. Der Marktpreis lag 1968 bei öS 80 000,— und stieg im Jahr 1970 bereits auf öS 95 000,— an.

Die Entwicklung des Jahresabsatzes der einzelnen Korsarmodelle

Wie aus Abbildung 2 ersichtlich ist, wurde der „Korsar" bis 1962 nur in einer Ausführung hergestellt, dennoch wurde in diesem Jahr ein Absatz von 47 Stück erreicht. Im Jahre 1963 brachte man das Modell „Sport" heraus, das bereits im ersten Jahr das Modell „Standard" im Absatz übertraf und im Jahre 1964 mit 59 Stück den höchsten Absatz der gesamten betrachteten Periode erreichte, um dann ebenfalls dem allgemein sinkenden Trend zu folgen. Das 1964 herausgebrachte Modell „Regatta" ereichte seinen höchsten Absatz 1965 mit 45 Einheiten und folgte dann auch dem sinkenden Trend. Das 1966 herausgebrachte Modell „Sport-Super" erreichte den höchsten Absatz mit 14 Stück im Jahre 1970. Der 1969 erstmals gebaute „Holz-Korsar" erlangte den vorläufigen Höchstabsatz im Jahre 1970 mit 6 Stück.

Die Absatzentwicklung der einzelnen Korsarmodelle zeigt für das Jahr 1970 folgende Stückaufteilung:

Sport	37 Prozent
Standard	20 Prozent
Regatta	18 Prozent
Sport-Super	17 Prozent
Holz-Korsar	8 Prozent
Gesamtabsatz Korsar	100 Prozent

Das Verhältnis von Inlandsabsatz zum Export

Der Korsar:

Die Abbildung 3 veranschaulicht den Anteil des Exportes am Gesamtumsatz. Wie die Darstellung zeigt, wurde der Inlandsabsatz in den Jahren 1963 bis 1967 ständig vom Exportabsatz übertroffen, der 1965 mit 90 Stück seinen Höhepunkt erreichte.

Abbildung 1: Entwicklung des Gesamtumsatzes aller Typen.

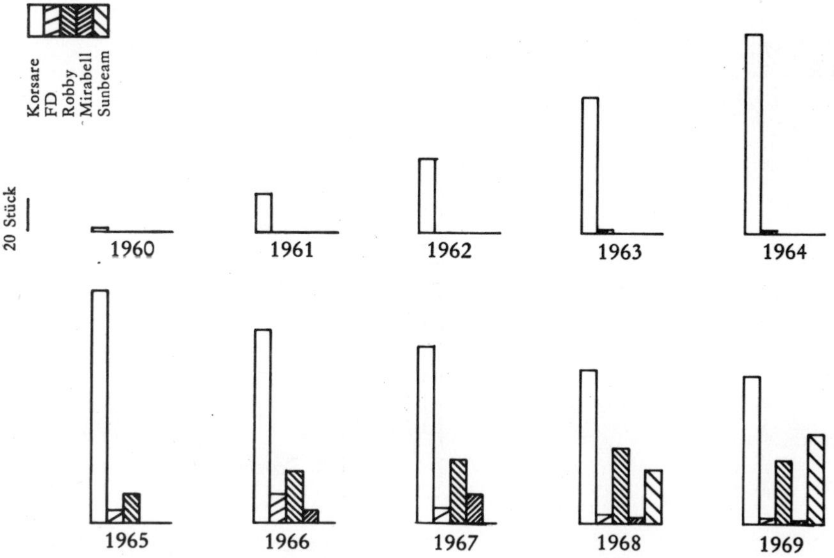

Abbildung 2: Vergleich des Absatzes der einzelnen Korsar-Ausführungen (in Stück).

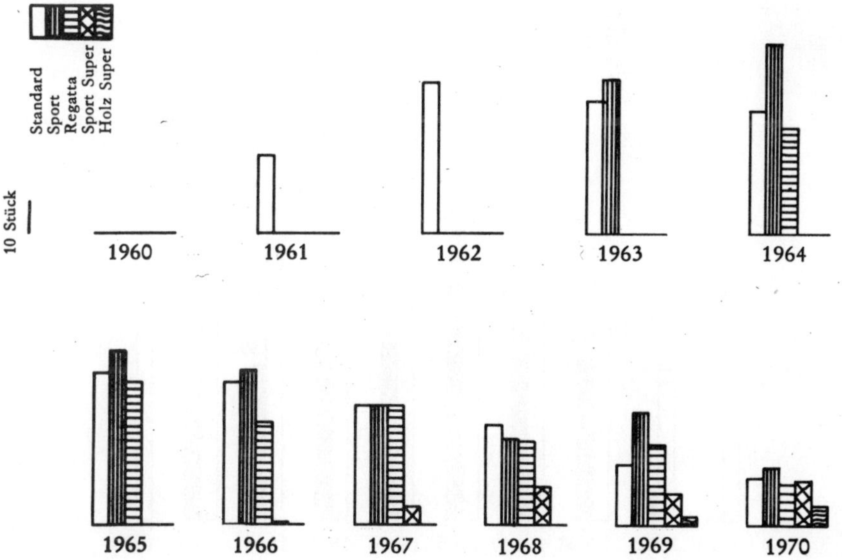

Abbildung 2 a: Aufteilung des Korsar-Absatzes auf die einzelnen Typen (1970).

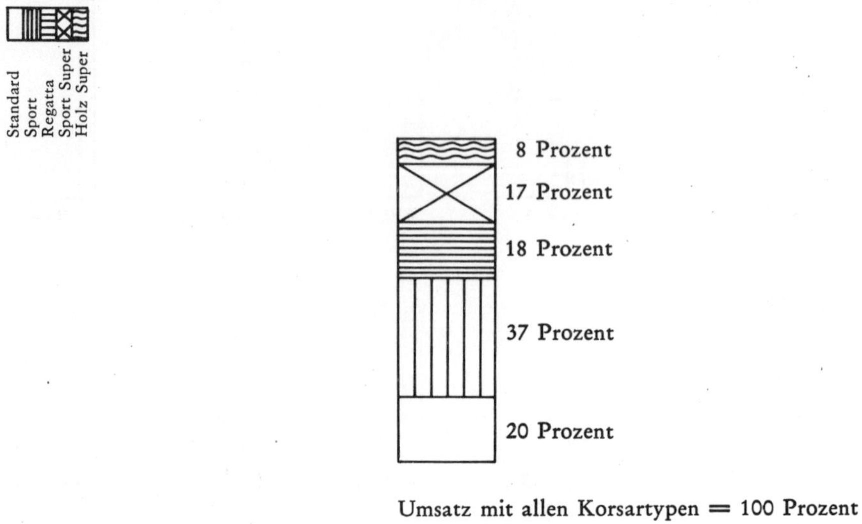

Abbildung 3: Verhältnis des Auslandsabsatzes zum Gesamtabsatz der Korsar-Typen.

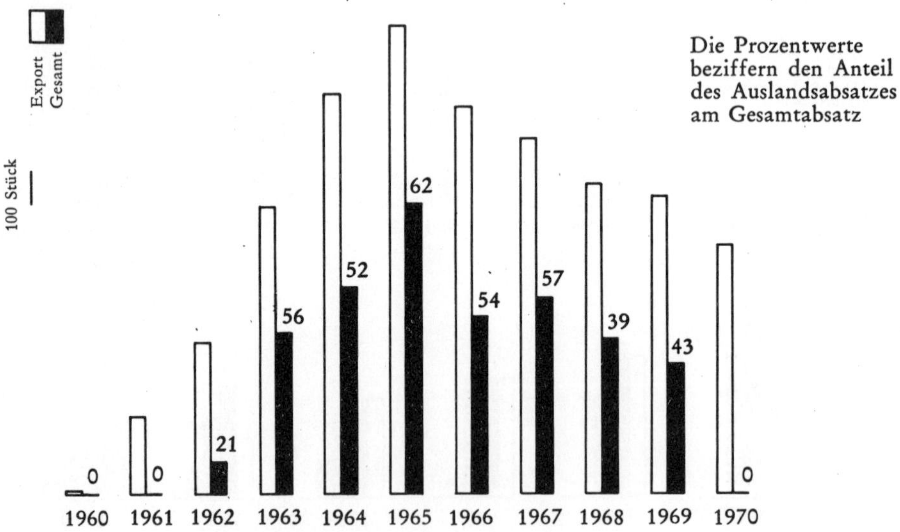

Abbildung 4: Exporte der verschiedenen Korsar-Typen.

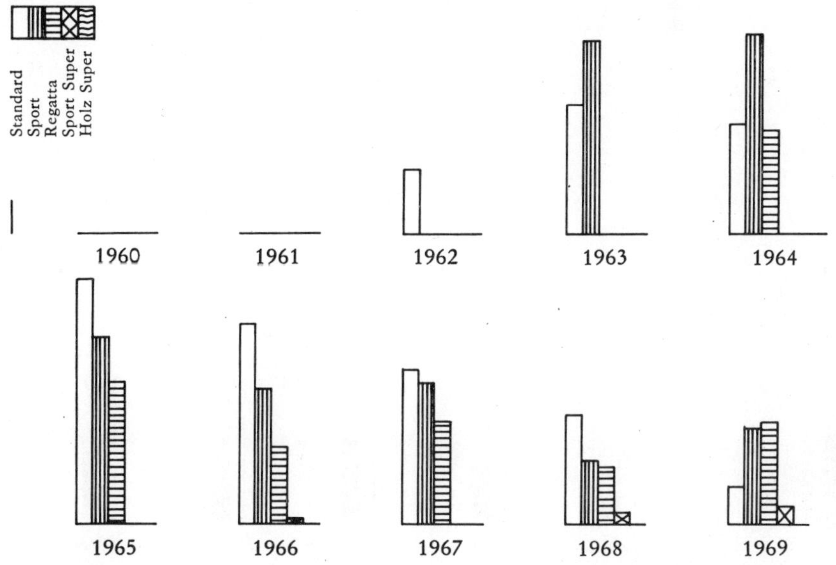

Abbildung 4 a: Exporte der verschiedenen Korsar-Typen (in Prozentwerten). Werden die Prozentsätze nach Typen aufaddiert, so ergibt sich der Exportanteil aller Korsar-Typen am Gesamtabsatz mit Korsaren.

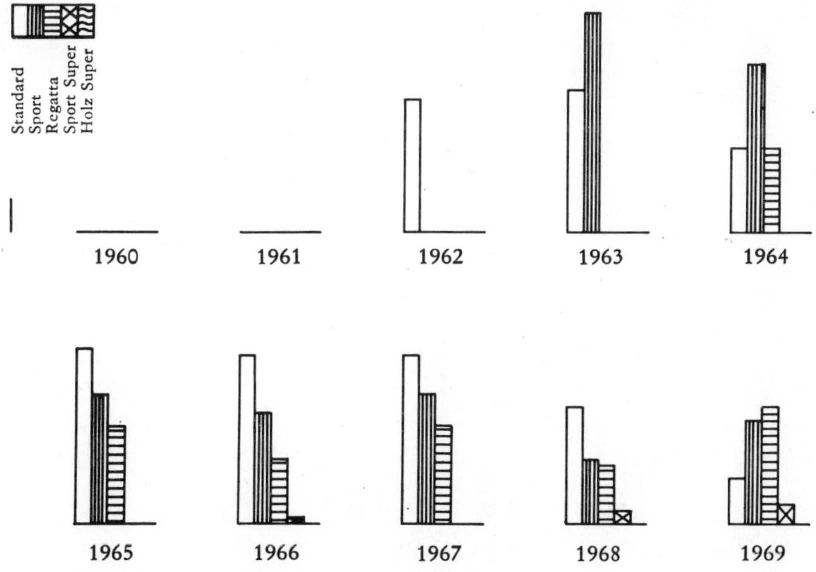

Abbildung 5: Absatzentwicklung der Robby-Jolle.

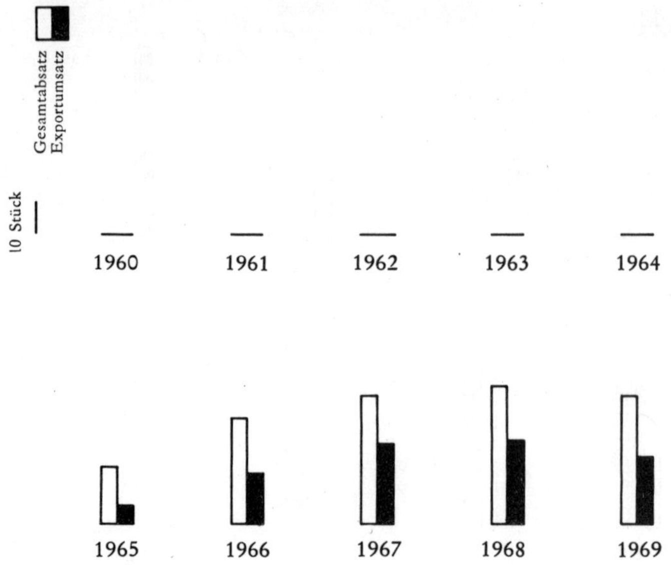

Abbildung 6: Absatzentwicklung der Type FD (1970 ausgeschieden).

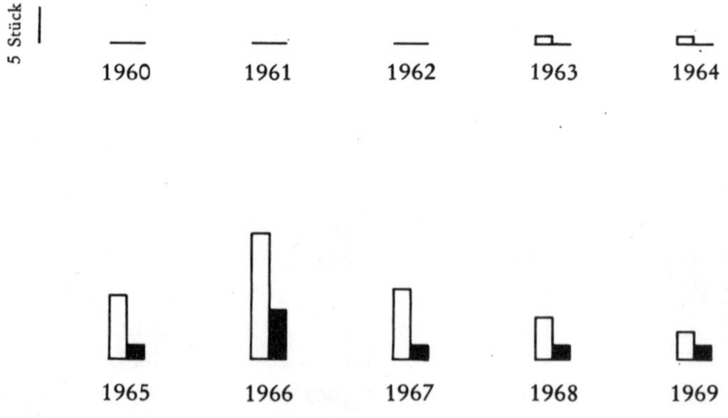

Abbildung 7: Absatzentwicklung der Type Mirabell (1969 ausgeschieden).

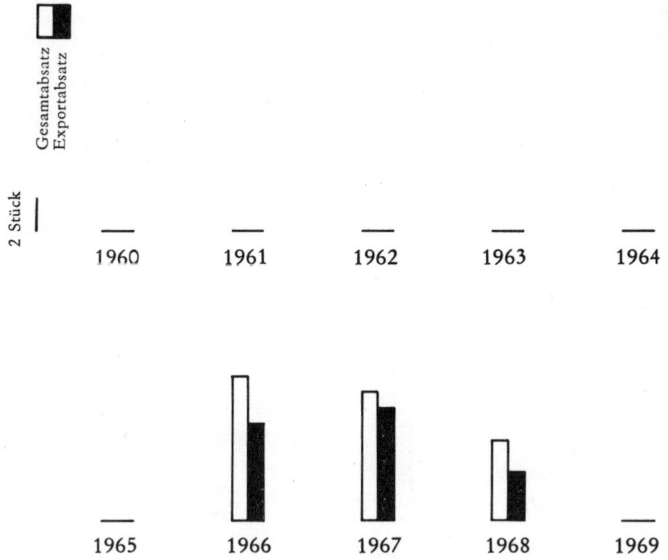

Abbildung 8: Absatzentwicklung der Type Sunbeam.

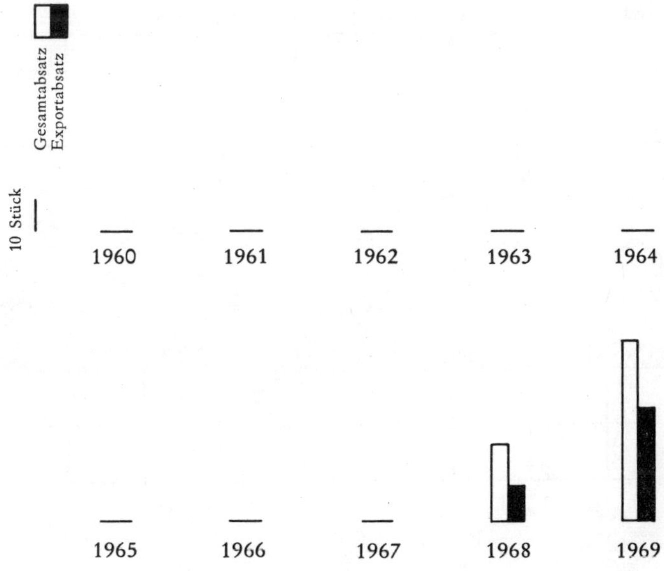

Abbildung 9: Entwicklung der Absätze der einzelnen Typen in der BRD.

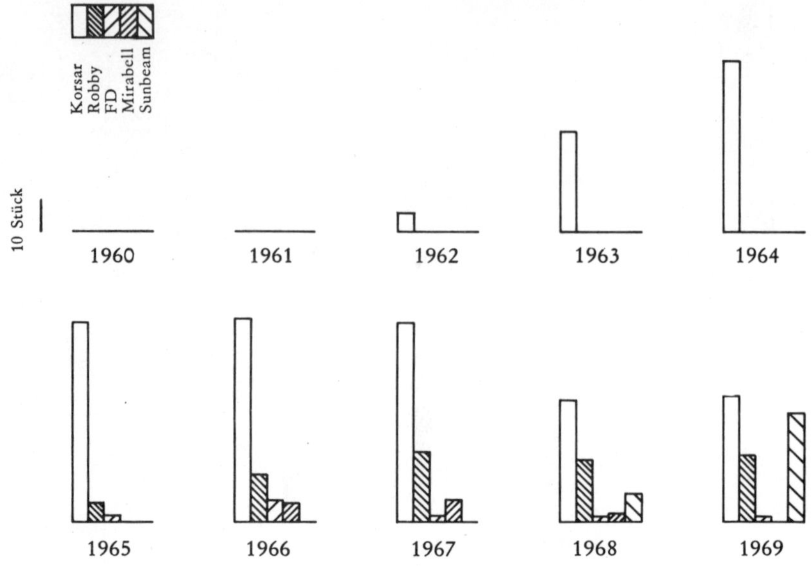

Abbildung 10: Konjunkturzyklus der Bundesrepublik Deutschland[5].

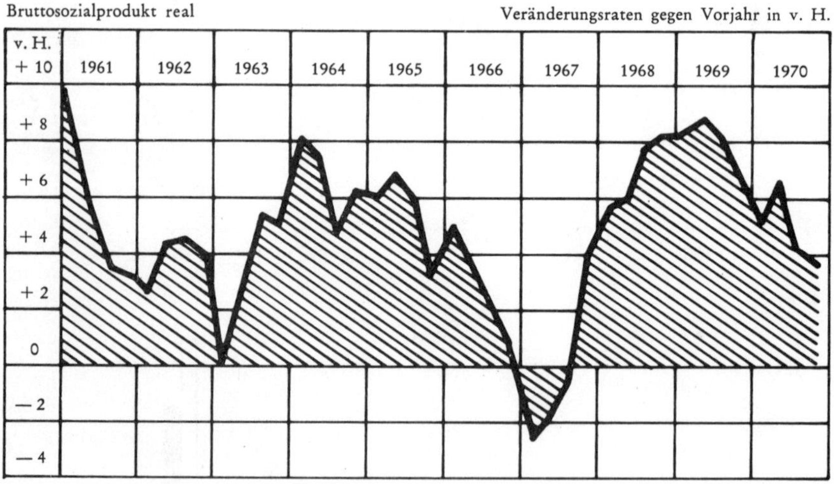

In Abbildung 4 wurde die Exportentwicklung in den einzelnen Modellen dargestellt. Die dabei angeführten Prozentsätze geben den jeweiligen Anteil der verschiedenen exportierten Modelle am Gesamtabsatz (Inlandsabsatz und Export) an. Aus dieser Darstellung geht klar hervor, daß 1963 und 1964 das Modell „Sport" Spitzenreiter war und 1965 bis 1968 das Modell „Standard" die Führung übernahm. Erst durch den starken Exportrückgang des „Standard" im Jahre 1969 wurde die weitere Führung vom „Regatta" und dem „Sport-Super" übernommen.

Die Robby-Jolle:

Wie aus Abbildung 5 ersehen werden kann, übertreffen von 1967 bis 1969 die Exporte den Inlandsabsatz. Ab dem Jahre 1968 nimmt der Export dem Gesamtabsatz entsprechend absolut ab, steigt jedoch im Jahre 1970 unerwartet hoch an, ohne daß dafür besondere Gründe angegeben werden könnten. Die Exportentwicklung des Jahres 1970 konnte aus firmeninternen Gründen leider nicht mehr angegeben werden.

Der Flying Dutchman:

Von der Type „FD" gelang es lediglich im Jahre 1966, eine einigermaßen vertretbare Stückzahl von sieben Booten zu exportieren. In den übrigen Jahren konnten jeweils nur zwei Boote ins Ausland abgesetzt werden (siehe Abb. 6).

Die Mirabell:

Von der „Mirabell" wurden in der Zeit von 1965 bis 1968 insgesamt 23 Boote produziert und davon 16 Boote exportiert (siehe Abb. 7).

Die Sunbeam:

Die „Sunbeam" entwickelte sich von Anbeginn auch im Export vorzüglich. Be reits im ersten Jahr, in dem sie auf den Markt kam, konnten 11 Boote exportiert werden. Das waren 48 Prozent der gesamten Jahresproduktion dieser Type. Im Jahre 1969 konnte der Export bereits auf 35 Stück gesteigert werden, was einen Exportanteil von 69 Prozent an der gesamten Jahresproduktion bedeutete.

Die Absatzentwicklung auf den einzelnen Exportmärkten

Während der ganzen hier beobachteten Entwicklungsperiode lag die Bundesrepublik Deutschland als Exportmarkt weit an der Spitze. Mit großem Abstand folgte die Schweiz. Die Exporte in andere Länder sind dagegen gering.

Da der überwiegende Exportanteil in die Bundesrepublik ging, wurde die gesamte Absatzentwicklung sowie die der Teilabsatzgebiete der einzelnen Bundesländer untersucht. Berlin wurde als eigenes Absatzgebiet betrachtet. Hamburg wurde zu Schleswig-Holstein und Bremen zu Niedersachsen gezählt.

Diese differenzierte Betrachtung bietet elementare Grundlagen für einen optimalen Einsatz absatzpolitischer Maßnahmen in der BRD. Dies gilt besonders für die Beurteilung des Einsatzes regionaler Vertretungen [2].

Die Absatzentwicklung der einzelnen Typen auf dem Markte der gesamten Bundesrepublik Deutschland

In Abbildung 9 wird der Entwicklungsverlauf des Absatzes der einzelnen Typen in der BRD dargestellt.

Besonders augenfällig ist dabei der starke Rückgang des Korsar-Absatzes während des Jahres 1968, der, wie erwähnt, wahrscheinlich durch das starke Vordringen des „470“ mitverursacht wurde.

Ein leichter Rückgang mußte 1968 erstmalig auch beim Absatz der Robby-Jolle hingenommen werden.

Ebenso kam es 1968 aus den bekannten Gründen zu einem starken Rückgang des Absatzes der „Mirabell“-Type, deren Produktion im selben Jahr eingestellt wurde. Ausgezeichnet entwickelte sich dagegen der Absatz der „Sunbeam“.

Die Auswirkungen der wirtschaftlichen Rezession in der Bundesrepublik Deutschland von 1966 bis 1967 auf den Bootsabsatz

Bemerkenswert scheint es, daß die Absatzentwicklung auf dem Markte der BRD in keiner Weise mit der Konjunkturentwicklung korrelierte [3]. Ganz im Gegenteil ist gerade das Jahr 1967 — das Jahr der großen Rezession in der BRD —, jenes Jahr, wo sowohl der Absatz der „Mirabell“ als auch der der „Robby-Jolle“ immer weiter anstieg. Auch mit dem „Korsar“ konnten immer noch Höchstabsätze erzielt werden.

Über die Absatzlage der deutschen Bootshersteller berichtet die Zeitschrift „Bootswirtschaft“, daß das Bootsbauhandwerk die Rezession kaum zu spüren bekommen hat und die Beschäftigung und Absatzlage wie 1966 anhaltend gut waren [4]. Es sei jedoch betont, daß es gerade die stark modeunterworfene Segelbootbranche der einzelnen Unternehmung durchaus ermöglicht, den eigenen Absatz trotz eines allgemeinen Nachfragerückganges auf Kosten der Konkurrenz zu steigern.

Die Absatzentwicklung der einzelnen Typen auf den Teilmärkten der Bundesrepublik Deutschland

Der Absatzmarkt Bayern

Für die Periode nach 1963 kann Bayern als das beste Teilabsatzgebiet der BRD betrachtet werden. Das betrifft vor allem den „Korsar“-Absatz. Der Grund dafür dürfte in der geographischen Nähe dieses Absatzgebietes liegen und auch in der Tatsache, daß sich der „Korsar“ in Süddeutschland ganz allgemein besonderer Beliebtheit erfreute [6].

In diesem Gebiet überwog der Direktverkauf. SCHÖCHL-Boote wurden aber auch von einem Händler am Chiemsee und von der Firma SPORTSCHECK in München abgesetzt. Beide verkauften nur als freie Händler und genossen keinerlei Gebietsschutz. Sie waren zu keiner bestimmten Abnahme verpflichtet, womit auch das Maß ihrer Absatzbemühungen völlig ihrer eigenen Entscheidung überlassen blieb. Der Lohn für ihre Bemühungen bestand in den ihnen gewährten Wiederverkaufsrabatten und den ihnen freigestellten Preisaufschlägen.

Der Absatzmarkt Baden-Württemberg

Als Absatzhelfer für den Markt Baden-Württemberg diente vor allem die internationale Bootsausstellung in Friedrichshafen am Bodensee. Seit der Eröffnung dieser Ausstellung im Jahr 1961 ist die Firma SCHÖCHL jährlich mit einem eigenen Stand vertreten. Auch auf diesem Markt wurde zum größten Teil direkt verkauft.

Ab 1969 wurde zusätzlich über einen Händler verkauft. Auch er erhielt keinerlei Gebietsschutz. Es handelte sich um einen sehr qualifizierten Händler, dessen Ambitionen jedoch von der Firma SCHÖCHL in den letzten Jahren nicht mehr ganz befriedigt werden konnten, denn der „Korsar" ließ sich auch von tüchtigen Verkäufern nur mehr schwer absetzen. Die „Robby-Jolle" war einer sehr starken Konkurrenz ausgesetzt, und die Erfolgstype „Sunbeam" mußte erst anlaufen.

Als jedoch die Serienproduktion der „Sunbeam" anlief und daraufhin die vorhandene Produktionskapazität bald mit Direktverkäufen ausgelastet werden konnte, entschloß man sich in der Firma SCHÖCHL, den wesentlich teureren Absatz über den Handel einzuschränken [7].

Der Absatzmarkt Hessen

Auch für den Raum Hessen bedeutete die Bootsausstellung in Friedrichshafen eine entscheidende Absatzhilfe. Außerdem wurde auch auf der alljährlich im Frühjahr stattfindenden Boots- und Campingmesse in Essen ausgestellt.

Im Jahre 1966 trat eine in der Segelbootsbranche neu etablierte Bootsvertriebsfirma an die Bootswerft SCHÖCHL heran, um die Generalvertretung für das Gebiet Hessen zu übernehmen. Hinter dieser Firma stand eine große Bauunternehmung, die im Rahmen ihrer Diversifikation nach einer rentablen Investitionsmöglichkeit in der Bootsbranche suchte. Die Firma SCHÖCHL stimmte der gewünschten Generalvertretung zu, und noch im selben Jahr übernahm die Vertriebsfirma eine Anzahl von Booten gegen Barzahlung.

Dies führte im Jahre 1966 zu einer starken Absatzerhöhung im Gebiet Hessen bei allen Typen (siehe Abb. 13). Allerdings stellte sich bald heraus, daß der Leiter dieser Bootsvertriebsfirma nicht in der Lage war, die übernommenen Boote auch entsprechend abzusetzen. Für das Jahr 1967 konnten von dieser Firma keine weiteren Boote übernommen werden, und die Zusammenarbeit wurde Ende des gleichen Jahres wieder aufgelöst.

Im Jahre 1968 entschloß sich die Vertriebsfirma, ihre Tätigkeit einzustellen und verkaufte im Zuge ihrer Auflösung die noch lagernden Boote zu stark reduzierten Preisen, was sich auf den von der Firma SCHÖCHL nun wieder aufgenommenen Direktabsatz des Jahres 1968 und 1969 äußerst negativ auswirkte (siehe Abb. 13). Seit diesem Zeitpunkt wurde der Direktabsatz in diesem Gebiet beibehalten und keine weiteren Anstrengungen unternommen, um über Vertretungen abzusetzen [8].

Der Absatzmarkt Nordrhein-Westfalen

Auch in Nordrhein-Westfalen wurde der Absatz ausschließlich durch Direktverkäufe erzielt. Wieder diente die bereits erwähnte Boots- und Campingmesse in Essen als Verkaufsbelebung.

Anstrengungen, über eine Vertretung abzusetzen, wurden nicht gemacht. Die Firma SCHÖCHL vertrat die Meinung, daß durch die relativ hohen Kosten einer Vertretung (Wiederverkaufsrabatt) der Gesamtgewinn nicht nennenswert zu steigern gewesen wäre [9].

Der Absatzmarkt Rheinland- Pfalz

Auch im Gebiet Rheinland-Pfalz wurde nach demselben Prinzip des Direktabsatzes gearbeitet. Die Bootsausstellung in Friedrichshafen diente auch hier der Absatzförderung [10].

Der Absatzmarkt Niedersachsen

Dieser Teilmarkt, der auch Bremen einschließt, wurde über die Hamburger Bootsausstellung bearbeitet. Allerdings dürfte dieses Gebiet geographisch bereits eindeutig zu weit für einen Direktabsatz entfernt sein. Dies drückt sich auch in der unbefriedigenden Absatzentwicklung aus [11].

Der Absatzmarkt Schleswig-Holstein

In den Absatzmarkt Schleswig-Holstein wurde auch Hamburg eingeschlossen. Hier wird noch deutlicher, daß sich der Absatz mit zunehmender geographischer Entfernung vermindert. In diesem Zusammenhang soll jedoch ausdrücklich darauf hingewiesen werden, daß die Ursache dafür nicht in den Transportkosten zu suchen ist, sondern lediglich in der mangelnden Bearbeitung des Marktes.
Wie die Abbildung 17 zeigt, kam in den Jahren 1968 und 1969 der Absatz schließlich ganz zum Erliegen. In den Jahren 1964 und 1965 wurde lose mit einem Händler zusammengearbeitet, was sich auf den Absatz günstig ausgewirkt hatte.

Der Absatzmarkt Berlin [12]

Die Teilnahme an der Wassersportausstellung 1963 in Berlin brachte keinen Erfolg. Daraufhin versuchte man, mit Händlern zusammenzuarbeiten, ein Erfolg blieb aber auch hier beinahe gänzlich aus. Die Firma SCHÖCHL war der Meinung, daß die Ursache für den mangelnden Erfolg bei den Händlern lag [13].

Die Absatzentwicklung in der Schweiz

In der Abbildung 19 wird die Absatzentwicklung in der Schweiz dargestellt. Besonders augenfällig ist das Absatzergebnis des Jahres 1965. Dieser relativ hohe Absatz konnte nur erzielt werden, weil in der Schweiz über den Handel abgesetzt wurde. Dabei fungierte als Generalvertretung für die gesamte Schweiz in der Zeit von 1963 bis 1966 das Kaufhaus Jelmoli in Zürich.

Abbildung 11: Absatzmarkt Bayern.

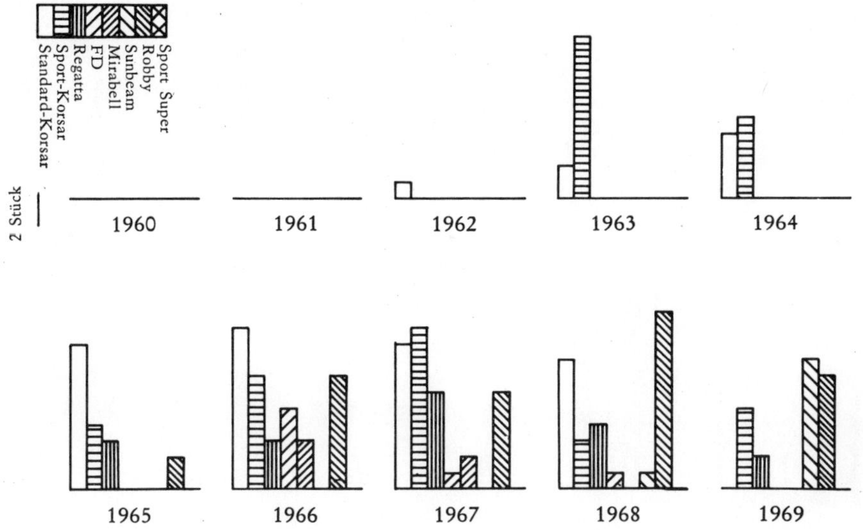

Abbildung 12: Absatzmarkt Baden-Württemberg.

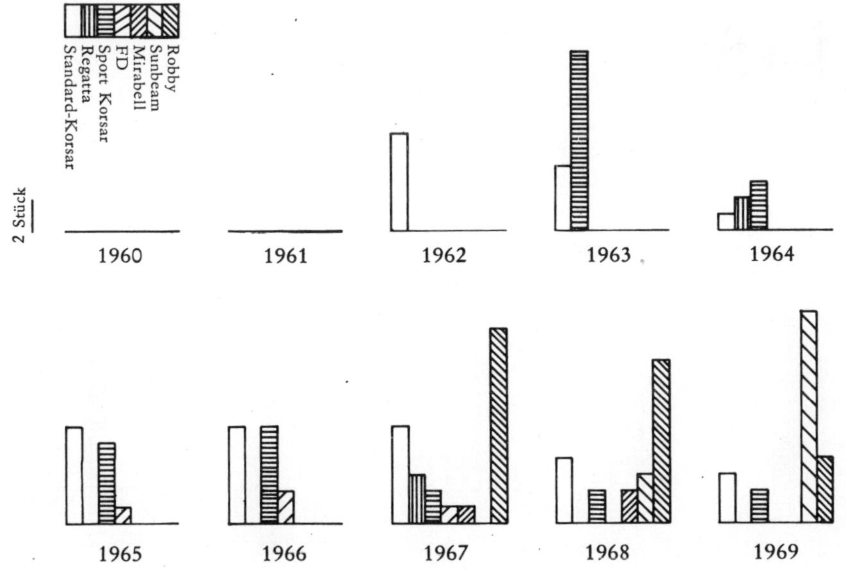

Abbildung 13: Absatzmarkt Hessen.

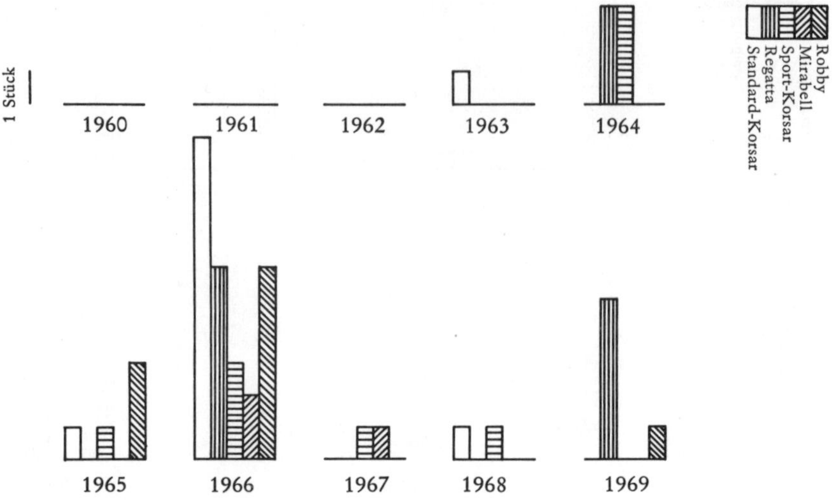

Abbildung 14: Absatzmarkt Nordrhein-Westfalen.

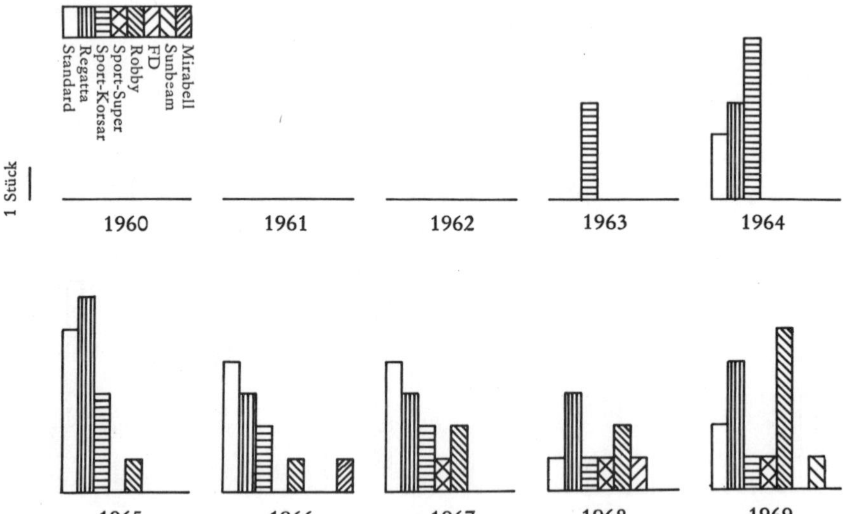

Abbildung 15: Absatzmarkt Rheinland-Pfalz.

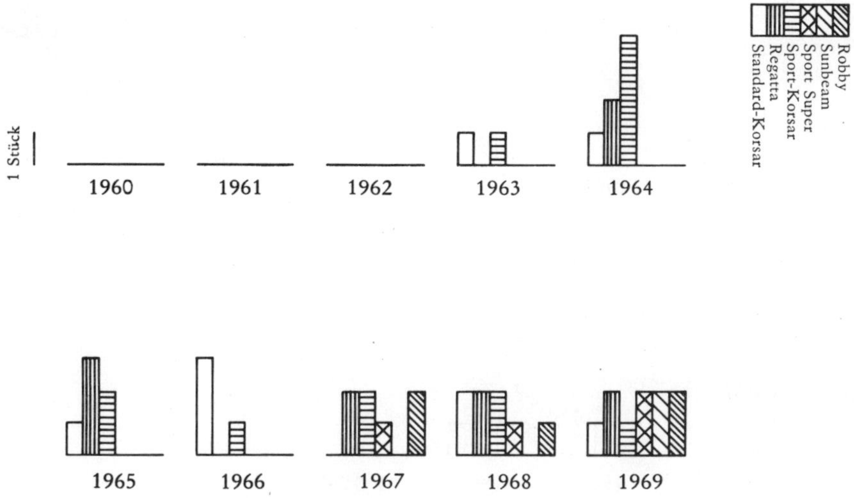

Abbildung 16: Absatzmarkt Niedersachsen.

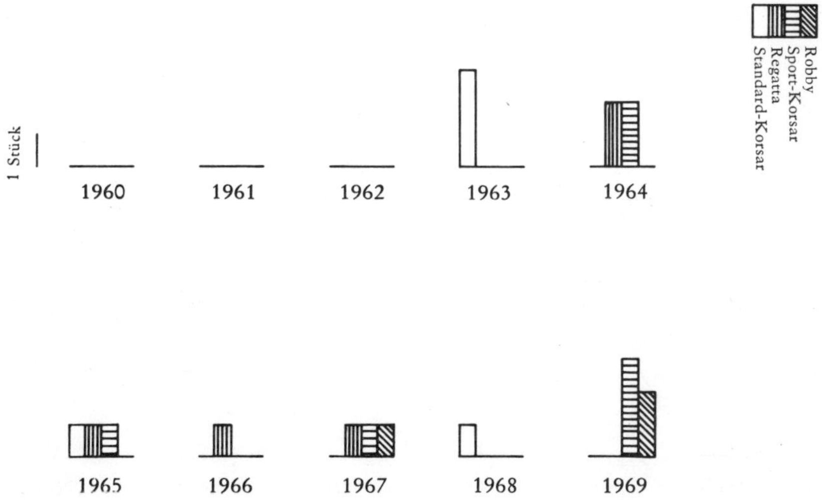

Abbildung 17: Absatzmarkt Schleswig-Holstein.

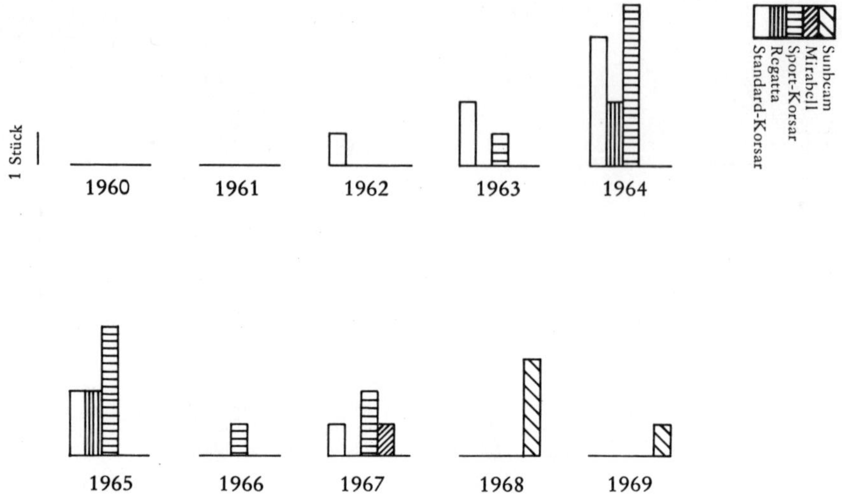

Abbildung 18: Absatzmarkt Berlin.

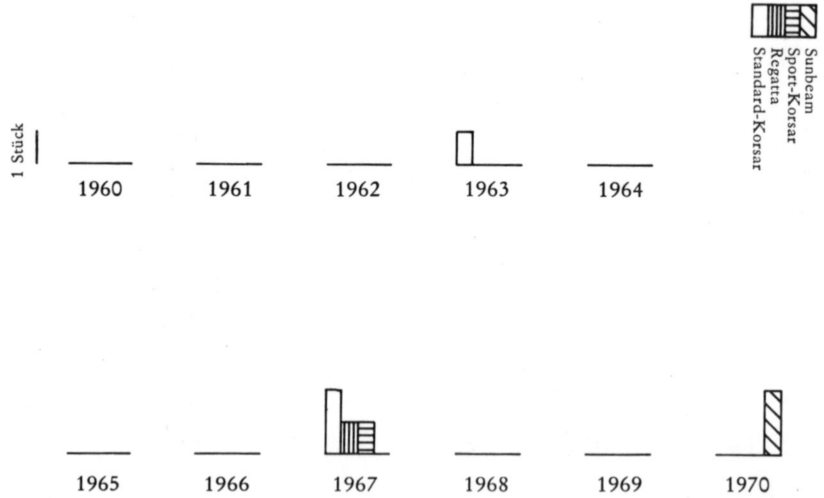

Abbildung 19: Absatzmarkt Schweiz.

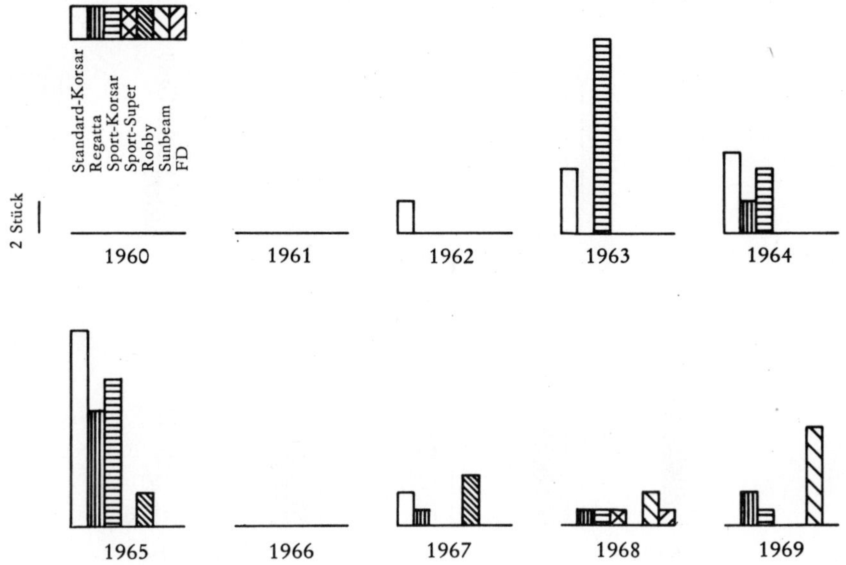

Abbildung 20: Absatzmarkt Österreich

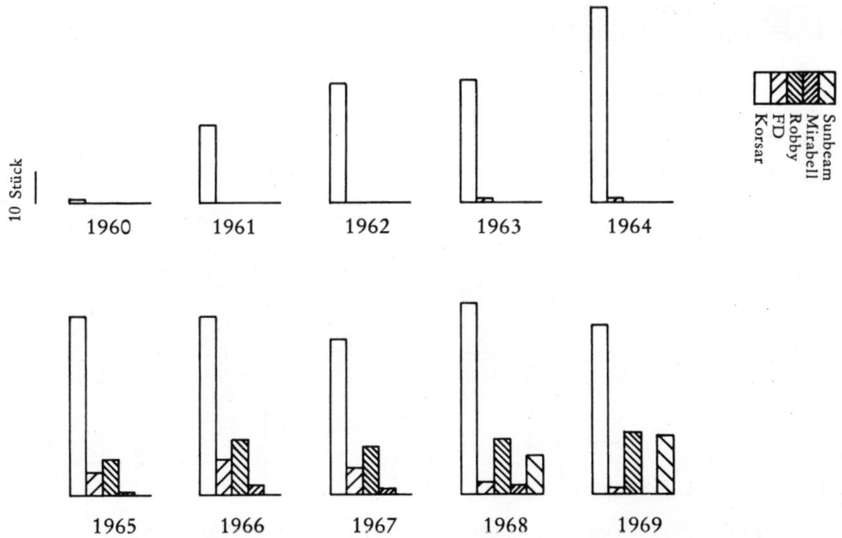

Abbildung 21: Absatzentwicklung der Korsar-Ausführungen in Österreich.

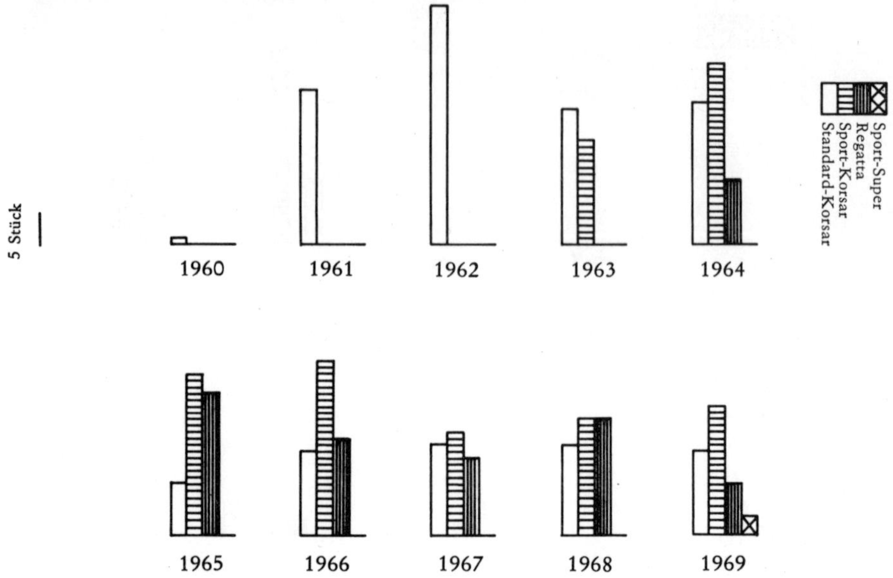

Abbildung 22: Beitrag der einzelnen Typen zum Gesamtumsatz.

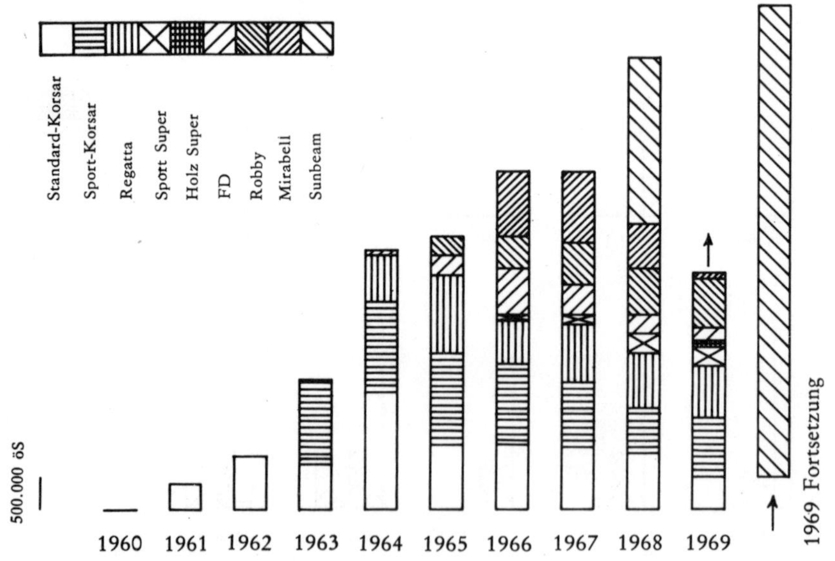

Abbildung 23: Umsatzentwicklung der Bootswerft SCHÖCHL (Umsatzentwicklung in absoluten Zahlen).

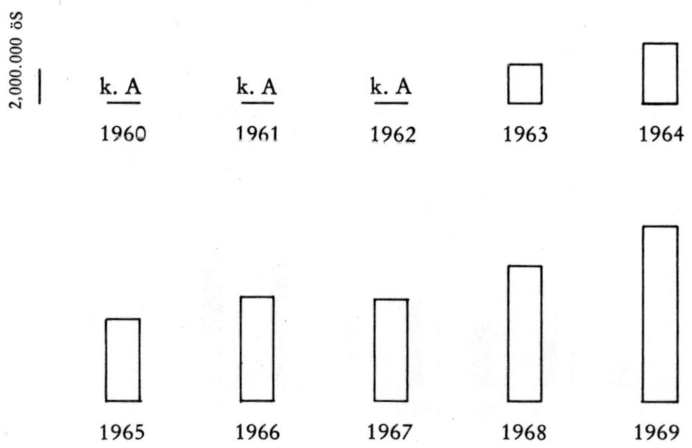

Abbildung 23 a: Umsatzentwicklung der Bootswerft SCHÖCHL (prozentuelle Veränderung des Umsatzes im Vergleich zum jeweiligen Vorjahr).

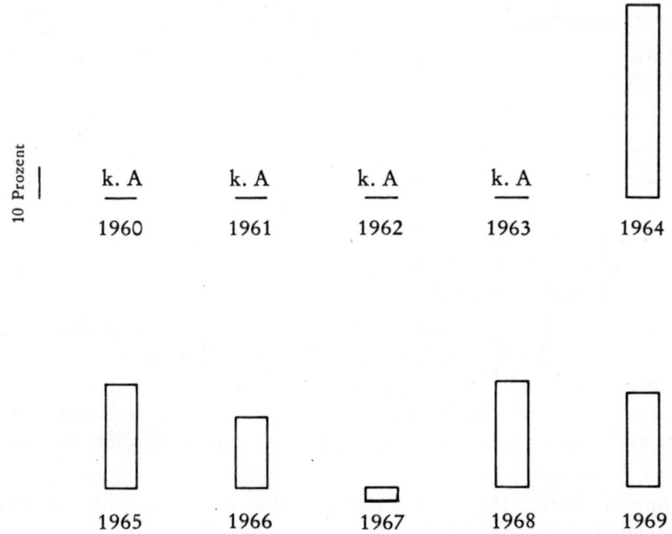

Abbildung 24: Vergleich des für Investitionen freien Deckungsbeitrag III mit den tatsächlich durchgeführten Investitionen.

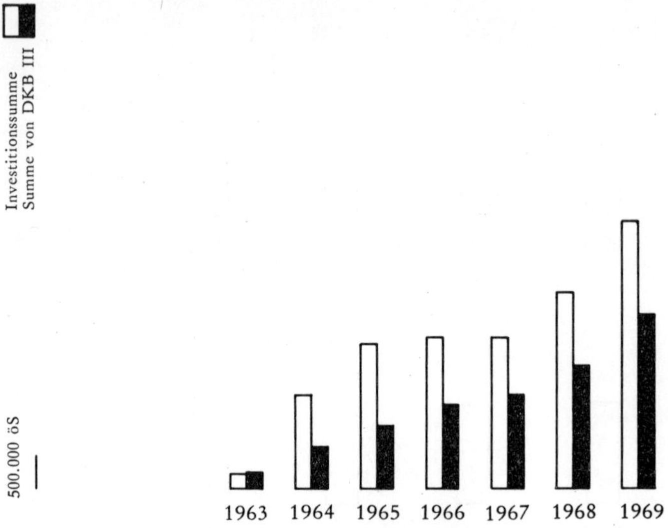

Das Vordringen von französischen Konkurrenzbooten im Sortiment von Jelmoli sowie eine nach Meinung der Firma SCHÖCHL von Jelmoli zu großzügig gehandhabte Garantie- und Serviceleistung, die im vollen Umfang der Firma SCHÖCHL rückverrechnet wurde, führten schließlich im Jahre 1966 zur Auflösung der Geschäftsverbindungen.

Die Schweiz blieb daraufhin zwei Jahre ohne Vertretung, und der weitere Absatz erfolgte ausschließlich durch Direktverkäufe.

Das Absatztief, das 1966 bis 1968 eintrat, ist sicher vor allem auf den Mangel einer Vertretung zurückzuführen. Gleichzeitig machte sich eine allgemein rückläufige Tendenz der „Korsar"-Nachfrage in der Schweiz bemerkbar.

Obwohl man sich in der Firma SCHÖCHL über den Nachteil des Direktabsatzes in der Schweiz bewußt war, wurden keine großen Anstrengungen gemacht, einen geeigneten Vertreter zu finden. Die Führung war bereits voll und ganz mit der anlaufenden „Sunbeam"-Produktion beschäftigt.

Erst 1969 wurde durch Zufall ein Vertreter gefunden. Es handelte sich dabei um eine Firma, die sich selbst mit der Herstellung von Kunststoffbooten beschäftigte, sich jedoch durch die gespannte Lage auf dem Arbeitsmarkt mehr dem Bootshandel zuwenden wollte. Sie erhielt 1969 die Vertretung für die gesamte Schweiz. Dies wirkte sich vor allem auf den Absatz der „Sunbeam" aus, die bereits das Schwergewicht der Produktion bildete.

Aus sprachlichen Gründen wurde 1970 auf Initiative von Fritz Schöchl das Absatzgebiet des bisherigen Vertreters auf die deutsche Schweiz eingeschränkt und für die romanische Schweiz eine eigene Vertretung geschaffen. Der Erfolg wurde bereits im Jahre 1970 sichtbar, als sich der „Sunbeam"-Absatz in der Schweiz gegenüber dem Vorjahr verdoppelte. Davon entfiel die Hälfte des Absatzes auf die romanische Schweiz, einem Gebiet, in dem bisher kaum Absätze erzielt werden konnten.

Bei den Vertretungen in der Schweiz und der BRD handelte es sich um selbständige Handelsvertreter, die auf eigene Rechnung und unter eigenem Namen verkauften. Die Produkte selbst behielten jedoch den Namen der Firma SCHÖCHL.

Die anderen Absatzgebiete des Exportes

Neben den Exporten in die BRD und die Schweiz konnte vereinzelt auch nach Griechenland, Italien, Holland und Dänemark verkauft werden.
Nur in Italien versuchte man, eine eigene Vertretung aufzubauen. Leider ergaben sich dabei bereits bei der ersten Lieferung große Schwierigkeiten, weil die italienische Firma ihren Zahlungsverpflichtungen nicht nachkam.

Daraufhin wurden die Geschäftsbeziehungen abgebrochen und keine weiteren Versuche mehr unternommen, eine andere Vertreterfirma zu finden, weil man in Italien ohnedies keine allzu großen Absatzmöglichkeiten erwartete.

Ebensowenig wurden Versuche unternommen, in anderen Ländern Vertreterfirmen zu finden, da dies durch die fortwährend gut ausgelastete Produktionzskapazität nicht unmittelbar notwendig erschien.

Die Absatzabwicklung auf dem österreichischen Markt

Wie aus Abbildung 20 deutlich hervorgeht, lagen in den Jahren von 1964 bis 1969 die Absätze der „Korsar"-Type (alle Modelle zusammengenommen) zwischen 50 und 60 Stück. Eine weitgehende Konstanz weist auch der Absatz der „Robby-Jolle" auf, der zwischen 1965 und 1969 ständig im Bereich von 10 bis 20 Stück lag. Mit der „Sunbeam" konnten, wie das Schaubild zeigt, von Anfang an sehr gute Absätze erzielt werden. Dies weist darauf hin, daß auch in Österreich, trotz der relativ kleinen Segelreviere ein sehr guter Absatzmarkt für eine solche Type vorhanden ist. Die Gründe für die spärliche, unbefriedigende Absatzentwicklung der Type „Mirabell" und „FD" sind hinlänglich bekannt.

In Abbildung 21 wurde die Absatzentwicklung der verschiedenen Modelle der Type „Korsar" dargestellt. Dabei zeigt sich, daß die Sportausführung ständig dominierte.

Die Verkäufe erfolgten in Österreich stets direkt an den Kunden. Als große Absatzhilfe erwiesen sich dabei die Wiener Frühjahrs- und Herbstmessen, auf denen seit 1961 jährlich ausgestellt wurde.

Die Marktstellung der Bootswerft SCHÖCHL war in Österreich stets dominant und nahm in den letzten Jahren bereits monopolartigen Charakter an.

Der einzig nennenswerte Konkurrent ist die Schiffswerft Korneuburg, die mit der von ihr gebauten Type „Shark 24" der Type „Sunbeam" sowohl in Österreich als auch in der BRD und der Schweiz Konkurrenz macht.

Tabelle 3: Beitrag der einzelnen Bootstypen (Modelle) zum Gesamtumsatz.

Jahre	1961	1962	1963	1964
Typen / Modelle				
Korsar				
Standard-Korsar	437 700	802 000	704 500	1 810 200
Sport-Korsar			1 224 000	1 416 000
Summe				3 226 200
Regatta-Korsar				707 200
Summe				
Sport-Super-Korsar				
Summe				
Holz-Korsar				
Summe der Korsare	437 700	802 000	1 928 500	3 933 400
FD			17 000	30 000
Summe			1 945 500	3 963 400
Robby				
Summe				
Mirabell				
Summe				
Sunbeam				
Summe				
Manta				

Dieser vorzüglichen Marktstellung in Österreich, die sich die Firma SCHÖCHL vor allem durch ihre hohe Qualität der Verarbeitung ihrer Produkte schuf, kam, wie bereits erwähnt, auch der Umstand zugute, daß Zoll und Ausgleichssteuer die Einfuhr von Booten aus EWG-Ländern mit etwa 36 Prozent belasteten, der Export in die BRD demgegenüber jedoch nur mit etwa 4 Prozent belastet wurde.

Der Beitrag der einzelnen Typen und Modelle zum Gesamtumsatz

In Tabelle 3 wird angegeben, welchen Beitrag die einzelnen Typen und Modelle zum jährlichen Gesamtumsatz leisteten.

Bei den angegebenen Schillingbeträgen ist jedoch darauf zu achten, daß sie lediglich durch die Multiplikation von abgesetzter Menge der einzelnen Typen bzw. Modelle mit den jeweiligen Listenpreisen (siehe Tab. 1 und Tab. 2) errechnet wurden. Preisnachlässe (einschließlich sonstiger Erlösschmälerungen) und der zusätzliche Verkauf von Extras wurden dabei nicht berücksichtigt. Es darf jedoch angenommen werden, daß die Differenz aus den zusätzlich verkauften Extras einerseits und den gewährten Preisnachlässen andererseits nicht so groß ist, als daß dadurch die Aussagefähigkeit der so ermittelten Beträge entscheidend gestört werden würde.

Die Entwicklung dieses Umsatzbetrages der verschiedenen Typen bzw. Modelle wurde in Abbildung 22 für die von uns betrachtete Periode graphisch dargestellt.

1965	1966	1967	1968	1969
1 081 000	1 012 000	950 000	821 500	503 500
1 350 000	1 200 000	1 026 000	770 000	962 500
2 431 000	2 212 000	1 976 000	1 591 000	1 466 000
1 188 000	729 000	840 000	796 500	737 500
	2 941 000	2 816 000	2 388 000	2 203 500
	32 000	192 000	352 000	320 000
				2 523 500
				105 000
3 619 000	2 973 000	3 008 000	2 470 000	2 628 500
324 000	760 000	450 000	282 000	192 000
3 943 000	3 733 000	3 458 000	3 022 000	2 820 500
272 000	501 900	680 000	731 000	720 000
4 215 000	4 234 900	4 138 000	3 753 000	3 540 500
	990 000	1 080 000	600 000	120 000
	5 224 900	5 218 000	4 353 000	3 660 500
			2 720 000	5 320 000
			7 073 000	8 980 500

Dabei wurde so vorgegangen, daß der Umsatz neu in das Produktionsprogramm aufgenommener Typen (Modelle) einfach durch eine neue Kurve auf die oberste Umsatzkurve der vorangegangenen Typen (Modelle) aufgetragen und entsprechend der Absatzentwicklung fortgeführt wurde. Durch den Verlauf der Kurven kann die Verschiebung der Relationen, in denen die einzelnen Produkte in der gegenständlichen Periode zum Gesamtumsatz beigetragen haben, verfolgt werden. Die Umhüllungskurve der gesamten Kurvenschar stellt die Entwicklung des Gesamtumsatzes aus Bootsverkäufen dar.

Die bilanzmäßige Umsatzentwicklung

Mit der Betrachtung der Entwicklung des bilanzmäßigen Umsatzes wurde mit dem Jahre 1963 begonnen. Erst ab diesem Jahr wurde die Produktion der Tischlerei — die allerdings in den vorangegangenen Jahren kaum nennenswerte Umsätze erbrachte — gänzlich eingestellt.

Dabei stellen die einzelnen Jahresumsätze die jeweilige Summe der Ertragsseite des Gewinn- und Verlustkontos der Bilanz dar. Daher ist zu beachten, daß die in Tabelle 1 und Abbildung 23 angegebenen Jahresumsätze nicht nur die Erlöse aus Bootsverkäufen, sondern ebenso die Erlöse aus Barverkäufen von Bestandteilen, Segelausrüstung usw. wie auch die Erlöse aus Bootseinlagerungen, Lieferantenskonti, Umsatzboni und aufgelöste Rücklagen enthalten. Dies hat zur Folge,

Tabelle 4: Die Entwicklung der für Reinvestitionen freien Mittel.

Zeile	Bezeichnung	1963	1964
1	Brutto-Umsatz Inland	1 044 700	1 620 000
2	Brutto-Umsatz Ausland	1 220 200	1 913 000
3	Brutto-Gesamtumsatz	2 408 700	3 854 000
4	— Umsatzsteuer	58 600	82 500
5	Brutto-Gesamtumsatz — Umsatzsteuer	2 350 100	3 771 500
6	— Aufwände	1 927 000	2 956 000
7	Deckungsbeiträge I	423 100	815 000
8	— Steuern und Abgaben (ohne Umsatzsteuer)	56 700	121 500
9	Deckungsbeiträge II	366 400	694 000
10	Privatentnahmen, private Sonderausgaben und private Steuern	110 000	289 000
11	Deckungsbeiträge III (= freie Mittel für Reinvestition)	256 400	405 000
12	Tatsächliche Investitionen	237 200	1 205 900

Kommentar zur Tabelle 4:

Zeile 1 und 2: Der Bruttoumsatz Inland und der Bruttoumsatz Ausland umfaßt neben den Erlösen aus Bootsverkäufen auch die Erlöse aus Barverkäufen von Segelausrüstungsgegenständen, Ersatzteilen usw.

Zeile 3: Der Bruttogesamtumsatz ist größer als die Summe aus Bruttoumsatz Inland und Bruttoumsatz Ausland, denn er beinhaltet zusätzlich die gesamten Provisionserlöse, Lieferantenskonti, Zinserlöse, sonstigen Erlöse, Umsatzboni, Erlöse aus Bootseinlagerungen, Versicherungsrückersätze, Frachtrückersätze, Messevergütungen der Bundeskammer und dergleichen.

Zeile 4: Beinhaltet die jährliche Umsatzsteuer, die wir vom Bruttogesamtumsatz abziehen.

Zeile 5: Ergibt den Bruttogesamtumsatz minus Umsatzsteuer.

Zeile 6: Umfaßt die jährlichen Aufwände, die sich zusammensetzen aus: Materialeinsatz, Personalkosten, Vertriebs- und Verwaltungskosten, sonstigem Aufwand wie Miete, Versicherung, Geldverkehrsspesen, Gewährleistung usw.

daß natürlich die in Abbildung 26 dargestellte Kurve der Umsatzentwicklung höhere Werte aufweist, als dies bei der Umhüllungskurve in Abbildung 25 der Fall ist.

Bei der in Abbildung 23 dargestellten Umsatzkurve sehen wir im Jahre 1967 einen deutlichen Umsatzrückgang. Die Ursache dafür wäre bei oberflächlicher Analyse in der Annahme zu suchen, daß dieser Rückgang eine Auswirkung der Rezession in der BRD darstellt. Bei einem Vergleich mit der Abbildung 9 sehen wir aber, daß in der BRD in diesem Jahr nur der Absatz der Type FD stark zurückgegangen war. Dagegen konnte aber der „Korsar"-Absatz des Vorjahres bis auf ein Boot erreicht und bei der Type „Mirabell" von sechs auf sieben und bei der „Robby-Jolle" von 17 auf 22 Boote gesteigert werden.

Anders verhielt es sich auf dem österreichischen Markt, wo der Absatz beim „Korsar von 55 auf 48 Stück, beim „FD" von 11 auf 8 Stück, bei der „Robby-Jolle"

1965	1966	1967	1968	1969
1 916 200	2 994 200	2 733 300	4 548 500	5 585 400
2 572 900	2 782 800	3 074 200	3 100 700	4 434 000
5 094 900	6 391 600	6 114 200	8 167 700	10 739 400
109 400	154 300	160 000	262 200	303 400
4 985 500	6 237 300	5 954 200	7 905 500	10 436 000
4 309 600	5 254 600	4 878 000	6 415 600	8 291 900
675 900	982 700	1 076 200	1 489 900	2 144 100
144 400	289 300	239 200	369 000	433 400
531 600	693 400	837 000	1 120 900	1 710 700
253 500	325 400	682 000	640 800	959 100
278 100	368 000	154 400	480 100	751 600
827 000	85 400	47 600	639 400	1 104 300

Nicht wurden zu den Jahresaufwänden die Investitionsrücklagen gemäß § 6 d. EStG, die Steuern, Abgaben und die Abschreibung gezählt!

Zeile 7: Ergibt die Differenzen aus Zeile 5 minus Zeile 6, die wir als Deckungsbeiträge I bezeichnen wollen.

Zeile 8: Umfaßt die Steuern und Abgaben, ohne Umsatzsteuer.

Zeile 9: Ergibt die Differenzen aus Zeile 7 minus Zeile 8, die wir als Deckungsbeiträge II bezeichnen wollen.

Zeile 10: Beinhaltet die Privatentnahmen, die sowohl die privaten Sonderausgaben als auch die privaten Steuern enthalten. Dazu ist zu bemerken, daß im Durchschnitt mehr als die Hälfte der einzelnen Beträge auf Steuern entfallen.

Zeile 11: Ergibt die Differenzen von Zeile 9 minus Zeile 10, die wir als Deckungsbeiträge III bezeichnen wollen. Dies ist jener Betrag, der für die Bruttoinvestitionen bzw. für die Bildung von Rücklagen frei wurde.

Zeile 12: Enthält die jährlich tatsächlich durchgeführten Investitionen, die den dafür frei gewordenen Mitteln gegenübergestellt werden sollen.

von 17 auf 15 Stück und bei der „Mirabell" von 3 auf 2 Stück zurückging. Eine kurze Überschlagsrechnung ergibt, daß sich Zuwachs und Rückgang im Absatz der einzelnen Typen auf dem Markt der BRD etwa die Waage hielten.

In Österreich waren dagegen in allen Typen Absatzrückgänge zu verzeichnen. Eine dafür vorgenommene Überschlagsrechnung ergibt, daß sich dieser Rückgang auf den gesamten Umsatz mit etwa öS 400 000,— auswirken mußte. Der tatsächliche Rückgang des Gesamtumsatzes betrug jedoch nur etwa öS 300 000,—, was darauf schließen läßt, daß die Erlöse, die nicht aus dem Bootsverkauf stammen, in diesem Jahr gestiegen waren.

Neben der Gesamtumsatzkurve wurde in Abbildung 23 auch die jährlich prozentuelle Zuwachsrate, bezogen auf den jeweils vorangegangenen Umsatz, eingezeichnet (strichlierte Linie). Daraus geht folgende Entwicklung der Zuwachsraten des Gesamtumsatzes hervor:

1964	60 Prozent	1967	— 4 Prozent
1965	32 Prozent	1968	33 Prozent
1966	27 Prozent	1969	29 Prozent

Als Vergleich dazu sei erwähnt, daß man den internationalen Branchenzuwachs im Durchschnitt mit etwa 25 Prozent annimmt.

Die Entwicklung der für Reinvestitionen freien Mittel

In Tabelle 4 wurden die für Reinvestitionen frei gewordenen Mittel ausgewiesen, um sie in Abbildung 24 mit den tatsächlich durchgeführten Invistitionen zu vergleichen.

Vergleich der für die Reinvestitionen frei gewordenen Mittel mit den tatsächlich durchgeführten Investitionen

In Abbildung 24 erfolgt mittels graphischer Darstellung der Vergleich zwischen den für Investitionen freien DKB III aus Tabelle 4 und den tatsächlich durchgeführten Investitionen.
Bei dieser Darstellung wurde so vorgegangen, daß sowohl die tatsächlich durchgeführten Investitionen als auch die dazu frei gewordenen Mittel ab dem Jahre 1963 im Zeitablauf aufaddiert und ihre Summenkurven gegenübergestellt wurden. Damit konnte ein Überblick geschaffen werden, inwieweit zum jeweiligen Zeitpunkt die Summe der ab 1963 durchgeführten Investitionen durch eigene Mittel gedeckt war. Gleichzeitig erleichtert diese Art des Vergleiches aber auch die Beurteilung der möglichen Rückzahlungszeiten für das investierte Fremdkapital.

Wie aus dem Vergleich beider Kurven hervorgeht, wurde ab dem Jahre 1966 im Verhältnis zu den jährlich frei werdenden eigenen Mitteln nur mehr in mäßigem Umfang Fremdkapital für die jährlichen Investitionen herangezogen. Das spiegelt die Ansicht der Unternehmensleitung wider, die der Meinung war, daß ein gesundes Wachstum der Unternehmung nur bei einem hohen Grad an Selbstfinanzierung gewährleistet sei.

Mit dieser Politik wurde das Risiko einer Illiquidität erheblich vermindert. Dies um so mehr, als der Anteil des Fremdkapitals am gesamten Eigenkapital in den letzten Jahren sehr gering war. Gleichzeitig beschränkte diese Politik aber auch die volle Wahrnehmung der vom Markt gegebenen Chancen zur Expansion der Unternehmung. Das mußte zwangsläufig zu einem Anteilsverlust für solche Unternehmungen führen, die für ihre Investitionen mehr Fremdkapital heranzogen und dadurch schneller expandieren konnten als die eigene Unternehmung.

Die Absatzwege

Der bisher erreichte Absatz konnte auf Grund des guten Renommee der Firma mit einem Minimum an Werbeaufwand bzw. Verkaufskosten erreicht werden und war besonders in den letzten Jahren stets groß genug, um die vorhandene Kapazität auszulasten.

Man begnügte sich mit dem kurzfristigen Ziel der Kapazitätsauslastung und war somit an besonderen Anstrengungen im Bereich des Vertriebes nicht sonderlich interessiert.

Die ständige Expansion des Marktes erforderte aber immer intensivere Absatzanstrengungen auf den bereits belieferten Märkten und ein weiteres Vorstoßen auf neue Märkte, um gegebene Chancen wahrnehmen zu können.

Aber erst durch die zunehmend starke Expansion bedeutender Konkurrenten wurde die Firmenleitung in jüngster Zeit angeregt, über die langfristige Auswirkung dieser einsetzenden Entwicklung nachzudenken.

Dabei stellt sich für die Unternehmensleitung in den Jahren 1969/70 die grundsätzliche Frage, ob eine weitere Expansion angestrebt werden sollte oder nicht. Diese Frage wurde in diesem Zeitpunkt nicht mehr so vorbehaltlos bejaht, wie dies in den vorangegangenen Jahren stets getan wurde, denn man wollte sich nicht wieder mit aufgenommenen Krediten belasten und vertrat auch die Ansicht, daß der gegenwärtige Umfang der Unternehmung gerade noch einen guten Überblick erlaube, der bei einer weiteren Expansion eventuell verlorengehen könnte [14]. Die endgültige Antwort auf die Frage, ob Expansion oder nicht, konnte bisher noch nicht gefunden werden.

Die Firma SCHÖCHL vertritt die Meinung, daß — sollte man sich für die Beibehaltung der gegenwärtigen Produktionskapazität entscheiden — die bisher angewandte Methode des Direktabsatzes mit einem Minimum an Werbung auch noch in nächster Zukunft zur Auslastung der bestehenden Produktionskapazität ausreichen wird.

Sollte man sich jedoch für eine Wachstumspolitik entscheiden, gewinnt die Frage der Absatzwege zentrale Bedeutung. Der Unternehmensleitung stehen daher folgende Alternativen einer konkreten Absatzstrategie zur Wahl:

Alternative I:

Danach sollte in der Schweiz und in Norddeutschland über Vertretungen abgesetzt werden, in Österreich und in Deutschland, bis in den Raum des Ruhrgebietes, jedoch der bisher praktizierte Direktabsatz beibehalten werden. Dabei sollte in allen drei Ländern sowohl der direkte als auch der indirekte Verkauf durch Ausstellungen auf Messen und eine starke, direkt an den Kunden gerichtete Werbung in Fachzeitschriften unterstützt werden.

Alternative II:

Die zweite Alternative bestand darin, wie bisher in Österreich direkt und in der Schweiz über zwei Vertreter abzusetzen, dagegen aber die gesamte Bundesrepublik Deutschland nur mehr durch Vertretungen bearbeiten zu lassen. Auch für diese Alternative wird eine wesentlich intensivere Werbung als bisher notwendig sein. Sie kann jedoch aller Wahrscheinlichkeit nach geringer sein, als die für die Erzielung des gleichen Absatzes bei Alternative I nötige Werbung.

Die deutsche Firma DEHLER, einer der stärksten Konkurrenten der Firma SCHÖCHL, entschied sich für den direkten Absatz, verbunden mit einer starken, direkt an den Kunden adressierten Werbung. Sie war mit dieser Strategie außerordentlich erfolgreich und konnte sich in den vergangenen fünf Jahren zu einer der führenden deutschen Sportbootswerften emporarbeiten. Die Gründer der seit etwa zehn Jahren bestehenden Unternehmung kamen, wie bereits erwähnt [15], aus dem Elektrohandel und waren besonders auf dem Gebiet des Marketings den traditionellen Bootsherstellern weit überlegen. Auf diese Überlegenheit ist auch ihr hervorragender Erfolg zurückzuführen.

Ihre Werbung, die in der Hauptsache aus einer sehr gut aufgemachten Anzeigenwerbung in den Fachzeitschriften bestand, war stärker als die jedes anderen Mitanbieters auf dem deutschen Markt. Ebenso war die Aufmachung ihres Messestandes stets wesentlich repräsentativer als die anderen Hersteller. Trotz dieses augenfälligen Aufwandes wird jedoch von der Unternehmensleitung der Firma DEHLER behauptet, daß die gesamten Werbekosten 3 Prozent des Umsatzes [16] nicht überschreiten. Eine Behauptung, die im Bereich des Möglichen liegt.

Es gibt aber genügend andere Beispiele aus dem Ausland, wo eine starke Expansion von Unternehmungen hauptsächlich auf das dichte Händlernetz der Firmen zurückgeführt wurde [17]. Dies sollte die Problematik der Wahl des richtigen Absatzweges deutlich machen.

Anmerkungen:

1 Als Ursache für diese Inflexibilität der Preispolitik muß vor allem die Art der Preiserstellung angesehen werden (vgl. Teil B, Die Preispolitik).

2 Da bis dato in der untersuchten Unternehmung keine Absatzstatistiken geführt wurden, war die Verteilung des Absatzes in der Bundesrepublik Deutschland auf die einzelnen Teilmärkte im Detail nicht bekannt.

3 Vergleiche dazu Abbildung 9 mit Abbildung 10.

4 N. Kottmann: Zur konjunkturellen Entwicklung im Bootsbauerhandwerk im Jahre 1967, in: Bootswirtschaft, Heft 6, Lübeck 1968, S. 125.

5 Ohne Autor: Konjunktur, in: Wirtschaftswoche Nr. 14, Frankfurt 197[illegible], S. 4.

6 Vgl. Abbildung 11.

7 Vgl. Abbildung 15.

8 Vgl. Abbildung 14.

9 Ende des Jahres 1970 wurde durch intensive Kontakte mit einer angesehenen Bootsvertriebsfirma dieses Raumes festgestellt, daß diese Meinung irrig war, denn die Absatzverpflichtung, die diese Firma zu übernehmen bereit war, übertraf den eigenen Absatz in diesem Gebiet um ein Vielfaches.
Da die Firma SCHÖCHL bisher über keine statistischen Aufzeichnungen der Absatzentwicklung in den einzelnen Märkten verfügte, konnte man sich auch nicht im klaren darüber sein, wieviel in diesem Gebiet im langjährigen Durchschnitt durch Direktverkauf tatsächlich abgesetzt wurde.
Aus diesem Grunde konnte man nicht mit Sicherheit feststellen, welche Mindestmenge zu reduzierten Preisen hätte abgesetzt werden müssen, um ein besseres Gewinnergebnis zu erzielen, als dies mit den Direktabsatzpreisen möglich war. Bis zum gegenwärtigen Zeitpunkt wurde von die Firma SCHÖCHL noch keine endgültige Entscheidung getroffen.

10 Vgl. Abbildung 5.

11 Vgl. Abbildung 6.

12 Abbildung 18.

[13] Der Grund dafür, daß schlecht qualifizierte Personen mit Vertretungen betraut wurden, lag jedoch wiederum darin, daß man bei der Auswahl dieser Personen sehr oberflächlich vorgegangen war.

[14] R. B. Buchele: The Prosperity Crisis, a. a. O., S. 76 ff.

[15] Vgl. Teil A, S. 23.

[16] Der Umsatz dieser Firma dürfte im Jahre 1970 bei etwa 3 Mio. DM gelegen sein.

[17] Vgl. Zukunftserwartungen über die Entwicklung des italienischen Marktes (Erfolgsursache von Fiat), S. 7.

Dieser Fall wurde von Mag. Franz Schöchl unter der Leitung von Professor Dr. Michael Hofmann erarbeitet. Er dient als Grundlage für Lehrveranstaltungen und wurde nicht geschrieben, um richtiges oder unrichtiges Verhalten des Managements darzustellen.

TEIL D

DIE ORGANISATION

Der Arbeitsablauf in den einzelnen Abteilungen des Betriebes

Aus dem Wachstum des Betriebes ergab sich mehr oder weniger organisch die Bildung folgender Abteilungen:

Verwaltung und Vertrieb	Laminier-abteilung	Aufbau-abteilung	Lackier-abteilung	Schlosserei	Finish-abteilung
Verwaltung und Vertrieb			Produktionsbereich		

Die Verwaltungs- und Vertriebsabteilung

Sie umfaßt die gesamte Büroarbeit, wie Korrespondenz, Fakturierung und Lohnabrechnung. Diese Arbeit wurde in den letzten Jahren ständig von 2 bis 3 weiblichen Angestellten erledigt.
Die gesamte Buchhaltung wird von einem Steuerberatungsbüro außer Haus geführt.

Der Produktionsbereich

Laminierbereich: Hier werden die Bootsrümpfe, die Decks und die diversen Innenteile, sofern sie aus Kunststoff sind, hergestellt. Dies geschieht im sogenannten Handauflegeverfahren, d. h. mit Kunstharz getränkte Glasmatten werden von Hand aus auf Negativformen aufgetragen.

Die aufgetragenen Kunstharz-Glasfaser-Schichten läßt man dann trocknen und nimmt sie später von der Form. Daraufhin wird die Form gereinigt, mit Trennmittel versehen, und der Arbeitsprozeß kann von neuem beginnen. Die Trockenzeiten betragen etwa zwölf Stunden.

Bei dieser Laminierarbeit handelt es sich um eine äußerst schmutzige Arbeit; das Polyesterharz sondert übelriechendes Styrolgas ab, und die Glasmatten können Juckwirkungen erzeugen.

Diese Unannehmlichkeiten werden besonders bei der Herstellung größerer Objekte zum Problem. Um den Arbeitsprozeß und damit die Erschwernisse für die ständig in der Laminierabteilung beschäftigten Arbeiter zu erleichtern, werden bis jetzt für die Herstellung größerer Objekte Arbeiter aus allen anderen Abteilungen für einige Stunden zur Mithilfe beim Laminieren herangezogen.

Aufbauabteilung: Hier werden die Boote zusammengebaut. Boote, die vollkommen aus Kunststoff sind, werden hier auslieferungsbereit hergestellt. Die Holzkorsare bzw. Korsare mit Holzdeck müssen vorerst noch weiter in die Lackierabteilung.

Lackierabteilung: In der Lackierabteilung werden alle Holzteile (die Holzdecks der Korsare und die Holzausbauten für die anderen Typen) lackiert.

Finishabteilung: Sie wird hauptsächlich von Booten der Type Korsar beansprucht, die nach der Lackierung hier beschlagen und zur Auslieferung fertig gemacht werden.

Schlosserei: Im Jahre 1965 wurde eine eigene Schlosserei eingerichtet, wo sämtliche Beschläge, soweit sie nicht günstiger durch Zukauf erworben werden können, selbst erzeugt werden.

Die Entwicklung des Ist-Zustandes der Aufbauorganisation

Die Kompetenzverteilung

Die obersten Führungsfunktionen der Bootswerft SCHÖCHL werden von den Brüdern Heinz und Georg Schöchl wahrgenommen. Sie bilden eine Pluralinstanz, deren Entscheidungen nach dem Kollegialitätsprinzip zustande kommen.

Bis zum Jahre 1966 waren zwischen der Leitung und den Mitarbeitern keine weiteren Instanzen eingeschaltet. Sämtliche Arbeitsanweisungen und Kontrollfunktionen wurden demnach allein von den beiden Chefs ausgeführt.

Erst als 1966 die Type „Mirabell“ in das Produktionsprogramm aufgenommen wurde, nahm man damit auch die ersten organisatorischen Veränderungen vor. Für den Bau der „Mirabell“ wurden nun Arbeitsgruppen von 3 bis 4 Mann gebildet, die ein Boot vom Beginn bis zur Fertigstellung übernahmen. Dabei wurde jeweils ein qualifizierter Arbeiter von der Firmenleitung bestimmt, der die Führung der Gruppe innehatte. Er übernahm auch die Verantwortung für die durchzuführende Arbeit und entlastete damit die Brüder Schöchl weitgehend in ihrer Kontrollfunktion. Die übrigen Arbeitsbereiche blieben weiterhin direkt der Unternehmensleitung unterstellt, erhielten von ihr Anweisungen und wurden von ihr kontrolliert.

Als die Type „Mirabell“ durch die Type „Sunbeam“ ersetzt wurde, ging man auch von der Bildung von Arbeitsgruppen wieder ab, da beim Aufbau der „Sunbeam“ eine weiterreichende Arbeitsteilung vorgenommen werden konnte, als dies bei der „Mirabell“ möglich war.

Die permanente Überlastung der Brüder Schöchl, die nun wieder sämtliche Arbeitsanweisungen und Kontrollen selbst vornahmen, zwang 1968/69 zur Einführung zweier gleichwertiger Zwischeninstanzen, deren Aufgabe darin bestehen sollte, allgemeine Anweisungen der Unternehmensleiter an die einzelnen Arbeiter des ihnen unterstellten Bereiches zu verteilen, für die Einhaltung der Termine zu sorgen und die Qualität der Leistungen zu kontrollieren.

Zwischen den Aufgabenbereichen von Heinz und Georg Schöchl wurde nach wie vor keine scharfe Trennung vorgenommen. Sie nahmen je nach dem Schwerpunkt persönlicher Veranlagung Einfluß auf die einzelnen betrieblichen Teilfunktionen.

Dementsprechend sah das Organisationsbild unter Berücksichtigung der Einflußnahme von Heinz und Georg Schöchl auf die einzelnen betrieblichen Teilfunktionen etwa wie folgt aus:

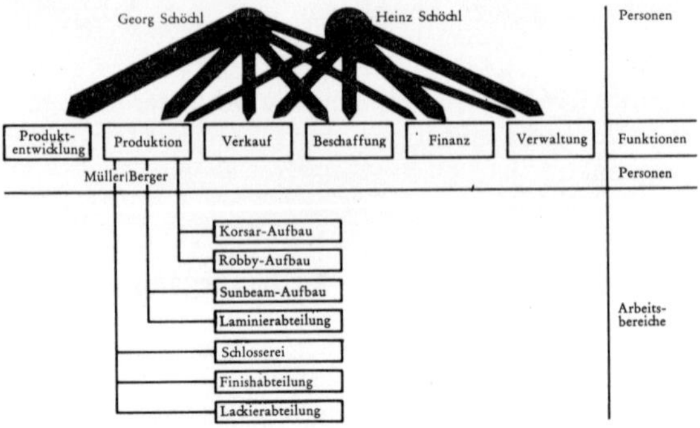

Abbildung 1: Organisationsbild des Istzustandes.

Kommentar zum Organisationsbild

In dem vorangehenden Schaubild wurde versucht, die Einflußnahme von Georg und Heinz Schöchl auf die einzelnen betrieblichen Teilfunktionen in gegenseitiger Relation darzustellen. Dabei wurden die einzelnen Kompetenzen (Einflußnahme auf Bereiche) mit Pfeilen dargestellt. Die dabeistehenden Maßzahlen sollen das Gewicht und die Bedeutung der Einflußnahme angeben. Es liegt in der Natur der Sache, daß diese Maßangaben nur als grobes Richtmaß der Schwergewichtsverteilung angesehen werden können.

Zwischen Heinz und Georg Schöchl, die gleichrangig die oberste Instanz verkörpern, herrscht eine rege Kommunikation, und jede wichtige Entscheidung wird erst nach gegenseitiger Aussprache gefällt. Aus der obigen Darstellung wird ferner deutlich, daß Heinz Schöchl hauptsächlich für den kommerziellen und administrativen Sektor zuständig ist, während sich Georg Schöchl mehr mit der Produktion und der Produktentwicklung beschäftigt.

Die Zwischeninstanz M, die 1968 geschaffen wurde, wurde mit Herrn Müller, einem jungen Schlosser, der bereits seit 1964 im Unternehmen tätig war, besetzt. Bevor er mit dieser Positition betraut wurde, arbeitete er vorwiegend in der Finish-Abteilung. Seine Ruhe, seine Fähigkeit zu sachlichem Urteil, seine qualifizierte Arbeitsleistung und seine annähernd gleiche Distanz zu allen Mitarbeitern dürften der Grund für die Anerkennung sein, die er bei dem Großteil seiner Arbeitskollegen ständig genoß. Es wurden ihm die Schlosserei, die Finish-Abteilung und die Lackierabteilung unterstellt.

Mit seinem Geschick im Umgang mit Menschen und vertraut mit der Arbeit der ihm unterstellten Abteilungen, erfüllte er seine Aufgabe während der vergangenen zwei Jahre gut.

Ein Jahr später wurde eine weitere gleichrangige Substanz, nämlich S, geschaffen, der die Abteilung des „Sunbeam“-Aufbaus und die Laminierabteilung unterstellt wurde. Sie wurde mit Herrn Berger besetzt. Bei ihm gestaltete sich das Problem der Führung jedoch schwieriger. Er war gelernter Fahrzeugmechaniker und trat erst 1969 als Zweiundzwanzigjähriger in die Unternehmung ein. In der Erfüllung seiner Aufgaben machte sich bald eine Statusunsicherheit bemerkbar, die sich besonders in einer ungünstigen menschlichen Beziehung zu den Mitarbeitern äußerte. Die Ursache dürfte wahrscheinlich in dem Umstand liegen, daß ihm Ausbildung und Voraussetzung, die eine Führungskraft auszeichnen, fehlten.

Ein weiterer Nachteil für ihn war, daß er keine entsprechende Einschulung durchgemacht hatte, bei der er alle Arbeiten der ihm unterstellten Abteilungen genau kennengelernt hätte. Außerdem wurde er, der erst vor kurzem in den Betrieb eingetreten war, Vorgesetzter von älteren, langjährigen Mitarbeitern. So ergaben sich bald Spannungen zwischen den übrigen Arbeitnehmern und ihm. Vor allem aber zwischen Müller und ihm, wobei der Ursprung eher bei Müller gelegen sein dürfte, der sich möglicherweise in seiner errungenen Position bedroht fühlte. Diese Spannungen blieben bis zuletzt bestehen.

In der Abteilung „Korsar“-Aufbau arbeiten vorwiegend langjährige Firmenangehörige, von denen jeder einzelnen jeweils ein Boot im Einzelakkord ausbaut. Dabei handelt es sich um eine Gruppe gut qualifizierter Arbeiter, die im allgemeinen ihre Arbeit selbständig mit entsprechender Qualität erstellen. Da man in der Unternehmensleitung der Meinung ist, daß diese Leute nur einen ausgezeichneten Fachmann als vorgesetzte Autorität anerkennen würden, ein solcher aber nicht gefunden werden kann, blieb diese Abteilung der Unternehmensleitung direkt unterstellt.

Ebenso wurde die „Robby“-Produktion im direkten Verantwortungsbereich der obersten Unternehmensführung belassen. Hier handelt es sich um eine relativ problemlose Arbeit, die seit Jahren unter der informellen Leitung eines langjährigen Mitarbeiters reibungslos durchgeführt wird.

Führungsstil

Der Führungsstil der obersten Unternehmensleitung ist autoritär. Ein wünschenswertes Vorschlagswesen konnte sich demnach bis heute nicht durchsetzen.

Dieser autoritäre Führungsstil wurde auch in der zweiten Führungsebene kopiert, vor allem von Herrn Berger, was mit großer Wahrscheinlichkeit auf seine Statusunsicherheit zurückzuführen sein dürfte. Aber auch Herr Müller übernahm diesen Stil, obwohl er seinem Wesen und seiner Einstellung nicht entspricht [1].

Die Entlohnungssysteme

In den ersten Jahren, in denen sich die Firma SCHÖCHL mit dem Bootsbau beschäftigte, bezahlte man die Mitarbeiter in Form eines Zeitlohnes.

Mit zunehmender Größe ging man zu Akkordlöhnen über. Das Motiv, dieses Lohnsystem einzuführen, war die Annahme der Unternehmensleitung, sich damit hinsichtlich der Kontrolle entlasten zu können. Weiters fand man dieses System aber auch als eine — gemessen an der Leistung des einzelnen — gerechtere Form der Entlohnung. Die Stückzeiten wurden dabei nicht von Außenstehenden gemessen, sondern von den einzelnen Arbeitern selbst angegeben. Damit kam es oft zu beachtlichen Stundenlöhnen einzelner Mitarbeiter. Da jedoch die Gewinnlage des Unternehmens gut und der Arbeitsmarkt angespannt war, sah die Unternehmensleitung über diese Vorkommnisse hinweg.

Ein besonderes Experiment der Entlohnung wurde mit dem Bau der „Mirabell“ eingeführt. Wie erwähnt, wurden zum Aufbau dieses Typs eigene Arbeitsgruppen geschaffen, die jeweils ein Boot vom Anfang bis zum Ende fertigstellten. Mit den Führern dieser Gruppen wurde dann eine Pauschalsumme ausgehandelt, die jede Gruppe für den kompletten Aufbau eines Bootes bekam. Die Verteilung dieser Summe innerhalb der einzelnen Gruppenmitglieder blieb der Gruppe selbst bzw. dem Gruppenführer überlassen. Man wollte damit erreichen, daß der Gruppenführer, gemeinsam mit den einzelnen Mitgliedern der Gruppe, eine möglichst leistungsgerechte Entlohnung des einzelnen vornehme. Bald zeigte sich aber, daß die Gruppenführer mit dieser Aufgabe überfordert waren. Sie „bezahlten“ ihre Mitarbeiter schlecht und behielten den größten Teil des Gruppenlohnes für sich selbst. Wachsende Spannungen und Konflikte innerhalb der Gruppen waren die Folge. Mit dem Ausscheiden der „Mirabell“ aus dem Produktionsprogramm löste sich aber dieses Problem von selbst.

Beim Bau der „Sunbeam“, die die „Mirabell“ ersetzte, ging man wieder zum Einzelakkord zurück. Dies war bei dieser Type auch leichter, da sie auf Grund der Konstruktion einfacher in einzelne abgeschlossene Arbeitsprozesse geteilt werden konnte. Dieses System behielt man bis zur Gegenwart bei.

Den Mitarbeitern, die auf Stückakkord arbeiteten, war es ständig freigestellt, wieviel sie produzieren wollten. Vorgeschrieben war lediglich der gemeinsame Arbeitsbeginn um 7 Uhr morgens. Ein gemeinsamer Arbeitsschluß war nicht festgelegt. Dies führte im allgemeinen dazu, daß die Arbeitsintensität sehr stark auf Kosten der Extensität zurückging. Vielfach kam es zur Ausdehnung der Arbeitszeit bis spät in die Nacht, ohne daß dadurch die Gesamtleistung nennenswert stieg. Ohne große formale Festsetzung einigte man sich allmählich wieder, da auch die Mitarbeiter dieses Problem erkannten, auf einen gemeinsamen Arbeitsschluß.

Für die Zukunft denkt man in der Unternehmensleitung, den Arbeitsablauf noch weiter in Richtung Fließbandfertigung zu organisieren. Dies wird aus Gründen der Taktabstimmung zur Folge haben, daß jedem Mitarbeiter eine vorgeplante Arbeitsleistung mit begrenzten Abweichungen nach oben und nach unten abverlangt wird. Als weitere Konsequenz erscheint der Unternehmensleitung dann die Beibehaltung des Akkordlohnsystems als überflüssig, und man denkt daher daran, in Zukunft wieder zum Zeitlohn zurückzukehren.

Ziele und Motive der Unternehmensleitung

Bis 1962 war das gesamte betriebliche Geschehen auf das eine Ziel ausgerichtet, die technische Entwicklung der Produktion so weit voranzutreiben, daß die eigenen Produkte in qualitativer Hinsicht einen Vergleich mit der Konkurrenz stand-

halten konnten. Der Maßstab der Qualität wurde dabei vor allem von der Firma MADER gesetzt.
Die guten Fortschritte in technischer Hinsicht, die damit verbundene zunehmende Gewinnung von Marktanteilen und der allgemeine Anstieg der Nachfrage ließen 1963 Expansionsbestrebungen im größeren Ausmaße aufkommen, die 1964/65 zu einer Erweiterung des Betriebes um etwa das vierfache Ausmaß der bis dahin bestehenden Produktionsfläche führten.
Über diesen Umfang hinaus zu expandieren war nicht einmal als Fernziel gedacht. Es wurden deshalb auch keine Vorkehrungen für eine weitere Ausdehnung der Anlagen getroffen. Ein Konzept für eine planmäßige Erweiterung der damals gebauten Betriebsanlagen wäre als größenwahnsinnige Spielerei empfunden worden. Die Tatsache, daß dies nicht geschah, stellte sich bei den bereits 1968 erfolgten Erweiterungen als ein großer Nachteil heraus.
Den Sprung nach vorne, den man durch die Betriebsvergrößerung 1964/65 gemacht zu haben glaubte, ließ lanfristige Zielvorstellungen in den Hintergrund treten. Man war ab dieser Zeit nur mehr damit beschäftigt, die geschaffenen Kapazitäten kurzfristig auszulasten. Die dafür gesteckten Ziele umfaßten im allgemeinen nur ein Jahr.
Dabei fühlte sich die Geschäftsführung für die Erreichung der gesteckten Ziele unmittelbar verantwortlich. Sie war permanent mit der Durchführung des Absatzes, der Anweisung der Arbeit und ihrer Kontrolle beschäftigt und sprang auch mit manueller Arbeit ein, wenn gerade Not am Mann war.
Die daraus folgende starke Dauerbelastung der Unternehmensleitung scheint mit ein Grund dafür zu sein, daß sie nicht genügend Zeit und innere Ruhe fand, um fundierte langfristige Konzepte auszuarbeiten.
In der Verfolgung des Zieles der kurzfristigen Kapazitätsauslastung entwickelte sich allmählich ein gewisser Rhythmus. Er begann mit dem Besuch der Wiener Messe im Herbst und der darauffolgenden Bootsausstellung in Friedrichshafen am Bodensee. Damit hatte man bereits einen Großteil der Aufträge für das kommende Jahr. Im Januar folgte die Teilnahme an der Hamburger Bootsausstellung und etwa eineinhalb Monate darauf der Besuch der Wiener Frühjahrsmesse. Dieser Rhythmus wiederholte sich in den letzten sieben Jahren ständig.
Eine Gewinnung neuer regionaler Märkte über die Länder Österreich, Deutschland und die Schweiz hinaus, wurde nicht sehr intensiv angestrebt. Mit dem bestehenden Typenprogramm wäre dies — bis zur Erzeugung der „Sunbeam“ — auch sicher schwierig gewesen. Eine Ausnahme dürfte dabei allerdings die „Robby-Jolle“ gebildet haben, für die bereits in den vergangenen Jahren auch auf den Auslandsmärkten, besonders in Italien, ein gutes Absatzpotential bestanden haben dürfte.

[1] Anna Freud: Die Identifizierung mit dem Angreifer, in: Das Ich und die Abwehrmechanismen, München (ohne Erscheinungsjahr), S. 85 ff.

Dieser Fall wurde von Mag. Franz Schöchl unter der Leitung von Professor Dr. Michael Hofmann erarbeitet. Er dient als Grundlage für Lehrveranstaltungen und wurde nicht geschrieben, um richtiges oder unrichtiges Verhalten des Managements darzustellen.

Einleitende Bemerkungen zu den Fällen aus der Leichtflugzeugindustrie

Die nachfolgenden Teile des Buches haben geschäftspolitische Probleme der amerikanischen Leichtflugzeugindustrie zum Gegenstand. Im „Bericht zur Situation in der Leichtflugzeugindustrie der USA" wird eingangs die oligopolistische Marktstruktur eines Industriezweiges geschildert, der durch außerordentlich hohe Forschungs-, Entwicklungs- und Absatzaufwendungen, aber auch durch starkes Wachstum gekennzeichnet ist. Darüber hinaus wird dieser Industriezweig aber noch durch starke Interventionen seitens der Administration charakterisiert, die sowohl als maßgeblicher Käufer als auch durch restriktive oder promovierende Verwaltungsakte (Flughafenverbote, Norm- und Sicherheitsvorschriften usw.) den Industriezweig nachhaltig zu beeinflussen vermag.

An den „Bericht zur Situation in der Leichtflugzeugindustrie der USA" schließen die Fälle „PIPER AIRCRAFT CORPORATION" (PIPER-Fall) und „BEECH AIRCRAFT AG" (BEECH-Fall) an. Mit diesen beiden Firmen sind zwei der „Großen Drei" (BEECH, PIPER und CESSNA) erfaßt; daneben sind nur noch einige wenige Anbieter von geringerer Bedeutung im Leichtflugzeugsektor auf dem Markt. Faßt man alle drei Teile in einem Kurs (Lehrveranstaltung) zusammen, so dürfte eine intensive Arbeit mit den Fällen einen zeitlichen Aufwand von etwa zwei vollen Tagen erfordern.

Hinter diesen unternehmensstrategischen Fällen sollten dabei folgende, den Studierenden zu vermittelnde Lernziele gesehen werden:

— Entwicklung von Konkurrenzstrategien in einer oligopolistischen Industrie.

— Definition und Analyse alternativer strategischer Möglichkeiten für die Oligopolisten sowie für die kleinen Anbieter, um ihre Marktchancen und ihre Ertragskraft zu maximieren.

— Evaluierung von im Fall dargelegten strategischen Erwägungen und Erarbeitung von Empfehlungen strategischer Natur.

Es ist zweckmäßig, den „Bericht" sowie den PIPER-Fall in einem Lernpaket zu verbinden und vorab zu behandeln und erst dann zum BEECH-Fall überzugehen, dessen strategische Probleme etwas komplexer als beim PIPER-Fall gelagert sind. Inhaltlich lassen sich bei dem aus dem Situationsbericht und dem PIPER-Fall gebildeten Lernpaket folgende Themen für eine Lehrveranstaltung herausarbeiten:

a) Definition und Analyse der kritischen und wesentlichen Umweltsbedingungen (im weitesten Sinn des Wortes), die geeignet sind, die Konkurrenzsituation zwischen den Anbietern zu beeinflussen.

b) Strukturelle Gegebenheiten des Industriezweiges und ihr Einfluß auf die strategischen Wahlmöglichkeiten der Unternehmen.

c) Definition und Analyse grundsätzlicher Möglichkeiten für ein Unternehmen, welches im wesentlichen nur ein Produkt anbietet.

d) Definition und Herausarbeitung der wesentlichsten Überlegungen, die PIPERs Unternehmensstrategie zugrunde liegen.

e) Beziehungen zwischen den strategischen Wahlmöglichkeiten und dem Potential des Unternehmens.

f) Erarbeitung der Stärken und Schwächen der Unternehmen in Beziehung zu der Situation des gesamten Industriezweiges.

g) Interne Konsistenz der aus den strategischen Zielsetzungen abgeleiteten operationalen Schritte. (Läßt sich beispielsweise die Produktpolitik mit dem internen Entwicklungspotential vereinbaren? Oder: Sind die Ressourcen der Absatzkanäle ausreichend, um eine aggressive Absatstrategie tragen zu können? usw.)

h) Erarbeitung von Empfehlungen, um PIPER in der gegebenen Situation in die Lage zu versetzen, sein Marktpotential zu maximieren.

Eine Herausarbeitung analoger Themen empfiehlt sich auch beim zweiten Fall, wobei als Konsequenz der vorausgehenden Arbeit mit dem PIPER-Fall, aber auch infolge der Struktur des BEECH-Falls selbst eine genauere Analyse der strategischen Überlegungen der „BEECH AIRCRAFT AG“ erwartet werden darf. Deshalb können folgende Themen mit dem BEECH-Fall zur Diskussion gestellt

a) Genaue(re) und intensive(re) Identifizierung der strategischen Überlegungen, wie z. B.:

— (betriebs)wirtschaftliche Zielsetzungen,

— Konkurrenzkonzeptionen im Lichte der Branchengegebenheiten,

— operationale Schritte, um die strategischen Ziele zu erreichen,

— zeitliche Dimension der strategischen Überlegungen.

b) Genau(re) Evaluierung der betriebswirtschaftlichen Ziele in Anbetracht der gegebenen Marktsituation und der mutmaßlichen Entwicklungstendenzen.

c) Formulierung eines detailierten (Aktions-)Planes für BEECH, und zwar basierend auf der Kenntnis des Industriezweiges einerseits und der Konkurrenzposition und den Absichten PIPERs andererseits.

d) Analyse des nach c) erarbeiteten strategischen Planes in Hinblick auf seine Konsequenzen für die einzelnen, funktionalen Unternehmensbereiche (Marketing, Finanzwesen, Produktion usw.).

Als Denkanstöße für die Studierenden, um zu diesen Problemstellungen vorzudringen, sind die nachstehenden Fall-Fragen zu werten:

Zu PIPER und zum Situationsbericht:

a) Welche sind die wesentlichen Charakteristika dieser Branche (unternehmensintern und -extern)?

b) Was wäre angesichts der Branchensituation bei PIPER als Stärke bzw. als Schwäche zu nennen?

c) Zu welchen Schlüssen über die derzeitige Position der Firma PIPER veranlaßt Sie eine Evaluierung der strategischen Überlegungen und Ziele dieser Firma?

d) Welche Empfehlungen (kurz- und langfristiger Natur) würden Sie dem Top-Management von PIPER geben?

e) Ist die interne Konsistenz zwischen Zielen und Mitteln (Potential) gegeben?

Zu BEECH:

a) Arbeiten Sie die wesentlichen Elemente von BEECHs strategischen Überlegungen heraus.

b) Zu welchen Schlüssen führt Sie eine Evaluierung der Strategie der „BEECH AIRCRAFT AG"?

c) Welche Empfehlungen (kurz- und langfristiger Natur) würden Sie dem Top-Management von BEECH geben?

d) Ist die interne Konsistenz zwischen Zielen und Mitteln (Potential) gegeben?

Bericht zur Situation in der Leichtflugzeug-Industrie der USA

Die Industrie

Gemäß der Definition der „Aerospace Industries Association“ besteht die Leichtflugzeugindustrie aus 15 Firmen, die Flugzeuge mit einem Gewicht von weniger als 12 500 Pfund (ca. 5670 kg) herstellen.

Die in der Industriedefinition enthaltene Gewichtsrestriktion spiegelte die Grundhaltung der Federal Aviation Agency (FAA) (Bundesluftfahrtsministerium) wider. Flugzeuge, die über 12 500 Pfund wogen, mußten sich auf Verlangen der FAA einem umfassenderen Konstruktionstest, einer ebensolchen Qualitätskontrolle, einem Leistungstest und einer Instandhaltungsprüfung unterziehen. Daher erzeugte kein Hersteller von Leichtflugzeugen Modelle, die über das FAA-Limit hinausgingen.

Im Jahr 1967 beliefen sich die mit Leichtflugzeugen erzielten Umsätze auf 431 Mio. $. Etwa 80 Prozent der verkauften Maschinen waren Kolbenmaschinen und Turbo-Prop-Flugzeuge; die restlichen 20 Prozent waren Düsenflugzeuge. Drei Konzerne beherrschten den konventionellen Sektor des Marktes: CESSNA AIRCRAFT, PIPER AIRCRAFT und BEECH AIRCRAFT. Diese drei Gesellschaften, oft die „Big Three“ genannt, verkauften 85 Prozent aller konventionellen Flugzeuge. Die fünf größten Gesellschaften — zu ihnen zählen neben den „Big Three“ auch AERO COMMANDER und MOONEY AIRCRAFT — erzielten insgesamt rund 93 Prozent der gesamten, im „Nicht-Jet“-Sektor erzielten Umsätze. Auf dem Sektor der Düsenflugzeuge konkurrierten neun in- und ausländische Firmen. Den meisten wurde ein unrentabler Betrieb nachgesagt. Der Hauptgrund für den geringen kommerziellen Erfolg, der mit Düsenmaschinen erzielt wurde, war im kleinen Markt (im Jahre 1967 wurden 140 in- und ausländische Jets verkauft) zu sehen, der es verhinderte, daß die Hersteller nennenswerte Einsparungen auf Grund größerer Serien erzielen konnten.

In Tabelle 1 werden die Umsatzanteile des Jahres 1967 gezeigt. Angaben für die vergangenen 10 Jahre sind in den Anhängen 1 und 2 enthalten.

Tabelle 1: Aufteilung der im Jahr 1967 ausgelieferten Leichtflugzeuge.

	Lieferungen in Stück	%	Lieferungen in Mio. $	%
CESSNA	6 232	46,0	116 558	27,0
PIPER	4 490	33,0	79 430	18,4
BEECH	1 260	9,2	91 961	21,4
AERO COM.	362	2,6	31 760	7,2
MOONEY	642	4,7	14 571	3,4
Andere	614	4,5	97 636	22,6
Total	13 600	100,0	431 916	100,0

Quelle: Aviation Week & Space Technology, 18. März 1968.

Hauptkonkurrenten

Die wichtigsten Erzeugerfirmen von Leichtflugzeugen unterscheiden sich von den anderen nicht nur durch ihre Größe und ihren Marktanteil, sondern auch hinsichtlich ihrer Produkte, der Größe ihres Absatzsystems und dem Grad der vertikalen Integration. Es folgt eine kurze Beschreibung der drei Hauptkonkurrenten der Industrie. Anhang 3 enthält Daten über Aktiengewinne und Börsennotierungen.

CESSNA AIRCRAFT CORPORATION

Schon seit Beginn der fünfziger Jahre hat CESSNA mit den größten Produktionsserien der Industrie zwischen 40 und 50 Prozent aller Leichtflugzeuge (in Stück) hergestellt. Im Jahre 1967 beliefen sich die Umsätze des Unternehmens auf 213 Mio. $, von denen 160 Mio. $ auf Leichtflugzeuge und entsprechendes Instrumentenzubehör und 53 Mio. $ auf Militärflugzeuge entfielen. Exporte von Leichtflugzeugen erbrachten einen Umsatz von 31 Mio. $.

Die Firma CESSNA, die seit dem Jahre 1956 der dominierende Erzeuger von einmotorigen Flugzeugen ist, hatte vor kurzem auch größere Investitionen auf dem Gebiet der zweimotorigen Flugzeuge getätigt. So kam es, daß im Jahr 1967 das Produktangebot von CESSNA vom Übungsflugzeug im Wert von 7200 $ bis zum Luxusmodell einer zweimotorigen Maschine im Wert von 160 000 $ reichte. CESSNA war die einzige Gesellschaft der „Drei Großen", die eine Politik des jährlichen Modellwechsels verfolgte.

CESSNA verfügte zusätzlich zu der größten Anzahl an Modellen über das ausgebreitetste Händlernetz und war überdies das einzige Unternehmen der „Drei Großen", das im Ausland Erzeugungsstätten unterhielt. Flugzeuge vom Typ Cessna 150 und 173 wurden in Reims, Frankreich, hergestellt; in einem Werk in Argentinien wurden Teile, die aus den Vereinigten Staaten dorthin verschifft wurden, montiert.

CESSNA war auch stärker als die Konkurrenz vertikal integriert, und zwar dadurch, daß die Gesellschaft viele Teile und Elemente, wie Propeller, Propeller-

Entfroster und sonstiges Zubehör selbst fabrizierte. CESSNA erzeugte auch bedeutende Serien von hydraulischen Pumpen, Verstellmotoren und hydrostatischen Kraftübertragungsaggregaten für die Verladeindustrie.
Schließlich verkaufte CESSNA mehr Leichtflugzeuge an das Militär als alle anderen Erzeuger. Neben den militärischen Versionen seiner Zivilluftfahrzeuge stellte CESSNA ein Jet-Übungsflugzeug und einen Jagdbomber her. Kein anderes Konkurrenzunternehmen erzeugte Militär-Jets.

PIPER AIRCRAFT CORPORATION

PIPER hatte bisher kaum diversifiziert. Gemessen an der Stückproduktion rangierte das Unternehmen unter den „Big Three" an zweiter Stelle. Im Jahre 1967 beliefen sich seine Umsätze auf 80 Mio. $. Sie waren fast ausschließlich auf den Verkauf von Leichtflugzeugen zurückzuführen. Die Exporte betrugen im selben Jahr 23 Mio. $.
PIPER war traditionell im untersten Marktsegment am stärksten vertreten. Vor kurzem hatte PIPER jedoch auch eine zweimotorige Luxusmaschine im Wert von 100 000 $ vorgestellt und plante, im Jahr 1970 ein Kurzstreckenmodell um 200 000 $ herauszubringen.

BEECH AIRCRAFT CORPORATION

BEECH rangierte, was die Stückproduktion betraf, an dritter Stelle und galt in der Leichtflugzeugindustrie als „Cadillac". BEECH, dessen Umsätze sich 1967 auf 174 Mio. $ beliefen, war auch stark an Raumfahrtsaufträgen beteiligt. Der Geschäftsbereich Raumfahrt erbrachte etwa 40 Prozent der Jahresumsätze von 1967.

BEECH war seit langem in den mittleren und oberen Marktsektoren am stärksten vertreten. Auf dem Niedrigpreissektor hingegen konnte sich BEECH weder mit CESSNA noch mit PIPER messen. Trotzdem ist BEECH im Jahr 1962 mit dem Modell „Musketeer", das zu einem Preis von unter 10 000 $ verkauft wurde, auch in diesen Marktsektor eingestiegen. BEECH bot bisher weder einen Jet für Firmenzwecke an, noch verließ sich die Gesellschaft stark auf Militäraufträge.

Die Konkurrenzsituation

Die Konkurrenz der „Großen Drei" äußerte sich hauptsächlich im Kampf um Marktanteile. Ein Aspekt dieses Wettbewerbes betraf die Entwicklung der Absatzorganisation. Die Anzahl der großen Flugzeughändler in Gebieten mit gutem Kundenpotential hing davon ab, inwieweit die örtlichen Flugplätze imstande waren, den Händlern als Basis für ein entsprechendes Einkommen zu dienen. Auch war es in Anbetracht der gestiegenen Umsatzentwicklung in der gesamten Industrie äußerst problematisch geworden, qualifizierte und kapitalkräftige Händler zu finden. PIPER AIRCRAFT, welche die preisgünstigsten Produktserien anbietet, verfolgt als Richtlinie die, daß ein Händlerstützpunkt für einmotorige Maschinen etwa 100 000 $ an Investitionen erfordert, einer für zweimotorige Maschinen etwa 300 000 $ und ein Großhändler 500 000 bis 1 Mio. $.

1967 verfügte CESSNA über 725 Händler in den Vereinigten Staaten und über 175 im Ausland. Dagegen hatte PIPER 412 inländische und 176 ausländische Händler, während BEECH über 140 einheimische und 77 ausländische Händler verkaufte.

Normalerweise erhielten Großhändler Preisnachlässe von 25 Prozent des Richtpreises; ihrerseits verkauften sie die Leichtflugzeuge wieder zu einem 20prozentigen Rabatt an die Händler. Aus Kreisen der Industrie sickerte jedoch durch, daß PIPER seinen Händlern zum Teil hohe Skonti einräumte und ihnen damit eine große Flexibilität in der Gestaltung der Verkaufspolitik gab. So nahm man an, daß sich PIPER von dem allgemeinen Vorgehen der Industrie distanziert hatte, um zu versuchen, seine Großhändler für ihre speziellen Anstrengungen zu entschädigen, die darin bestanden, daß sie die Händler in der Markterschließung und Verkaufsförderung unterstützten.

Ein weiterer Aspekt des Kampfes um die Marktanteile bestand in der Sortimentspolitik. Führende Vertreter der Branche unterstrichen, daß die Sortimentspolitik durch die starke Markentreue, die so charakteristisch für die gesamte Branche war, beeinflußt wurde.

Die folgende Abbildung 1 zeigt zusammenfassend die Daten über die einzelnen Firmen sowie Ansichten führender Manager zum Thema Markentreue je nach Preisklasse. Obzwar die Tabelle nicht von statistischem Wert ist, zeigt sie immerhin eine Schätzung von unterrichteter Seite über den Grad der Markenloyalität in den folgenden Kategorien: Erstankäufe durch Privatpersonen, die soeben in einem Übungsflugzeug fliegen gelernt hatten, Käufe von Ersatzmaschinen sowohl durch Privatpersonen als auch durch Konzerne und Zusatzkäufe zu existierenden Luftflotten. In diesem Sinne kann man die Übersicht als allgemeine Darstellung des Prozentsatzes an Käufern betrachten, die nicht die Marke wechseln, wenn sie vom Übungsflugzeug auf ihr erstes eigenes übergehen oder wenn sie ihre alte Maschine für eine teuerere neue Maschine eintauschen.

Die Abbildung 1 zeigt weiters auch eine Aufteilung der Umsätze der wichtigsten Hersteller nach Preisklassen. Diese Angaben beinhalten alle Arten von Erstkäufen — getätigt durch Firmen oder durch Privatpersonen — zusammen mit Ersatzmaschinen und Zusatzkäufen zu bestehenden Luftflotten. Beim Studium der Umsatzaufteilung unter Bezugnahme auf Markentreue in verschiedenen Preissegmenten sollte beachtet werden, daß von der gesamten Industrie wesentlich weniger Modelle zu Preisen über 100 000 $ als darunter angeboten werden.

Typen von Leichtflugzeugen

Leichtflugzeuge wurden sowohl von Konstrukteuren als auch von Piloten als höchst differenzierte Produkte angesehen. Im Jahre 1968 wurden über 100 verschiedene Modelle angeboten, und jeder größere Hersteller hatte neue Modelle auf dem Zeichenbrett.

Der Entwurf eines Modelles basierte, was ganz typisch war, auf ästhetischen wie auf funktionellen Überlegungen. Die funktionellen Überlegungen betrafen Größe, Geschwindigkeit, Reichweite, Komfort, Flexibilität in der Benutzung und Wirtschaftlichkeit. So bestanden für den Konstrukteur viele Alternativen hinsichtlich

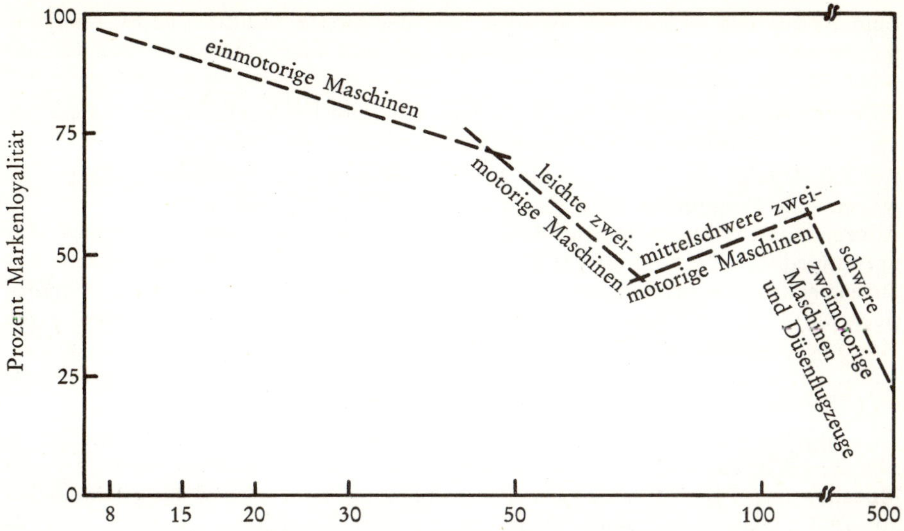

Preis der Flugzeuge (in 1000 $)

Aufteilung der Stückumsätze nach Preisklassen (1967).

8 $ 15 $ 20 $ 30 $ 50 $ 100 $ 500 $

CESSNA	2,264	1,538	1,172	575	468	215
PIPER *	1,711	967	967	110	322	118
BEECH	121	196	0	427	278	228

* Flugzeuge für die Landwirtschaft sind nicht mit eingeschlossen.

Quelle: Die Angaben über Markenloyalität wurden nach Daten der Gesellschaft und Interviews mit Vertretern der Industrie zusammengestellt.
Stückverkäufe nach Preislagen wurden vom Autor der Fallstudie gemäß der von Aviation

Abbildung 1: Markentreue bei Leichtflugzeugen nach Preisklassen.

einer Kombination von Passagierraum, Flugzeuggewicht, Motorstärke, Konstruktion der Kabine und Flexibilität der Sitzzahl. Was das Aussehen anbelangte, so erlaubte dieses, obwohl es stark an funktionelle Bedingungen gebunden war, ebenfalls verschiedene Konstruktionsmöglichkeiten, wie z. B. niedere oder hohe Tragflächen.

Ein Beweis dafür, daß die genannten unterschiedlichen Konstruktionsmöglichkeiten die Produktionspolitik beeinflußten, war das rasche Anwachsen der Modellvielfalt, die bei allen wichtigen Herstellern während der sechziger Jahre zu beobachten war. Zum Beispiel wuchs bei BEECH die Anzahl der angebotenen Modelle von elf im Jahr 1964 auf 19 Modelle im Jahr 1968. In der gleichen Zeit erhöhte sich die Zahl der CESSNA-Modelle von 12 auf 27.

Zum Zweck der statistischen Analyse teilt die größte Industrie-Fachvereinigung die verschiedenen Modelle leichter Flugzeuge nach den folgenden fünf Grundtypen ein:

Einmotorige Maschinen, 1 bis 3 Plätze; einmotorige Maschinen mit mehr als 3 Plätzen; mehrmotorige Maschinen; Turbinenflugzeuge; Hubschrauber.

Anhang 4 zeigt die von 1955 bis 1965 in Verwendung gestandenen Flugzeuge, weiters eine Prognose der Entwicklung der einzelnen Typen bis 1975.

Allgemein wird angenommen, daß die verschiedenen Flugzeugtypen auch eine unterschiedliche Rentabilität für den Hersteller mit sich bringen. Die meisten Produzenten arbeiten im Fall der Herstellung und des Verkaufes kleinerer einmotoriger Maschinen nahe an der Gewinnschwelle, bei den schweren zweimotorigen Maschinen werden bis 25 Prozent des Fabriksverkaufspreises an Gewinn erreicht. Dieser Gewinnunterschied spiegelt eine geringere Preiselastizität der Nachfrage für die größeren und schwereren Modelle wider.

Firmen-Jets [1] waren die neueste Klasse von Flugzeugen, die auf dem Markt erschienen. Wie aus Anhang 5 hervorgeht, reichte die Größe der Firmen-Jets von Modellen mit 4 bis 7 Plätzen für etwas über eine halbe Mio. $ bis zu Modellen mit 19 Plätzen, die zu einem Preis von 2,5 Mio. $ angeboten wurden. Die folgende Tabelle 2 zeigt einen Vergleich der durchschnittlichen Jahreskosten pro Flugstunde für ausgewählte Firmenflugzeuge.

Tabelle 2: Durchschnittliche Jahreskosten pro Flugstunde.

Flugzeugtyp	Gesamtkosten * $	Direkte Flugkosten ** $
Sabreliner (jet)	668	181
Gulfstrom I (turboprop)	534	145
eech 18 series (large twin)	159	47
Cessna 310 (small twin)	95	21

* Die Gesamtkosten umfassen alle Ausgaben im Zusammenhang mit dem Betrieb des Flugzeuges, wie zum Beispiel Treibstoff und Öl, Instandhaltung, Landetaxen, Löhne, Flugplatz-Installationen, Abschreibung und Ersatzmotoren — wenn nötig.

** Direkte Flugkosten umfassen Treibstoff und Öl und die gesamten Instandhaltungskosten.

Quelle: Edward P. Harkins: „Business Aviation in 1969", The Conference Board Record, Dezember 1969.

Der Markt für Leichtflugzeuge

Die meisten Verkäufe von Leichtflugzeugen wurden im Bereich der sogenannten allgemeinen Zivilluftfahrt getätigt. „Allgemeine Zivilluftfahrt" ist der Begriff, der alle Flugzeuge, die nicht Militärzwecken dienen oder einer kommerziellen Fluglinie angehören, beschreibt.

Ende 1967 gab es in den USA über 100 000 Flugzeuge in der allgemeinen Zivilluftfahrt, verglichen mit 66 000 im Jahr 1957 und 35 000 im Jahr 1946. Mitte der sechziger Jahre verzeichneten diese Flugzeuge viermal so viele Flugstunden als jene der amerikanischen Fluglinien. Im Jahr 1969 beförderten sie 39 Millionen Fluggäste, während die amerikanischen kommerziellen Fluglinien allerdings die doppelte Menge beförderten. Anhang 6 zeigt die geographische Verteilung der allgemeinen Zivilluftfahrzeuge in den Vereinigten Staaten mit Stand des Jahres 1967.

Der Markt der allgemeinen Zivilluftfahrt kann je nach Endzweck in vier Kategorien eingeteilt werden: Firmenflüge, kommerzielle Flüge (inklusive Lufttaxis) Unterrichtsflüge und Privatflüge. Tabelle 3 zeigt die Anzahl der nach Verwendungszweck gegliederten Leichtflugzeuge in bestimmten Jahren (einschließlich einer FAA-Prognose für 1975).

Tabelle 3: Anzahl der Leichtflugzeuge, eingeteilt nach Verwendungszweck.

Jahr	Firmen	Kommerzielle *	Unterricht	Privat	Andere	Insgesamt
1953	18 220	7 090	5 440	29 260	1 030	61 404
1954	18 570	7 850	4 720	29 350	690	61 180
1957	21 520	8 800	5 680	29 850	670	66 520
1961	20 728	10 999	6 095	41 706	1 104	80 632
1963	20 793	11 548	6 121	44 860	1 766	85 088
1964	21 127	11 979	6 855	46 721	2 060	88 742
1965	21 650	11 355	8 024	51 093	3 310	95 442
1975 **	32 150	21 850	14 550	88 450	3 000	160 000

* Eingeschlossen sind Lufttaxis, Absprühflugzeuge und sonstige Spezialflugzeuge, wie zum Beispiel für Überwachungsflüge von Rohrleitungen, Luftvermessungsflüge, Feuerabwehrflüge und Erste-Hilfe-Flüge.

** 1965 FAA-Prognose. Vorhergehende FAA-Prognosen waren oft konservativ gewesen.

Quelle: FAA, General Aviation: A Study and Forecast, 1966.

Firmenflüge

Hinter den Überlegungen, die die Unternehmen veranlaßt haben, eine Vielzahl von Kolbenmaschinen, Turbo-Prop-Maschinen und Jet-Flugzeugen zu erwerben, standen ganz typische Verwendungszwecke, die von wirtschaftlichen Überlegungen diktiert waren. Zum Beispiel haben es die meisten Konzerne billiger und weniger zeitraubend gefunden, ihre leitenden Herren in Privatflugzeugen zu befördern. Ein Grund hiefür lag in der geographischen Dezentralisation vieler Werke und Konzernabteilungen in Gebieten, wohin Linienflüge entweder selten oder überhaupt nicht durchgeführt wurden [2]. Ein weiterer Grund war die Entwicklung von weit voneinander entfernt liegenden Märkten einzelner Firmen. Durch die ständig steigende Zahl von neuen lokalen Flugplätzen sahen sich immer mehr und mehr Firmen in die Lage versetzt, Flugzeuge für den Transport des Managements zwischen dezentralisierten Betrieben und den weit verstreuten Absatzmärkten ankaufen zu können.

Trotz solcher wirtschaftlicher Argumente besagte eine kürzliche Studie, daß der potentielle Markt für Firmenflugzeuge praktisch noch unberührt geblieben war.

In der Studie wird nämlich darauf hingewiesen, daß nur 12 Prozent der 3000 größten Gesellschaften des Landes ihre eigenen Flugzeuge besaßen. Es wurde ferner darauf verwiesen, daß 390 000 Firmen sowohl den Bedarf an eigenen Flugzeugen als auch das Potential, dieselben anzukaufen, hätten, daß aber nur 8 Prozent zur Zeit tatsächlich über ein Firmenflugzeug verfügten.
Während für Firmen-Jets Ende der sechziger Jahre viel Reklame gemacht worden war, wurde vom Markt der kleineren und leichteren Maschinen weiterhin erwartet, daß er rasch expandieren würde. Das lag an der Tatsache, daß 77 Prozent aller Geschäftsreisen nur 500 Meilen oder weniger weit führten und daß sie daher zu kurz waren, um Jets wirtschaftlich einzusetzen — außer bei intensiver Auslastung.

Die Jet-Umsätze wuchsen jedoch nur langsam, und die Lycoming-Abteilung (Flugmotorenerzeugung) von AVCO erwartete, daß sie im Jahr 1972 auf 270 Stück und im Jahr 1980 auf insgesamt 550 Stück steigen würden. Während der Preis der Jets ein höherer war, waren die Instandhaltungs- und Betriebskosten für sie niedriger als für Turbo-Prop-Maschinen ähnlicher Kapazität, die für kommerzielle Zwecke eingesetzt waren.

Kommerzielle Verwendung

Der sogenannte kommerzielle Marktsektor umfaßte verschiedene Typen von Abnehmern. Der am schnellsten wachsende Typ solcher Unternehmen war der der Zubringerfluglinien. Dieser Leichtflugsektor, dem auch die sogenannten Lufttaxis angehörten, war in den Augen von Industrieexperten besonders aussichtsreich, speziell für Hersteller von 15- bis 17sitzigen zweimotorigen Maschinen. In den Jahren 1963 bis 1967 war die Anzahl der Zubringerfluglinien und Lufttaxis von 12 auf 165 angewachsen. Die Zahl der Flugzeuge aller Typen, die bei diesen Unternehmen in Verwendung standen, wuchs in derselben Zeit von 72 auf 685 an. Kommerzielle Unternehmer benutzten eine Vielzahl von großen einmotorigen und mehrmotorigen Flugzeugen.
Zubringerfluglinien füllten jene Lücke, die dadurch entstanden war, daß die regionalen Fluglinien fortlaufend Luftstrecken aufgaben, die nicht genügend Passagiervolumen boten und daher für große Maschinen nicht geeignet waren. Auf diese Art und Weise dienten die beschriebenen Unternehmen als zusätzliche Transportträger, die häufig auch die Verbindung zu den Hauptflugstrecken der großen Gesellschaften und örtlichen Fluglinien herstellten.
Die meisten dieser Unternehmen hatten ihren Sitz rund um Luftverkehrszentren und bedieten Flugstrecken zu Gemeinden, die einige hundert Meilen entfernt waren. Sie erfüllten nicht nur ein wichtiges Transportbedürfnis, um Passagiere über die großen Flugplätze hinaus zu transportieren, sondern sie beförderten außerdem noch Luftfracht, Post und Personen, die zu und von der Arbeitsstätte flogen. Postflüge wurden schnell zu einem großen Geschäft. Im Jahr 1966 zahlte die Post diesen Unternehmern 180 000 $ für Postflüge; im Jahr 1968 wurde das Volumen dieses Geschäftes bereits auf 8 Mio. $ geschätzt.
Die Verwendung von Flugzeugen für Spezialeinsätze war eine andere wichtige Komponente des kommerziellen Sektors der allgemeinen Zivilluftfahrt. Piloten

dieser Flugzeuge wurden zur Absprühung, Besprühung gegen Insekten, Besamung und ähnlichem mehr eingesetzt. Die Flugzeuge waren von spezieller Konstruktion. Auf Grund der steigenden Industrialisierung der Landwirtschaft wurde erwartet, daß die Nachfrage nach Flugzeugen mit besonderen Anwendungsmöglichkeiten anwachsen würde.

Flugunterricht

Nach dem Zweiten Weltkrieg stieg das Interesse am Flugunterricht einerseits durch das Interesse an Flugzeugen, das während des Krieges entstanden war, und andererseits durch die großzügigen Trainingsbedingungen, die durch Nachkriegsgesetze ehemaligen Soldaten geboten wurden. Im Jahr 1947 waren die Flugtrainingsstunden von einem Vorkriegsstand von 1,5 Millionen Stunden auf 10,4 Millionen Stunden im Jahr angestiegen. Ein Absinken dieser Trainingsstunden war jedoch zu verzeichnen, als der von der Regierung finanziell unterstützte Flugunterricht eingeschränkt wurde. Durch ein erneutes Interesse, das sich 1954 breitmachte, stabilisierte sich die Zahl der Flugunterrichtsstunden in den letzten sechziger Jahren bei 2 bis 3 Millionen Stunden pro Jahr. In den Jahren 1954 bis 1964 stieg die Zahl der für Unterrichtszwecke verwendeten Flugzeuge um 45 Prozent auf 6855 Maschinen. Obwohl die meisten Unterrichtsflugzeuge speziell konstruierte einmotorige Maschinen waren, wurden als neu hinzukommende fast gänzlich nur viersitzige oder noch mehr Plätze fassende Modelle angekauft. Die Verwendung von größeren einmotorigen Flugzeugen ermöglichte es den Flugschulen, auch noch andere Dienste, wie z. B. einen Lufttaxidienst, anzubieten, was sowohl die Ausnutzung der Maschinen als auch die Gewinnlage erhöhte.

Im Jahr 1967 sagte die FAA eine Steigerung der Nachfrage für Trainingsflugzeuge aller Typen voraus, da alte Maschinen fortlaufend durch solche neueren Typs ersetzt wurden und da die Trainingsprogramme an Mittelschulen und Universitäten weiter zunahmen.

Privatflüge

Das Anwachsen des Marktsektors der Privatflüge stand in direkter Beziehung zur Zahl der Schüler, die in Flugschulen Unterricht nahmen. Obwohl die Zahl der Personen, die Flugunterricht nahmen, mit der Einführung der „Lerne-fliegen"-Programme, die CESSNA und PIPER in den späten fünfziger Jahren anboten, anstieg, glaubten viele, die die Umsätze näher untersuchten, daß dieser Marktsektor noch lange nicht saturiert wäre. In einer kürzlichen Studie, die von einem größeren Flugzeughersteller gemacht worden war, wurde die Behauptung aufgestellt, daß es in den Vereinigten Staaten 10 bis 15 Millionen Menschen gäbe, die sich das Fliegen zwar leisten könnten, dies aber aus dem einen oder anderen Grund nicht täten.

Die Unfähigkeit der Flugzeughersteller, diesen Teil der Bevölkerung für ihre Produkte zu interessieren, basierte auf folgenden drei Faktoren: Mangel an Wissen, Kosten und Zeit. In mancher Hinsicht bestand die Meinung, daß der Reiz des Fliegens eigentlich einen schnellen Aufschwung der Flugausbildung verhindere.

Man wußte so wenig vom Fliegen und wurde andererseits von nachteiliger und nur schlecht unterrichteter Reklame beeinflußt, so daß der Durchschnittsmensch zum Glauben gelangte, daß das Fliegen eine gefährliche Sache sei.

Außerdem kostete die Erwerbung des Pilotenscheines den Anfänger zwischen 600 und 1000 Dollar bei einer zeitlichen Beanspruchung von einem halben bis ganzen Jahr. Dieser Zeit- und Kostenaufwand war notwendig, bevor man seiner Familie oder seinen Freunden seine neuen Fähigkeiten vorführen konnte. Im Vergleich zu anderen möglichen Freizeitgestaltungen bedeutete dies eine große Auslage und einen großen Zeitaufwand.

Die „typischen Flugzeugbesitzer" waren je nach Preisklasse der Flugzeuge ganz unterschiedliche Personen. Eine kürzlich durchgeführte Studie zeigte, daß von Privatpersonen, die ein preisgünstiges einmotoriges Modell besaßen, zirka 80 Prozent über 34 Jahre alt waren. Was das Familieneinkommen betraf, so verdienten 70 Prozent aller Besitzer über 15 000 $ im Jahr. Die Berufe schienen äußerst unterschiedlich zu sein; die Mehrheit gehörte den Management-Berufen oder auch dem einen oder anderen freien Beruf an. 63 Prozent der Flugzeugbesitzer waren weniger als 500 Stunden geflogen und 42 Prozent flogen kürzer als drei Jahre.

Wohl wurden praktisch alle größeren Modelle auch von Privatpersonen geflogen, doch waren im Jahr 1967 zirka 96 Prozent aller Flugzeuge des Privatsektors einmotorige Maschinen. Von diesen waren 45 Prozent ein- bis dreisitzige Modelle, während 55 Prozent vier oder mehr Passagiere befördern konnten. In jüngster Zeit fand eine Verschiebung zugunsten größerer, schnellerer und vielseitig verwendbarer Flugzeuge statt. Dieser Trend war von einer erhöhten Bereitschaft begleitet, in Flugzeuge Blindfluginstrumente (moderne elektronische Navigations- und Funkgeräte) einzubauen.

Der internationale Markt

Abgesehen von den vier Marktsektoren, die je nach Verwendung der Flugzeuge unterschieden wurden, war die geographische Differenzierung zwischen einheimischen und Überseemärkten für die Flugzeugindustrie wichtig. Auf die amerikanischen Erzeuger entfielen zirka 90 Prozent der Umsätze mit Leichtflugzeugen außerhalb von Nordamerika. Viele Exportmärkte expandierten rasch, weil es — vor allem in den Entwicklungsländern — an geeigneten Landtransportmitteln mangelte. Im Jahr 1967 beliefen sich die Exporte auf ungefähr 100 Mio. $, und der Exportmarkt schien zumindest gleich schnell anzuwachsen wie der einheimische Absatzmarkt.

Ein schwerwiegendes Problem, bedingt durch die Exportexpansion, lag in dem ungenügenden Verteilersystem. Qualifizierte Flugzeughändler waren außerhalb der Vereinigten Staaten äußerst selten, und kein Flugzeughersteller konnte sich die notwendigen Kapitalauslagen für ein angemessenes, weltweites, eigenes Verteilersystem leisten.

Ein anderes Problem im Zusammenhang mit der internationalen Expansion war jenes der Zölle. In vielen Ländern wurden Leichtflugzeuge als Luxusartikel betrachtet und daher zu außerordentlich hohen Tarifen verzollt, um so die Verwendung von Devisen für entbehrliche Güter zu verhindern. Lokale Erzeugung war zwar eine der Hauptmöglichkeiten, um hinter den Zollschranken beträchtliche Umsätze zu tätigen, aber außer CESSNA unterhielt kein amerikanischer Flugzeugproduzent Werke im Ausland.

Aufträge aus Übersee brachten auch Probleme hinsichtlich gewünschter Modifikationen an Standardmaschinen mit sich. Es wurden in den Entwicklungsländern für den Ankauf von Leichtflugzeugen zwar oft Devisen freigegeben, jedoch mußten teure Spezialänderungen an Flugzeugen vorgenommen werden, wie sie z. B. Überwachungs- und Vermessungsflüge, Erste-Hilfe-Flüge usw. notwendig machten.

Flugzeug-Technologie

Technologische Änderungen, die die Konstruktion wie auch die Produktion betrafen, waren durch die Notwendigkeit eines verkehrssicheren Produktes beschränkt. Flugzeughersteller, die sich wegen Unsicherheit ihrer Erzeugnisse einen schlechten Ruf erworben hatten, waren in großen Schwierigkeiten. Daher kam es, daß technologische Änderungen in der Industrie fast durchwegs evolutionär und nicht revolutionär waren.

Abgesehen von der Entwicklung kleinerer, allerdings hochtechnischer Neuerungen, brachten die sechziger Jahre der Luftfahrt die Entwicklung drei neuer Flugzeugtypen, welche allerdings am Ende der Dekade noch von geringer Bedeutung für die allgemeine Zivilluftfahrt waren: kleine Jets, Flugzeuge für kurze Start- und Landebahnen (STOL = Short Take-Off and Landing) und für vertikale Starts und Landungen (VTOL = Vertical Take-Off and Landing). STOL- und VTOL-Flugzeuge benötigen keine langen Anflugschneisen, keine erweiterten Landebahnen und wurden daher als eine Lösung des schwerwiegenden Stauproblems in Großstadtgebieten angesehen. Landemöglichkeiten, die näher an den großen Städten lagen, können als ein weiterer Vorteil betrachtet werden.

Die Flugzeughersteller waren jedoch nicht imstande, Kombinationen von Motor- und Flugzeugkonstruktionen zu finden, die einen wirtschaftlichen Einsatz von Senkrechtstartern oder STOL-Flugzeugen ermöglichten. Im übrigen spürte die Leichtflugzeugindustrie die Folgen des Staues auf Flugplätzen nicht so sehr wie die Fluglinien. Leichtflugzeuge — ja selbst Turbo-Jets — konnten wegen ihres niedrigen Gewichtes auch auf Flugplätzen mit kürzeren Landebahnen landen. Aus diesem Grund entstand keine große Nachfrage nach den weniger wirtschaftlichen STOL- und VTOL-Maschinen. Andere oft angeführte Gründe für die niedrige Wachstumsrate des STOL- und VTOL-Marktes waren der Mangel an angemessenen Flugleitsystemen und die wahrscheinliche Reaktion der Öffentlichkeit auf die große Schalleinwirkung in unmittelbarer Nähe von Wohn- und Geschäftshäusern. In den sechziger Jahren wurden die Flugzeuge hauptsächlich aus Aluminium hergestellt. Während der vierziger Jahre hatte eine große Anzahl von Flugzeugen noch aus Holzgestellen und Segeltuchbespannungen bestanden. Da dem niederen Gewicht und den höheren Anforderungen immer mehr Bedeutung zugemessen wurde, kam es in der Folge zu einem Wechsel, der zur Konstruktion neuer leistungsfähiger Modelle führte. Um ein noch geringeres Gewicht zu erzielen, ging man schließlich bei der Herstellung einiger Teile der preishöheren Klasse sogar zu Magnesium über. Außerdem wurde für manche Bestandteile, wie z. B. die Nase, die keiner großen tragenden Stärke bedarf, oft Fiberglas verwendet.

Mitte der sechziger Jahre zeigten sich in Produktion und Montage Zeichen einer Verschiebung von der Einzelfertigung zu einer Massenproduktion, die in Verbindung mit gesteigerten Stückumsätzen wirtschaftlicher erschien. CESSNA, der größte Hersteller, gemessen sowohl in Dollar-Umsätzen als auch im Stückverkauf, war führend im Wechsel zu einer umfassenden Massenproduktion. Die besonderen Kennzeichen dieses Wechsels im Produktionsverfahren waren: produktionsorientierte Produktgestaltung, Ausstattung mit Spezialmaschinen und die Konzentration von einzelnen Produktionsläufen in einigen Wochen, um den Bedarf für ein ganzes Jahr zu decken.

Es gab jedoch Industrieexperten, die die Eignung der Massenproduktion für die Leichtflugzeugherstellung stark bezweifelten. Unter den von ihnen genannten, die Serienfertigung einschränkenden Faktoren befanden sich a) die nötigen Qualitätsmerkmale des fertigen Produktes, b) Anforderungen an Raum und Arbeitskräfte, c) Schwierigkeiten in der Planung und Lieferung von Bestandteilen seitens unabhängiger Lieferanten und d) bereits niedrig angesetzte direkte Personalkosten (20 Prozent der Gesamtkosten des Flugzeuges), die nicht viel Spielraum für erhöhte Personaleinsparungen ließen.

Vor kurzem wies die FAA in einer Prognose über künftige Entwicklungen, die bis zum Jahre 1975 eintreten werden, auf zwei zwangsläufige Beschränkungen technologischer Erfindungen hin: die wirtschaftliche Durchführbarkeit müßte gewährleistet bleiben und die Fähigkeiten des durchschnittlichen Piloten der allgemeinen Zivilluftfahrt dürften nicht überfordert werden. Die FAA behauptete, daß viele hochtechnisierte Systeme zur Verfügung stehen, die den Charakter des Fliegens ändern könnten, die sich aber wegen der hohen Kosten und/oder nicht garantierter, aber erforderlicher Pilotenqualifikationen als undurchführbar erwiesen.

Obzwar eine radikale Änderung in der Flugzeugtechnologie als ausgeschlossen galt, waren in der FAA-Vorhersage immerhin die folgenden Prognosen enthalten:

— Die durch Aluminium gefestigte Bespannungskonstruktion wird auch weiterhin die gängigste Struktur der Flugzeugzelle bleiben.

— Die Druckversorgung der Kabine, die nunmehr in einigen der teuersten zweimotorigen Kolben- und Turbinenflugzeugen vorhanden ist, wird wahrscheinlich auch in den teuereren Modellen der einmotorigen Maschinen Verwendung finden.

— Aerodynamische Verbesserungen können erwartet werden, deren Auswirkungen zwar erhöhte Geschwindigkeiten, aber auch Probleme, die mit geringerer Fluggeschwindigkeit verbunden sind, bringen dürften. Einrichtungen, die zur Behebung dieser Probleme entworfen werden, werden sich auf Kosten und Kompliziertheit der Flugzeuge auswirken.

— Die für das Jahr 1975 erwartete Luftflotte wird sich nach wie vor vor allem aus einmotorigen Maschinen zusammensetzen.

— Vorausgesagt wurde ferner eine weitere Entwicklung der elektronischen Ausrüstung unter Zuhilfenahme der neuesten Errungenschaften auf dem Gebiet der

Halbleitertechnik, was zu niedrigeren Kosten, Gewicht und Energieverbrauch sowie erhöhter Verläßlichkeit führen und die verbreitete Benutzung von Luftfahrtsmöglichkeiten und häufigere Instrumentenflüge stimulieren wird.

— Die Benutzung von bestimmten VTOL- und STOL-Flugzeugen, hauptsächlich Hubschraubern, wird für Spezialzwecke weiter fortgesetzt werden. Im allgemeinen Flugbetrieb jedoch werden die Vorzüge dieser Art von Maschinen nach wie vor weder gebraucht noch besonders wertvoll sein. Die hohen Kosten werden die weitverbreitete Verwendung dieser Flugzeuge auch bis einschließlich 1975 weiter hemmen.

Flugsicherheit

Im Januar 1970 publizierte Ralph Nader einen 98 Seiten langen, von Ingenieurstudenten der Princeton-Universität verfaßten Bericht, in dem behauptet wird, daß die Hersteller von Kleinflugzeugen „die gefährlichsten Formen des Transportes in den Vereinigten Staaten" erzeugen. In dem Bericht heißt es, daß Amerikas Flotte von Privatflugzeugen (hauptsächlich einmotorige Maschinen) viele der Überlebenseinrichtungen, die bei Zusammenstößen von Autos von Vorteil wären, wie z. B. Sicherheitsgurte, gepolsterte Schaltbrette oder Sicherheitssteuerrad, nicht besässe. Weiters heißt es, daß über Jahre hinaus die FAA die zivile Luftfahrt verhätschelt habe, indem sie den Herstellern von Flugzeugen angenehme Minimalstandards für Sicherheitsvorkehrungen vorgegeben hätte, auf die diese dann vor der Öffentlichkeit zur Rechtfertigung gegenüber Kritik hinweisen konnten.

Wie im „Wall Street Journal" vom 22. Januar 1970 berichtet wird, behaupteten die beiden Studenten, daß Hersteller von Leichtflugzeugen ihre kleinen Maschinen so entwerfen und ausrüsten könnten, daß die Überlebensmöglichkeit wesentlich erhöht würde. Die Autoren des Berichtes verwiesen darauf, daß dies, wie aus den sicherheitsorientierten Konstruktionen und niederen Unfallsquoten der Absprüh-Flugzeuge zu entnehmen sei, möglich wäre. Weiters führen sie die „ausgezeichnete Sicherheit gegen Absturz" der relativ teueren Bonanza-Maschine von BEECH an. Außerdem wurde im Bericht darauf hingewiesen, daß in den frühen fünfziger Jahren BEECH darangegangen wäre, seine Flugzeuge mit Schultergurten auszustatten und auch sonst Sicherheitsmaßnahmen zu treffen, daß jedoch diese Versuche am Markt nicht ankamen. BEECH gab daraufhin seine Bemühungen wieder auf.

Im Bericht wurden Unfallstatistiken zitiert, die darauf hinweisen, daß 70 Prozent der Kleinflugzeuge, die sich zur Zeit in Produktion befanden, letztlich einen Unfall haben würden. Auch wurde Dr. John J. Swearingen, Leiter der Sicherheits- und Überlebensabteilung der FAA, zitiert, der im April 1969 in einem Brief an Mr. Nader geschrieben haben soll: „Zur Zeit braucht man kaum mehr als eine holprige Landung, und die Insassen eines Leichtflugzeuges haben das Zeitliche gesegnet."

Die meisten Todesfälle bei Flugunfällen, von denen Kleinflugzeuge betroffen sind, ergeben sich durch Bruch des Flugzeugrahmens oder dadurch, daß die Insassen gegen hervorstehende Gegenstände innerhalb der Kabine geworfen werden. Die

Konstruktion einer Maschine, die dem Bruch des Flugzeugrahmens im Fall eines Absturzes widersteht, wurde von den Herstellern nur als bedingt möglich angesehen. Während Modelle mit mehr struktureller Stützung konstruiert werden könnten, würde das zusätzliche Gewicht in manchen Fällen die Entwicklung neuer Motoren verlangen und die Leistungsmerkmale des Flugzeuges herabsetzen. Außerdem würde der Preis von Kleinflugzeugen ganz bedeutend steigen.

In der Industrie war man aber allgemein der Meinung, daß die Sicherheit durch eine Verringerung von Fehlleistungen des Piloten (die 90 Prozent der Luftverkehrsunfälle bedingten) bedeutend mehr erhöht werden könnte als durch die Neukonstruktion von Flugzeugen.

Das Stauproblem auf Flugplätzen

Die Stauung auf den großen Großstadtflugplätzen, sowohl auf der Piste als auch im An- und Abflugsraum, war für die Hersteller von Leichtflugzeugen für den Zivilluftfahrtssektor ein ganz wesentliches Problem. In dem Maß, in dem Vorschläge gegen die Stauung die Bequemlichkeit, die Betriebskosten und die Sicherheit der Benutzer von Leichtflugzeugen beeinträchtigten, wurden die künftigen Verkäufe von Leichtflugzeugen aufs Spiel gesetzt.

Während die FAA in den Jahren 1968 und 1969 verschiedene Vorschläge machte, um dem gefährlichen Stauungsproblem zu begegnen und um ein besseres System von Flugstrecken und Flugplätzen zu entwickeln, war die allgemeine Zivilluftfahrt gegen solche Pläne. So hat z. B. der Vorschlag der FAA, den Betrieb auf fünf der größten Flugplätze Amerikas einzuschränken, einen heftigen Protest anläßlich einer öffentlichen Sitzung im September 1968 ausgelöst. Der Kern des Vorschlages ging dahin, die Landungen von planmäßigen Lufttaxis und Privatflugzeugen auf den Flugplätzen Kennedy, La Guardia, Newark, Washington National und Chicago-O'Hara auf 16 Prozent (8 Prozent für Lufttaxis, 8 Prozent für Privatmaschinen) aller stündlichen Landungen zu drosseln. Außerdem war vorgesehen, für alle Flüge Vorausreservierungen für Abflug und Landung einzuführen. Nur wenn Fluglinien nicht ihre volle stündliche Quote ausnutzen, könnten zusätzliche Landungen und Abflüge gestattet werden, und zwar zuerst den Lufttaxis und dann den Privatmaschinen.

Die nationale „Business Aircraft Association" reagierte mit folgendem Satz: „Wir können eine totale Ausschließung zu bestimmten Stunden am ... Kennedy-Flugplatz oder anderen Flugplätzen nicht tolerieren. Wir meinen, daß es grundsätzlich falsch ist, einer Handvoll von gewinnorientierten Fluglinien die exklusive Benutzung öffentlicher Einrichtungen zu gewähren, und zwar auf Kosten eines Teiles der Öffentlichkeit, die für die Instandhaltung dieser Flugplätze mitbezahlt."

Die „Aircraft Owners and Pilots Association" (Flugzeugbesitzer- und Pilotenvereinigung) versprach, „sich mit jedem zur Verfügung stehenden Mittel dem Versuch, die öffentlichen Flugplätze des Landes an die Fluglinien auszuliefern, nachhaltig zu widersetzen [3]."

Als Gegenangriff auf diese Reaktion und die wichtigere Frage des Ausbaues der Luftlinien Amerikas ansprechend, klagte der Minister für das Transportwesen

die allgemeine Zivilluftfahrt an, daß „sie jetzt nicht ihren Tribut für diese Luftfahrt zahle". In seiner Stellungnahme gab Mr. Cecil Mackey folgenden Kommentar:
„Nach Vorschlag der Regierung wären für dieses Jahr zusätzliche 176 Mio. $ den Luftlinien zur Verfügung gestellt worden, um auf diese Weise dringend benötigte Einrichtungen, Ausstattung und Personal zu finanzieren. Die Einnahmen wären durch höhere Passagiertaxen und eine Erhöhung der Treibstoffsteuer zu Lasten der allgemeinen Zivilluftfahrt erzielt worden: Die Reaktion der allgemeinen Zivilluftfahrt kam rasch, fast einstimmig und in manchen Fällen fast irrational in ihrer Opposition gegen die geplanten Vorhaben und die zu erwartenden Belastungen.
Die Tatsache, daß selbst eine Treibstoffsteuer von 10 Cents pro Gallone die Betriebskosten einer typischen, noch nicht abgeschriebenen, einmotorigen Maschine um weniger als 1 Cent/Meile erhöhen und daß dies weniger als 4 Prozent zu den gesamten Kosten beitragen würde, schien gänzlich ignoriert zu werden. Für eine zweimotorige Maschine wären es weniger als 2 Cents pro Meile und weniger als 3 Prozent zusätzlicher Kosten. Wenn man den durchschnittlichen Preis von Zivilflugzeugen in Betracht zieht, ebenso deren jährliche Betriebskosten und den hohen Prozentsatz des Zivilfluges, der von den Steuern absetzbar ist, dann scheinen die vorgeschlagenen Belastungen kaum unvernünftig zu sein oder einen nachteiligen Effekt auf die allgemeine Wachstumsrate der Zivilluftfahrt zu haben [4].
Diese Art von Opposition und Gegenbeschuldigung macht es außerordentlich schwierig, eine Übereinstimmung herbeizuführen, die nötig wäre, um mit einem langfristigen Programm für Luftlinien und Flugplätze voranzukommen."

Zukunftsaussichten

Kenner der Industrie stimmen im allgemeinen überein, daß es schwierig ist, die Zukunftsaussichten für Hersteller von Leichtflugzeugen mit Bestimmtheit vorauszusagen. Der Markt für einmotorige Maschinen hängt zum großen Teil von der Entwicklung der Schulungsflüge und des persönlichen Einkommens ab. Außerdem werden Umsätze mit mehrmotorigen Maschinen und Flugzeugen für Leute, die von und zur Arbeitsstätte fliegen, durch eine große Anzahl von Variablen, wie z. B. Industrieexpansion, Inflation, Liquidität und Zinssatz, beeinflußt.

Die Unsicherheiten, die durch diese wirtschaftlichen Faktoren ausgelöst werden, werden durch die Möglichkeit künftiger Flugplatz- und Flugraumbeschränkungen noch verstärkt. Zumindest ein Sachverständiger, der in der „Aviation Week and Space Technology" schrieb, behauptete, daß Flugplatzprobleme bereits einen Einfluß auf Flugzeugumsätze hätten und daß sich Spitzenunternehmer immer mehr persönlich einsetzen und noch mehr ausgeben, um die Möglichkeiten für das weitere Wachstum der Luftfahrt sicherzustellen.

Anhang 1: Umsätze in Stückzahlen von Leichtflugzeugen einiger ausgewählter Hersteller (in % des Marktanteils)

	1958	1959	1960	1961	1962
Cessna	2 926 (46,0)	3 588 (46,6)	3 720 (49,0)	2 746 (40,5)	3 124 (46,5)
Piper	2 162 (32,8)	2 530 (33,0)	2 313 (30,2)	2 646 (39,2)	2 139 (32,0)
Beech	694 (10,9)	893 (11,6)	962 (12,6)	810 (12,0)	840 (12,5)
Aero Commander	97 (1,6)	148 (1,9)	155 (2,4)	139 (2,3)	121 (1,8)
Mooney	160 (2,6)	182 (2,4)	172 (2,3)	286 (4,2)	387 (5,9)
Andere	377 (6,1)	348 (4,5)	266 (3,5)	151 (2,2)	86 (1,3)
Total	6 416 (100,0)	7 689 (100,0)	7 588 (100,0)	6 778 (100,0)	6 697 (100,0)

	1963	1964	1965	1966	1967
Cessna	3 456 (45,5)	4 188 (45,0)	5 629 (47,5)	7 909 (50,0)	6 232 (46,0)
Piper	2 321 (30,8)	3 196 (34,3)	3 776 (32,0)	4 437 (28,0)	4 490 (33,0)
Beech	1 061 (14,0)	1 103 (11,7)	1 192 (10,0)	1 535 (9,8)	1 260 (9,2)
Aero Commander	114 (1,5)	109 (1,2)	110 (0,9)	229 (1,4)	362 (2,6)
Mooney	502 (6,7)	650 (7,0)	775 (6,5)	779 (5,0)	642 (4,7)
Andere	115 (1,5)	70 (0,8)	370 (3,1)	889 (5,8)	614 (4,5)
Total	7 569 (100,0)	9 336 (100,0)	11 852 (100,0)	15 768 (100,0)	13 600 (100,0)

Quelle: Zusammengestellt vom Verfasser der Fallstudie nach Angaben in „Aviation Week & Space Technology", 1959—1968.

Anhang 2: Dollar-Umsätze von Leichtflugzeugen einiger ausgewählter Hersteller — in 1000 $ (in % des Marktanteils)

	1958	1959	1960	1961	1962
Cessna	36 897 (35,8)	45 703 (35,2)	56 664 (37,5)	42 266 (34,0)	50 181 (36,6)
Piper	26 548 (25,7)	33 134 (25,4)	35 102 (23,2)	28 889 (23,2)	32 142 (23,5)
Beech	26 660 (25,8)	35 701 (27,5)	43 061 (28,5)	37 072 (29,8)	37 359 (27,4)
Aero Commander	6 902 (6,8)	10 626 (8,1)	N. A.	11 047 (8,8)	10 840 (7,9)
Mooney	1 868 (1,9)	2 091 (1,6)	2 781 (1,8)	3 987 (3,3)	5 525 (4,1)
Andere	4 152 (4,0)	2 621 (2,2)	13 612 (9,0)	1 062 (0,9)	784 (0,5)
Total	103 027 (100,0)	129 876 (100,0)	151 220 (100,0)	124 323 (100,0)	136 837 (100,0)

	1963	1964	1965	1966	1967
Cessna	55 662 (36,4)	66 818 (33,6)	97 238 (30,5)	128 841 (26,2)	116 558 (27,0)
Piper	38 540 (25,0)	54 479 (27,2)	61 664 (19,4)	80 100 (16,4)	79 430 (18,4)
Beech	38 594 (25,2)	54 923 (27,8)	72 211 (22,6)	97 284 (20,0)	91 961 (21,4)
Aero Commander	11 840 (7,7)	11 973 (6,0)	27 727 (8,8)	51 537 (10,6)	31 760 (7,2)
Mooney	7 235 (4,7)	9 569 (4,8)	12 173 (3,8)	15 406 (3,2)	14 571 (3,4)
Andere	1 544 (1,0)	1 114 (0,6)	47 253 (14,9)	115 242 (23,6)	97 636 (22,6)
Total	153 415 (100,0)	198 876 (100,0)	318 266 (100,0)	488 410 (100,0)	431 916 (100,0)

Quelle: Zusammengestellt vom Verfasser der Fallstudie nach Angaben in „Aviation Week & Space Technology", 1959—1968.

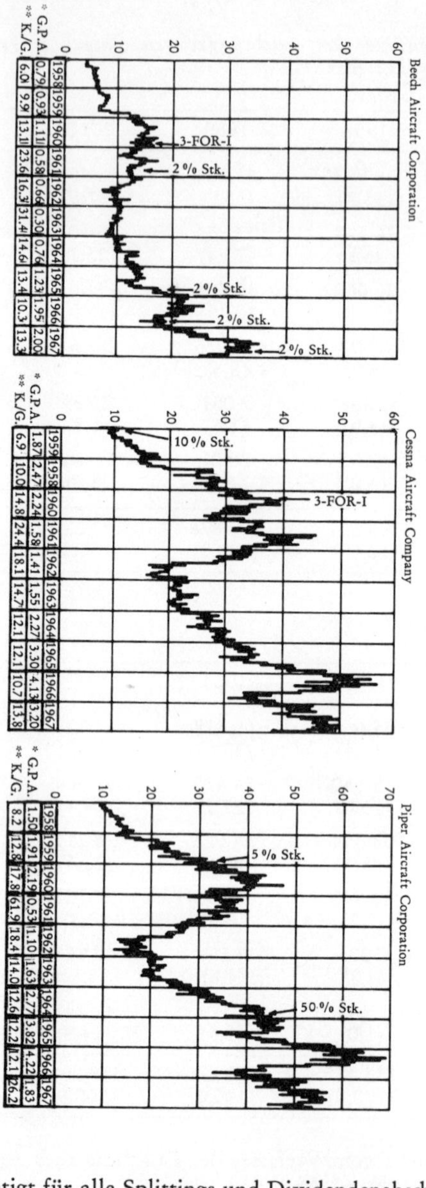

* Gewinn pro Aktie berichtigt für alle Splittings und Dividendenabschläge.
** Kurs-Gewinn-Verhältnis errechnet nach dem Jahresmittelkurs.

Quelle: Moody's Handbook of Common Stocks, 4. Quartalheft, Ausgabe 1968.

Anhang 4: Anzahl der in Verwendung stehenden Leichtflugzeuge (nach Typen aufgeschlüsselt)

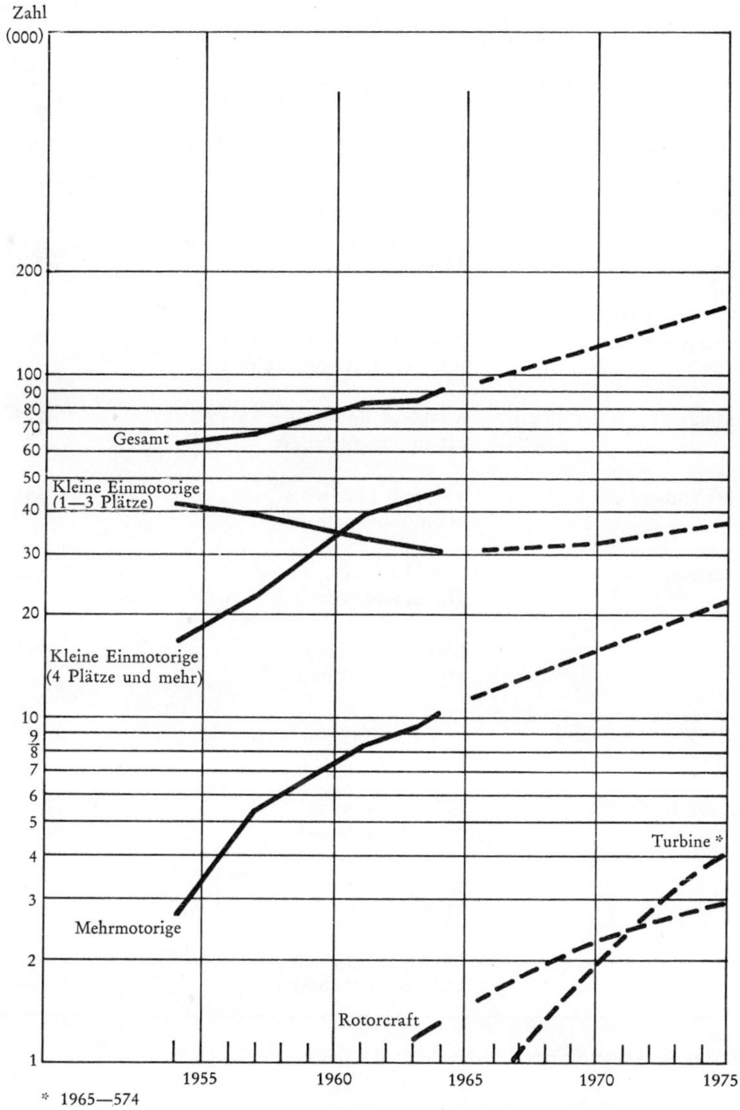

Quelle: US Federal Aviation Agency, General Aviation, A Study and Forecast of the Fleet and its Use in 1975, Juli 1966, Seite 15.

Anhang 5: Die wichtigsten Firmen-Jets

Hersteller und Modell	Ausstattung	Preis $
Dassault/Pan Am Fan Jet Falcon	10 pl, low wing aft-mount turbofans	On request
Grumman Aircraft Gulfstream II	19 pl, low wing aft-mount turbofans	2 525 000
Hamburger Flugzeugbau HFB 320 Hansa	7—11 pl, forward swept, mid-wing aft-mount turbojets	700 000
Hawker Siddeley DH 125	6—10 pl, low wing aft-mount turbojets	722 400
Israel Aircraft Industries Jet Commander	4—7 pl, mid wing aft mount turbojets	595 000
Lear Jet Industries Modell 24	8 pl, low wing aft-mount turbojets	649 000
Modell 25	10 pl, low wing aft-mount turbojets	795 000
Lockheed-Georgia Jet Star	12 pl, low wing aft-mount turbojets	1 650 000
North American Rockwell Sabreliner	10 pl, low wing aft-mount turbojets	On request
Series 60	12 pl, low wing twin jet	On request
Piaggio, SPA PD-808	7—10 pl, low wing aft-mount turbojets	760 000

Quelle: Aviation Week and Space Technology, 18. März 1968.

Anhang 6: Geographische Aufteilung der Leichtflugzeugumsätze in den Vereinigten Staaten (Stand 31. Dezember 1967)

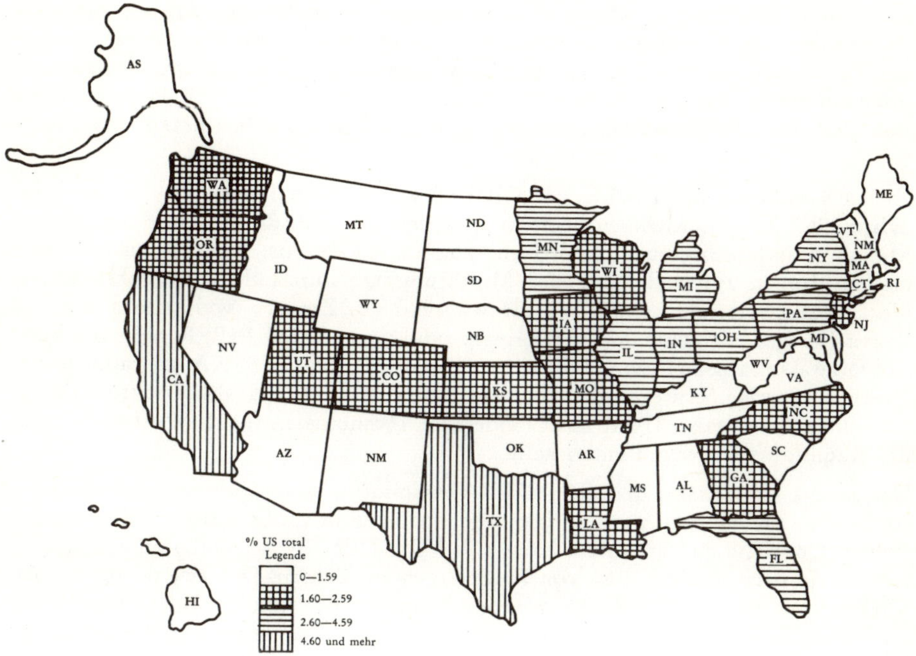

Anmerkungen:

1 Firmen-Jets im technischen Sinn waren nicht Leichtflugzeuge, da die meisten Modelle über 12 500 Pfund wogen.

2 Seit dem Ende des Zweiten Weltkrieges waren neun von zehn neuen Werken in Städten mit einer Einwohnerzahl von unter 50 000 errichtet worden.

3 Beide Aussprüche erschienen in „American Aviation", 16. September 1968.

4 Flying, Januar 1969.

Dieser Bericht wurde von Assistent Prof. Malcolm S. Salter als Basis für Seminardiskussionen aufbereitet.

PIPER AIRCRAFT CORPORATION

PIPER AIRCRAFT war die älteste Firma der „Großen Drei" Leichtflugzeughersteller. Die Gesellschaft wurde 1930 gegründet, und ihr erstes Modell war der heute bereits legendäre „Cub". Dieses Flugzeug hatte einen segeltuchbespannten Holzrumpf und war ein Hochdecker. Das Fahrwerk bestand aus zwei Vorderrädern und einem am Heck befestigten Bremsklotz. Während der folgenden Dekaden waren der Piper „Cub" und seine Nachfolger so beliebt, daß sie für viele Amerikaner als Kleinflugzeuge schlechthin galten. Doch trotz der ständig steigenden Beliebtheit zeigten Umsätze und Gewinne durch Jahre hindurch bedeutende Schwankungen. Anhang 1 faßt die finanzielle Gebarung des PIPER-Unternehmens von 1938 bis 1957 zusammen, und die Anhänge 2 und 3 geben detaillierte Bilanzen für die letzten zehn Jahre wieder.

In der Geschichte der PIPER AIRCRAFT gab es zwei Dinge, die sich noch im Jahre 1967 im Unternehmen bemerkbar machten [1]. PIPER war zwar bereit, dem Militär Standardflugzeuge zu liefern, zog es jedoch vor, keine Konstruktionsmodifikationen zur Anhebung der Militärumsätze durchzuführen. Daher waren die Flugzeugverkäufe an das Militär während des Zweiten Weltkrieges und des Korea-Krieges begrenzt, und die Kriegsproduktion brachte PIPER nicht die hundertfache Umsatzexpansion, wie sie sie BEECH und CESSNA gebracht hatte. Dieser eindeutige Schwerpunkt, auf dem Zivil- an Stelle des Militärsektors führte allerdings dazu, daß PIPER nicht modernste Technologien für die Luftwaffe oder das Raumfahrtprogramm entwickelte.

Der zweite Grundsatz, der die PIPER-Organisation kennzeichnete, war das Bestreben, Kleinflugzeuge zu niedrigen Preisen, aber in großen Stückzahlen herzustellen. Um diese zu verkaufen, hatte sich PIPER darauf konzentriert, Flugunterricht anzubieten und den Bau von Flugplätzen zu fördern. Der zweite Aspekt der Verkaufspolitik der PIPER-Organisation beim Vertrieb von Kleinflugzeugen war, die besten Konstruktionen und Herstellungsmerkmale bei niedrigen Preisen anzubieten. Infolgedessen hatte sich PIPER traditionsgemäß in jedem Marktsektor auf Konstruktion und Produktion des preisgünstigsten Modells konzentriert.

Im Jahr 1967 übernahm W. T. Piper jun. von seinem Vater die Führung als Präsident des Unternehmens. W. T. Piper, der 87jährige Gründer der Firma, blieb Aufsichtsratspräsident. Howard Piper, ein Bruder des neu ernannten Präsidenten, war leitender Vizepräsident, und Thomas Piper, ein dritter Bruder, war Vizepräsident.

Die Familie Piper hatte mit zirka 30 Prozent Aktienanteil die Kontrolle des Unternehmens in der Hand, obwohl sie rein formell keine Kontrolle innehatte, da ihr die dafür erforderliche 51prozentige Kapitalmehrheit fehlte. Diese Kombination von Familienkapital und Unternehmensführung gab der Familie Piper Gelegenheit, ein zwangloses Arbeitsklima herzustellen und die Firmenpolitik zu bestimmen.

Es war der Stolz der Familie, bei einer in der Leichtflugzeugindustrie Pionierarbeit leistenden Firma bis 1968 Jahresumsätze von fast 100 Mio. $ erzielt zu haben.

Jedoch bedeutete ein fortgesetztes Wachstum, das schneller vor sich ging, als es durch die Selbstfinanzierungskraft des Unternehmens bewältigt werden konnte, eine schwere Bedrohung der Kontrolle durch die Familie. Die neuerliche Expansion der Produktionsserie zusammen mit der neuerlichen Verringerung der Gewinnspanne begann finanziellen Druck auszuüben, und im Jahr 1967 emittierte PIPER 10 Mio. $ langfristiger Schuldverschreibungen. Dies war die erste langfristige Schuldverschreibung seit 1945.

Der wahrscheinliche Bedarf an zusätzlichem Kapital zur Finanzierung einer weiteren Expansion veranlaßte PIPERs Unternehmensführung, im Jahr 1968 die Position der Firma innerhalb der Industrie zu bewerten. In der Beurteilung vergangener Erfolge nannte der neue Präsident drei Ursachen: a) kostenbewußte Technik und Konstruktion, b) die Konzentration auf Marktsektoren unter 100 000 $ und c) eine relativ kleine, anpassungsfähige Unternehmensstruktur, welche die laufenden Gemeinkosten auf ein Minimum beschränkt. Bei der Beurteilung der Zukunftsaussichten äußerte sich jedoch Mr. Piper etwas pessimistisch, indem er die Meinung vertrat, daß diesen drei Erfolgsursachen infolge des ständigen Wandels des Leichtflugzeugmarktes in Zukunft nicht mehr jene Rolle wie in der Vergangenheit zukommen werde. Ein seit kurzem bemerkbares Absinken der Gewinne war ein anderer wichtiger Aspekt, der von der Unternehmensführung berücksichtigt werden mußte. Es ging dabei um die „Verwundbarkeit“ der Firma bei periodischen Umsatzveränderungen. Die Zeitschrift „Forbes“ beschrieb diese Situation wie folgt:

„PIPERs ‚Verwundbarkeit‘ trat 1967 merklich zutage, als die gesamte Industrie an der zurückhaltenden Auftragsvergabe seitens Firmen und Privatpersonen litt. PIPERs Umsätze nahmen zwar nur um 1,1 Prozent ab und beliefen sich auf 80,4 Mio. $; jedoch sanken die Gewinne um 57 Prozent auf 3 Mio. $ — dies war hauptsächlich auf Abschreibungen auf überdurchschnittlichen Lagerbestand zurückzuführen. Im Gegensatz dazu war es BEECH seiner Diversifikation wegen möglich, seine Umsätze und Gewinne zu steigern [2].“

Derselbe Artikel in „Forbes“ ging auch auf PIPERs „Verwundbarkeit“ hinsichtlich der Einführung neuer Produkte ein:

„Und wegen der Größe seiner Industrie und seiner Firma hat er (W. T. Piper jun.) nicht viel Spielraum für Fehler. Der Markt kann ein unnötiges Modell oder selbst eine kleine Überproduktion nicht aufnehmen, und die Firma kann einen Verlust, hervorgerufen durch die Abschreibung der Konsequenzen einer großen Fehldisposition, nicht verkraften.“

PIPERs Produktionsserie

Das Hauptaugenmerk der PIPER-Produktionen war traditionsgemäß auf Sport, Freizeitgestaltung, persönlichen Gebrauch und allgemeine Anwendungszwecke gerichtet. Tabelle 1 gibt die Produktionsserie von 1958 wieder. Aus Anhang 4 sind weiters Einzelheiten über die von PIPER verwendete Marktsegmentierung ersichtlich, und Anhang 5 zeigt PIPERs Marktposition in Stückzahlen, je nach Sektor, und zwar von 1961 bis 1968.

Tabelle 1: Piper Aircraft Corporation, Modelle 1968

Modell	Empfohlener Listenpreis
Super Cub	$ 9 925
Pawne — 235, 260	$ 16 490—16 990
Cherokee — 140 B, 180 D, Arrow, 235 B, Six 260, Six 300	$ 8 990—22 900
Comanche B	$ 24 900
Twin Comanche B, Turbo Charged Twin Commanche B	$ 37 250—48 620
Aztec D, Turbo Charged Aztec D	$ 57 990—72 400
Navajo 300, Turbo Charged Navajo	$ 89 500—97 340

Quelle: Geschäftsberichte

„Super Cub“ und „Pawnee“ waren für Spezialzwecke hergestellte Maschinen und standen in keinem Zusammenhang mit den modernen Aluminiumflugzeugen (Tiefdecker), die außerdem erzeugt wurden. Der „Super Cub“, ein Nachfolger des ursprünglichen „Cub“, hatte nach wie vor eine Segeltuchbespannung und hoch angesetzte Tragflächen, jedoch wurde der Rumpf anstatt aus Holz nunmehr aus Aluminium hergestellt. Der „Super Cub“ wurde z. B. für Kontrollflüge entlang von Rohrleitungen und über Ranchgebiete sowie zur Luftvermessung benutzt. Die Maschine war besonders gut ausgestattet für Flüge, die gute Bodensichtverhältnisse und kurze Starts und Landungen auf unübersichtlichem Terrain notwendig machten.

Der „Pawnee“ war dem „Super Cub“ verwandt, da sein Aluminiumrumpf ebenfalls mit Segeltuch bespannt war, aber im Gegensatz zum „Super Cub“ war er speziell für landwirtschaftliche Zwecke gedacht. Er hatte Platz für einen Piloten und die Anbringung eines Bestäubungs- oder Sprühgerätes zum Einsatz gegen Insekten oder als Düngevorrichtung.

Der „Cherokee“ wurde 1961 als viersitziges einmotoriges Flugzeug eingeführt. Bis 1968 hatte sich die „Cherokee“-Serie so entwickelt, daß sie folgende Modelle mit einschloß: ein Übungsflugzeug für 2 bis 4 Passagiere, drei viersitzige und zwei sechssitzige Modelle. Das Übungsflugzeug wurde fast ausschließlich von Flugzeughändlern und Flugschulen gekauft; die drei viersitzigen Modelle erregten insbesondere bei Privatpersonen Interesse; 50 Prozent der Käufer kauften die Maschinen als Erstflugzeug. Die sechssitzigen „Cherokees“ boten mehr Platz, hatten eine höhere Nutzlast und wurden oft von Privatpersonen für Geschäfts- und Vergnügungszwecke gekauft.

Der „Comanche“ wurde 1957 als einmotoriges Flugzeug für vier Passagiere eingeführt. 1963 folgte der zweimotorige „Comanche“. In den letzten Jahren wurde die „Comanche“-Serie nicht erweitert und wurde mehr und mehr von den neueren „Cherokee“-Modellen abgelöst.

Der „Aztec“ war PIPERs wichtigstes zweimotoriges Flugzeug. Es wurde von kleinen und größeren Firmen und von Vertretern der freien Berufe sowohl für Berufs- als auch für Vergnügungsflüge verwendet. Sehr wenige Besitzer von „Aztec“-Maschinen hatten dieses Flugzeug als Erstflugzeug gekauft, mehr als 75 Prozent hatten schon vorher eine PIPER-Maschine besessen.

Der „Navajo“ war die letzte Erweiterung der PIPER-Produktion. Die „Navajo“-Serie bestand, so wie die „Aztec“-Serie, aus zweimotorigen Maschinen und erschien in zwei Modellen: das eine Modell war mit einem Standardmotor ausgestattet und das andere mit einem Turbo-Motor. Die „Navajo“-Maschinen hatten eine Reichweite von 1500 Meilen und erreichten Geschwindigkeiten von über 240 Meilen die Stunde. Da das Flugzeug erst kurz vor der Abfassung der Studie auf dem Markt erschienen war, lagen noch keine Anhaltspunkte über die Käuferschaft und die Verwendungsmöglichkeiten vor. Bekannt war nur, daß vier „Navajo“-Maschinen von den West Coast Airlines als Kurzstreckenflugzeuge angekauft worden waren.

PIPER beabsichtigte, innerhalb der nächsten fünf Jahre einen neuen Markt zu erschließen, und zwar den der Kurzstreckenflüge. Die Firma hatte vor, die erste hiefür geeignete Maschine, den „Pocono“, zum Preis von 200 000 bis 250 000 $ 1970 herauszubringen — also zwei Jahre nach Einführung der ersten, von einheimischen Erzeugern hergestellten Kurzstreckenmaschine, dem „Beech Modell 99“, das 375 000 $ kostete. Die PIPER-Maschinen würden zwar langsamer sein, aber Platz für einen weiteren Passagier haben und nicht, wie die „Beech 99“, mit einem Turboprop-Motor ausgestattet sein. Da sowohl die „Navajo“- als auch die „Pocono“-Maschine nicht-druckversorgte [3] Kolbenflugzeuge waren, bestand Gelegenheit, die PIPER-Produktionsserie zu teuereren, druckversorgten und zu Turboprop-Modellen auszubauen. Die Druckversorgung bestehender Modelle würde eine Investition von zirka 7 Mio. $ erfordern, während die Umstellung des Werkes auf eine Turbroprop-Erzeugung nur zirka 4 Mio. $ betragen würde.

Tabelle 2 zeigt die 1967 erzielten Flugzeugumsätze nach den wichtigsten Marktsektoren aufgeteilt, und die Umsatzprognose für 1973, erstellt von der Marktforschungsabteilung.

Tabelle 2: Tatsächliche und prognostizierte Dollar-Umsätze, aufgeteilt nach den wichtigsten Marktsektoren

	Cherokee	Andere Einmotorige	Navajo	Pocono	Andere Zweimotorige
1967	47,4 %	10,8 %	9,4 %	0,0 %	32,4 %
1973	40,4 %	2,1 %	24,5 %	13,0 %	20,0 %

Quelle: Vom Verfasser aus Geschäftsberichten zusammengestellt

Außer den Flugzeugverkäufen hatte PIPER noch eine Einnahmsquelle, nämlich den Verkauf von Ersatzteilen für mehr als 30 000 zur Zeit in Verwendung stehenden PIPER-Maschinen. Die Einnahmen aus diesem Ersatzteilgeschäft betrugen 1967 6 Mio. $.

Flugzeug-Marketing-Marktstrategie

Ein Grundsatz von PIPERs Marktstrategie war es, den Flugunterricht als Basis der Absatzsteigerung anzusehen. Man dachte, daß neue Piloten auch neue Umsätze auf dem Vergnügungs- und Sportflugzeugmarkt bringen würden, und daß Piloten von Firmen und Führungskräfte, die in PIPER-Maschinen fliegen lernten, wahrscheinlich auch den Ankauf einer „Aztec"- oder „Navajo"-Maschine für Geschäftsreisen empfehlen würden. Ein Marktforschungsbericht über Flugunterricht führte aus:

„Es ist eine dokumentierte Tatsache, daß Leute stark dazu neigen, in jenem Flugzeugtyp weiterzufliegen, in dem sie fliegen gelernt hatten. Außerdem wird sowohl dem Fluglehrer als auch dem Flugzeughersteller Loyalität entgegengebracht.
Für uns als Erzeuger ist es daher ein sehr wichtiges Ziel, daß mehr Piloten in PIPER-Maschinen geschult werden, als das bei anderen Firmen üblich ist."

Aus dieser Überlegung heraus führte PIPER im Jahr 1961 das erste „Lerne-fliegen"-Programm ein. Für 5 $ und einem Kupon, der einer Flugzeitschrift oder einer lokalen Zeitung zu entnehmen war, konnte sich jeder bei einem PIPER-Händler zur ersten Flugstunde melden. CESSNA hatte das PIPER-Programm nachgeahmt. Tabelle 3 zeigt die Entwicklung (bezogen auf die gesamte Industrie) von Flugschülerflügen, Verkäufen von Übungsflugzeugen und Umsätzen aus erstmalig von Kunden gekauften Maschinen in der Zeit von 1961 bis 1967. Flugschülerflüge hatten wahrscheinlich einen direkten Einfluß auf den Verkauf von Übungsflugzeugen und, was noch wichtiger ist, sie waren voraussichtlich die Hauptquelle für ertragreichere Verkäufe von Erstlingsmaschinen.

Tabelle 3: Flüge von Flugschülern, Verkäufe von Übungsflugzeugen und Verkaufszahlen von Flugzeugen an Kunden, die vorher nach kein Flugzeug besessen hatten.

Year	Flüge von Flugschülern	Verkaufte Übungsflugzeuge	Kunden-erstkäufe *
1961	57 230	1651	2742
1962	60 627	751	3394
1963	69 130	830	3737
1964	84 629	1485	3007
1965	94 635	2670	4764
1966	128 000	4942	5244
1967	160 000	4124	4629

* 4—6 Personenflugzeuge unter 20 000 $

Quelle: Piper Aircraft Corporation, Geschäftsberichte, Aviation Week und Space Technology, Annual Airpower Review, 1961—1967.

PIPER, ständig bemüht, die Zahl der Schulflüge zu steigern, führte 1963 den „PIPER Airpark Plan" ein. Das Wesentliche an diesem Plan war die Verteilung von Werbematerial und eine Abhandlung über Kosten und Vorteile der Errichtung eines kleinen Flugfeldes. Der Plan war so abgefaßt, daß er jede Stadt ermuntern sollte, ihre eigene Rollbahn zu haben. Einige neue Flugfelder wurden auf Grund dieses Planes gebaut, jedoch bemühte sich PIPER seit 1968, allgemeines Interesse zur Förderung für neue, von der Regierung finanzierte Flugplätze in Großstadtnähe zu wecken.

Einen weiteren Schritt, den PIPER vor kurzem unternommen hatte, um sein „Lerne-fliegen“-Programm auszubauen, war der Aufbau von Flugzentren. Jeder PIPER-Händler, der bisher seinen Kunden Flugunterricht als Nebendienst angeboten hatte, wurde aufgefordert, diesen Unterricht nunmehr dem Flugzentrumsplan zu unterstellen, um damit diesem Programm größere Bedeutung zu geben. Ein Flugzentrum bestand aus einer eigenen Anlage und einer neuen Übungsmaschine, die der Händler ankaufte, sowie Unterrichtsunterlagen und Werbematerial, die von PIPER zur Verfügung gestellt wurden. Andere Flugzentren konnten auch in Gegenden, in denen PIPER bisher noch nicht vertreten war, errichtet werden. Ein solches Flugzentrum benötigte nur ungefähr 27 000 $ an Erstinvestition. PIPER hoffte, daß diese neuen Vertriebsmöglichkeiten den Markt für PIPERs Übungsflugzeuge erweitern und die erfolgreicheren Flugzentren mit der Zeit zu richtigen Verkaufsstützpunkten werden würden. Der Fünfjahresplan von PIPER ging dahin, 600 von Händlern betriebene Flugzentren und 300 zusätzliche Flugzentren zur Verfügung zu haben.

1968 hatte PIPER bereits die zweitgrößte Verteiler- bzw. Händlerorganisation der ganzen Flugzeugindustrie. Das Verteilernetz bestand im Inland aus 412 Händlern und 37 Großhändlern. Man vertrat in der Firma die Ansicht, daß ein weitverzweigtes Verteilernetz ein wichtiger Aktivposten sei und für den Erfolg maßgebend wäre. Um diesen Erfolg noch zu verstärken, war PIPER ständig bemüht, sein Distributionssystem weiter zu festigen. So wurde z. B. gefordert, daß Großhändler und Händler unter getrennter Führung standen, um Interessenskonflikte dort auszuschalten, wo ein Großhändler die miteinander konkurrierenden Händler in seinem Distrikt betreute. Eine weitere Forderung war die Vorlage von vierteljährlichen Abrechnungen aller PIPER-Vertretungen.

Während BEECH und CESSNA unlängst damit experimentierten, einerseits Großhändler in eigener Kommission (Großhändler kauft und verkauft auf eigene Rechnung) und andererseits den Einzelhändler direkt zu beliefern, blieb PIPER seinem Grundsatz eines zweiphasigen Distributionsprozesses treu, in dem es nur selbständige Unternehmer gab.

Die Funktion eines PIPER-Großhändlers war es, das sogenannte „Händler-Qualitäts-Programm“ voranzutreiben, indem er dem Händler half, die notwendigen Verkaufstechniken zu erlernen. Auch mußte er den Händler von PIPERs Werbetätigkeit überzeugen und ihn anspornen, daran teilzunehmen, um sicher zu sein, daß der Händler auch die angemessenen Vorführmodelle führte. Tatsächlich führten die PIPER-Großhändler die Tätigkeiten analog denen eines Bezirksverkaufsleiters aus.

Als PIPER 1967 die „Navajo“-Maschine einführte, erfolgte der Verkauf über das übliche Verteilernetz. In diesem Fall hatten PIPER-Großhändler und -Einzelhändler vor allem private Piloten und Firmen, die Besitzer einer Maschine waren, angesprochen. Das vorauszusehende Resultat war, daß die meisten „Navajo“-Maschinen an Betriebe verkauft wurden, die bereits eine „Aztec“-Maschine besassen, oder an Firmen, deren Direktor eine PIPER-Kleinmaschine flog. Im Fall des „Pocono“-Modells jedoch hatte PIPER andere Pläne. Diese Maschine sollte von einem Verkaufsteam angeboten werden, das mit den Kurzstreckenfluglinien direkten Kontakt aufnehmen sollte. Großhändler und Händler konnten ebenfalls die „Pocono"-Maschine verkaufen, jedoch wurde die Kommission in Form eines Honorars bezahlt, welches sich nach dem Verkaufsbemühen des betreffenden Großhändlers richtete. Die meisten durch Großhändler getätigten „Pocono"-Verkäufe würden wahrscheinlich nur die Bezahlung einer „Vermittlerprovision" mit sich bringen, die für den Hinweis auf einen Interessenten ausgefolgt wurde.

Anhang 6 gibt Faktoren wieder, die die Geschäftsführung von PIPER für den Verkauf der verschiedenen PIPER-Modelle als wichtig einschätzt.

Ein Marketing-Ansatz, den der Direktor für Inlandsverkäufe, Wallis Smith, in Erwägung zog, war der, daß die Firma möglicherweise eine jährliche Änderung der Modelle näher in Betracht ziehen sollte. Herr Smith meinte, daß der Kunde, der einmal fliegen gelernt und eine PIPER-Maschine gekauft hatte, eines neuen Anreizes bedürfe, um entweder das neueste Modell zu kaufen oder sein altes gegen ein neues und teuereres einzutauschen. Auch CESSNA brachte aus demselben Grund jährlich neue Modelle heraus. Ferner meinte Herr Smith, daß Leichtflugzeugbesitzer zumeist wohlhabender als die übrige Bevölkerung und oft auch sehr statusbewußt seien. Daher könnte eine jährliche Modelländerung einen Besitzer dauernd daran erinnern, daß seine alte Maschine nicht mehr zu den modernsten zählte. Herr Smith behauptete, daß eine althergebrachte Modellpolitik die hauptsächliche Barriere gegen neue Käufe wäre. Er bevorzugte daher ein Programm, ähnlich wie das der Autoindustrie, wonach jedes Jahr kleine Änderungen und alle zwei Jahre größere Änderungen an den Modellen vorgenommen werden. Dieser Vorschlag würde allerdings mehr Ausgaben für technische Arbeiten und Entwicklungen bedeuten, als es die jetzigen Auslagen für Modernisierung erlaubten. Obzwar auch jetzt gewisse Modelländerungen vorgenommen wurden, schätzte man die jährlichen Kosten eines systematischen Änderungsprogrammes auf 500 000 bis 1 Mio. $.

Der Exportdirektor sah eine andere Möglichkeit zum Aufbau einer Marketing-Organisation, nämlich die eines ausländischen Verteilernetzes. Obwohl, wie aus Tabelle 4 ersichtlich ist, die Exporte seit 1968 wesentlich gestiegen sind, waren nur 50 Prozent der derzeit 32 ausländischen Großhandelsorganisationen und nur 10 Prozent der 114 Händler im Ausland mit den PIPER-Vertretungen im Inland vergleichbar.

Tabelle 4: PIPER-AIRCRAFT-Exporte 1963 bis 1967

Jahr	Stückzahl	Dollar (Millionen)
1963	547	9,2
1964	669	13,1
1965	889	16,6
1966	935	17,6
1967	1135	20,3

Quelle: Piper Aircraft Corporation, Jahresberichte

Daher dachte man, daß ein firmeneigener Vertrieb im Ausland eine bessere Verkaufsbasis liefern würde. Ein Argument, das aber gegen eine solche firmeneigene Distribution im Ausland sprach, war die Vermutung, daß zukünftige Probleme am Exportmarkt nicht durch zu geringe Umsätze, sondern durch einen Produktionsrückstand ausgelöst werden würden.
Die Exportabteilung behauptete, daß die Produktionsmenge irgendeines Modelles zwischen dem Export und dem Inlandverkauf auf Grund der in der Vergangenheit getätigten Umsätze aufgeteilt sei. Wenn also die Exporte eines Modelles schneller anstiegen als die Inlandsverkäufe und wenn dieses Modell nur in beschränkt lieferbaren Mengen vorhanden war, dann wurde der Export gegenüber dem Inlandsverkauf benachteiligt. Auf Grund dieses proportionellen Vorgehens stiegen die Exportziffern, ausgedrückt in Prozenten der Gesamtumsätze, nur sehr langsam.
PIPER hatte 1967 ein internationales Verkaufsbüro in Genf in der Schweiz errichtet. Die Firma war sich dabei der Tatsache bewußt, daß eine Teil- oder Gesamtmontage im Ausland wichtige Vorbedingung für die weitere Expansion der Exporte ist.

Produktion

PIPERs Jahresbericht 1960 faßte die Produktionsprobleme der Leichtflugzeugindustrie wie folgt zusammen:
PIPER steht denselben Problemen gegenüber wie alle übrigen Hersteller von Privat- oder Firmenflugzeugen. Die kleine Stückzahl und die Vielfalt der Modelle machen die Anwendung von Massenproduktionsmethoden unmöglich. Es ist zuviel Handanfertigung nötig, und die Flugzeuge können fast alle als Sonderanfertigungen angesehen werden. Die Modifikationen an Maschinen sind zahlreich und werden von der Bundesregierung genau geprüft. In vielen Fällen werden dazu auch neue Werkzeuge benötigt, was die Herstellungskosten sehr erhöht. Zur Zeit experimentiert die Firma mit einem Modell aus glasfaserverstärktem Kunststoff, das — sollte es erfolgreich sein — viele Produktionsprobleme lösen würde; darunter hauptsächlich die mehrfache Verarbeitung von Aluminium im Härteverfahren, Formen, Erhärten, Bohren und Vernietung.
Im Jahr 1968 untersuchte PIPER noch immer die Möglichkeiten einer Plastikflugzeugherstellung, konnte aber keine raschen Resultate erzielen. Plastikmaterial hatte keine so lange Lebensdauer wie Aluminium, denn Temperaturschocks brachten Brüchigkeit und Sprünge mit sich.
Hinsichtlich der Kapitalausstattung meinte der Betriebsleiter von Lock Haven, daß PIPER mit weniger Ausstattung „mehr zustande gebracht hätte", als irgendein anderer Produzent. Jedoch wurden die Toleranzgrenzen in der Herstellung, speziell für die größeren Flugzeuge, immer enger und strenger; daher wurde es notwendig, neue Maschinen und Mehrzweckmaschinen zu bauen, um mit den Kostensenkungen Schritt zu halten, die andere mit modernerer Ausrüstung bereits erzielt hatten. Ohne Berücksichtigung möglicher Erweiterungsinvestitionen schätzte die Firma, 2,5 Mio. $ für Lock Haven ausgegeben zu haben, um diese Betriebsstätte in Technik und Ausrüstung auf den neuesten Stand zu bringen.

PIPERs Werkskapazität war 1968 auf vier verschiedene Betriebsstätten verteilt. Fast 50 Prozent der Kapazität waren im Hauptwerk und im Zentralbüro in Lock Haven, Pennsylvania, untergebracht. Eine kürzliche Verknappung im Arbeitskräfteangebot im Zusammenhang mit PIPERs Verkaufsexpansion hatte die Firma gezwungen, zwei Filialwerke anzukaufen; eines 25 Meilen nördlich des Hauptwerkes in Renovo und eines 60 Meilen westlich davon in Quehanna. Diese beiden Werke erbrachten weitere 20 Prozent der Gesamtkapazität. Die verbleibenden 30 Prozent der Produktionskapazität gehen auf das Konto eines Forschungs- und Entwicklungslabors in Vero Beach, Florida, welches daselbst 1957 gegründet wurde, als es nämlich immer schwieriger wurde, technische Nachwuchskräfte nach Lock Haven zu bekommen. Vero Beach wurde 1961 mit der Einführung des ersten neuen „Cherokee"-Modelles zu einer Haupterzeugungsstätte. Zur Zeit ist die gesamte „Cherokee"-Produktion in Vero Beach konzentriert, aber es ist ein zweites Werk in Florida zur Unterbringung der Montage des „Pocono"-Modelles geplant.

Da die angekauften Bestandteile 45 Prozent der Umsätze von 1967 ausmachten, ergab sich für PIPER das Problem einer besseren vertikalen Integration. Der Großteil der gekauften Teile waren Motoren und Fluginstrumente. PIPER hatte den Versuch unternommen, eine Instrumentenfirma zu kaufen und in Betrieb zu nehmen, jedoch hatten sich andere Unternehmen der Leichtflugzeugindustrie geweigert, in Zukunft von einer PIPER-Tochtergesellschaft zu kaufen. Da die Geschäftsleitung der Ansicht war, daß der kontinuierliche Geschäftskontakt zu einem der Motorenerzeuger die beste Methode war, um die Entwicklung geeigneter Flugzeugmotoren sicherzustellen, verwendete man bei PIPER nur LYCOMING-Motoren. Daher fand das Management, daß die vertikale Integration durch Ankauf anderer Betriebe entweder unpraktisch sei oder eine zu große Belastung darstelle. Außerdem nahmen die schon beträchtlichen Flugzeugverkäufe die Unternehmensleitung voll in Anspruch. Im Jahr 1967 war die PIPER-Erzeugung eine ausgesprochene „Werkstattproduktion". Walter Jamouneu, der Chefingenieur, glaubte nicht, daß die derzeitigen Flugzeuge mittels Massenproduktionsmethoden, wie sie in der Autoindustrie Anwendung finden, produziert werden könnten. „Das Flugzeug ist ein überaus spezielles Produkt der Leichtindustrie, und selbst ohne dieses Merkmal würde die Massenproduktion ein viel größeres Stückzahlvolumen benötigen, um wirtschaftlich zu sein."

Konstruktion, Forschung und Entwicklung

Die Verantwortung für Konstruktion und technische Entwicklung lag im Jahr 1967 zu gleichen Teilen bei Lock Haven und Vero Beach. In Lock Haven wurde die technische Arbeit am „Comanche"-Modell, dem zweimotorigen „Comanche", der „Aztec"-Maschine und der „Navajo"-Serie verrichtet, während man in Vero Beach für die „Cherokees" und für die Entwicklung des „Pocono"-Flugzeuges verantwortlich war. Das gesamte Entwicklungsbudget belief sich 1967 auf 4 Mio.$, von denen 40 Prozent für die weitere Entwicklung ausgegeben wurden. Als Vergleich sei erwähnt, daß das Entwicklungsbudget von BEECH im Jahr 1968 auf zirka 9 Mio. $ geschätzt wurde. In technischer Hinsicht hatte PIPER das Hauptaugenmerk in der Entwicklungsarbeit auf die Vereinfachung der Konstruktion und die Herabsetzung der Produktionskosten gerichtet. Präsident Bill Piper jun. gab die folgenden drei Erfolgsbeispiele kostenbewußter Herstellung:

„Es ist interessant, daß die ‚Cherokee 140', die mit demselben LYCOMING-Motor von 150 PS ausgestattet war wie das ‚Tri-Pacer'-Modell von 1958, im Jahr 1968 für 8990 $ verkauft wurde; das waren gerade 100 $ mehr als die ‚Tri-Pacer'-Maschine vor 10 Jahren kostete. Das ‚Arrow'-Modell mit einem 180-PS-Motor mit Kraftstoffeinspritzung kostete 16 900 $, verglichen mit der ‚Comanche'-Maschine, die mit einem Vergasermotor von 180 PS ausgerüstet war und 1958 zu 15 000 $ angeboten wurde. Die ‚Twin Comanche', über 20 Meilen pro Stunde schneller als die ‚Apache', kostete 37 250 $, verglichen mit dem ‚Apache'-Flugzeug, das vor 10 Jahren 36 900 $ kostete. Wir waren daher sehr wohl imstande, die Preise trotz ständigen Ansteigens der Personal- und Materialkosten niedrigzuhalten."

Die „Navajo"- und die in Entwicklung befindliche „Pocono"-Maschine verlangten jedoch eine andere Technik. Die Kundenfirmen neigten dazu, mehr Wert auf Passagierkomfort und Leistung, wie Geschwindigkeit, Reichweite, Verläßlichkeit und Service, zu legen, als auf niedrige Anschaffungskosten. Ebenso wurde von den Kurzstreckenlinien erwartet, daß sie mehr an niederen Betriebskosten pro Meile interessiert waren als an der Höhe des Ankaufspreises. Da PIPER außerdem weder mit Druckversorgung noch mit Turbinenflugzeugen Erfahrungen hatte, forderte jegliche diesbezügliche Verbesserung der „Navajo"- oder „Pocono"-Serie eine noch größere technische Geschicklichkeit bei der Entwicklungsarbeit.

Wollte man die derzeitige technische Abteilung gemäß den Konstruktionsanforderungen gestalten, so mußte PIPERs technischer Dienst zwei Punkte in Betracht ziehen: (1) Die regionale Aufteilung der Forschungs- und Entwicklungsstätten, welche sich mit der Gründung der Vero-Beach-Niederlassung ergeben hatte. Die 1000 Meilen betragende Distanz zwischen Vero Beach und Lock Haven machte es wahrscheinlich, daß auf Grund mangelnder Koordinierung doppelte Arbeit geleistet werden würde. Beispielsweise wurde darauf hingewiesen, daß die Arbeiten an der Druckversorgung sowohl der „Navajo"- als auch der „Pocono"-Maschinen derartige Doppelentwicklungen zuließen, da die Entwicklungsarbeiten für diese zwei Serien separat durchgeführt wurden — für die „Navajo"-Modelle in Lock Haven und für die „Pocono"-Modelle in Vero Beach.

(2) Eine Raumfahrtabteilung, die gleichzeitig Gelegenheit für zusätzliches technologisches Wissen gegeben hätte, war bei PIPER nicht vorhanden. So wurde zum Beispiel der Wabenverschluß zuerst von BEECH bei Raumfahrterzeugnissen für das Militär verwendet und wurde dann später erfolgreich bei der Konstruktion von Leichtflugzeugen angewandt. CESSNA verwendete das beim Bau eines Militärjets erworbene Wissen und wurde dadurch der erste der drei großen Flugzeugerzeuger, der einen Firmenjet konstruierte. Sowohl für BEECH als auch für CESSNA waren ihre Raumfahrtabteilungen Garantie dafür, daß ihre Ingenieure und Techniker immer mit Arbeit ausgelastet waren. Wann immer die Umsätze

von Leichtflugzeugen sanken, konnten, solange sich die Umsätze nicht wieder erhöhten, mehr Regierungsaufträge angenommen werden. Während der sechziger Jahre steigerte PIPER die Ausgaben für technische Entwicklungsarbeiten, so daß diese statt der ursprünglichen 3 Prozent nun 5 Prozent (gemessen am Verkaufsumsatz) betrugen.

Jedoch glaubten einige der leitenden Herren, daß die Zuteilung von größeren Entwicklungsbudgets nicht wirksam wäre und daß zu viele Mittel, die der Konstruktion und der Entwicklung zur Verfügung standen, für neue Firmen- und Kurzstreckenmaschinen verwendet wurden. Dies geschehe auf Kosten der Entwicklung von Privat- und Vergnügungsflugzeugen. Ein Beispiel, das vom Direktor für Inlandsverkäufe angeführt wurde, war die Entwicklung einer zweimotorigen „Cherokee"-Maschine, die das Werk in Vero Beach zurückgestellt hatte, um sich mehr der Entwicklung des „Pocono"-Modelles zu widmen.

Tabelle 5 zeigt die geplante Aufteilung der technischen Entwicklungsarbeiten (in Prozenten) auf die hauptsächlichen Produktgruppen für die Jahre 1969 und 1970.

Tabelle 5: Geplante Zuteilung der Konstruktions- und Entwicklungsbudgets für 1969 und 1970.

Cherokee	andere einmotorige Maschinen	Navajo	Pocono	andere zweimotorige Maschinen
25 %	10 %	30 %	25 %	10 %

Quelle: Firmenaufzeichnungen

Wenn man die übergroße Belastung der technischen Abteilung (F & E), die PIPER mit der Entwicklung der „Navajo"- und „Pocono"-Modelle auf sich nahm, bedenkt, so war es verständlich, daß die Entwicklung eines Firmenjets von der PIPER-Betriebsleitung für die nahe Zukunft abgelehnt wurde.

Personal

Im Jahr 1939 sprachen sich 75 Prozent der Belegschaft von PIPER für einen Beitritt zur Gewerkschaft, der „International Association of Machinists (IAM)" aus. PIPER hat im Jahr 1948 in Lock Haven den Betrieb so eingerichtet, daß zwar nicht organisierte Arbeitskräfte eingestellt werden konnten, diese jedoch Gewerkschaftsmitglieder werden mußten. Das Resultat war, daß 2000 Arbeiter in Lock Haven Gewerkschaftsmitglieder waren. Seit 1948 hatte es zwischen PIPER und der IAM immer wieder Meinungsverschiedenheiten gegeben. Obzwar es nur zu zwei Streiks gekommen war, lagen die Gewerkschaft und die Unternehmensführung dauernd in Streit. Als zum Beispiel PIPER 1968 mit der Produktion des „Aztec"-Modelles ins Hintertreffen geraten war, weigerten sich die Gewerkschaftsmitglieder, Überstunden zu machen. Der damalige Engpaß wurde mit einem Umsatzverlust von mindestens 5 Mio. $ eingeschätzt.

Ein anderes wichtiges Personalproblem war die Schwierigkeit der Versetzung von Arbeitnehmern innerhalb des Lock-Haven-Werkes. Als zum Beispiel die Produktionsrate bei allen Lock-Haven-Erzeugnissen gesenkt wurde, war es unmöglich, einen Arbeitnehmer direkt für eine andere Arbeit heranzuziehen. Er hatte stattdessen die Wahl, sich einen Posten auszusuchen, der von einem dienstjüngeren Kollegen besetzt war. Dieser wiederum konnte sich einen Posten aussuchen, der wieder mit einem dienstjüngeren Arbeitnehmer besetzt war usw. Der Werksleiter von Lock Haven meinte, daß eine Änderung in der Produktionsrate irgendeines Erzeugnissses den Arbeitsplatzwechsel von durchschnittlich sechs Arbeitnehmern für einen Arbeitnehmer, dessen Arbeit geändert wurde, erforderlich machte. Er war der Ansicht, daß PIPERs Nachteil seinen Konkurrenten gegenüber darin lag, daß das Unternehmen mit einer äußerst militanten Gewerkschaft konfrontiert war, und das noch dazu in einem Staat, in dem die Arbeiterschaft sehr viel mitzureden hat.

Lock Haven beschäftigte 49 Prozent der PIPER-Belegschaft. Die restlichen 51 Prozent, die auf Vero Beach, Renovo und Quehanna verteilt waren, waren nicht organisiert und wurden von der Geschäftsleitung als weit weniger „halsstarrig" angesehen als die Lock-Haven-Belegschaft. Die geplante Gesamtproduktionsexpansion kam von diesen Werken und von der neuen Fabrik, die für die „Pocono"-Erzeugung in Florida gebaut wurde.

Die Löhne, die PIPER zahlte, waren vergleichbar mit jenen, die für ähnliche Arbeitsplätze im Zentralgebiet von Pennsylvania gezahlt wurden (die nicht einer Gewerkschaft angehörenden Arbeiter bekamen dieselben Löhne und Sozialleistungen wie jene in Lock Haven). Die Löhne erreichten jedoch nicht jene, die von anderen Leichtflugzeugerzeugern gezahlt wurden. Von 1963 bis 1967 betrug PIPERs Durchschnittslohn nur etwas über 5500 $ jährlich pro Arbeiter. Dies waren zirka 500 $ pro Arbeiter weniger als der Durchschnittslohn, der von BEECH während des gleichen Zeitraumes bezahlt wurde.

Im Jahre 1967 verfügt PIPER über kein Prämienlohnsystem für seine Arbeiter. Während des Zweiten Weltkrieges hatte PIPER eine Stückprämie gezahlt, die aber kurz nach dem Krieg wieder aufgegeben worden war.

Unternehmensführung, Organisation und Kontrolle

Anhang 7 zeigt ein unvollständiges Organigramm der Unternehmensstruktur aus dem Jahr 1969. Im allgemeinen hatte PIPER eine Organisation gewählt, welche die funktionelle Gliederung unter Berücksichtigung der regionalen Lage der Betriebsstätten in den Vordergrund stellte. Die Koordinierung zwischen den Werken in Pennsylvania und Florida waren dadurch gewährleistet, daß Howard Piper in Vero Beach und Bill Piper in Lock Haven Werksdirektoren waren. Bill und Howard Piper hatten benachbarte Zimmer im neuen Zentral- und Verkaufsgebäude in Lock Haven.

Das neue Gebäude war gerade neben dem PIPER-Flugfeld errichtet worden und hatte große Erkerfenster mit Aussicht auf die Rollbahn. Oft gab es mehr als 20 Starts und Landungen pro Stunde, die man ganz deutlich verfolgen konnte.

Die vier Büros im obersten Stockwerk, die dem Flugfeld gegenüberlagen, waren von W. T. Piper, Bill Piper jun., Howard Piper und Thomas Piper belegt.

Bill Piper jun. und Howard Piper teilten sich die fünf obersten Posten (Funktionen) der Firma. Diese Situation war das Resultat der traditionsgebundenen Politik, die bestrebt war, die Verwaltungskosten niedrigzuhalten, und der raschen Expansion, die PIPER innerhalb der letzten fünf Jahre mitgemacht hatte. Vor kurzem hatte PIPER zwar begonnen, sein Mittelmanagement zu vergrößern und zu stärken, jedoch blieb die oberste Geschäftsleitung personell äußerst schwach besetzt.

Ein anderer ungewöhnlicher Aspekt der PIPER-Organisation war die Dreiteilung der Marketing. Die Verantwortung hiefür wurde vom Direktor für Marketing, dem Direktor für den Inlandsverkauf und dem Exportdirektor gemeinsam getragen. Der derzeitige Marketing-Direktor war früher für das gesamte Marketing und die Umsatzgestaltung verantwortlich gewesen, war jedoch aus gesundheitlichen Gründen gezwungen, alles, was den Verkauf direkt betraf, abzugeben. Er behielt jedoch die Verantwortung für Marktforschung, Umsatzprognosen und die generelle Leitung der Marketing-Politik der Firma. Unter der jetzigen Organisation waren alle drei Bereichsleiter dem Präsidenten direkt unterstellt.

1968 hatte PIPER kein formalisiertes Beförderungs- und Gehaltsschema; letztlich hingen Beförderung und Gehalt vom Erfolg der einzelnen Führungskraft ab. Jedoch wurde jedem Angestellten eine Sonderzulage gewährt, die vom Gesamtgewinn nach Erreichung einer gewissen Mindestgrenze berechnet wurde. Sie wurde den Angestellten als ein prozentualer Gehaltsanteil ausgezahlt. In den Jahren 1967 und 1968 wurde keine Sonderzulage gewährt.

Finanzielle Gebarung

Außer der zwanzigprozentigen Lohnerhöhung, die die letzten fünf Jahre mit sich gebracht hatten, verringerte auch die Garantieversicherung für die Flugzeuge immer mehr die Gewinne. Diese Versicherungskosten beliefen sich im Jahr 1967 auf 382 000 $, und es war zu erwarten, daß sie mit Ende 1969 bereits 1 Mio. $ betragen würden. Diese Erhöhung war auf kürzliche Gerichtsbeschlüsse zurückzuführen, durch die die Hersteller für Ereignisse verantwortlich gemacht wurden, für die nach Ansicht der Betriebsleitung Piloten oder Instandsetzungsmechaniker die Schuld trugen. Die Garantieleistungen für verkaufte Erzeugnisse beeinflußten ebenfalls die Gewinnsituation. Die 30 000 PIPER-Maschinen, die 1968 in Verwendung standen, stellten nämlich nicht nur eine Erschwerung im Verkauf von neuen Maschinen dar, sondern bedeuteten auch eine ständige Gefährdung für die Gewinnsituation des Unternehmens.

Als man entscheiden sollte, auf welches finanzpolitische Risiko man eingehen könnte, beschloß PIPERs Betriebsleitung, das Fremdkapital nicht über 25 Prozent des Gesamtkapitals ansteigen zu lassen. Dies bedeutete, daß PIPER seinen Fremdkapitalplafond erreicht hatte und daß zukünftige finanzielle Erfordernisse möglicherweise neues Kapital benötigen würden.

Die Zukunft

Das größte Problem, dem sich Bill Piper jun. im Jahr 1968 gegenübersah, war die Festlegung von Unternehmenszielen. Ein Hauptpunkt dieser Zielsetzung war die Frage der Kontrolle durch die Familie. Es war allen klar, das es schwierig sein würde, diese Familienkontrolle aufrechtzuerhalten, sollte das Wachstum der Firma eine neue Finanzierungsmaßnahme erfordern, denn das bedeutete, daß die Familie Piper um so weniger Chancen zur Beibehaltung der Betriebskontrolle hatte, je höher das unternehmerische Wachstumsziel angesetzt wurde.

Wenn auch die Familienkontrolle ein wichtiger Punkt war, so war PIPERs Präsident der Ansicht, daß die Hauptsorge vielmehr darin lag, daß PIPER nicht in der Lage wäre, rasch genug zu wachsen, um mit der Konkurrenz Schritt halten zu können. Hiezu bemerkte Mr. Piper in einem Interview mit der Zeitschrift „Forbes“:

„Ich weiß nicht, ob die Flugzeugindustrie schon einen Punkt erreicht hat, wo das einfache Größersein gleichbedeutend mit Bessersein ist. Aber auf lange Sicht, nehme ich an, daß ein Unternehmen ein um so stärkerer Konkurrent sein wird, je größer es ist [4].“

Um wirklich konkurrenzfähig zu sein, hält Mr. Piper für PIPER folgende Umsätze für notwendig:

— Mindestens 30 Prozent aller von der amerikanischen Leichtflugzeugindustrie verkauften Stückeinheiten und

— mindestens 20 Prozent des Werts aller von der amerikanischen Leichtflugzeugindustrie getätigten Umsätze.

Um einen Überblick über PIPERs Wachstumspotential zu erhalten, wurde eine Studie gemacht. Jedes Mitglied mußter der Unternehmensführung seine eigene Schätzung der PIPER-Umsätze von 1973, aufgeteilt nach den hauptsächlichen Marktsektoren, abgeben. Tabelle 6 zeigt die Resultate dieser Studie.

Tabelle 6: Prognose der Umsätze für 1973 (erstellt von der PIPER-Geschäftsführung) (in Millionen Dollar)

	P	D-CP	D-M	D-DS	M-MR	CE
Flugzeuge in Verwendung der Landwirtschaft	10	10	9	10	10	10
andere einmotorige Flugzeuge	68	100	70	50	55	85
leichte zweimotorige Flugzeuge	30	70	52	36	44	45
Navajo (alle Arten)	60	50	40	38	40	90
Kurzstreckenflugzeuge	20	50	20	20	23	80
	188	280	191	154	172	310

P = Präsident
D-CP = Direktor für Unternehmensplanung
D-M = Direktor für Marketing
D-DS = Direktor für Inlandsverkäufe
M-MR = Leiter der Marktforschung
CE = Chef-Ingenieur

Quelle: Übersicht erstellt vom Verfasser der Fallstudie

Wie aus Tabelle 6 ersichtlich ist, gab es hinsichtlich des Potentials und der wahrscheinlichen Schwerpunkte des künftigen Wachstums unterschiedliche Meinungen. Bis zu einem gewissen Grad spiegelten diese Untersiede alternative Konzepte wider, wie man am besten eine bedeutende Position innerhalb der Leichtflugzeugindustrie einnehmen könnte.

Einer der leitenden Manager legte das Konkurrenzdilemma wie folgt dar:

„In Zukunft werden die Gewinne bei den teuereren Flugzeugen zu erzielen sein. Seit 30 Jahren höre ich, daß die Industrie dabei ist, den Himmel mit Kleinflugzeugen zu ‚verdunkeln'; dem ist aber nicht so und dem wird nie so sein. Kleinflugzeuge sind nicht so sehr ein Bestandteil des amerikanischen Lebens, wie es zum Beispiel das Telefon oder das Auto sind. Sie können ein Flugzeug nicht in Ihrer Garage parken, Ihre Frau kann es nicht zu ihren Einkäufen im Supermarkt verwenden, und ein Flugzeug ist ziemlich teuer und fragil.

Trotzdem ist PIPER gewachsen und hat viele seiner früheren Konkurrenten überlebt. Jedoch sind zur Zeit keine großen Marktmöglichkeiten übriggeblieben, nicht einmal Sektoren, in denen PIPER traditionsgemäß stark gewesen ist.

Es wäre daher ein Luxus, wenn PIPER sich auf die preisgünstigen Flugzeuge konzentrierte, ausgenommen jenen Markt, der künftige Umsätze größerer Flugzeuge vorbereitet. Bedauerlicherweise ist aber der Preis der entscheidende Verkaufsfaktor, wenn man auf dem Kleinflugzeugmarkt den Vorteil der Produkttreue ausnutzen will. Wenn sich aber eine Firma einen Ruf für Niedrigpreisprodukte geschaffen hat, dann kehrt sich das Problem auf dem Markt der Großflugzeuge, auf dem der Preis als Qualitätsmarke angesehen wird, genau um."

Eine andere höhere Führungskraft sah jedoch das Problem etwas anders:

„Das Potential des Flugunterrichtes ist von der Marktforschung nicht richtig erkannt worden. Die Zahl der Schulflüge würde fast unbegrenzt sein, wenn die Gelegenheit zum Flugunterricht genügend publiziert und angeboten werden würde. Außerdem hängt das Wachstum eines Unternehmens mehr von der Entwicklung der eigenen Absatzmärkte ab als davon, anderen Herstellern die Kunden wegzuschnappen.

Wenn daher der Schwerpunkt auf den Flugunterricht gelegt wird, kann praktisch eine unbegrenzte Zahl von neuen Piloten herangebildet werden, und wenn diese Piloten auch weiterhin der Marke des Flugzeuges, in dem sie fliegen lernten, bis zu 80 Prozent bei den Neuankäufen treu bleiben, dann haben unsere Kleinflugzeuge ein fast unbegrenztes Marktpotential."

Die Unternehmenspolitik des Jahres 1968 beinhaltete beide Aspekte. Die „Navajo", eine sechs- bis achtsitzige Maschine, stellte das erste PIPER-Modell dar, das ausschließlich für den Firmenbedarf gebaut wurde. Außerdem plante PIPER die positiv verlaufende Entwicklung dieser Produktionsserie auch für 1970, und zwar mit dem „Pocono"-Modell, einem 18sitzigen Kurzstreckenflugzeug, das wahrscheinlich zu einem Preis von 200 00 bis 250 000 $ angeboten werden würde, fortzusetzen.

Zu gleicher Zeit stand aber fest, daß PIPER noch nicht entschlossen war, seine traditionelle Stärke — die einmotorigen und preisgünstigeren zweimotorigen Flugzeuge — aufzugeben. Einige leitende Herren glaubten fest daran, daß der Erfolg des Unternehmens letztlich vom Flugunterricht und dem darauffolgenden Verkauf von PIPER-Erzeugnissen abhinge. Einer der Produktionsleiter in Lock Haven meinte dazu: „Jeder sollte ein Flugzeug besitzen, und jedes sollte den Namen PIPER tragen. Alles andere ist verlorene Zeit."

Auf der Suche nach geeigneten Strategien, um PIPER eine gewinnbringende Zukunft in der Leichtflugzeugindustrie zu sichern, war sich das Management völlig klar über die unlängst deutlich gewordene Anfälligkeit der Firma gegenüber der Rezession in der Branche einerseits und der drängenden Notwendigkeit, die Umsätze und den Gewinn zu steigern, andererseits.

Am 24. Januar 1969 gab die CHRIS-CRAFT INDUSTRIES INC. bekannt, daß sie ein Angebot zum Ankauf von 300 000 Aktien oder 18,3 Prozent des Stammkapitals von PIPER zu 65 $ pro Aktie mache [5]. Obgleich es im Februar so aussah, als ob dieses Angebot nicht angenommen werden würde, illustrierte der Schritt von CHRIS-CRAFT doch die kritische Situation bei PIPER AIRCRAFT. Beide Möglichkeiten, sowohl selbständiges Überleben als auch Fusion unter günstigen Bedingungen, forderten ein kontinuierliches Wachstum und gesteigerte Gewinne.

Anhang 1: Piper Aircraft Corporation, Finanzgebarung (1938—1957). Geschäftsjahr endet mit 30. September.

Jahr	Umsätze **	Netto-erlös **	Eigen-kapital **	Kapital-rendite %	Gesamte Aktiva **	Stamm-dividende **
1938	768	14	248	5,6	438	—
1939	1 769	94	365	25,8	672	—
1940	3 230	206	749	27,5	693	—
1941	4 680	211	945	22,3	722	—
1942	5 308	301	1 057	28,5	3 280	—
1943	11 479	315	1 361	23,1	3 203	—
1944	10 646	260	1 529	17,1	4 359	80
1945	7 701	86	1 684	5,1	3 871	—
1946	11 197	(26)*	3 131	(0,8)	5 615	—
1947	12 620	(223)	2 840	(7,9)	4 620	—
1948	3 687	(543)	2 297	(23,6)	2 756	—
1949	4 006	(75)	2 447	(3,1)	2 853	—
1950	3 912	(178)	2 000	(8,9)	2 494	—
1951	5 835	536	2 587	20,7	3 681	—
1952	9 908	395	2 782	14,2	4 688	—
1953	12 481	396	3 119	12,7	5 339	—
1954	11 424	434	3 466	12,5	5 230	42
1955	16 813	1 401	3 919	35,8	7 632	337
1956	25 084	2 554	5 747	44,4	10 764	694
1957	26 616	2 722	7 585	36,0	11 937	833

* Zahlen in Klammer: Verlust bzw. negative Verzinsung

** In 1000 $

Quellennachweis: Jahresberichte 1938—1957

Anhang 2: Piper Aircraft Corporation, Gewinn- und Verlustrechnungen 1958—1967. Geschäftsjahr endet mit 30. September (in 1000 $ bzw. in 1000 Stück)

Umsätze	1958	1959	1960	1961
Leichtflugzeuge und Bestandteile	26 567	33 777	39 283	30 744
Militärflugzeuge	542	486	929	666
Gesamtumsatz	27 109	34 263	40 212	31 410
Verkaufsaufwendungen	20 224	25 533	29 551	26 477
Abschreibungen	326	417	502	642
Brutto Gewinn	6 559	8 313	10 159	4 291
Verkaufs- und Vertriebskosten	1 134	1 471	1 798	1 980
Verwaltungsaufwand und allgemeine Aufwendungen	617	743	1 041	1 035
Zinsen und andere Einnahmen (netto)	(30)	(58)	(278)	(394)
Unversteuerter Gewinn	4 838	6 157	7 598	1 670
Bundes- und Bundesstaatssteuern	2 650	3 375	4 075	815
Nettoeinnahmen	2 188	2 782	3 523	855
Ausgegebene Stammaktien	927	927	1 072	1 072
(am Ende des Jahres)	927	927	1 040	1 180
Dividende	0,63	0,63	0,70	0,73
Dividende pro Aktie*	1,50	1,91	2,33	0,53

* Beruhend auf den ausgegebenen Stammaktien; rückwirkend berichtigt auf eine 5 % Stockdividende im Jahre 1960 und auf ein 3:2-Splitting im Jahre 1965.

Anhang 3: Piper Aircraft Corporation, Bilanzen 1958—1967. Geschäftsjahr endet mit 30. September (in 1000 Dollar)

AKTIVA	1958	1959	1960	1961
Umlaufvermögen				
Kasse	2 057	1 006	2 948	2 603
Wertpapiere mit kurzfristiger Fälligkeit zum Ankaufspreis		1 192	3 000	
Forderungen aller Art	1 209	1 839	3 579	2 533
Inventar				
Fertigflugzeuge	1 265	1 112	2 330	2 176
Bestandteile und Serviceteile	517	638	778	708
Flugzeuge und Teile in Bearbeitung	3 209	4 078	4 560	4 911
Rohmaterial, zugekaufte Teile	2 261	3 218	2 904	3 028
Weniger: Rückstellungen für mögliche Verluste	(258)	(284)		
Gesamtes Inventar	6 994	8 762	10 592	10 823
Vorausbezahlte Ausgaben	105	96	101	258
Gesamtes Umlaufvermögen	10 365	12 895	20 200	16 217
Transistorische Posten	19	19	18	15
Anlagevermögen				
Grundstücke	30	41	41	43
Gebäude	2 304	2 775	3 607	4 749
Maschinen und Ausrüstung	1 750	2 182	2 670	3 204
Weniger: kumulierte Abschreibung	1 612	1 991	2 377	2 832
Gesamtes Anlagevermögen	2 472	3 007	3 941	5 164
GESAMTE AKTIVA	12 856	15 921	24 159	21 396

1962	1963	1964	1965	1966	1967
33 315	38 033	54 339	69 048	81 242	80 421
25	57	39	38	71	18
33 340	38 090	54 378	69 086	81 313	80 439
25 704	28 493	40 076	50 765	60 332	64 797
911	772	777	804	935	1 562
6 725	8 825	13 525	17 518	20 046	14 080
1 995	2 337	3 004	3 648	4 628	5 566
956	1 003	1 440	1 757	2 167	2 428
(145)	(168)	(290)	(275)	(343)	265
3 920	5 653	9 371	12 388	13 594	5 821
2 150	3 035	4 890	6 190	6 723	2 830
1 770	2 618	4 481	6 198	6 871	2 991
1 072	1 073	1 080	1 623	1 628	1 638
1 072	1 072	1 614	2 189	2 439	2 287
0,67	0,67	1,00	1,35	1,50	1,40
1,10	1,63	2,77	3,82	4,23	1,83

Quellennachweis: Jahresberichte 1958—1967.

1962	1963	1964	1965	1966	1967
2 803	3 640	3 045	2 996	3 381	3 715
1 693	2 672	4 019	4 614		
2 419	2 775	4 015	4 710	6 973	4 444
2 038	2 153	2 902	2 746	4 976	4 572
872	1 014	1 326	1 504	2 128	2 759
5 960	6 743	8 664	8 989	13 010	17 525
3 022	2 720	3 776	4 477	8 757	7 193
11 892	12 630	16 668	17 716	28 871	32 049
113	123	227	266	264	159
18 920	21 840	27 974	30 302	39 489	40 367
16	17	27	28	27	142
44	92	287	340	451	522
4 801	4 836	5 509	6 755	9 374	11 397
3 250	3 320	3 266	3 834	5 230	6 649
3 537	4 109	4 450	4 920	5 689	7 055
4 558	4 139	4 622	6 009	9 366	11 513
23 494	25 996	36 623	36 339	48 882	52 022

PASSIVA	1958	1959	1960	1961
Laufende Verbindlichkeiten				
Wechselverbindlichkeiten zugunsten Banken				
Wechselverbindlichkeiten zugunsten anderer Gläubiger	950	1 568	1 242	1 052
Löhne und Gehälter	748	797	920	749
Körperschaftssteuer (Bundesabgabe)	1 791	2 147	2 222	410
Andere Steuern	203	309	349	109
Kundenvorauszahlungen und andere Anzahlungen	318	399	333	307
Gesamte laufende Verbindlichkeiten	4 010	5 220	5 066	2 637
5⁷/₈ % Schuldscheine, fällig zwischen 1975 und 1984				
Eigenkapital				
Stammaktien, Stück zu $ 1 Nennwert	927	927	1 072	1 072
Rücklagen	1 347	1 347	9 058	9 058
Gewinnvortrag	6 572	8 427	8 963	8 639
Gesamtes Eigenkapital	8 846	10 701	19 093	18 769
GESAMTE PASSIVA	12 856	15 921	24 159	21 396

Anhang 4: Piper Aircraft Corporation, Segmentierung des Piper-Programms nach Klassen (mit äquivalenten Konkurrenzerzeugnissen).

Klasse I: Übungsflugzeuge

CHEROKEE 140
Cessna 150
Champion
Alon
Aero Commander 100

Klasse II: Einmotorige Maschinen
12.000—15.000 Dollar

CHEROKEE 150/160/180
Cessna 172
Cessna 175
Cessna 177
Beech Musketeer 19/23

Klasse III: Einmotorige Maschinen
16.000—22.000 Dollar

CHEROKEE 235
ARROW 180/200
Cessna 182
Cessna 180
Beech Mesketeer 24
Mooney 20—21 Series

Klasse IV: Einmotorige Maschinen
23.00—30.000 Dollar

SIX 260
SIX 300
Cessna 185
Cessna 205
Cessna 206 P/206 U
Cessna 207

KlasseV: Einmotorige Maschinen
30.000—40.000 Dollar

COMANCHE
Beech E-33/E-33 A/C Bonanza
Beech 35/35 TC Bonanza
Beech 36 Bonanza
Cessna 210/T 210
Bellanca
Aero Commander 200

1962	1963	1964	1965	1966	1967
				5 000	
979	1 342	1 965	1 871	4 847	5 206
729	993	1 715	1 639	1 906	1 128
1 664	1 782	3 196	3 559	3 289	785
197	315	481	424	440	250
459	545	1 215	747	792	1 178
4 028	4 977	8 572	8 240	16 274	8 547
					10 000
1 072	1 073	1 080	1 623	1 628	1 638
9 058	9 064	9 223	8 719	8 791	8 944
9 336	10 882	13 748	17 757	22 189	22 893
19 466	21 019	24 051	28 099	32 608	33 475
23 494	25 996	32 623	36 339	48 882	52 022

Klasse VI: Zweimotorige Maschinen 35.000—45.000 Dollar

TWIN COMANCHE
Cessna 336
Cessna 337/T 337
Beech Travel-Air

Klasse VII: Zweimotorige Maschinen 45.000—95.000 Dollar

AZTEC
Cessna 310
Cessna 320/T 310
Beech B 55/C 55/D 55 Baron
Beech 56 Baron

Klasse VIII: Zweimotorige Maschinen 95.000—200.000 Dollar

NAVAJO
Cessna 401/402
Cessna 411
Beech Queen Air 65/70
Aero Commander 500

Klasse IX: Zweimotorige Turbo-Prop und Jet 200.000—1,200.000 Dollar

Beech King Air 90/100
Beech Queen Air 60/80/88
Beech 99 Airliner
Beech Super H-18
Cessna 421
Aero Commander 680/680 T/680 FLP
Aero Commander 720
Aero Commander 1121
Mitsubishi MU-2
Lear 24/25

Klasse X: Einmotorige Maschinen für die Landwirtschaft

PAWNEE
Cessna Agwagon
Aero Commander Ag Cat
Aero Commander Sparrow/Quail/Snipe/Thrush

Klasse XI: Einmotorige Maschinen für spezielle Verwendungen

SUPER CUB

Quellennachweis: Erstellt vom Verfasser der Fallstudie nach Betriebsaufzeichnungen.

Anhang 5: Piper Aircraft Corporation, Pipers Marktanteil in Stückzahlen, 1961—1968.

	Klasse I		Klasse II		Klasse III		Klasse IV		Klasse V	
	Stück	%	Stück	%	Stück	%	Stück	%	Stück	%
1961	1035	69	136	10	—	—	—	—	558	43
1962	415	49	696	42	—	—	—	—	441	40
1963	264	35	653	29	47	4	—	—	307	40
1964	504	41	440	25	414	22	—	—	243	24
1965	753	29	898	34	225	12	97	16	367	34
1966	1055	23	897	29	48	2	660	55	266	23
1967	1572	37	638	28	308	15	513	50	134	15
1968	1167	30	797	25	1008	40	269	35	92	10

Quellennachweis: Vom Verfasser der Fallstudie nach Betriebsaufzeichnungen erstellt.

Anhang 6: Piper Aircraft Corporation, Reihung der für den Verkauf von Piper-Erzeugnissen wichtigsten Faktoren.

	Landwirtschaft (Pawnee)					Flugunterricht (Cherokee 140)					Einmotorige Viersitzer (Cherokee 180, 235)				
	P	VP-E	D-CP	D-M	D-DS	P	VP-E	D-CP	D-M	D-DS	P	VP-E	D-CP	D-M	D-DS
Werbung	3	6	6	4	7	4	6	2	3	3	5	6	6	4	4
Vertriebsnetz	2	3	2	2	1	1	3	1	2	1	1	1	2	3	1
Finanzierung (Kreditierung)	4	5	3	3	4	2	5	3	5	5	7	5	5	5	6
Optionen	6	4	5	6	5	6	7	7	7	7	6	7	7	7	7
Preis	2	2	4	5	3	3	1	4	6	2	2	4	4	6	3
Aussehen der Flugzeuge (Design)	7	7	7	7	6	5	4	6	4	4	4	3	3	1	2
Leistung	1	1	1	1	2	7	2	5	1	6	3	2	1	2	5

P = Präsident
VP-E = Leitender Vizepräsident
D-CP = Direktor für Unternehmensplanung

Klasse VI Stück	Klasse VI %	Klasse VII Stück	Klasse VII %	Klasse VIII Stück	Klasse VIII %	Klasse IX Stück	Klasse IX %	Klasse X Stück	Klasse X %	Klasse XI Stück	Klasse XI %
—	—	266	41	—	—	KEIN ERZEUGNIS IN DIESER KLASSE		241	91	231	Keine Konkurrenz
—	—	268	39	—	—			275	100	138	
107	52	284	46	—	—			359	100	171	
466	75	250	32	—	—			472	100	143	
312	53	406	46	—	—			641	100	139	
380	56	419	38	—	—			453	61	141	
304	55	275	34	70	24			328	51	136	
161	42	276	32	209	44			358	53	139	

Einmotorige Sechssitzer (Cherokee 260, Comanche)

P	VP-E	D-CP	D-M	D-DS
5	6	6	4	3
4	1	2	3	1
7	5	5	5	7
6	7	7	7	5
3	4	4	6	6
2	3	3	1	2
1	2	1	2	4

Leichte Zweimotorige (Twin Comanche, Aztec)

P	VP-E	D-CP	D-M	D-DS
6	5	5	4	4
1	4	2	3	1
7	6	7	5	6
5	7	6	6	7
2	3	4	7	3
4	2	3	2	2
3	1	1	1	5

Zweimotorige Firmenflugzeuge (Navajo)

P	VP-E	D-CP	D-M	D-DS
6	5	5	4	4
3	4	2	3	1
7	6	7	5	6
4	7	6	6	7
5	3	4	7	5
1	2	3	2	2
2	1	1	1	3

Flugzeuge für Zubringerfluglinien (Pocono)

P	VP-E	D-CP	D-M	D-DS
7	4	7	4	6
4	9	2	5	7
5	5	6	2	5
3	7	4	7	3
6	2	3	6	4
2	3	5	3	2
1	1	1	1	1

D-M = Direktor für Marketing
D-DS = Direktor für Inlandsverkäufe

Quelle: Erstellt vom Verfasser der Fallstudie

Anhang 7: Piper Aircraft Corporation, Teil des Organigramms
Quellennachweis: Firmenaufzeichnungen

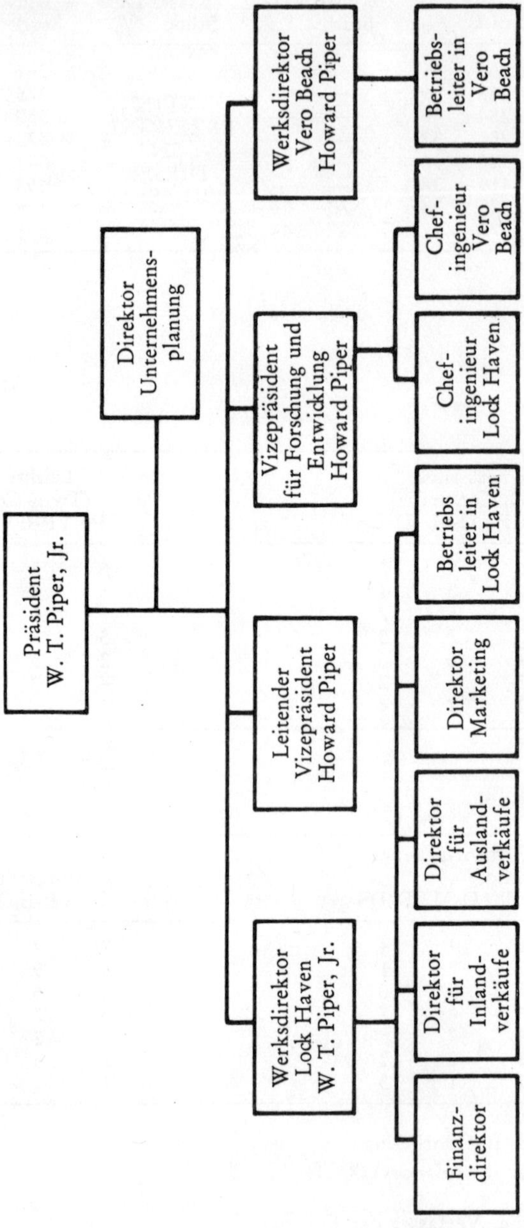

Anmerkungen:

[1] Man befaßte sich vorwiegend mit der Produktion und dem Verhauf von Privat- und Firmenflugzeugen und schenkte dem militärischen Absatzpotential weniger Beachtung.

[2] Forbes, 1. November 1968, S. 46

[3] „Turbo-charges" bezieht sich auf eine konventionelle Kolbenmaschine, die mit einem „supercharger" ausgerüstet war, um das Gemisch von Luft und Treibstoff zu komprimieren, sodaß die Leistung in dünner Luft in großen Höhen beibehalten werden konnte. Der „supercharger" wird durch eine Turbine angetrieben, die durch Dampfausströmung betrieben wird; daher der Name „turbo". Dieser Motor ist weder ein Turbo-Prop- noch ein Düsenmotor.

[4] Forbes: 1. November 1968

[5] Piper Aircraft Stammaktien wurden bis zu 72,25 Dollar im Jahr 1968 gehandelt.

Diese Fallstudie wurde durch die Mitarbeit von Piper Aircraft Corporation ermöglicht. Sie wurde unter der Leitung von Ass. Prof. Malcolm S. Salter von Tull N. Gearreald, Jr. zusammengestellt. Der Fall wurde als Basis für Klassenzimmerdiskussionen erarbeitet und nicht, um richtiges oder falsches Management-Verhalten darzustellen.

BEECH AIRCRAFT AG

Die BEECH AIRCRAFT AG in Wichita, Kansas, wurde von Mr. Walter Beech im April 1932 mit dem Ziel gegründet, den ersten viersitzigen Doppeldecker mit geschlossener Kabine zu konstruieren und herzustellen. Dieses erste BEECHCRAFT-Modell, genannt „Staggerwing“, hat für die Industrie Leistungs- und Verläßlichkeitsstandards gesetzt. Über 780 Staggerwings wurden gebaut, bevor die Erzeugung im Jahre 1948 endete. Heute gilt dieses Flugzeug als Sammelobjekt. In den Dekaden nach dem ersten 200-mph-Flug des „Staggerwings“ über den Ebenen von Kansas entwickelte sich BEECH AIRCRAFT zum führenden Hersteller von zweimotorigen Maschinen, die ganz spezifisch für Wirtschaft, Air-Taxis und neu sich entwickelnde Fluglinien gedacht waren. Während seiner ganzen Entwicklung hat BEECH AIRCRAFT die hohen Qualitätsstandards, die mit dem „Staggerwing“ gesetzt worden waren, beibehalten, und im Jahre 1968 verzeichnete BEECH einen für die Leichtflugzeugindustrie hervorragenden Rekord. Von 1963 bis einschließlich 1967 war es BEECH AIRCRAFT unter der Aufsichtsratsvorsitzenden Olive A. Beech, 64 (gemeinsam mit ihrem verstorbenen Mann Mitbegründerin des Unternehmens), und Direktor Frank E. Hedrick, 57, gelungen, die Gewinne pro Aktie — basierend auf einer 157prozentigen Umsatzsteigerung — zu verdreifachen. Mit einem Umsatz von 174 Mio. $ war BEECH im Leichtflugzeugbau jedoch nur Zweiter hinter CESSNA (213 Mio. $). Anhang 1 gibt die finanzielle Entwicklung von BEECH AIRCRAFT bis einschließlich 1957 wieder, die Anhänge 2 und 3 zeigen detaillierte Bilanzen für die letzten 10 Jahre.

Aufbauend auf dem Vorsatz von Walter Beech, neue konstruktive und qualitative Maßstäbe im Flugzeugbau einzuführen, behauptete sich BEECH durch die Jahre hindurch in den mittleren und höheren Segmenten des Flugzeugmarktes. Trotzdem wurde BEECH 1968 von Kennern der Branche auf dem unteren Preissektor für nicht so stark gehalten wie CESSNA oder PIPER, und außerdem hatte BEECH noch nie eine Düsenmaschine verkauft. So mußte Hedrick, gemäß den Zielen der Unternehmung die Umsätze und Gewinne während der nächsten fünf Jahre zu verdoppeln, entscheiden, ob er die alte Strategie von BEECH, alle Kräfte auf Raumfahrtgeschäfte (40 Prozent des Umsatzes) und die Herstellung von Flugzeugen der mittleren bis hohen Preisklasse (50 000 bis 400 000 $) auszurichten, modifizieren sollte oder nicht.

Die BEECH-Produkte

Traditionsgemäß verwies BEECH auf den großen Nutzen leichter Flugzeuge für die Wirtschaft. Käufe der Privatwirtschaft machten auch 95 Prozent des gesamten BEECH-Umsatzes an BEECH-Leichtflugzeugen aus. Tabelle 1 zeigt die BEECH-Modelle des Jahres 1968.

Die Linie einmotoriger BEECH-Flugzeuge begann mit dem zweisitzigen Musketeer-Sport III — einem Übungsflugzeug, das auch als erste Privatmaschine häufig gekauft wurde — und stieg dann auf zur vier- bis sechssitzigen Bonanza V 35 TC — einer Turbo-Maschine, die 230 mph Geschwindigkeit erreichte. Die

Tabelle 1: Beech Aircraft AG — Modelle 1968

Modell	Richtpreise in Dollar *
Musketeer-Sport III, Custom III, Super III	13 750— 17 950
Bonanza-E 33, E 33 A, V 35 A, V 35 A-TC, 36	30 750— 40 950
Travel Air-E 95	53 500
Baron-B 55, D 55, 56 TC	59 950— 95 950
Duke-60	171 000
Queen Air-A 65, B 80, 88	144 500—259 500
Super H 18	179 500
King Air-B 90	442 000
Beechcraft 99	415 000

* inklusive Standardzubehör

Bonanza-Maschinen wurden hauptsächlich von Betrieben, Ärzten, Rechtsanwälten und anderen Personen gekauft, welche die Maschine in ihrer Berufsausübung verwendeten.

Die Travel Air war die billigste doppelmotorige BEECHCRAFT-Maschine; im Jahr 1968 schien dieses Modell jedoch aus der Produktion genommen zu werden. Dieser Umstand wurde dem allmählichen Veralten der aus dem Jahre 1957 stammenden Konstruktion und der im Jahre 1961 stattgefundenen Entwicklung der schnelleren und attraktiveren Maschinen vom Typ Baron zugeschrieben. Die Travel-Air- und die Baron-Maschinen wurden als nächster logischer Schritt nach der Bonanza angesehen, waren aber auch Erstankäufe vieler Unternehmungen mittlerer Größe. Das Modell Duke wurde 1968 eingeführt, um die Lücke zwischen den kleineren doppelmotorigen und den größeren Maschinen, die durch die King und Queen Airs repräsentiert wurden, zu schließen.

Das ursprüngliche Modell 18 war von BEECH am Ende der dreißiger Jahre entworfen worden, sein jetziger Nachfolger, die 7 bis 11 Fluggäste fassende Super H 18, brachte keine nennenswerten Umsätze. Die sechs bis neunsitzigen Kolbenmaschinen vom Typ Queen Airs und die sechs- bis zehnsitzigen King-Air-Maschinen hatten jedoch den Platz des Modells 18 als große Geschäftsmaschine bestens gefüllt. Die King Air und ihr Gegenstück, das Modell 99, waren Turboprops, die eine Geschwindigkeit von etwas mehr als 250 mph erreichten.

Anhang 4 zeigt in einer von BEECH entwickelten Klasseneinteilung die Position der BEECH-Produkte innerhalb des Gesamtmarktes. Die Anhänge 5 und 6 zeigen die Umsätze 1958 bis 1967 in den einzelnen Klassen sowohl für die Industrie als auch für BEECH.

Abgesehen davon, daß BEECH am stärksten in den oberen Marktsegmenten vertreten war, besetzte BEECH auch, was Preis und Qualität anbelangte, die oberen Positionen innerhalb der Sektoren, an denen BEECH sonst noch partizipierte. Dies war das Ergebnis einer ständigen Qualitätssteigerung, die die dauernde und primäre Aufgabe der Entwicklungsabteilung war. Die Preise wurden angehoben, um die Kosten dieser Verbesserung zu decken, und dementsprechend mußten Hauptmodelle von Zeit zu Zeit gänzlich neu konstruiert werden, um zu verhindern, daß sie aus Preisgründen gänzlich vom Markt gedrängt wurden. Der Kern der BEECH-Produkte war die King-Air-Maschine. Im Jahre 1967 haben die kommerziellen und militärischen Versionen dieses Einzelmodells 33,5 Prozent des Gesamtumsatzes von BEECH ausgemacht. BEECH erhielt einen Regierungsauftrag von über 35 Mio. $ für 129 Einheiten der Militärversion (ohne Druckversorgung) der King-Air-Maschine. Bis Ende 1968, so hoffte man bei BEECH, würde man die Lieferung aller 129 Einheiten abgeschlossen haben. BEECH war im Verkauf und beim Service der King Air recht erfolgreich und zeigte auch in Geschäftsbeziehungen mit Großkonzernen hohes Geschick. Im Jahre 1962 stieg BEECH jedoch in einen gänzlich neuen Markt ein — den Pilotenunterricht und den Markt für persönliche Unterhaltungsflüge —, und zwar mit der Einführung der Musketeer-Maschine. Einige der leitenden Herren von BEECH dachten, daß BEECH in den Niedrigpreismarkt eingestiegen sei, ohne über ein entsprechendes Absatzsystem zu verfügen. Händler, die es gewohnt waren, äußerst teure Luxusmodelle zu verkaufen, zögerten, große Anstrengungen in den Verkauf der Musketeer-Maschinen zu setzen. Von Bedeutung war auch die Tatsache, daß diese Händler nie über entsprechende Kontakte zu den potentiellen Käufern verfügten, die geneigt waren, eine Musketeer zu kaufen. So kam es, daß überproportional große Anstrengungen unternommen werden mußten, einen neuen Kundenstock aufzubauen. Bis Ende 1968 hatte die Musketeer-Maschine noch nicht die Nachfrage geweckt, auf die BEECH gehofft hatte, und obwohl drei Musketeer-Varianten angeboten wurden, waren die Umsätze 1967 unter denen des Jahre 1962 geblieben.

Im Jahre 1968 stieg BEECH in einen neuen, expandierenden Markt ein — die Kurzstreckenflüge zu Nebenflughäfen. Vor 1968 hatte BEECH wohl die Modelle Super 18 S und Queen Air als Verkehrsflugzeuge verkauft, aber erst mit der Entwicklung des 17 Fahrgäste aufnehmenden Modells 99 begann BEECH sich ernstlich mit dem Verkauf von Kurzstreckenverkehrsflugzeugen zu beschäftigen. Die anfängliche Reaktion auf das Modell 99 war sehr ermutigend. BEECH hatte Festaufträge für fast 100 Maschinen, noch bevor das erste Modell 99 geliefert war. Bei BEECH war man der Ansicht, daß die Produktionsrate, die die Risken einer überspannten Produktion mit den Vorteilen einer Massenproduktion ausgleichen würde, bei etwa 9 Maschinen pro Monat liegen müßte. Die Änderung der Montagerate an einem der größten Modelle war für BEECH ein großes Problem, aber der Produktmanager des Modells 99 glaubte, daß die Rate von 9 Maschinen pro Monat auf unbegrenzte Zeit beibehalten werden könnte.

Die gegenwärtige Einstellung von Mr. Hedrick gegenüber der Produktplanung basiert auf zwei grundsätzlichen Überlegungen: Kundentreue und Industrieexpansion. Was die Kundentreue betrifft, so hat die Marktforschung ergeben, daß es sehr wahrscheinlich sei, daß ein Kunde gemäß seinen wachsenden Bedürfnissen sein altes, billigeres Modell für ein teureres Modell desselben Herstellers eintauschen würde. Das hieß, daß der Erzeuger, der dem Kunden die erste leichte Maschine verkaufte, wahrscheinlich auch von Zukunftskäufen, die der Betreffende über längere Zeit hinaus tätigen würde, profitierte. Tabelle 2 zeigt detailliert die Kundentreue zur „Marke“ innerhalb der Leichtflugzeugindustrie, soweit es die BEECH-Modelle betrifft.

Tabelle 2: Beech-Aircraft-Statistik für Kundentreue

Modell	Erstkäufer %	Frühere Besitzer von Beech-Modellen %	Frühere Besitzer von Produkten anderer Firmen %
Musketeer	65	5	30
Bonanza	30	46	24
Baron	15	65	20
Duke/Queen Air	10	70	20
King Air	8	75	17

Eine weitere Information der Marktforschungsabteilung zeigt den Trend der Kunden, von kleineren zu größeren Modellen überzuwechseln. Diese Aussage bezog sich auf den prozentuellen Anteil von Besitzern einer bestimmten Modellgruppe, die ihre Maschine für eine Maschine der nächsthöheren Klasse eintauschten, das heißt, von einer leichten Einsitzer-Maschine auf eine schwere Einsitzer-Maschine überwechselten, oder von einem schweren Einsitzer-Modell zu einer leichten Zweisitzer-Maschine usw. Die BEECH-Marktforschung zeigte, daß dieser Anteil bei 25 Prozent für Bonanza, 40 Prozent für Baron, 65 Prozent für Duke/Queen Air und 81 Prozent für King Air lag.

Die erwartete Expansion der gesamten Industrie wirkte sich auf zwei Arten auf die Produktplanung aus. Erstens, so glaubte man, würde die jährliche 15prozentige Umsatzsteigerung, die für die gesamte Industrie erwartet wurde, ein Erstarken derselben bringen. Mr. Hedrick glaubte in diesem Zusammenhang, daß sich BEECH im Falle einer Stagnation der Umsätze gegenüber der Konkurrenz behaupten könnte. Zweitens vertrat man die Ansicht, daß stagnierende Umsätze in der Gegenwart auch weniger Umsätze für die Zukunft bedeuteten, da die Kunden, die an die Konkurrenz verlorengingen, dazu neigen würden, auch bei ihren weiteren Flugzeugkäufen firmentreu zu bleiben. BEECH-Studien haben ergeben, daß nur 10 bis 15 Prozent der Konzerne, die imstande waren, Privatflugzeuge wirtschaftlich einzusetzen, zur Zeit eine Maschine besaßen. Dieses geringe Sättigungsniveau, so glaubte man, bot fast unendliche Expansionsmöglichkeiten für die nahe Zukunft.

Die Kombination der beiden Faktoren Markentreue und Industrieexpansion veranlaßte Mr. Hedrick zu dem Schluß: „Wir können es uns einfach nicht leisten, nicht in jedem Marktsegment vertreten zu sein."

BEECH erreichte 1967 59,7 Prozent des Gesamtumsatzes durch den Verkauf von Leichtflugzeugen; die restlichen 40,3 Prozent wurden von der Raumfahrtabteilung von BEECH erzielt. Diese Abteilung unterhielt eine große Niederlassung in Boulder, Colorado; die Umsätze ergaben sich aus einem US-Regierungsauftrag und aus Verkaufsverträgen mit einer ausgewählten Gruppe erstklassiger Firmen. Auf dem Gebiet der Raumfahrt konnten im Mischen und Überprüfen von flüssigen Gasantriebsstoffen bei sehr niedrigen Temperaturen für die Gemini- und Apollo-Programme große Leistungen erbracht werden. Ein weiterer Erfolg zeigte sich in einem Vertrag, der mit der Air Force geschlossen worden war und der die Entwicklung der „Sandpiper“, einer Rakete, die gegen mit Unter und Überschallgeschwindigkeit fliegende Ziele eingesetzt werden sollte, vorsah. BEECH beteiligte sich auch als Zulieferer für die Lockheed C-114, die McDonnell F-101 und die Convair F-106. Im Jahr 1968 baute BEECH keine Leichtflugzeuge ausschließlich für den Staat, wohl wurden aber einige kommerzielle BEECH-Maschinen für die Verwendung als Militär-Übungsflugzeuge modifiziert. Tabelle 3 zeigt die Dollar-Werte neuer Raumfahrtaufträge, die BEECH zwischen 1961 und 1967 erhalten hatte.

Tabelle 3: Raumfahrtaufträge für Beech Aircraft

Jahr	Betrag (Millionen Dollar)
1961	11
1962	29
1963	36
1964	54
1965	37
1966	40
1967	60

Flugzeug-Marketing

Im Jahr 1968 bestand die amerikanische BEECH-Marketing-Organisation aus 140 Händlern [1] und 24 Großhändlern. Vier Großhändler (jeder von ihnen betrieb auch einen Einzelhandel) gehörten der Firma BEECH; die übrigen waren Eigentum selbständiger Geschäftsinhaber. Die Funktion des Großhändlers bestand darin, die Käuferkredite zu arrangieren und Ausstellungsmodelle und Ersatzteile auf Lager zu haben. Die Händler waren für den Verkauf der Maschinen, die Instandhaltung und die Reparaturen verantwortlich. BEECHCRAFT-Händler hatten Lizenzen für verschiedene Modelle je nach ihrem Absatzpotential, ihrem Wirkungsbereich und ihrer finanziellen Stärke.

BEECH hat häufig seine Unterstützung eines starken Händlersystems kundgetan. Eine im Jahr 1960 durchgeführte BEECH-Studie zeigte 126 Wirtschaftszonen, die eine oder mehrere Vertretungen zulassen würden. Diese Studie wurde zur Basis des jetzigen BEECH Verteilungssystems. Die BEECH-Vertreter erzielten ihre Einkünfte aus den verschiedensten Quellen, so z. B. neben dem Verkauf von neuen oder gebrauchten Maschinen aus Flugunterricht, Charterflügen, Instandhaltungsdienst und Ersatzteilverkäufen sowie durch den Verkauf von Benzin und Zubehör. Etwa 65 Prozent der Umsätze und 70 Prozent des Bruttogewinnes einer typischen BEECH-Vertretung stammten aus dem Verkauf von neuen Maschinen. BEECH verkaufte, was ganz typisch war, an seine Großhändler zu einem Rabatt von

[1] Von den 140 Beech-Händlern verkauften ca. 50 nur die einmotorigen Flugzeuge, 60 verkauften sowohl einmotorige als auch zweimotorige Maschinen, nur 30 Händler vertrieben sämtliche Modelle.

25 Prozent der Richtpreise; die Großhändler verkauften an Händler zu einem 20prozentigen Richtpreisrabatt.

Die Stärke der einheimischen BEECH-Händler-Organisation wird durch die im Jahre 1967 durch den Verkauf von neuen Flugzeugen erzielten Umsätze von zirka 550 000 $ pro Händler deutlich. Dieser Betrag muß mit einem Umsatz von 175 000 $ pro CESSNA- oder PIPER-Händler verglichen werden. In Stück ausgedrückt verkauften die BEECH-Händler durchschnittlich 10 Flugzeuge im Jahr — ungefähr gleich viel wie die PIPER-Händler und 2 mehr als der durchschnittliche CESSNA-Händler verkaufte. Um die Stärke des Händler-Netzes zu gewährleisten, erhält BEECH von seinen Händlern monatliche Abrechnungen.

Ein leitender Mitarbeiter der Marketing-Abteilung meinte, daß ein Absatzsystem, bestehend aus einer relativ kleinen Zahl starker Händler gerechtfertigt war, da ein großes Umsatzvolumen zur Deckung jener Reparaturen und Instandhaltungen, die die teuren zweimotorigen Flugzeuge erforderten, notwendig war. Diese Art des Vertriebssystems barg für BEECH jedoch auch Risken, da eine schlecht geführte Vertretung in einem Großstadtgebiet eine fühlbar schlechte Auswirkung auf die Gesamtumsätze von BEECH haben konnte. PIPER mit 400 und CESSNA mit 800 Händlern konnten durch die Stärken und Schwächen irgendeines bestimmten Händlers viel weniger getroffen werden.

Das Risiko eines schnellen Händlerwechsels und damit eines weniger kontinuierlichen Kundendienstes durch Händler und Großhändler war in den letzten Jahren um so akuter geworden, als BEECH seine kommerziellen Umsätze steigerte. Unternehmer, die in den frühen fünfziger Jahren genug Fähigkeiten und Kapital hatten, einen Großhandel mit 1 Mio. $ Jahresumsatz zu betreiben, verfügten möglicherweise in den letzten sechziger Jahren weder über die Fähigkeit noch das Kapital für einen solchen mit 5 Mio. $ Umsatz. Zwischen 1960 und 1967 konnten 4 BEECH-Großhandelslizenzen, die durch Pensionierungen oder anderweitige Investitionsaktivitäten seitens ihrer ehemaligen Inhaber frei geworden waren, nicht an einen Interessenten mit dem von einer BEECH-Vertretung erwarteten Kapital und den geforderten Erfahrungen vergeben werden. Diese Großhandelsbetriebe in Los Angeles, Wichita, Houston und Denver wurden von BEECH selbst übernommen, um den erworbenen Marktanteil zu schützen und um eigene Erfahrung in Einzel- und Großhandelsbetrieben und in deren Problemen zu gewinnen. BEECH, PIPER und CESSNA verteilten jeweils Teillizenzen, die es Händlern mit begrenztem Kapital und begrenzter Erfahrung jeweils nur gestatteten, die einmotorigen Modelle zu handeln. Starke Händler einmotoriger Maschinen durften schließlich zweimotorige übernehmen; aber solche erstarkten Händler machten insgesamt nur rund 10 Prozent aller Händler aus. Da es überdurchschnittlich vielen Mitgliedern des BEECH-Absatzsystems erlaubt war, zweimotorige Maschinen zu verkaufen, hatte BEECH wahrscheinlich ein stärkers Verkaufsnetz für zweimotorige Modelle als die Konkurrenz. Dafür hatte BEECH aber weniger Händler, die sich auf den Verkauf von Musketeer-Maschinen konzentrierten. Das war einer der angegebenen Gründe für die relativ schlechte Marktdurchsetzung mit diesem Modell.

Ein anderer möglicher Grund für die starke Marktstellung, die mit den teureren Modellen erreicht worden war, war die große Unterstützung, die von seiten des Herstellerwerkes den größeren Maschinen erteilt wurde. So hatte BEECH beispielsweise große Summen aufgewendet, die dem Verkauf der King Air zugute kamen, um jene Firmen herauszufinden, für die der Einsatz einer King-Air-Maschine wirtschaftlich und finanziell tragbar sein würde. Die Namen solcher Firmen wurden den BEECH-Händlern zwecks Kontaktnahme übermittelt. Die Zentrale unterstützte ihre Händler mit modernsten Verkaufsföderungsmethoden. Wenn eine Firma eine King Air gekauft hatte, so bekam sie gleichzeitig eine kostenlose Piloten- und Mechanikerausbildung angeboten, damit die richtige Wartung der Maschine gesichert war. Außerdem wurde der Käufer Mitglied des BEECH King Air Clubs — eines Clubs, dessen Mitglieder das Recht hatten, die Zentrale und die BEECH-Produktionsstätten zu besuchen und im Fall einer Klage der persönlichen Hilfe seitens des Aufsichtsratspräsidenten und des Generaldirektors sicher sein konnten. Im Anhang 7 werden diejenigen Faktoren aufgezeigt, denen die Geschäftsleitung für den Absatz von King Air und anderen Produkten die größte Bedeutung zumaß.

Im Vergleich hiezu war die Unterstützung, die das Werk der Erzeugung der Musketeer zukommen ließ, nicht sehr groß. Die Werbebudgets der „Großen Drei" lagen jeweils bei 2 Mio. $ jährlich. BEECH gab 1968 jedoch weniger als 10 Prozent des Werbebudgets für Maßnahmen aus, die speziell auf Flugunterricht und Vergnügungsflüge gerichtet waren. Im Gegensatz dazu verwendeten PIPER und CESSNA den Großteil ihrer Werbebudgets gerade für den Privat- bzw. Vergnügungssektor.

Anders als PIPER und CESSNA hatte BEECH auch kein für das ganze Land geltendes Fluglehrprogramm, mit dem es künftige Käufer hatte interessieren können. Sowohl PIPER als CESSNA versuchten neue Kunden dadurch zu gewinnen, daß sie die erste Flugstunde zu 5 $ und einem fast in jeder Flugzeitschrift enthaltenen Kupon anboten. Dieses Angebot konnte bei jedem ihrer Vertragshändler eingelöst werden. Im Herbst 1968 begannen sowohl PIPER als auch CESSNA mit Fernsehwerbung zur Unterstützung ihrer Fluglehrprogramme. Hatte ein Kunde einmal fliegen gelernt, so war er ein potentieller Käufer einer einmotorigen Maschine einer niedrigen Preisklasse. Die Anfangsinvestition in ein konkurrenzfähiges Fluglehrprogramm wurde auf 1 Mio. $ geschätzt und die weiteren Kosten auf 500 000 $ jährlich.

Bei BEECH glaubte man, daß ein Fluglehrprogramm im Moment wegen des Mangels an genügend Händlern nicht sehr wirkungsvoll sein würde. Man dachte nämlich, daß Privatpersonen nur an bestimmten, ihnen genehmen Orten fliegen lernen würden.

Eine Beratungsorganisation, die sogenannte National-Accounts-(NA-)Abteilung und eine interne Verkaufsförderungsstelle für die BEECHCRAFT-99-Verkehrsmaschine ergänzten das inländische BEECH-Verteilernetz. Die Gründung der NA war auf Grund von Ankäufen von „Flugzeug-Flotten" durch Großfirmen mit mehreren Werken bzw. internationalen Firmen notwendig geworden. Nur wenige Händler hatten die erwünschte Fähigkeit, die gesamten Transportbedürfnisse einer Firma zu analysieren und dann jene Kombination von Erzeugnissen zu empfehlen, die diese Bedürfnisse decken würde. Ein Ansuchen um Transportberatung, wie sie die NA durchführte, wurde zumeist von jenem Händler eingeleitet, mit dem die betreffende Firma ursprünglich Kontakt aufgenommen hatte. An Hand von benutzten Flugscheinen und Reiseabrechnungen stellte die NA zuerst die Abreise- und Ankunftspunkte des betreffenden Firmenpersonals fest. Bei einem Vergleich der Reisezeiten beim Gebrauch von Leichtflugzeugen, Verkehrsmaschinen oder Autos zeigte sich, daß bei Verwendung von Leichtflugzeugen oft eine so beträchtliche Zeiteinsparung möglich war, daß der Ankauf einer Kleinmaschine gerechtfertigt erschien und dies noch ohne Berücksichtigung von Vorteilen, wie erhöhter Flexibilität und besserer Nachrichtenübermittlung. Irgendwelche Umsätze, die sich aus der Arbeit der NA entwickelten, wurden durch jene Groß- und Einzelhändler abgewickelt, die nach dem Verkauf den Kundendienst übernahmen. BEECH verkaufte die 17sitzige Kurzstreckenmaschine „Beechcraft-99" direkt an Fluglinien. Dies erforderte zumeist noch modernere Verkaufsmethoden als die von der NA angewendeten. BEECH demonstrierte die Wirtschaftlichkeit des „99"-Verkehrsflugzeuges, indem man sich von einem interessierten Kunden die Anfangs- und Endpunkte der Flüge, die Flughöhen, die Ladefaktoren und die erwarteten Einnahmen aus dem Passagiertransport — umgerechnet auf die Meile der vorgeschlagenen Luftwege geben ließ. BEECH vereinte diese Daten in einem Computer-Programm, das sodann das durch den Dauereinsatz der „Beechcraft 99" erzielbare jährliche Einkommen ausdruckte. Der gute Ruf, den sich BEECH hinsichtlich einer richtigen Berichterstattung über Produktmerkmale erworben hatte, machte diese Verkaufsmethode sehr wirksam. Die BEECH-99 hatte einen sehr niedrigen Rentabilitäts-Ladefaktor von nur 3 Passagieren zu 12 Cents pro Passagier pro Meile; daher war sie für fast alle typischen Kurzstreckenflüge geeignet. Die getrennte Verkaufsorganisation für diese Maschine erlaubte einen preisgünstigeren Absatz (und garantierte damit die Konkurrenzfähigkeit), weil die potentiellen Käufer alle bekannt waren und es möglich war, diese kleine Zahl von möglichen Abnehmern auch direkt anzusprechen. Weiters mußten gebrauchte Maschinen hier nicht zurückgenommen werden.

Die Exporte machten zirka 25 Prozent der Umsätze aus — die Hälfte davon ging nach Europa. Leichtflugzeuge fanden aber auch in vielen Entwicklungsländern einen Markt, da dort nicht genügende Landverbindungen existierten. Die Hauptmärkte dieser Art lagen in Brasilien, Australien, Japan und den Philippinen. Tabelle 4 zeigt das Anwachsen der Exporte seit 1963.

Tabelle 4: Beech-Aircraft-Exporte (in Millionen Dollar)

Rechnungsjahr	Exporte
1963	10,8
1964	15,5
1965	17,7
1966	24,5
1967	24,5

Das ausländische Absatznetz von BEECH bestand aus 41 Großhändlern und 36 Händlern. Nur ungefähr 10 der 77 Vertretungen waren hinsichtlich ihrer Größe und Qualität mit den US-amerikanischen vergleichbar.

Der Leiter der Exportabteilung meinte, daß im allgemeinen die wirtschaftliche und politische Stabilität wichtiger und exportbestimmender wäre als die Händlerdichte im betreffenden Land. BEECH versuchte seinen Export vor zu heftigen Schwankungen abzusichern, indem Verkäufe und Finanzierungen nur in US-Dollar durchgeführt und alle Erzeugungsstätten in den Vereinigten Staaten belassen wurden. Diese strenge Exportpolitik bedeutete, daß die Kaufkraft im Ausland, gemessen an der der USA, eine der wichtigsten Variablen war. Die Exportumsätze konnten durch Wirtschaftsdepressionen oder Abwertungen im Ausland sowie durch die einheimische Inflation negativ beeinflußt werden.

Die Exporte des Jahres 1967 resultierten zu ungefähr 50 Prozent aus Firmen- und Privatankäufen und zu 50 Prozent aus öffentlichen Aufträgen. Öffentliche Aufträge kamen von Militär- und Regierungsstellen, staatlichen Unternehmen und Lufttaxibetrieben. Das größte Anwachsen der BEECH-Exporte wurde auf dem öffentlichen Sektor erwartet. Öffentlichen Dienststellen war es eher möglich, an und für sich knappe Auslandszahlungsmittel zu erlangen, und BEECH war eher in der Lage als andere Erzeuger, spezielle Modifikationen für Krankentransportmaschinen, fotografische Vermessungmaschinen oder sonstige, häufig gefragte Spezialmaschinen durchzuführen. Die künftige Exportaufteilung wurde mit 30 Prozent für Firmen- und Privataufträge und mit 70 Prozent für öffentliche Aufträge erwartet.

Flugzeugproduktion

45 Prozent des gesamten Umsatzes des Jahres 1967 entfielen auf den Zukauf von Bestandteilen anderer Lieferanten. BEECH erzeugte weder Motoren noch Instrumente. Dies erlaubte es, beste Qualitätsprodukte von einer Anzahl von Lieferanten auszuwählen, anstatt an eine interne Lieferquelle gebunden zu sein. BEECH kaufte Motoren von LYCOMING, CONTINENTAL und PRATT & WHITNEY. Die Ausstattung mit Instrumenten konnte von irgendeinem, vom Kunden genannten, konzessionierten Lieferanten beigestellt werden.

Die Rohstoffe, die in der BEECH-Erzeugung Verwendung fanden, waren Aluminium, Magnesium, Fiber- und Plexiglas. Obzwar meist nicht die strengsten militärischen Toleranzen verlangt wurden, fanden doch in vielen Produktionsphasen umfangreiche Qualitätskontrollen statt, damit die notwendigen Toleranzen eingehalten wurden. BEECH-Qualitätskontrollen hatten sich im Auffinden von Defekten einen ausgezeichneten Ruf erworben.

Die drei kommerziellen BEECH-Erzeugungsstätten, in denen 10 350 von insgesamt 11 000 Mitarbeitern beschäftigt waren, lagen in Wichita, Salina und Liberal in Kansas [2]. Im Hauptwerk in Wichita waren 9000 Arbeiter tätig. Dort war die

[2] Salina war 90 und Liberal 45 Meilen von Wichita entfernt.

Fabrikation von Teilen für alle Modelle sowie die Fertigmontage sämtlicher Flugzeuge, ausgenommen der Musketeer- und der Duke-Maschinen untergebracht. Salina hatte 1000 Arbeiter, die hauptsächlich an den Duke-Maschinen arbeiteten, ferner an der Teilmontage der Bonanza- und der leichten doppelmotorigen Maschinen. Liberal, mit 350 Arbeitern, war das Werk für die Fertigmontage der Musketeers.

Das Werk Wichita bestand aus dem Zentralbüro, einer privaten Landepiste und drei Fabriken. Im Werk I wurden Bestandteile für alle Modelle angefertigt und die Fertigmontage der Maschinen King Air und Beechcraft 99 durchgeführt; die Montage der Bonanza- und der leichten zweimotorigen Maschinen erfolgte im Werk II, während sich das Werk III mit Montagearbeiten für Raumfahrtprojekte beschäftigte. In Wichita wurden Leichtflugzeuge ähnlich wie in Spezialwerkstätten produziert. Bestandteile wurden in kleinen Mengen angekauft und verarbeitet, was einen durchschnittlichen Lagerbestand, der ausreichte, die Produktion eines Monats zu decken, erforderlich machte. Ungefähr 20 Prozent der fabrizierten Teile waren für mehr als eine Modellserie bestimmt. Diese Teile konnten in größeren und wirtschaftlicheren Mengen hergestellt werden als solche, die nur bei einer Modellserie Verwendung fanden. Ein leitender Herr von BEECH meinte, daß andere Hersteller sich um eine Vereinheitlichung der Bestandteilproduktion bemühten, während sich die BEECH-Ingenieure mehr auf Neukonstruktionen und Leistungsverbesserungen konzentrierten. BEECH-Konktruktionen waren daher nur in geringem Maß standardisiert, was dazu führte, daß BEECH auch weniger in den Genuß von möglichen Kostendegressionen bei der Produktion gelangte.

Obwohl die Teile in Serien hergestellt wurden, war jeder Teil für ein bestimmtes Flugzeug bestimmt, dessen Fertigmontage für den kommenden Monat geplant war. Ein kleines Schild mit Angabe der Modellserie und der Produktionsnummer begleitete jeden Teil auf dem Weg von der Fabrikation zu den verschiedenen Zwischenmontagen, die in Vorbereitung der Fertigmontage eingeplant waren. Für größere Flugzeuge bot BEECH eine große Anzahl verschiedener Ausrüstungsgegenstände. Wenn die Bestandteile für eine bestimmte Maschine bei den wichtigeren Zwischenmontagestellen eintrafen, dann lag der Auftrag des Händlers mit den gewünschten Spezifikationen für die Ausstattung bereits vor. Daher konnten die nötigen Modifikationen bereits bei der Zwischenmontage durchgeführt werden, wodurch eine Überholung während der Fertigmontage ausgeschaltet wurde. Diese Möglichkeit, individuelle Maschinen nach Kundenwünschen in ein und demselben Produktionsgang herzustellen, war den anderen Erzeugern nicht so möglich. In der üblichen Praxis wurden nur Standardmaschinen hergestellt. Wenn der Kunde außergewöhnliche Wünsche hatte, so wurde die fertige Maschine zur Umarbeitung in eine Spezialwerkstatt geschickt. Da in der Produktion Kundenwünsche stark berücksichtigt wurden, stellte BEECH keine große Anzahl von Maschinen auf Lager her. Händler bestellten eine Standardmaschine zumeist nur, wenn sie einen Auftrag in Aussicht hatten. Das bedeutete, daß das Lagerrisiko für Fertigmaschinen zumeist von Händlern und Großhändlern getragen wurde. Das Werk lenkte die Nachfrage, indem lange Lieferfristen für bestimmte Motoren und Bestandteile festgelegt wurden.

Ein Grund dafür, warum Händler Flugzeuge auf Lager beorderten, war der lange Zeitablauf zwischen Bestelldatum und Werksauslieferung. Dieser Zeitstau kam daher, weil BEECH der Politik einer stufenweisen Montagerate treu geblieben war. Da die Nachfrage saisonbedingt war und kein großes Lager von fertigmontierten Maschinen bestand, richtete BEECH seine Produktion durch Auspendeln der Zeitspanne zwischen Auftrags- und Lieferdatum aus. Während der Wintermonate betrug die Wartezeit oft weniger als ein Monat, aber im Frühling und Sommer konnte sich diese Frist bis zu 4 Monaten ausdehnen. Die BEECH-Produktionsleiter meinten, daß der Kunde eher die lange Wartezeit zwischen Auftrag und Auslieferung in Kauf nehmen würde als die Extrakosten, die eine geänderte Montageeinteilung hervorrufen würde. Sollte der Auftragsrückstand ungewöhnlich steigen oder fallen, so würde BEECH die Montageraten langsam angleichen.
Der Betriebsleiter war der Ansicht, daß die Hauptbedingungen für den erfolgreichen Produktionsablauf in Wichita die folgenden waren:

1. Genaue Planung und Koordinierung der täglich anfallenden, über eine Million zählenden Arbeitsvorgänge.

2. Eine Allzweck-Fabrikationsausrüstung zur Herstellung vieler Arten selten gebrauchter Teile für viele Modelle und

3. eine stete Produktionsrate, um Unzulänglichkeiten, die eine Änderung der Produktionsrate mit sich bringen, auszuschalten.

BEECH erfüllte diese 3 Bedingungen durch ein Computer-Planungssystem, durch bestens kontrollierte Fabrikationsausrüstung und durch ein ausgeklügeltes System von Nachfrageprognosen.
Die Musketeer-Fertigmontage in Liberal, Kansas, hatte sich vom BEECH-Konzept der Produktion gemäß Kundenwünschen entfernt und war auf eine Fließbandproduktion, ähnlich wie in der Autoindustrie, übergegangen. Diese standardisierte Produktion war eine Voraussetzung dafür, die Kosten aus Konkurrenzgründen niedrig genug zu halten. Die Betonung einer kostenniederen, umsatzstarken Produktion im Werk Liberal verlangte andere Voraussetzungen, um zum Erfolg zu führen. Die Musketeer-Produktion war gekennzeichnet durch Fließband-Teilmontage und eine weniger flexible Produktionsausrüstung. Konstruktionsänderungen wurden zwecks Produktserleichterung und -beschleunigung durchgeführt.
Dennoch versuchten die Werke in Liberal sowie Wichita eine stete Produktionsrate (7 Stück pro Woche/1968) einzuhalten und die Anzahl der fertig montierten Maschinen so nieder wie möglich zu halten. Diese Kombinationspolitik erlaubte nicht annähernd die wirtschaftliche Produktion, wie sie dem Konkurrenten CESSNA zur Verfügung stand, der die gesamte Jahreserzeugung in einer viel kürzeren Zeit produzierte und die fertigen Flugzeuge an seine Verteiler auslieferte. Im BEECH-Management war man skeptisch, eine Wirtschaftlichkeit auf diese Art und Weise zu erzielen, denn BEECH zögerte, das Lagerrisiko, das zur Stützung einer ausgedehnten Massenproduktion notwendig war, selbst auf sich zu nehmen oder es seinen Händlern aufzuzwingen. Außerdem würde eine, auf einen kurzen Zeitraum konzentrierte Musketeer-Produktion große Personalschwankungen im Werk Liberal hervorrufen. CESSNA konnte Personalschwankungen deshalb vermeiden, weil es eine große Anzahl umsatzkräftiger, preisgünstiger Mo-

delle herstellte. Dies gestattete eine gestaffelte Produktionsplanung; eine Modellserie mochte im Januar und Februar erzeugt werden, eine andere im März usw.

Hinsichtlich der zukünftigen Produktionskapazität und der Neuplanung der Werke meinte der Betriebsleiter, daß eine Belegschaft von 5000 bis 6000 Arbeitern die optimale Größe für die Fabrikation darstelle; für Montagearbeiten wären es zirka 1000 Arbeiter. Ein möglicher Plan für die zukünftige Werksanordnung sah ein „Rad-und-Speichen"-Arrangement mit Wichita als Fabrikationszentrum vor. Montagearbeiten sollten in getrennten, aber nahen Werkstätten wie Liberal, Salina und möglicherweise noch andernorts ausgeführt werden. Diese Anordnung würde die Vorteile einer Massenproduktion nutzen, würde es BEECH aber gestatten, in seiner Expansion auf Arbeitskräfte außerhalb der bereits überforderten Gegend unmittelbar um Wichita zurückzugreifen.

Konstruktion, Forschung und Entwicklung

Konstruktion, Forschung und Entwicklung wurden von der Unternehmensführung als die wesentlichen Kriterien angesehen. Die konsequente Produktion von Produkten mit höchster Qualität hatte BEECH einen Ruf eingebracht, der vom Management als unbedingter Vorteil betrachtet wurde. Herr Hedrick meinte, daß „der gute Ruf für Qualität und Kundendienst das war, was die Konkurrenz nachzumachen versuchte und nicht konnte. Der Name BEECHCRAFT auf einer Maschine war wie der Name Sterling auf Silber". In den Forschungs- und Entwicklungsstätten (F & E) machte man fortgesetzte Anstrengungen, diesen guten Ruf zu erhalten. Man beobachtete laufend die Konkurrenzerzeugnisse und verbesserte die Produkte, so daß die höchste Qualität, die im betreffenden Marktsektor möglich war, erreicht wurde. BEECH beschäftigte ungefähr 800 Ingenieure. Um die größtmögliche Flexibilität der Entwicklungsprogramme für Leichtflugzeuge und Raumfahrt zu erhalten, waren alle BEECH-Ingenieure in der Konstruktion und Entwicklung von Leichtflugzeugen bewandert. Der Leiter der Konstruktionsabteilung erklärte, daß er vorhabe, weitere 200 Ingenieure einzustellen, sobald qualifiziertes Personal zu haben sei.

Die gesamten Konstruktionsausgaben im Jahr 1968 beliefen sich auf 9 Mio. $, von denen zirka 1,25 Mio. $ für die Verbesserung der 1967er Leichtflugzeugserien verwendet wurden. Die Bedeutung, die der hohen Qualität im ganzen Konzern beigemessen wurde, war so groß, daß führende Mitarbeiter bezweifelten, daß BEECH imstande war, ein preisgünstiges Modell geringerer Qualität für große Umsätze zu konstruieren. Ein Marketing-Direktor meinte, daß die geringen Musketeer-Umsätze teilweise auf die Überbewertung von Qualität gegenüber dem Preis zurückzuführen seien.

Was die Entwicklung neuer Erzeugnisse betraf, so war es die Grundphilosophie von BEECH, ein ungesättigtes Marktsegment auszuforschen und dann ein Modell zu entwerfen, das der Nachfrage in diesem Segment Genüge leisten würde. Die King Air und die Beechcraft 99 waren solche Flugzeuge, welche neue Marktsektoren erschlossen hatten. Das Marketing war daher häufig der Initiator neuer Produktideen. Die Produktentwicklungszeiten, von der Konzeption angefangen bis zur Auslieferung, beliefen sich auf zirka 1 1/2 bis 2 Jahre für eine ganz neue Modellserie und von 6 Monaten bis zu einem Jahr für eine wichtige Modifikation einer alten Modellserie. Der Direktor von F & E schätzte die Gesamtinvestitionen, die notwendig waren, bevor noch die erste Maschine eines neuen Modells verkauft war, auf 20 bis 30 Mio. $ für schwere doppelmotorige Flugzeuge und auf 2 bis 5 Mio. $ für kleinere einmotorige Maschinen.

Raumfahrt und Regierungsaufträge

Raumfahrtumsätze ergaben sich aus Regierungsaufträgen, die keine Flugzeuge zum Gegenstand hatten, aber auch aus der Umarbeitung von Leichtflugzeugen für die Luftwaffe und aus Arbeiten an Militärflugzeugen.

Die Expansion der BEECHCRAFT-Raumfahrtabteilung wurde seit der Vertragsannullierung der T-36 nicht mehr als Hauptziel angesehen. Nachdem BEECH das Personal aufgenommen und den Prototyp der T-36-Schulmaschine im Zuge eines 300-Mio.-$-Auftrages produziert hatte, annullierte die Luftwaffe am 10. Juni 1953 den Auftrag. Die Folge war eine Wende in der Unternehmenspolitik, die sich aus dem Wunsch ergab, sich weniger auf Militäraufträge als auf kommerzielle Bestellungen zu verlassen. Glücklicherweise war die kommerzielle Produktion während des Korea-Krieges weiter fortgesetzt worden, und daher sanken die Umsätze nur auf ein Niveau von 75 bis 80 Mio. $. Obwohl BEECH Schadenersatzzahlungen seitens der Regierung erhielt, verlor der Betrieb 1953 über 2,3 Mio. $. Dieser Verlust machte fast ein Drittel des Aktienkapitals von 1953 aus.

Im Jahr 1968 sanken die Raumfahrtumsätze auf 30,7 Prozent der gesamten BEECH-Umsätze gegenüber 40,2 Prozent im Jahr 1967. Obgleich die Raumfahrtabteilung auch aus finanziellen Gesichtspunkten als bedeutsamer Teilbetrieb angesehen wurde, war man fest überzeugt, daß der Hauptbeitrag der Raumfahrtabteilung nicht etwa im Umsatzvolumen, sondern eher in den Erkenntnissen, Ideen und neuen Verfahren, die auch in der kommerziellen Produktion von Nutzen sein konnten, bestand. Unter Berücksichtigung dieser Überlegungen verlangte BEECH fünf Bedingungen, die ein Auftrag erfüllen mußte, um angenommen zu werden:

1. Der Auftrag mußte sich langfristig, vorzugsweise über 5 oder mehr Jahre hinaus erstrecken, so daß BEECH nicht mit dem typischen Raumfahrtproblem eines plötzlichen Aufschwunges oder Rückganges konfrontiert wurde.

2. Der Auftrag durfte nur mittelschwere Anforderungen an die Technologie stellen, so daß BEECH fortfahren konnte, Ingenieure und technische Kräfte zwischen Raumfahrt und kommerzieller Produktion auszuwechseln.

3. Das Auftragsgebiet mußte genügend spezialisiert sein, so daß BEECH auf gleicher Basis mit größeren Firmen um zukünftige Verträge auf diesem Gebiet konkurrieren konnte.

4. Der Auftrag mußte, wenn irgendwie möglich, in technologischen oder Konstruktionsfragen mit kommerziellen Aufträgen etwas gemeinsam haben.

5. Der Auftrag mußte rentabel sein.

Diese 5 Bedingungen hatten sich in der Vergangenheit als sehr nützlich erwiesen, da sie BEECH die gewünschten Raumfahrtaufträge, sowohl was die Qualität als auch die Quantität betraf, einbrachten. Neue Verfahren für die kommerzielle Produktion, wie chemisches Fräsen, Wabenverschluß und elektronisches Strahlenschweißen, sind aus vergangenen Raumfahrtaufträgen hervorgegangen. Einige spezifische Dinge, wie z. B. Arbeiten mit Kryogen, die mit flüssigem Wasserstoff ausgeführt werden mußten, hatten bisher noch keine direkten kommerziellen Vorteile gebracht, aber sie zeitigten fortlaufend rentable Aufträge, und zwar, hoffte man, so lange, bis eine kommerzielle Anwendung von flüssigen Gastreibstoffen entwickelt sein würde.

Mr. Roy McGregor, der Leiter des Raumfahrt-Marketing, unterstrich, daß die notwendigen Qualifikationen der Raumfahrtabteilung andere waren als diejenigen, die die Konkurrenzfähigkeit auf dem Leichtflugzeugsektor sicherten. Erfolgreiche Angebote für Raumfahrtaufträge benötigten eine enge Zusammenarbeit zwischen Marketing und technischer Abteilung. Die Marketing-Sachbearbeiter mußten das Erzeugnis vom technischen Gesichtspunkt her genau kennen. „Selbst dann", bemerkte dazu Mr. McGregor, „müssen sie 5000 Unterschriften von Leuten, die auf der ganzen Welt verstreut sind, einholen; 4980 Personen steht es offen, nein zu sagen, nicht aber ja." Für größere, komplexere Verträge wurden Team-Arrangements getroffen. Ein typisches Team mochte WESTINGHOUSE, RAYTHEON, BOEING und BEECH einschließen. Jeder von ihnen würde für den Entwurf eines Vorschlages für einen bestimmten Teil des Gesamtauftrages verantwortlich sein. In solchen Fällen konnte schlechte Kommunikation innerhalb des Teams oder ein schwaches Team-Mitglied das Ausscheiden des Teams aus dem Kampf um den Auftrag bedingen, obwohl es vorkommen konnte, daß ein Einzelmitglied des verlierenden Teams besser qualifiziert war als sein Gegenpartner im gewinnenden Team. Ein anderes Problem im Team-Arrangement lag darin, daß die unterschiedlichen Auffassungen der zu Teams vereinigten konkurrierenden Anbieter meist geringfügig waren und daß die Auftragsvergabe folglich oft auf Überlegungen beruhte, die nichts mit einer maximalen wirtschaftlichen Leistung zu tun hatten. Die Anforderungen, die an die Technik und Produktion eines Raumfahrtunternehmens gestellt wurden, waren auch andere als jene, von denen der Erfolg auf dem Leichtflugzeugsektor abhing. Strengere Toleranzen, gestraffteres Planen, geringere Betonung des Aussehens und größere technische Leistung pro verkauftem Dollar waren vier der spezifischen Abweichungen. Weiters mußten Produktionsunterbrechungen oft anders bewältigt und diverse Produktionsverfahren richtig gehandhabt werden. Je nach Auftrag konnte die Produktionsrate eine Einheit alle 5 Jahre oder aber auch 13 000 Einheiten pro Monat betragen.

Eine letzte wichtige Abweichung lag darin, daß der Staat als ein Ideenmarkt angesehen wurde. Ein vorzügliche Idee konnte den Grundstein für einen Vertrag legen, selbst wenn die Regierung ursprünglich nicht geplant hatte, auf diesem Gebiet Gelder zu investieren. Die Raumfahrtabteilung konnte also neue Nachfrage schaffen und bestehende erfüllen.

Finanzgebarung

Zwei konservative Praktiken charakterisierten die Finanzgebarung von BEECH: Die sofortige Abschreibung aller Forschungs- und Entwicklungsausgaben bei Anfall und die zögernde Haltung gegenüber langfristiger Verschuldung.
Ein Bereich, auf dem BEECH führend war, war der Bereich der Kreditierung, die durch ein Filialunternehmen — die BEECH ACCEPTANCE CORP. INC. (BA) — abgewickelt wurde. BA hatte 1956 mit den Finanzierungen von Vertretungen und 1958 mit Kundenkreditierungen begonnen. Zu dieser Zeit waren Kommerzbanken nicht bereit, ein Flugzeug als Nebenbesicherung für einen Bankkredit zu akzeptieren. Aber mit der Zeit und seit der Gründung der BA hatten die Banken ihr Vorgehen zugunsten der Annahme von Flugzeugen als eine solche kollaterale Sicherung geändert und wurden so zu Hauptkonkurrenten der BA. Tatsächlich waren 1968 Banken im allgemeinen großzügiger als die BA. Das konservative Vorgehen der BA zeigte sich darin, daß durchschnittlich jeder vierte von Firmen gestellte Kreditantrag und jeder dritte Privatkredit abgelehnt wurden. Im Sommer 1968 betrug der Zinsfuß, zu dem die BA Händlern Kredite gewährte, zirka 8 Prozent, während er für Einzelpersonen zirka 11 Prozent betrug. Außerdem verlangte die BA ein Eigenkapital, das fünf- bis sechsmal so groß war als der Betrag, der entliehen werden sollte. Diese Politik hatte in der jüngsten Zeit einen Rückgang der inländischen Finanzierungen hervorgerufen, aber es öffnete sich ein neues Gebiet in Form von Exportfinanzierungen. Die Zukunftsaufgabe der BA schien hauptsächlich in der Finanzierung von Exportgroßhändlern zu liegen; die von örtlichen Banken abgelehnte Finanzierung von einigen speziellen inländischen Verkäufen wurde fortgesetzt.
Als jüngste Entwicklung auf dem finanziellen Sektor erfolgte im August 1968 die Ausgabe von Wandelschuldverschreibungen in der Höhe von 30 Mio. $. Ein Teil dieser Gelder wurde zur Rückzahlung von 18 Mio. $ kurzfristiger Schulden der BA und der Rest für Investitionen verwendet. Es zeichnete sich ab, daß BEECH zur Erreichung eines 5-Jahres-Wachstumsplanes weit umfangreichere langfristige Mittel benötigen würde.

Personal

BEECH-Arbeiter waren seit den dreißiger Jahren durch die „Internationale Gewerkschaft des Maschinenbaues“ vertreten. Während dieser Zeit hatte BEECH fortlaufende Lohn- und Zulagenerhöhungen gewährt, und daher hatte die Firma nie einen Streik auf sich nehmen müssen.
Als Anreizsystem für Produktionsarbeiter gab es im Jahr 1968 nur noch ein Vorschlagswesen, das im allgemeinen 5 bis 10 $ einbrachte. Im Dezember 1941 hatte BEECH ein umfassendes Lohnanreizsystem, den „BEECH Efficiency Incentive Plan“ eingeführt. Die Entlohnung nach diesem Plan erfolgte unter Berücksichtigung der in Gewicht (Pfund) bewerteten, pro Stunde hergestellten Flugzeuge. Anderen Unternehmen hatte der „BEECH Efficiency Incentive Plan“ ebenfalls als Muster eines Produktionsanspornplanes gedient. Bis zum Jahre 1967 haben laufende Lohnerhöhungen diesen Leistungslohn in einen standardisierten und einheitlichen Lohn umgewandelt.

BEECH war immer auf die Loyalität und die lange Betriebszugehörigkeit seiner Arbeiter stolz gewesen. Die schnelle Expansion der letzten Jahre hat jedoch eine Generationslücke gebracht. Die ältesten, am besten eingearbeiteten, 3000 bis 3500 Produktionsarbeiter hatten ein Durchschnittsalter von 55 Jahren, während das Durchschnittsalter der restlichen, noch nicht so eingearbeiteten 7000 Arbeiter nur 27 betrug. BEECH versuchte diese Situation durch intensive Personalentwicklungs- und Trainingsprogramme zu mildern. Diese kosteten die Firma im Jahre 1968 24 $ Dollar pro Arbeiter. Um seine Expansionsziele zu erreichen, würde BEECH in Zukunft weit mehr qualifizierte Arbeiter brauchen.

Die Unternehmensführung sollte ebenfalls erweitert werden, um die geplanten Zukunftsumsätze bewältigen zu können. Im Jahre 1967 belief sich die durchschnittliche Dienstzeit der 54 führenden Mitarbeiter des Unternehmens auf 22 Jahre. Viele Mitglieder des Managements waren seit dem Zweiten Weltkrieg bei BEECH beschäftigt und würden innerhalb der nächsten 5 Jahre pensioniert werden. Es war fraglich, ob alle frei werdenden Posten durch die traditionelle Beförderung innerhalb der Firma gefüllt werden konnten. Daher bezeichnete Mr. Hedrick dieses Problem der Knappheit an Führungskräften als das größte Hindernis bei der Fortsetzung eines schnellen Wachstums.

Organisation

Bis 1968 war BEECH funktional organisiert gewesen. 1968 wurden Posten für multifunktional verantwortliche Programm-Manager geschaffen, damit alle Phasen der immer komplexer werdenden Produktion überwacht werden konnten. Der Programm-Manager trug gemeinsam mit dem Product-Sales-Manager, der für das Marketing des betreffenden Produktes zuständig war, die Verantwortung für alle Phasen der Konstruktion, der Planung, der Produktion und des Marketing. Die 5 Programm-Manager, die BEECH 1968 einstellte, waren in der Herstellung der Musketeer- und Bonanza-Maschinen, der leichten zweimotorigen Maschinen, der zweimotorigen Maschinen für Firmen und der Beechcraft 99 im Einsatz. Anhang 8 soll zeigen, wie die Verantwortung für die Produktion zwischen 1967 und 1968 nach unten verschoben worden ist. Programm-Manager arbeiten laufend an der Koordination von Konstruktion, Herstellung und Qualitätskontrolle, um die Kosten niedrig und Produktionsterminpläne einzuhalten. Weiters achten sie darauf, daß das Styling entspricht und die technischen Anforderungen erfüllt werden. Die Product-Sales-Manager ihrerseits versuchen, Werbung, Exporte und inländische Verkäufe sowie die Finanzierung zu koordinieren, um das maximale Umsatzvolumen zu erzielen. Das Anfangsresultat war, daß sich dieses System durch reduzierte Lieferzeiten und durch größere Umsätze besser auswirkte. Ein anderes neues Element in der BEECH-Organisation war die Autonomie, mit der der Musketeer-Programm-Manager durch die Verlegung seiner Produktion in das Werk Liberal ausgestattet wurde. Sollte dieses erste Experiment erfolgreich sein, so meinte der Betriebsleiter, könnten auch andere Abteilungen so organisiert werden, daß der Programm-Manager Abteilungsleiter werden würde. Eine eventuelle geographische Dezentralisierung würde es einem Abteilungsleiter ermöglichen, die

Betreuung und Kontrolle seines Produktionsbereiches mit weniger Sorgen um kollidierende Forderungen anderer Produktionsbereiche durchzuführen.

Management-Kontrolle

Im Jahre 1967 hatte BEECH auf der Managementebene kein formelles Beurteilungssystem. Budgets wurden benutzt, um den Stand der zu erwartenden Ausgaben in jedem funktionalen Gebiet anzuzeigen, jedoch wurden keine Anstrengungen gemacht, die Leistung eines einzelnen Managers in irgendeine Beziehung zum Budget oder in Beziehung zu irgendeinem anderen objektiven Maßstab zu setzen.

Die Zukunft

Die sich ändernde Marktstruktur war eine Variable, welche BEECH bei jeder größeren, für die Zukunft relevanten Entscheidung zu beachten hatte. Mr. Hedrick vertrat die Ansicht, daß alle führenden Hersteller leichter Flugzeuge komplette Produktserien entwickeln würden. Die derzeitigen Erzeuger von preisgünstigen Modellen würden in den teureren Markt einsteigen, um den Vorteil, daß Kunden dazu neigten, ihre billigeren Modelle für teurere der gleichen Erzeugerfirma auszutauschen, auszunützen. Die jetzigen Hersteller teurerer Modelle ihrerseits würden preisgünstige Modelle entwickeln, um eine Kundenbasis zu schaffen, deren Aufgabe es sein sollte, die Entwicklung der Umsätze ihrer traditionellen, teureren Maschinen sicherzustellen.

Mr. Hedrick sagte außerdem voraus, daß die Hauptauseinandersetzungen der „Großen Drei" innerhalb der nächsten 5 Jahre im mittleren Segment des Marktes stattfinden würden — nämlich in dem der billigeren bis mittelteuren doppelmotorigen Flugzeuge. BEECH mußte daher entscheiden, ob die derzeitige Parole der hohen Qualität und des angehobenen Preises in diesem Mittelsektor das beste Mittel war, um den Marktanteil für sich zu schützen und auszubauen.

Mr. Hedricks Meinung, daß alle Erzeugerfirmen notgedrungen Vollserienhersteller werden würden, bedeutete für BEECH, daß die Entwicklung einer Anzahl neuer Modelle auf dem preisgünstigen Sektor in Betracht gezogen werden müßte. Ein erster Schritt ins untere Marktsegment — nämlich mittels der Musketeer-Maschine — war jedoch nicht so erfolgreich gewesen wie erhofft.

Um die Voraussetzungen für die Produktion von preisgünstigen Modellen herzustellen, war BEECH dabei, das Händlernetz für einmotorige Maschinen und leichte zweimotorige Maschinen auszudehnen. Der Verkaufsleiter für den inländischen Markt meinte, daß der Vorteil dieses Programmes nicht nur in besseren Einzelhandelsverkäufen liegen würde, sondern auch darin, daß finanziell und führungsmäßig überforderte Vertretungen durch neue Lizenzvergaben in demselben geographischen Distrikt entlastet werden könnten. Dabei würde die Verantwortung für verschiedene Erzeugnisse der Gesamtproduktion auf alle Vertretungen aufgeteilt werden. Außerdem könnte sich in vielen Gegenden, wo ein großer BEECH-Händler mit dem gesamten Produktangebot nicht gerechtfertigt wäre, ein kleiner Händler für einmotorige Maschinen mit weniger Kundendienstanforderungen gut bewähren. Auch herrschte im Management die Meinung, daß der Verkauf einmotoriger Modelle an Privatpersonen andere Werbe- und Verkaufsmethoden verlange, als der Verkauf von zweimotorigen Maschinen an Firmen. Die Expansion der BEECH-Lizenzorganisation würde es den Händlern gestatten, sich mehr auf die für den Verkauf in ihrem jeweiligen Sektor notwendigen Anforderungen zu konzentrieren.

Der Markt der Düsenflugzeuge, der Jets, eröffnete ein weiteres Gebiet für eine Produktexpansion. Die Kosten für die Entwicklung eines Düsenflugzeuges für Firmenzwecke wurden auf 25 Mio. $ geschätzt. Im September 1968 war CESSNA der erste Leichtflugzeughersteller, der sein Vorhaben bekanntgab, in den Jet-Markt einzusteigen. CESSNA sagte den Verkauf von 1000 CESSNA-Jets zwischen 1970 und 1980 zum Preis von 590 000 $ je Maschine voraus. BEECH hatte den Jet-Markt für Firmenflüge seit einiger Zeit studiert, zögerte aber, weil nach den vorliegenden Informationen keiner der inländischen Erzeuger von Firmenjets 1968 einen Profit auswies. Weiters gab es keine Jet-Motoren, die einem Flugzeug jene Kombination an Komfort, Schnelligkeit, Flugweite, Nutzlast und Preis geben würden, die sich — wie BEECH meinte — die Kunden wünschten. Bei BEECH war man sich im klaren darüber, daß der Eintritt in den Jet-Markt früher oder später eine Notwendigkeit sein würde, dachte aber, daß das Wählen des richtigen Zeitpunktes ausschlaggebend sei.

Eine dritte Expansionsmöglichkeit ergab sich aus der Entwicklung einer mittelgroßen Kurzstreckenmaschine, die die Lücke zwischen den derzeitigen 100-Passagier-Jets und dem 17-Passagier-Beechcraft-99-Turboprop füllen würde. Voraussichtlich könnte BEECH die Marketingkontakte und die Erfahrung im Verkauf der Beechcraft 99 nutzen, um in 3 bis 5 Jahren eine weit größere Maschine anzubieten — wahrscheinlich einen Jet, um den Vorteil niedriger Betriebskosten auszunutzen. Dieselben Fluglinien würden den Markt für beide Flugzeuge liefern.

Während die Möglichkeit, jährlich 100 Jet-Kurzstreckenmaschinen für je 20 bis 30 Passagiere zu einem Preis von zirka 1 bis 1,5 Mio. $ pro Maschine zu verkaufen, umsatzmäßig sehr attraktiv war, erhielt sie 3 bedenkliche Risken:

1. Die notwendigen Investitionen in die Entwicklung der Flugzeugzelle, der Werkstätte und des Lagers würden sich wahrscheinlich auf 25 bis 50 Mio. $ belaufen und würden einen großen Teil der vorhandenen Reserven — sowohl der finanziellen als auch der technischen — in Anspruch nehmen. Außerdem mochte die Aufmerksamkeit, die diesem Produkt entgegenbracht werden würde, anderen Produktbereichen wieder schaden.

2. Wenn dieses Erzeugnis tatsächlich jährliche Umsätze von 100 bis 150 Mio. $ bringen würde, so müßte die Struktur des Konzerns geändert werden, um den Bedürfnissen einer so großen neuen Produktion gerecht zu werden.

3. BEECH würde ein Gebiet betreten, das früher von DOUGLAS, LOCKHEED und BOEING — von Gesellschaften also, deren Größe die von BEECH um ein Vielfaches überstieg — beherrscht und seitdem freigegeben worden war.

Flugzeuge mit kurzen Start- und Landemöglichkeiten (STOL) waren mehr und mehr Gesprächsthema und wurden als jene Lösung bezeichnet, die das Stauungsproblem auf Flugplätzen und im Luftraum beseitigen würde. Diese Art der Diversifikation stellte eine andere Alternative für BEECHs Verkaufsexpansion dar. BEECH verfolgte die STOL-Entwicklung und überlegte, ob es ratsam wäre, in diesen Markt einzusteigen. Ein möglicher Nachteil war, daß die spezialisierten STOL-Flugzeuge höhere Betriebskosten pro Meile verursachten und nur für sehr kurze Pisten und überbelegte Flugplätze von denkbarem Nutzen waren. BEECH glaubte nicht, daß der derzeitige Flugzeugbedarf bei Firmen solche Extrakosten rechtfertigen würde. Andererseits glaubte man aber auch, daß BEECH über das Know how und die technolgischen Fähigkeiten, die zur Produktion von STOL nötig waren, verfügte. Auf diese Fähigkeiten konnte, wann immer eine substantielle Nachfrage nach diesem Flugzeugtyp entstehen würde, zurückgegriffen werden. Die Technologie des vertikalen Startens und Landens (VTOL) war für BEECH das größere Problem. Konkurrenzunternehmen mochten die erhöhte Flexibilität dieses Flugzeugtyps zum Anlaß nehmen, ihr Produktionsprogramm mit dieser Art von Flugzeugen zu ergänzen. Um sich auf diese Möglichkeit vorzubereiten, übernahm BEECH Entwicklungs- und wesentliche Produktionsarbeiten für einen größeren Hubschrauberhersteller. Als Gegenleistung für die Entwicklungskosten von BEECH verpflichtete sich der Hubschrauberhersteller, BEECH das Recht zur künftigen Produktion dieses Modells einzuräumen. Dieses Arrangement ermöglichte es BEECH, die VTOL-Technologie auf rentable Art und Weise meistern zu lernen.

Eine Verstärkung der Exporte ergäbe eine weitere Expansionsmöglichkeit. Der Exportleiter, Mr. Neuburger, meinte, daß eine höhere Wachstumsrate (momentan betrug sie 15 Prozent/Jahr) ein viel besseres Auslandsverteilernetz und möglicherweise auch eine Erzeugung im Ausland erforderte. Ein starkes Verteilersystem im Ausland aufzubauen, war sicherlich keine kurzfristige Überlegung, da Mr. Neuburger der Ansicht war, daß 70 Prozent der Auslandsmärkte im Jahr 1968 ungenügend beliefert waren. Hinsichtlich einer Fertigung im Ausland war BEECH recht vorsichtig, irgendwo einen Betrieb aufzumachen, da kein einziges Land allein das Umsatzvolumen besaß, um eine leistungsfähige Produktion auszulasten. Es wurde befürchtet, daß die Rivalität zwischen einzelnen Staaten möglicherweise so weit führen könnte, daß von mehreren Staaten Produktionsstätten verlangt würden — mit dem Resultat, daß es dann zu vielen kleinen, nicht leistungsfähigen Produktionsbetrieben kommen würde. Eine weitere Sorge im Zusammenhang mit einer Fertigung im Ausland war das Problem der Repatriierung der Profite. Mr. Neuburger meinte dazu: „Eine Erzeugungsstätte in Indien mag vielleicht den indischen Markt befriedigen, was aber fangen wir mit all den Rupien an?“

Endlich gab es noch die Möglichkeit einer beträchtlichen Zunahme von Regierungsaufträgen. BEECH AEROSPACE hatte als Regierungslieferant einen guten Ruf, was den Preis und die Lieferung anlangte. Dieser Ruf würde zweifellos dazu beitragen, ein wesentlich erweitertes Raumfahrtverkaufsvolumen zu sichern — wenn BEECH seine strengen Vertragsbedingungen lockern würde. Aufträge, die BEECH ein schnelles Umsatzwachstum bringen würden, waren aber fast mit Bestimmtheit solche, die eine kleine Gewinnspanne, eine weniger interessante

Technologie, eine kürzere Vertragsdauer oder weniger günstige Nebenprodukte für BEECH beinhalten würden.
Ein Faktor, der BEECH in der Zukunft schwer beeinflussen könnte, ist die Stauung auf Flugplätzen und im Luftraum. Dieses Problem würde besonders akut werden, wenn BEECH sich für die Herstellung eines Firmenjets entschließt, der voraussichtlich meist für lange Flüge zu den wichtigsten Flugplätzen benutzt werden würde. Bisher hatte das Stauproblem die Zukunftsplanung von BEECH nur unwesentlich beeinflußt. Bei BEECH glaubte man, daß die in Aussicht genommenen Reiserestriktionen hauptsächlich den Kleinflugzeugmarkt betreffen würden, auf dem BEECH sehr wenige Umsätze tätigte. BEECH behauptete, daß seine größeren Maschinen im allgemeinen auf weniger überlaufenen, „mehr eingeschlossenen" Flugplätzen, wie Meiggs Field in Chicago oder Lakefront Airport in Cleveland, benutzt wurden.
Ein anderer, relativ neuer Faktor auf dem Gebiet der Leichtflugzeugfabrikation ergab sich aus der ausländischen Konkurrenz. Zum Beispiel hatte die Beechcraft 99 von seiten inländischer Hersteller keinerlei Konkurrenz, verlor jedoch einige Umsätze an die De Havilland Twin Otter. Die ausländische Konkurrenz, so glaubte man, würde sich vor allem in oberen Marktsegmenten stärker bemerkbar machen. Es war für einen ausländischen Erzeuger viel einfacher, eine kleine Anzahl von großen Maschinen zu verkaufen als eine große Anzahl kleinerer Flugzeuge. Ferner waren die Lohnkosten für größere Maschinen höher, was den ausländischen Produzenten, die niedere Löhne bezahlten, einen Extravorteil auf dem preishöheren Sektor gab. Für die Zukunft erwartete BEECH also erhöhte ausländische Konkurrenz.

Im Oktober 1968 gab BEECH für das Rechnungsjahr 1968 Umsätze im Wert von 176 Mio. $ bekannt, die Umsätze von 54 Mio. $ für Weltraumaufträge und 30 Mio. $ für Exporte mit einschlossen. Mr. Hedrick hatte auch Vorausberechnungen für Jahresumsätze, die bis einschließlich 1973 auf Grund der jetzigen Produkte erzielt würden, erhalten. Diese Umsätze blieben hinter den Erwartungen um über 350 Mio. $ zurück. Mrs. Beech, Mr. Hedrick und die anderen Mitglieder des Top-Managements diskutierten, welche Produktpolitik in Verbindung mit den wichtigsten betrieblichen Grundsätzen am besten geeignet wäre, die Ziele, die für die nächsten 5 Jahre gesteckt worden waren, zu erfüllen. Die Unternehmensführung ist sich bewußt, daß jede Entscheidung, die die zukünftige Strategie von BEECH AIRCRAFT beeinflußt, bedeutende Folgen für die Gebarung und die Aufteilung der Mittel des Unternehmens haben wird.

Anhang 1: Beech Aircraft Corporation, Finanzgebarung 1937—1957 (Dollar-Beträge)

Jahr	Umsätze (in 1000)	Netto-Erlös (in 1000)	Eigenkapital (in 1000)	Kapital-rendite %	Gesamtaktiva (in 1000)
1937	788	14	516	2,7	831
1938	1 141	(12)*	614	(0,3)*	767
1939	1 328	(91)	735	(12,4)	1 277
1940	2 345	68	1 036	6,6	2 169
1941	8 062	472	1 539	30,6	13 760
1942	59 593	2 418	4 002	60,4	14 010
1943	126 578	4 036	7 021	57,4	58 782
1944	90 469	2 705	7 569	35,8	52 688
1945	123 752	3 722	11 105	33,5	35 229
1946	24 396	(229)	8 517	(2,7)	19 281
1947	26 211	(1 816)	6 592	(27,6)	14 950

* Zahlen in Klammer: Verluste bzw. negative Verzinsung

Anhang 2: Beech Aircraft Corporation, Gewinn- und Verlustrechnungen von 1958—1967. Geschäftsjahr endet mit 30. September (in Tausend Dollar)

Umsätze	1958	1959	1960
Zivilsektor *	32 104	37 915	46 570
Militärsektor	63 786	51 622	52 304
Gesamt	95 890	89 537	98 874
Kosten und Aufwendungen			
Löhne, Materialkosten und Gemeinkosten	81 138	73 049	79 246
Verwaltungs- und Verkaufsaufwendungen	5 916	6 078	7 700
Zinsen	475	204	368
Abschreibungen und Amortisation	715	566	733
Steuer (ohne Körperschaftssteuer)	1 092	1 168	1 509
Gesamte Kosten und Aufwendungen	89 336	81 065	89 556
Betriebseinnahmen	6 554	8 472	9 318
Andere Einnahmen	741	846	981
Einnahmen vor Abzug der Steuern	7 295	9 318	10 299
Steuern (Bundes- und Bundesstaatsabgaben)	3 970	5 350	5 445
Nettoerlöse	3 325	3 968	4 854
(Ausgegebenes) Aktienkapital (am Jahresende)	824	838	897
Dividende	1 235	1 330	1 403
Dividende pro Aktie **	0,50	0,53	0,53
Ertrag je Aktie **	1,18	1,40	1,70

* Umfaßt Flugzeuge und Bestandteile.

** Die Berechnung der auf das Grundkapital ausgeschütteten Dividende beruht auf der Zahl der damals ausgegebenen Aktien, wobei ein 3:1 Splitting 1960 berücksichtigt wurde; die Dividende je Aktie berücksichtigt nicht die Stockdividende. Der

Jahr	Umsätze (in 1000)	Netto-Erlös (in 1000)	Eigenkapital (in 1000)	Kapital-rendite %	Gesamtaktiva (in 1000)
1948	24 141	2 214	8 366	26,4	14 228
1949	20 582	922	8 579	10,7	10 867
1950	16 454	589	8 662	6,8	12 238
1951	32 798	735	8 919	8,2	30 356
1952	90 912	1 693	10 252	16,5	40 040
1953	140 458	(2 321)	7 211	(32,2)	34 256
1954	78 033	3 386	9 997	33,9	29 778
1955	76 966	3 587	12 835	27,9	25 669
1956	74 539	3 331	15 267	21,8	32 533
1957	103 905	3 369	17 649	19,1	42 966

Quellennachweis: Jahresberichte 1937—1957

1961	1962	1963	1964	1965	1966	1967
43 110	40 333	45 303	54 270	74 329	100 731	103 919
28 910	27 329	28 561	52 929	48 154	63 899	70 187
72 020	67 662	73 864	107 199	122 483	164 630	174 106
58 314	53 035	60 790	89 994	100 897	133 070	140 123
7 207	6 892	7 795	7 683	8 585	11 428	12 584
494	406	616	573	569	863	1 359
780	767	926	869	1 040	1 159	1 352
1 157	1 351	1 953	2 343	2 140	3 158	3 701
67 952	62 451	72 080	101 462	113 231	149 678	159 119
4 068	5 211	1 784	5 737	9 252	14 952	14 987
1 269	1 192	1 725	1 000	1 382	1 593	1 939
5 337	6 403	3 509	6 737	10 634	16 545	16 926
2 775	3 450	1 515	3 320	5 128	7 775	7 890
2 562	2 953	1 994	3 417	5 506	8 770	9 036
2 720	2 803	2 807	2 816	2 818	2 882	2 953
1 578	1 667	1 683	1 686	1 760	2 078	2 491
0,58	0,60	0,60	0,60	0,625	0,725	0,85
0,89	1,01	0,68	1.17	1,88	2,99	3,06

Ertrag je Aktie ist so gerechnet worden, daß die 5 Prozent Stockdividende von 1959, die 2 Prozent Stockdividende von 1961, die 2 Prozent Stockdividende von 1965, die 2 Prozent Stockdividende und das 3:1 Splitting im Jahr 1960 berücksichtigt wurden.

Quellennachweis: Jahresberichte 1958—1967

Anhang 3: Beech Aircraft Corporation, Konsolidierte Bilanzen 1958—1967. Geschäftsjahr endet mit 30. September (in Tausend Dollar)

AKTIVA	1958	1959	1960
Umlaufvermögen			
Kasse	4 333	4 250	2 979
Börsenfähige Wertpapiere zum Ankaufskurs	4 007	4 612	6 794
Ausstehende Ratenforderungen	6 127	5 833	10 201
Austehende Forderungen — Regierungs- und Großaufträge	5 468	6 468	5 773
Andere ausstehende Forderungen (vermindert um die Rückstellung für zweifelhafte Forderungen)	1 021	1 955	2 245
Inventar	17 245	19 338	21 412
Steuervorauszahlungen	170	280	224
Gesamtes Umlaufvermögen	38 371	42 736	49 628
Andere Aktiva			
Anlagevermögen			
Grundstücke	363	405	424
Gebäude und Ausstattungen	12 428	12 997	13 780
weniger: Abschreibungen	9 358	9 822	10 287
Gesamtes Anlagevermögen	3 433	3 580	3 917
GESAMTE AKTIVA	41 804	46 316	53 545

PASSIVA	1958	1959	1960
Laufende Verbindlichkeiten			
Wechselverbindlichkeiten zugunsten von Banken	5 000	4 600	9 000
Wechselverbindlichkeiten zugunsten anderer Gläubiger			
Handelswechsel	2 645	4 337	4 434
Löhne und Gehälter	2 798	2 989	2 758
Antizpative noch nicht bezahlte kommunale Abgaben und Ausgaben	550	550	891
Kundenanzahlungen	1 457	1 735	1 272
Rücklagen für Konventionalstrafen (bei Vertragsstorno) **	1 758	1 093	925
Geschätzte Körperschaftssteuer	4 115	4 621	4 506
Gesamte laufende Verbindlichkeiten	18 323	19 925	23 786
Besondere finanzielle Belastungen *	412	394	
Eigenkapital			
Stammaktien, Stück zu 1 $ Nennwert	824	838	897
Kapitalüberschuß	9 252	9 528	11 328
Gewinnvortrag	12 993	15 631	17 534
Gesamtes Eigenkapital	23 069	25 997	29 759
GESAMTE PASSIVA	41 804	46 316	53 545

* Abgezogen von Ratenforderungen (1960—1967)

** Den antizipativen (noch nicht bezahlten) Aufwendungen zugerechnet

1961	1962	1963	1964	1965	1966	1967
3 185	2 226	2 013	3 011	2 864	3 193	4 086
7 950	4 926	1 704	1 813	4 400	2 341	2 312
11 863	10 858	11 737	12 956	16 693	22 143	20 929
5 640	6 108	7 861	4 291	6 812	9 608	8 190
1 809	2 340	2 851	1 939	2 686	4 836	2 698
18 304	24 526	26 639	32 896	29 901	40 362	40 633
383	273	342	227	166	365	352
49 134	51 257	53 147	57 133	63 522	82 848	85 200
	380	380	380	530	510	435
424	525	532	534	843	843	866
14 312	15 119	16 047	17 155	18 191	20 235	21 892
10 962	11 467	12 311	13 062	13 816	14 792	15 992
3 774	4 177	4 268	4 627	5 218	6 286	6 766
52 908	55 814	57 795	62 140	69 270	89 644	92 401

10 000	4 500	5 825	5 725	8 475	14 750	11.000
	4 500	7 500	5 719	4 185	6 500	11 500
3 239	4 842	4 426	5 350	5 999	8 713	8 018
2 478	2 600	2 315	2 624	3 322	3 751	3 509
801	821	920	1 420	1 234	1 479	1 073
1 853	1 890	1 870	2 380	2 587	2 774	1 873
681	722	19				
2 906	3 534	2 167	4 320	5 092	6 501	3 481
21 959	23 409	25 042	27 547	30 894	44 467	40 454
2 720	2 803	2,806	2 816	2 818	2 882	2 953
9 711	10 812	10 846	10 945	10 980	12 491	14 068
18 518	18 790	19 101	20 832	24 578	29 803	34 926
30 949	32 405	32 753	34 593	38 376	45 176	51 947
52 908	55 814	57 795	62 140	69 270	89 644	92 401

Quellennachweis: Jahresberichte 1958—1967

Anhang 4 befindet sich auf Seite 292

Anhang 5: Beech Aircraft Corporation, Segmentierung des gesamten Leichtflugzeugmarktes zu Einzelhandelspreisen (in Millionen Dollar)

Privatflugzeuge	1958	1959	1960
Einmotorige			
Zweisitzig (8 000—14 000 $), Klasse 1	7,6	11,8	8,2
Viersitzig (14 000—17 000 $), Klasse 2	23,7	24,5	21,7
Vier-, Sechssitzig (19 000—25 000 $), Klasse 3	28,4	27,4	25,8
Vier-, Sechssitzig (30 000—40 000 $), Klasse 4	17,3	29,7	40,8
Leichte Zweimotorige			
Vier-, Sechssitzig (50 000—100 000 $), Klasse 5	36,2	38,8	48,8
Flugzeuge in kommerzieller Verwendung			
Klasse 6, 7 und 8 (100 000—480 000 $)	26,8	37,3	49,6
Gesamt **	140,0	169,5	194,9

* Mit typischer Ausstattung an Fluggeräten und Instrumenten
** Ausgenommen Jets

Anhang 6: Beech Arcraft Corporation, Aufteilung der BEECH-Umsätze zu Einzelhandelspreisen (in Millionen Dollar)

Privatflugzeuge	1958	1959	1960
Einmotorige			
Zweisitzig (8 000—14 000 $), Klasse 1			
Viersitzig (14 000—17 000 $), Klasse 2			
Vier-, Sechssitzig (19 000—25 000 $), Klasse 3			
Vier-, Sechssitzig (30 000—40 000 $), Klasse 4	10,5	15,0	16,2
Leichte Zweimotorige			
Vier-, Sechssitzig (50 000—100 000 $), Klasse 5	9,7	8,0	8,5
Flugzeuge in kommerzieller Verwendung			
Klassen 6, 7 und 8 (100 000—480 000 $)	12,8	19,2	30,4
Gesamt **	33,0	42,2	55,1

* Mit typischer Ausstattung an Fluggeräten und Instrumenten
** Ausgenommen Jets

Anhang 7: Beech Aircraft Corporation, Reihung von Faktoren, die als außerordentlich wichtige Verkaufsstimuli für BEECH-Produkte angesehen werden

	Leichte Einmotorige (Musketeer)				Schwere Einmotorige (Bonanza)			
	P	VP-M	VP-CP	VP-E	P	VP-M	VP-CP	VP-E
Werbung	5	5	5	6	5	6	5	6
Vertriebsnetz	2	4	1	4	2	2	1	4
Finanzierung (Kreditierung)	3	2	4	2	3	4	4	3
Einräumung von Optionen	6	6	6	5	6	5	6	5
Preis	4	1	3	1	4	3	3	2
Produkteigenschaften	1	3	2	3	1	1	2	1
Beratung	7	7	7	7	7	7	7	7

P = Präsident
VP-M = Vizepräsident-Marketing
VP-CP = Vizepräsident-Unternehmensplanung

1961	1962	1963	1964	1965	1966	1967
13,0	7,1	9,3	15,8	25,8	48,5	43,5
14,6	22,0	29,9	29,9	40,7	39,6	39,0
24,7	30,6	29,2	40,4	47,8	61,7	59,5
30,8	29,9	30,7	43,2	42,6	51,1	39,8
41,5	49, 2	62,1	80,4	88,8	116,0	85,3
34,0	36,4	36,1	34,6	95,3	122,5	151,5
158,6	175,2	197,3	244,3	341,0	439,9	418,6

Quellennachweis: Beech Aircraft Corporation Statistiken (zusammengestellt aus Daten von der Aerospace Industries Association)

1961	1962	1963	1964	1965	1966	1967
					2,2	1,6
	1,9	5,4	1,5	4,3	4,2	3,5
13,0	10,9	10,5	18,4	15,7	19,9	16,3
15,6	13,0	15,2	21,8	16,2	25,0	24,2
20,1	24,1	20,3	29,8	58,7	73,2	73,0
48,7	49,9	51,4	71,5	94,9	124,5	118,6

Quellennachweis: Beech Aircraft Corporation Statistiken (zusammengestellt aus Daten von der Aerospace Industries Association)

Leichte Zweimotorige (Baron, Travel Air)				Zweimotorige in der Verwendung als Firmenflugzeuge (Duke, Queen Air, King Air)				Flugzeuge für Nahbereichsfluglinien (Modell 99)			
P	VP-M	VP-CP	VP-E	P	VP-M	VP-CP	VP-E	P	VP-M	VP-CP	VP-E
5	6	5	5	6	7	6	7	7	6	6	7
2	2	1	4	3	2	1	5	6	7	7	6
3	5	4	3	5	6	3	3	3	3	3	2
6	4	7	6	7	4	7	4	5	5	5	4
4	3	3	2	4	5	5	2	4	4	4	3
1	1	2	1	1	1	2	1	1	1	1	1
7	7	6	7	2	3	4	6	2	2	2	5

VP-E = Vizepräsident-Export; dessen Einschätzung beziehen sich nur auf die Verkäufe außerhalb der USA

Quellennachweis: Erhebung durch den Fallschreiber

Anhang 4: Beech Aircraft Corporation, Aufgliederung des Beech-Produktionsprogramms nach Flugzeugklassen (zusammen mit äquivalenten Konkurrenzerzeugnissen)

Klasse 1: Einmotorig, zweisitzig
8 000—14 000 Dollar

BEECHCRAFT MUSKETEER SPORT
Cessna 150
Champion
Mooney A-2 Aircoupe
Piper Super Cub 150
Piper Cherokee 140

Klasse 2: Einmotorig, viersitzig
14 000—17 000 Dollar

Aero Commander 100
BEECHCRAFT MUSKETEER CUSTOM
BEECHCRAFT MUSKETEER SUPER
Cessna 172 Series
Cessna 177 Series
Piper Cherokee 150/160/180

Klasse 3: Einmotorig, vier- bis sechssitzig
19 000—25 000 Dollar

Cessna 180
Cessna 182 Series
Cessna 185
Mooney Ranger Statesman, Executive
Piper Arrow 180 R
Piper Cherokee 235
Piper Cherokee 6

Klasse 4: Einmotorig, vier- bis sechssitzig
30 000—40 000 Dollar

Aero Commander 200
BEECHCRAFT BONANZA 33 & 33 A Series
BEECHCRAFT BONANZA 35 Series
Bellanca Viking Series
Cessna 206 Super Skywagon & Super Skylane
Cessna 210 Centurion Series
Mooney Mustang 22
Piper Comanche 260

Klasse 5: Leichte Zweimotorige, vier- bis sechssitzig, 50 000—100 000 Dollar

BEECHCRAFT BARON 55 Series
BEECHCRAFT BARON 56 TC
BEECHCRAFT TRAVEL AIR
Cessna 310
Cessna 320 Skynight
Cessna 337 Skymaster
Piper Aztec 250
Piper Twin Comanche 160

Klasse 6*: Mittlere Zweimotorige, für kommerzielle Verwendung

Aero Commander 500
Aero Commander 560 F
BEECHCRAFT DUKE 60
BEECHCRAFT QUEEN AIR 65
Cessna 401, 402, 411
Cessna 421
Piper Navajo

Klasse 7: Schwere Zweimotorige für kommerzielle Verwendung

Aero Commander 680 F & 680 FP
Aero Grand Commander 680 FL
BEECHCRAFT QUEEN AIR 80
BEECHCRAFT SUPER 18

Klasse 8: Turboprops für kommerzielle Verwendung

Aero 680 FLP
Aero Turbo Commander
BEECHCRAFT QUEEN AIR 88
BEECHCRAFT KING AIR
Mooney MU-2 Series
Swearingen Merlin II

Klasse 9: Leichte Jets

Aero Commander 1121 Jet
Hawker Siddeley DH-125
Lear 23, 24 & 25

Klasse 10: Schwere Jets

Fairchild F-27
Falcon
Grumman Gulf Stream II
Hansa 320
Lockheed Jetstar
North American Sabreliner

* Die Flugzeuge der Klassen 6—8 kosten etwa zwischen 100 000 und 480 000 Dollar

Quellennachweis: Beech Aircraft Corporation Marktforschung, Jänner 1968

Anhang 8: Beech Aircraft Corporation, Organisationsschema, 1967 und 1968

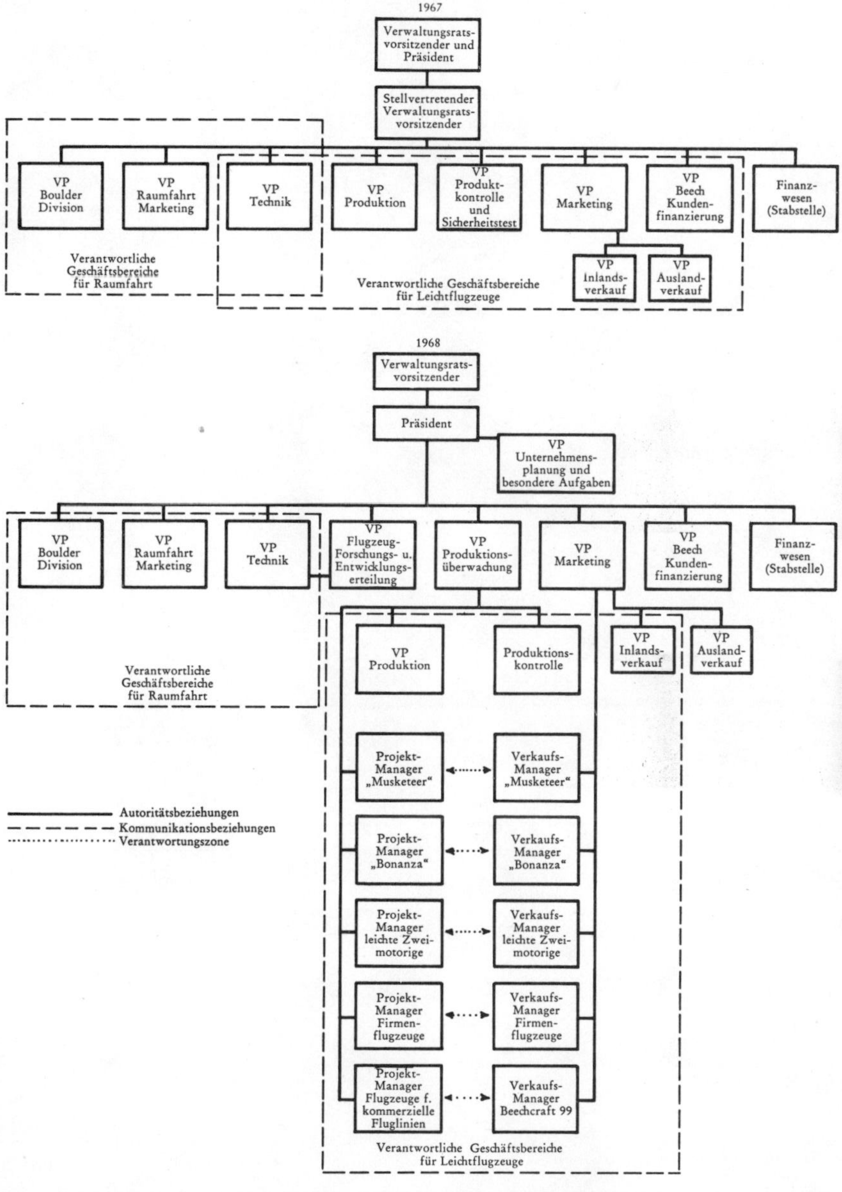

Quellennachweis: Erarbeitung des Organigramms durch den Fallschreiber